U0092730

老子哲學新論

滄海叢刊 哲學類

劉福增 著

東大圖書公司

國家圖書館出版品預行編目資料

老子哲學新論／劉福增著.--初版.--
臺北市：東大，民88
面；　公分（滄海叢刊）
ISBN 957-19-2267-6（精裝）
ISBN 957-19-2268-4（平裝）

1.(周)李耳-學術思想-哲學
2.老子-評論

121.31　　87017611

網際網路位址　http://www.sanmin.com.tw

著作人　劉福增
發行人　劉仲文
著作財產權人　東大圖書股份有限公司
臺北市復興北路三八六號
發行所　東大圖書股份有限公司
地　址／臺北市復興北路三八六號
電　話／二五〇〇六六〇〇
郵　撥／〇一〇七一七五──〇號
印刷所　東大圖書股份有限公司
總經銷　三民書局股份有限公司
門市部　復北店／臺北市復興北路三八六號
重南店／臺北市重慶南路一段六十一號
初　版　中華民國八十八年三月
編　號　E 12120
基本定價　玖元肆角
行政院新聞局登記證局版臺業字第〇一九七號

ISBN 957-19-2268-4（平裝）

自序

本書前後寫了十年。

《老子》一書，以中文文言寫成，一共只有五千多字。就哲學思想的內容而言，它無疑是哲學史上一部偉大著作；就造句形式和思想的表達方式而言，它也異常突出。

1989年7月，「第六屆國際中國哲學會議」在美國夏威夷大學(Hilo)舉行。為了有機會到夏威夷遊玩，我寫了一篇討論《老子》一書頭兩句：「道可道，非常道；名可名，非常名」的文章，到大會發表。這是本書的第一章，也是我所寫的第一篇討論老子的文章。後來我陸續發現，我對《老子》及其哲學，以及當代學者的老子研究，有一些看法和意見。於是一篇接著一篇寫下去。光陰似箭，日月如梭。到了今年1999年第10年，剛好寫了第十篇「道、天地、萬物、人間一宇宙」。我對《老子》及其哲學的重要性和基本的看法和意見，好像已經寫完了。

本書每章就是過去寫的每篇文章。現在依每篇著作完成時間排成章次。每篇文章，都是獨立寫成的，因此讀者可以不必依章序閱讀。這次將十篇文章集結成書，我也做了必要的修改和調整。

多年來我的研究領域是邏輯、語言哲學、弗列格、羅素、維根斯坦、蒯英等。這些領域的研究給我的基本哲學訓練和「習性」是，語言意義的釐清和批判，語言和概念的精緻分析，觀念清楚的要求，以及思想架構、紋路和主脈的把握。在本書所做的老子探究中，我儘量應用這些訓練和習性，希望能把《老子》的文本、老子的思考式方式和哲學內容，清楚而有批判反省的講出來、寫出來。維根斯坦式的語言釐清和語言批判的活動和工夫，以及奧斯丁式的哲學田野工作的細緻和努力，是在這些研究中我一直努力去做的。老子的哲學森林，我希望在我的努力之下，讀者不但可以相當清楚地看到它的樹枝和樹葉，而且也可以看到它的樹根和廣含的林相和林脈。我相信，本書是老子哲學的一個真正新探進。我在每篇文章裏，都具體的顯示和應用一些新探進。相信這些新探進，可給其他傳統中國哲學著作的研究，提供有用的參考，甚至是方法上的一種革命。

四十多年前，我在臺大念哲學系時，曾選吳康教授「老莊哲學」的課。吳康教授講課的聲音非常小，我選他的課的唯一理由是上課不必抄筆記，因為他有一本《老莊哲學》的書。考臺大哲學研究所時，我的「專書」選了《老子》。但那時，我從未想過有一天我會寫一本四十幾萬字講老子的書。本書的出版，勾起了我許多回憶，也令我想起了吳康老師。

劉福增
國立臺灣大學哲學系

老子哲學新論

目　次

第一章　老子的「道可道，非常道；名可名，非常名」

《老子》第一章的頭兩句話：「道可道，非常道；名可名，非常名」，是會使認真的讀者感到茫然、奧晦和詭譎的許多《老子》章句之一[*]❶。這兩句話在老子哲學中雖然不算是基本而很重要的，但是對它的困惑，誤解或不適當的解釋，會相當影響對《老子》其他相關部分的適當了解。本文嘗試對這兩句話提出一個適當的解釋。

《老子》這兩句話之令人困惑，可以從三方面來檢討。一個是造句修辭，另一個是語言使用層次的混淆，再一個是老子哲學本身。

在造句修辭上，首先，「道可道，非常道」和「名可名，非常名」這兩句話，是分別拿具有兩個意義的有歧義的「道」字和「名」字造成的。這種利用有歧義的字詞做造句，就各該語句而言，在修辭上是產生了某種重複使用字詞的美妙效果，尤其是在聲韻上。但這種修辭上美妙的效果，卻會產生語意上較難解釋和了解的負面後果；因為在語意解釋上，我們需要知道第二個「道」字和第一第三個「道」字有不同的意義；第二個「名」字和第一第三個「名」字有不同的意義。顯然，上述兩句話可分別改寫為「道可言，非常道」和「名可叫，非常名」，或「可以描說的道，就不是常道」和「可以叫出的名，就不是常名」。這樣改寫後，至少在文義上，這兩句話就好了解多了，但是修辭上美妙的效果也消失了。上述兩個有歧義的「以辭害意」的造句，也許還可以接受，因為它雖然增加了解釋的難度，

---

* 本文初稿在1989年7月24到29日在夏威夷大學(Hilo)舉行的「第六屆國際中國哲學會議」發表。

❶ 本文以及全書引用的《老子》，除有特別註明，均採用陳鼓應註釋本《老子今註今譯》(臺灣商務印書館，1970年5月初版，1997年1月二次修訂版)，但忽視其自加的引號。

但並沒有實質上傷害語意本身。

其次，《老子》全書還充滿對仗（對比），疊進和這兩種並用的造句。舉一些例子吧。下面是一些對仗的造句：

> 無，名天地之始；
> 有，名萬物之母。（一章）
> 天地不仁，以萬物為芻狗；
> 聖人不仁，以百姓為芻狗。（五章）
> 五色令人目盲；
> 五音令人耳聾；
> 五味令人口爽。（十二章）

我們這裏所謂疊進造句，是指由兩個語句以上的文段中，前後兩句以語法的某種相似，語音或語意的某種相應、重疊，或包含而寫成的。下面是一些例子：

> 有無相生，難易相成，長短相形，高下相傾，聲音相和，前後相隨。（二章）
> 虛其心，實其腹，弱其志，強其骨。（三章）
> 大道廢，有仁義；
> 智慧出，有大偽；
> 六親不和，有孝慈；
> 國家昏亂，有忠臣。（十八章）

由兩句對仗形成的文段，可以視為是最簡疊進造句。前面三個例子的頭兩個，是典型的對仗疊進並用的造句。

對仗和疊進的造句，雖然會產生修辭或文學上美妙的效果，但也時常造成累贅、堆砌、平庸、強詞奪理，甚或類型錯誤(category mistake)等的弊端。「道可道，非常道；名可名，非常名」是一個對仗和疊進的造句。這個造句就產生了強詞奪理和類型錯誤的毛病。讓我們來討論這。

在以對仗和疊進造句的文段中，通常第一個語句比較不會產生上段所舉弊端，因為通常比較不會為了對仗或疊進而「那樣」造第一個語句。「道可道，非常道」就沒有上述種種弊端。這句話如果有什麼令人困惑的地方，是在老子哲學本身。現在先把它翻譯或了解為：

⑴可以描說(can be said)的道，就不是常道。

這裏，老子明白(explicitly)說，有某種道是可以描說的，而常道是不可描說的。此外，老子也隱然(implicitly)認定除了道以外，也有其他可以描說的東西。因此，老子不是一個哲學上不可知論者(agnostic)。其實老子只對常道講不可說，沒有對任何其他東西講有什麼不可說。同時，可道的「道」也只在「道可道，非常道」中唯一出現過一次。因此，老子並沒有像維根斯坦(L. Wittgenstein, 1889–1951)在他的《邏輯哲學論說》中那樣，提出一個可說(can be said)和不可說(cannot be said)的一般理論❷。他只提出常道不可說這個特定問題。

常道為什麼不可道、不可說的問題，基本地可以從三方面來看。一個是語言，另一個是常道本身，再一個是這兩者之間的。我們知道，關於「可道」──也就是可說──的「道」字，在《老子》中只出現過一次。同時，在這唯一的出現場合，是使用它，而不是講述它，更不是討論它。在《老子》中，在解說上唯一可以視為和它具有同義語功能的字眼──如同我們在後面將指出的，只有「名」一字。而這樣的「名」一字，在《老子》中，也只有使用它，而沒有討論它。因此，「可道」的「道」一詞要以怎樣較為適當的意義去解釋它，是相當令人困惑的問題。向來《老子》的詮釋者，似乎沒有覺察到這個困惑，因此就相當直覺地沒加討論就拿「說得出」、「可說出」、「可解說」、"can be told of"❸、"can be spoken of"❹、"can be

---

❷ 維根斯坦(L. Wittgenstein)：《邏輯哲學論說》(*Tractatus Logico-Philosophicus*)。參考有關'say'的條款。

❸ 如陳榮捷 (Wing-tsit Chan) 編譯《中國哲學資料書》(*A Source Book in Chinese*

expressed”❺、“can be talked about”❻和“can be defined”❼等來翻譯和解釋它。但是我們認為「可道」的「道」需要有「適當嚴格程度」的解釋，否則如果把它解釋為「任何講到」(talk about) 這種寬鬆的意義，則「道可道，非常道」，或是「常道不可道」的命題，就顯然為假了，因為在《老子》中，「講到」常道的地方實在太多了。例如：

> 常道是「天地之始」。（一章）
>
> 常道「有物混成，先天地生。寂兮寥兮，獨立不改，周行而不殆，可以為天下母。」（二十章）
>
> 常道是「惟恍，惟惚」，「有象」、「有物」、和「有精」。（二十一章）
>
> 常道是「視之不見」、「聽之不聞」、和「搏之不得」。（十四章）
>
> 常道是「萬物之奧，善人之寶，不善人之所保」。（六十二章）
>
> 常道「無為而無不為。侯王若能守之，萬物將自化。」（三十七章）

假定常道不是一點都不可講說的。那麼，我們要怎樣來了解「可道」的「道」呢？就我們現在的目的而言，我們可把對事物或事項的講說分為最嚴格，適切嚴格，和寬鬆三種。當我們說出或挑出一個事物的基本而必要的性徵 (essential characteristics) 時，我們對該事物做一個最嚴格的講說。這樣的講說也可以說是對該事物或該事的名稱的一個定義 (definition)。當我們對一個事物的重要事項加以描述(describe)，其描述的精度在一般情況中足以

Philosophy)，p. 139。

❹ 如 Chung-yuan Chang（張鍾元）: *Tao: A New Way of Thinking*, 臺北敦煌書局，1978年，p. 3。

❺ 如嚴靈峰編纂:《中英對照老子章句新編》(*A Reconstructed Lao Tzu with English Translation*)，p. 7。

❻ 如K. T. Fann（范光棣）譯*Lao Tzu's Tao Teh Ching—a new translation, Social Prax*, 8–3/4 (1981), p. 143.

❼ 如祝康彥和楊汝舟譯著《老子道德經》，p. 23。

讓人辨認該事物時，我們對它做了適切嚴格的講說。這樣的講說可以說是一種適切的描述 (appropriate description)。當我們對一個事物講到一個有關事項時，我們對該事物做一個寬鬆的講說。我們平常講到一個事物或解說 (explanation) 一個事物時，常常就是這種寬鬆的講說。許多我們無法或尚無法做嚴格定義的事物，我們可以對它做一個適切的描述。許多我們無法或尚無法做適切描述的事物，我們可以對它做一些寬鬆的講說或解說。

現在我們想把「可道」的「道」解釋為「適切的描述」。因為像常道那樣「混成」「恍惚」「奧妙」的東西，我們無法對它做嚴格的定義是沒有什麼好說的。但顯然，如同我們在前面舉例講過的，老子對常道已經做過許多寬鬆的講說或解說。那麼，剩下來的，常道是否可以做適切的描述呢，才是需要解答的問題。根據老子的見解，是不可以的。因此他才說：「道可道，非常道。」也就是說，常道是不可以做適切的描述的。在前面語句(1)中，我們把「道可道，非常道」解釋為「可以描說(can be said)的道，就不是常道」。我們用「描說」來表示「適切的描述」這個特定的意義。在維根斯坦的哲學中，可說(can be said)不可說(cannot be said)的「說」❽，具有特定的意義。其中最基本的意義是對事態的描述。我們認為「可道」的「道」也應具有類似的特定意義。這個特定的意義就是對常道的適切的描述。我們拿「描說」來表示這個特定的意義，也要拿“can be said”來翻譯具有這個特定意義的「可道」。拿「說得出」或「可說出」來解釋「可道」是可以的，只要我們記住它具有「適切的描述」這個特定的意義。但拿「可解說」來解釋「可道」，則似乎太寬泛了。拿英文的“can be talked about”來翻譯「可道」也太寬泛了，因為如同前面講過的，在《老子》中已經「講到」(talk about)許多有關常道的事項。拿“can be expressed”來翻譯「可道」至少也有某種寬泛的缺點，因為我們可以拿日常語言以外的東西來「表示」(express)什麼，但在《老子》中「可道」的「道」顯然只涉及日常語言。拿“can be spoken of”來翻譯「可道」是可以的，只要我們記住這裏的“speak”具有和維根斯坦的“say”類似的特定意義。因為“can and cannot be said”已

❽ 參看注❷。

經是哲學上大家熟知的一個問題，因此我們要拿“can be said”來翻譯老子中的「可道」。現在我們可把「道可道，非常道」進一步解釋為：

⑵可以適切的描述（說）的道，就不是常道。

現在我們要問的，為什麼常道不可以做適切的描述呢？依我的了解，就這個問題而言，老子從未對語言一方加以質疑。在他看來問題顯然在常道這一邊。如同前面講過的，因為常道是太恍惚，太奧妙了，因此我們無法對它做適切的描述。對這個問題我們下面還要進一步討論。現在先讓我們看看「常道」的「常」最好怎樣解釋。通常都把它解釋為「永久不變」，或英譯為“eternal”、“constant”或“everlasting”。這些種字面的解釋或翻譯是過得去的。有人拿“The Absolute *Tao*”來翻譯「常道」。這個翻譯不很適當，因為“the Absolute”（絕對者）是後康德學派(post-Kantian)觀念主義形上學家的一種特殊哲學術語，在日常討論或一般哲學討論中並不使用它，因此這種翻譯一則會使不熟悉這些形上學家的哲學的人，難以了解，二則是會使人把「常道」和這些哲學家的「絕對者」不當的連在一起。

我對「常道」有一個特別的解釋。那就是把「常道」了解為「原本的(original)道」、「原有的道」。這個解釋和「永久不變的道」的解釋並不衝突，因為原本的道也可以是永久不變的道；而永久不變的道也可以是原本的道。最重要的是，這個解釋對《老子》其他地方常道可能會變化的解釋，不必負擔常道永久不變的「強詞奪理」的辯護。例如，在「大道廢，有仁義」（十八章），「大道氾兮，其可左右」（三十四章），「反者道之動」（四十章），和「道生一，一生二，二生三，三生萬物」（四十一章）等地方，可能意味著常道是會變動的。這樣，我們可以把「道可道，非常道」進一步解釋為：

⑶可以適切描述的道，就不是永久不變或原本的道。

現在讓我們來看看「名可名，非常名」。向來《老子》的詮釋者，大都不是錯解這句話，就是輕易把它「混過去」。其理由主要是因為對它不當的對仗造句和語言使用層次的混淆，沒能看清楚，對「名」的問題認識不足。

「道可道，非常道」和「名可名，非常名」這兩句之間有多重的對仗。例如，除了從頭至尾依序每個字之間有對仗外，還有下圖所示各種對仗：

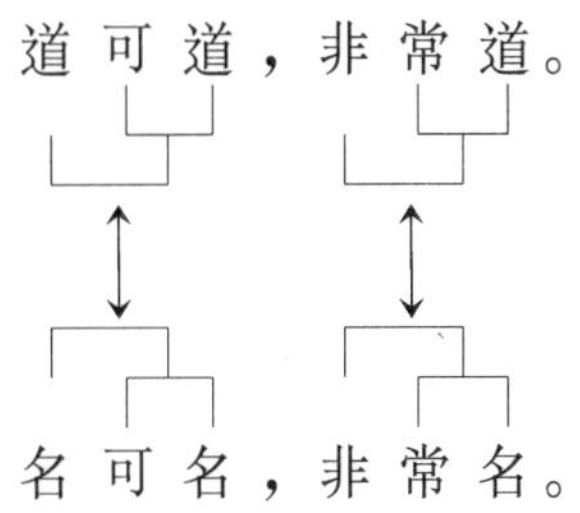

依這個圖，第一個「道」和第一個「名」，「可道」和「可名」，兩個「非」，和「常道」和「常名」等之間，形成一個對仗。其次，「道可道」和「名可名」，和「非常道」和「非常名」等之間又形成一個對仗。兩個對仗語句成為一個好對仗的必要條件之一是，在這兩個語句具有相同的邏輯結構的分析之下，各該語句都具有一個合理的語意解釋。在此我們要指出的，單獨來看「名可名，非常名」這句話的話，其中的「名可名」一詞可以有兩種不同邏輯結構的分析。因「名可名」是和「道可道」對仗的，那末首先讓我們看看，在和「道可道」具有相同邏輯結構的分析下，「名可名」應做如何的語意解釋。讓我們認定，「道可道，非常道」具有像前面語句(1)、(2)或(3)，尤其是(1)那樣的邏輯結構。為參照方便，讓我們把語句(1)抄在下面：

可以描說的道，就不是常道。

依照這個語句的形式，我們可把「名可名，非常名」寫成

(4)可以給名的名，就不是常名。

在像前面(1)、(2)或(3)的解釋下，「道可道」中兩個「道」字的意義沒有任何內在的關連，因此，「可以描說的道」一詞沒有什麼歧義。但由於「名可名」中的兩個「名」字的語意有某種不可分的關連，因此，即使把「名可名」寫成「可以給名的名」或「可以叫出的名」，後者仍然難免含有和前者同樣的歧義。現在讓我們來看看在嚴格地和語句(1)具有相同邏輯結構的分析下，語句(4)應做如何解釋。為做這，我們要知道的，除了人或東西可以具有名

字(name)以外，字或詞組本身也可以具有名字的。例如在

日月潭是臺灣中部的一個湖泊，

這句話中，「日月潭」是一個湖泊的名字。但在

「日月潭」是一個湖泊的名字，

這句話中，「「日月潭」」是一個湖泊的名字的名字。在這個語句中，我們把一個名字放在一個引號裏，連同該引號一起造出該名字的一個名字。這樣，我們顯然可以為每個名字造出它的一個名字。

其次，為顯現語句⑴和⑷的邏輯結構，讓我們利用述詞邏輯的符號來表示它們。設

Tx：x是道

Sx：x是可以描說的

$C^{t}x$：x是常道

Nx：x是名（字）

$N^{d}x$：x是可以給名的

$C^{n}x$：x是常名

那末，我們可把語句⑴和⑷分別符示為：

⑸ $(x)[(Tx \cdot Sx) \rightarrow \sim C^{t}x]$

和

⑹ $(x)[(Nx \cdot N^{d}x) \rightarrow \sim C^{n}x]$

從上面的簡寫表和⑸和⑹，我們可以看出⑹和⑸是具有相同的邏輯結構的。⑸可以依次寫成

⑸′所有可以描說的道，就不是常道。

而⑹也可以依次寫成

⑹′所有可以給名的名，就不是常名。

仔細參照語句⑹，⑷或⑹′可以進一步分析為

⑺對每一個名（字），如果可以給它取一個名字，則它就不是常名。

（有人把「名可名，非常名」英譯為“The name that can be named is not the eternal name.”❾這個英譯應該看成是上面語句⑺的意思。） 由於如同前面

不久講過的，我們可以給每個名字取一個名字，即$(x)(Nx \rightarrow N^{d}x)$。在這個假定下，依述詞邏輯，前面語句⑹和

⑻ $(x)(Nx \rightarrow \sim C^{n}x)$

等值。語句⑻的意思顯然是說：

⑼所有可以給予的名（字）都不是常名。

如果我們把「常名」解釋為「永久不變或原本的名字」，則這幾乎等於說：

⑽我們「人」可以給予事物的名字，都不是該事物永久不變或原本的名字。

這又意味著說：

⑾所有或有些事物具有永久不變或原本的名字。

縱觀《老子》一書，似乎找不到有像⑽和⑾這樣的意思。因此我們可以說，在和「道可道，非常道」具有相同邏輯結構的分析下，「名可名，非常名」得不到一個可接受的解釋。因此後者和前者不是一個好的對仗。此外，在上述解釋下，「名可名，非常名」中的第一個和最後一個「名」字講到的是語言層面，而「道可道，非常道」中第一個和最後一個「道」字講到的是事物（世界）層面。因此，這個對仗含有類型的錯誤。此外，如同我們前面指出過的，在「道可道」中，兩個「道」字的語意沒有什麼內在的關連，而在「名可名」中的兩個「名」字則有。因此，這個對仗含有局部結構不同的錯誤。

「名可名，非常名」似乎也可以解釋為：

⑿可以用來（對某一事物）給名的名，就不是常名。

這可以英譯為 “The name that can be used to name something is not the eternal name.”在這裏「名可名」的解釋和前面的解釋不同。前面的解釋是「對名給名」，這裏的解釋是對事物給名的名。設

$N^{e}xy$：x 給 y 一個名（字）

參照前面的簡寫表，我們可把語句⑿符示為：

⒀ $(x)[(Nx \cdot \exists y N^{e}xy) \rightarrow \sim C^{n}x]$

---

❾ 參看注❸和注❻。

語句(13)的結構和(6)的不同。但有趣的是，在下面的假定下，如同(6)可以化成(8)，(13)也可以化成(8)。這個假定是「每個名字是某一事物的名字」，也就是$(x)(Nx\rightarrow\exists yN^{e}xy)$。在$(x)(Nx\rightarrow\exists yN^{e}xy)$這個假定下，(12)和

$$(x)(Nx\rightarrow\sim C^{n}x)$$

等值。但要注意，要(6)和(8)等值的假定是$(x)(Nx\rightarrow N^{d}x)$，即每一個名字可以有一個名字。

「名可名，非常名」的一個常見的翻譯是「可以叫得出來的名，就不是常名」。做這樣翻譯的人可能沒有覺察到，在討論「常名」的脈絡中，這裏的「可以叫得出來的名」一語，可以有兩種解釋。一種是如同我們前面語句(9)那樣，解釋為「可以給的名（字），都不是常名」。這個解釋可英譯為“the name that can be given”[10]。另一種解釋是「可以認得出的名（字）」。在這個解釋中有著一個假定，即事物「本身」具有一個「名」和「常名」，其中「名」可能被我們認出，而「常名」則認不出。當然，如果你說所有的「名」都是人「給」的，則就沒有可不可認得出的問題，當然也沒有「常名」的問題了。

嚴靈峰對「名可名，非常名」有一個很特別的解釋。他把這句話裏的第一和第三個「名」字，解釋為「『存在』、『普遍的存在』；相當於英文：Existence。」[11]他說：「此『名』字乃指宇宙之本真，具整一大全之存在意義。」[12]因而他把這句話解釋為「『名』（自然的本真），（若果）叫得出來的，就不算是永久存在的『名』。」[13]這樣他把它英譯為“The *Ming* which can be named is not the constant *Ming*.”[14]。他這個解釋有兩個好處。一個是，就「名可名，非常名」和「道可道，非常道」的對仗來說，沒有類型

[10] 林語堂就這樣譯。Yu-tang Lin（林語堂）英譯 *Wisdom of Laotse*（《老子的智慧》）上冊，p. 83。

[11] 嚴靈峰著《老子達解》，p. 18。

[12] 前書，p. 4。

[13] 前書，p. 11。

[14] 嚴靈峰編纂《中英對照老子章句新編》，p. 7。

錯誤的毛病。另一個是，這個解釋的「內容」可以溶入老子的哲學中。但它的缺點是，不論是從上下文的「名」字，還是從《老子》一書其他所有的「名」字的使用來看，都很難分析出這樣的解釋。其實，他根據的也不過是「《春秋繁露》:〈深察名號篇〉:『名之為言真也。』又云:『名物如其真，不失秋毫之末。』」❺依我的解釋，《春秋繁露》這兩句話說的是，名所要表達的是事物的真實，各個名就如其表示的物那樣表示出來，沒有絲毫差錯。在這兩句話裏還意味著說，名可以真實的表達物。我們怎可利用它來解釋「宇宙之本真」不可以名，不可以叫出來呢?

《老子》的詮釋者，雖然在做「翻譯」時，扣住「名可名，非常名」的語意或語法，做諸如我們以上討論的對「任何事物」的「可名」做翻譯或解釋，但是在做進一步的詮釋和引伸時，則常常把它「特定」到「道」或「常道」的「可名」來做解說。也就是把它解說為:

⑭所有可以給予（常）道的名字或可以認得出的（常）道的名（字），都不是（常）道的常名。

我個人也認為這句話應該做這樣的解說，但這種解說不是「當然的」，因為它偏離了這句話的語意和語法很遠，因此它需要辯護(justification)。首先，縱觀《老子》，似乎沒有討論「名」的一般問題，因此，如果把這句話解釋為名的一般問題，未免太孤立和唐突。其次，我們之所以可以把它解說為⑭，是因為在這一章（第一章）中，討論了道的可說不可說和有關道的名的問題。例如，「無，名天地之始；有，名萬物之母。」無和有「兩者，同出而異名。」而且，在其他章次中，也討論有關道的名字的問題。例如，

> 有物混成，先天地生。寂兮寥兮，獨立不改，周行而不殆，可以為天下母。吾不知其名，強字之曰道，強為之名曰大。（二十五章）
>
> 道常無名。（三十二章）
>
> 道隱無名。（四十一章）

---

❺ 嚴靈峰著《老子達解》，p. 4。

現在讓我們假定，「名可名，非常名」應解釋為前面語句(14)那樣。那末，讓我們進一步討論這個解釋。首先請注意的，在這個解釋中我們有「可以認得出的道的名」這個選項。這個選項意味著，道原來就有名字——普通的名字或常名。凡是我們人認得出的，都是它的普通的名字，常名認不出來。前面剛剛引述的「吾不知其名」，使我們覺得可能有這個解釋。但如同我們後面要論辯的，在我們對這裏的「名」一字應有的了解中，這個選項和「可以給予道的名」的差別不大。現在先讓我們在「可以給予道的名」這個選項來討論。

為現在的討論，我們對名（字）(names)，名稱（命名）(naming)和被名者(the named)這三者的關連有三個觀察。當我們任意選擇一個記號組(可以是一個單一記號）來代表某一個人、物、或項目時，我們給該物、人、或項目取一個專名(proper name)。例如，我們任意選擇一個記號「張飛」來代表某一個壯漢。張飛就是該壯漢的一個（專）名字。其次，我們可以使用一個通名(general name)來稱指(refer to)或述說(predicate)具有該通名意指的性質的任一個人、物、或項目。例如，我們可以拿「灰鯨」來稱指或述說在海上看到的一隻巨大的動物說，牠是一隻灰鯨或灰鯨浮出海面。這裏，「灰鯨」是該動物的名字，但也是所有灰鯨的名字，所以它是通名——某一類動物或事物共有的名字，而不是專名——某一個動物或事物特有的名字。有時候我們也拿具有通名性質——表示某一類事物的性質的詞組，來當某「一個」特定人、物、或項目的專名。我們也許可把這種專名叫做含通性的專名(proper name with generality)。例如，道家就拿「太上老君」來稱呼老子。這裏，「太上老君」就是一個含通性的專名。一個含通性的專名具有普通專名的一個特性，即它只是某一個特定項目的名字，而不是某一類項目共同的名字。它也具有普通通名的一個特性，即它有表示某種通性，而這種通性和它所意指的項目的性質有某種內在的關連。

現在我們要問的是，所謂所有可以給道的名（字）的「名」，是指上面那一種呢？專名、通名，還是含通性的專名？首先，我們認為它不是指專名。因為，如果是指專名的話，則所謂是不是常名——永久不變或原本的名——的問題，實在沒有什麼意思，因為專名是可以任意給的，因此也可以任意改變，或者也可以在歷史的發展中，不知不覺被改變。再者，如果是專名，則老子在「吾不知其名」之後，不必拿和道的意含有某種內在關連的字眼「道」和「大」來「強字之曰道，強為之名曰大」。其次我們也認為它不是指通名，因為老子是在討論我們是否可以給道取一個專名的問題，而且由於道的獨特性，沒有其他東西和道具有共同而特有的性徵。這樣，我們認為，所謂所有可以給道的名（都不是常名）的「名」應該是指含通性的專名了。老子的意思是我們不可能給道一個永久不變或原本的含通性的專名。也許我們可以拿現在語言哲學上所謂「獨一無二的辨認描述詞」(unique identifying descriptions)⑯，來解釋這裏所謂含通性的專名。所謂獨一無二的辨認描述詞，簡單的說，是指一個或一組用來描述的詞組，利用這個（些）描述我們可以把被它描述的唯一象目(object)辨認或挑選出來。在這樣的了解下，前面語句⒁意味著說：

⒂我們不能夠給道提出一個常名，也就是不能夠給道提出一個永久不變或原本的「獨一無二的辨認描述詞」。

也許有人會說，一個「獨一無二的辨認描述詞」常常「很長」，怎麼可以看成是一個「名」呢？這是實際的問題，不是理論的問題。其實，有些名也相當長的，譬如「蘇維埃社會主義共和國聯邦」(Union of Soviet Socialist Republics)很長，但我們時常可以簡稱它為「蘇聯」(Soviet Union或USSR)。

現在我們要問的，為什麼我們不能給道提出一個永久不變或原本的獨一無二的辨認描述詞呢？那是因為道太「妙」（深微奧妙），太「玄」（幽昧深遠）（一章）和混然一體（「有物混成」）（二十五章），或是因為道「變動不居，周流六虛」⑰，因而無法給它做辨認描述。不論是因為何者，其原因都在道一邊，不在語言一邊。在前面語句⒁，我們把「名可名」也做

⑯ 參看史陶生(P. F. Strawson)：《個子》(*Individuals*)，p. 7ff., 186。鄧南倫(K. S. Donnellan): "Proper Names and Identifying Descriptions", *Semantics of Natural Language*, 戴維森(D. Davidson)和哈曼(G. Harman)合編，, pp. 356–379.

⑰ 朱謙之：《老子校釋》，p. 4。

另一可能的解釋，即「可以認得出的道的名（字）。」在把「名」分析為「獨一無二的辨認描述詞」的解釋時，可把上述解釋分析為「可以認得出的道的獨一無二的辨認性質或道的獨一無二的辨認描述」，因為「獨一無二的描述詞」描述的就是「獨一無二的辨認性質」。因此，「可以給道的名（字）」和「可以認得出的道的名（字）」，可以說是一體的兩面。

在把「道可道，非常道」解釋為「可以描說的道，就不是永久不變或原本的道」，和把「名可名，非常名」解說為「可以給道提出的獨一無二的辨認描述詞，就不是道的永久不變或原本的獨一無二的辨認描述詞」以後，我們可以說，這裏所謂「可道」和「可名」基本地都指「可描述」的意思。許多《老子》的詮釋者，很直覺地把「可道」和「可名」混在一起解釋，其原因恐怕在此。例如，在《老子道德經注》上，王弼注解說：「可道之道，可名之名，指事造形，非其常也。故不可道，不可名也。」這樣，可道和可名是否同義呢？並不盡然。

「可道」的解釋應該有強弱兩式。強式的解釋是把道的「所有」重要而基本的性質說出來或描述出來。弱式的則只需把「部分」重要而基本的性質說出來或描述出來。如果道的（獨一無二的）辨認性質有而且只有一組，則強式的可道可以視為和可名同義。如果道的辨認性質不只一個或一組，則弱式的可道可以視為和可名同義。也許是因為道的可道和道的可名有上述這樣的內在關連，老子在「直覺上」造出「道可道，非常道；名可名，非常名」的對仗語句。

最後，讓我們來檢討對（常）道之不可道、不可名的一種常見的解說。這種解說說，（常）道之不可道、不可名，是由於人的語言的侷限性。例如，賀榮一說：

> 原來老子給「道」所起的字「道」和所起的名「大」，二者之內涵皆不能與永恒的「道」之內涵相稱。按人對事物的命名，都是對事物先有了認識，得到一個明晰概念，然後才能根據所認識的內容取

> 名⑱。但人的認識能力是有限的，對一個恒無限的「道」⑲就無法認識得清楚，因此不會得到一個明晰概念。即使人能認識得清楚，但仍不能從人的語言中找到一個恰當其可的名稱，因為人的語言是有其偈限性的。老子深明此點，因此他說：「道可道，非常道；名可名，非常名。」⑳

在這裏我們要指出的，撇開人的語言的偈限性和在這裏的道可名有怎樣的關連不談，我們認為，在整個《老子》中，對道是否可名的理由只講到道一邊的問題，而沒有講到任何有關語言一邊的問題，也沒有講到人的認識能力的限度的問題。因此，我們認為在道是否可名的討論中，不應擅自添加語言的偈限性或概念的定限性，當（常）道不可名的一個理由。

⑱ 純專名的取名不一定要根據所認識的「內容」。

⑲ 此處原文為「超越絕對實有」。

⑳ 賀榮一（義大利巴維亞大學教授）：《道德經註譯與析解》，p. 5。在引文中，我拿「道」取代原文的「絕對實有」。 這樣取代一則是為方便讀者閱讀，二則是我極不贊同用「絕對實有」來解釋老子的「道」。

第二章　老子的「對反」和「只推一步」的思想模式

一、對反思想模式和對反造句的列舉

老子的思想或思考是有若干顯著模式的。老子的研究者一般都只注重老子思想的內容，很少關心到他的思想模式。老子思想模式的研究，除了顯現這些思想模式是怎樣一種模式以外，更重要的，是要進一步探究這些思想模式，實質上如何影響了他的思想內容，尤其是思想內容的適當性。

在本文裏，我要討論老子的「對反」和「只推一步」的思想（思考）模式❶。讓我們先看「對反」的思想模式和造句。請看《老子》第二章：

> 天下皆知美之為美，斯惡已；皆知善之為善，斯不善已。
> 有無相生，難易相成，長短相較，高下相盈，音聲相和，前後相隨。
> 是以聖人處無為之事，行不言之教。
> 萬物作而不為始，生而不有，為而不恃，功成而弗居。

在這一章裏，幾乎每一句話都含有對反的文字和觀念。現在把這些對反用括方圍起來看看：

⑴〈美，惡〉，⑵〈善，不善〉
⑶〈有，無〉，⑷〈難，易〉，⑸〈長，短〉
⑹〈高，下〉，⑺〈音，聲〉，⑻〈前，後〉
⑼〈處，無為〉，⑽〈行，不言〉

---

❶ 我在本書第一章〈老子的「道可道，非常道；名可名，非常名」〉裏指出，《老子》一書充滿對仗（對比）和疊進，以及這兩種共同並用的造句。用文詞的對仗和疊進表達思想，也是老子的重要而顯著的思想模式。

⑾〈作，不為始〉，⑿〈生，不有〉，⒀〈為，不恃〉

⒁〈功成，弗居〉

上面⑴中，「惡」字該當「醜」字講。⑵中的「不善」，當然當「惡」字講，但在⑴中已經使用「惡」字，恐怕是為了修辭變化而寫「不善」。⑺中的「音」指樂器的音樂，「聲」則指人的聲音；「器音」和「人聲」也有某種對反的意思，因為一個是「物聲」，一個是「人聲」。⑼中的「處」是指處理，有積極有為之意，故與「無為」對反。⑽中的「行」有「作為」之意，而「不言」有「不作為」之意，故「行」與「不言」有對反之意。⑾中的「作」字有「興作」、「作為」的意思，而「不為始」有「不作為」的意思；因此，「作」與「不為始」有對反的意思。⑿中的「生」有生長（萬物）的意思，而「不有」，即「不據為已有」的意思。生長出東西，本來就得有該東西，現不據為已有該東西，故「生」與「不有」有對反的意思。⒀中的「為」有「作育，推動」的意思，而「不恃」則指「不自以為盡了力」，故兩者有對反的意思。⒁中的「弗居」的意思是「不居功」；故「成功」與「弗居」有對反的意思。上面表列中，其他呈對反的情形，顯而易見。

在《老子》中，像上面那樣的對反造句還非常多。在此我們先列舉如下（下面每一句子都有兩個用括方「〈〉」括起來的詞組，這兩組詞組表示對反。當然，這些括方是我加的。讀這些句子時，要重視這些括方。）❷：

第　一　章：〈無〉，名天地之始，〈有〉，名萬物之母。

故常〈無〉，欲以觀其妙，常〈有〉，欲以觀其徼。

第　三　章：〈虛〉其心，〈實〉其腹，〈弱〉其志，〈強〉其骨。

第　七　章：以其〈不自生〉，故〈能長生〉。

非〈以其無私〉邪？故能〈成其私〉。

第十一章：當其〈無〉，〈有〉車之用。

當其〈無〉，〈有〉室之用。

❷ 這些列舉我參考了嚴靈峰著《無求備齋學術新著》中〈老子哲學中若干重要問題〉，pp. 6–17，以及鄭成海著《老子學說研究》第五章〈方法論〉，pp. 135–158。除這些以外，還有沒有列舉的，但這些已夠我們討論了。

故〈有之〉以為利，〈無之〉以為用。

第十三章：及吾〈無〉身，吾〈有〉何患？

第十四章：〈視〉之〈不見〉，名曰夷。
〈聽〉之〈不聞〉，名曰希。
〈摶〉之〈不得〉，名曰微。
是謂〈無狀〉之〈狀〉。
其〈上〉不皦，其〈下〉不昧。
〈無物〉之〈象〉。
〈迎〉之不見其首，〈隨〉之不見其後。
迎之不見其〈首〉，隨之不見其〈後〉。

第十五章：故能〈蔽〉而〈新〉成。

第十八章：〈大道廢〉，〈有仁義〉。
〈智慧出〉，〈有大偽〉。
〈六親不和〉，〈有孝慈〉。
〈國家昏亂〉，〈有忠臣〉。

第十九章：〈絕聖棄智〉，〈民利百倍〉。
〈絕仁棄義〉，〈民復孝慈〉。
〈絕巧棄利〉，〈盜賊無有〉。

第二十章：〈唯〉之與〈阿〉，相去幾何？
〈善〉之與〈惡〉，相去幾何？
〈眾人皆有餘〉，而〈我獨若遺〉。
〈俗人昭昭〉，〈我獨昏昏〉。
〈俗人察察〉，〈我獨悶悶〉。
〈眾人皆有以〉，而〈我獨頑且鄙〉。

第二十一章：〈惚兮恍兮〉，其中〈有象〉。
〈恍兮惚兮〉，其中〈有物〉。
〈窈兮冥兮〉，其中〈有精〉。

第二十二章：〈曲〉則〈全〉。

〈枉〉則〈直〉。
〈窪〉則〈盈〉。
〈敝〉則〈新〉。
〈少〉則〈得〉。
〈多〉則〈惑〉。
〈不自見〉，故〈明〉。
〈不自是〉，故〈彰〉。
〈不自伐〉，故〈有功〉。
〈不自矜〉，故〈長〉。

第二十四章：〈企〉者〈不立〉。
〈跨〉者〈不行〉。
〈自見〉者〈不明〉。
〈自是〉者〈不彰〉。
〈自伐〉者〈無功〉。
〈自矜〉者〈不長〉。

第二十六章：〈重〉為〈輕〉根。
〈靜〉為〈躁〉君。

第二十八章：知其〈雄〉，守其〈雌〉。
故〈大制〉〈不割〉。

第二十九章：或〈行〉或〈隨〉。
或〈歔〉或〈吹〉。
或〈強〉或〈羸〉。
或〈培〉或〈墮〉。

第三十六章：將欲〈歙〉之，必固〈張〉之。
將欲〈弱〉之，必固〈強〉之。
將欲〈廢〉之，必固〈興〉之。
將欲〈取〉之，必固〈與〉之。
〈柔弱〉勝〈剛強〉。

第三十七章：道常〈無為〉，而〈無不為〉。

第三十八章：上德〈不德〉，是以〈有德〉。

下德〈不失德〉，是以〈無德〉。

上德〈無為〉而〈無以為〉。

下德〈無為〉而〈有以為〉。

上仁〈為之〉而〈無以為〉。

是以大丈夫處其〈厚〉，不居其〈薄〉。

處其〈實〉，不居其〈華〉。

〈去彼〉〈取此〉。

第三十九章：故〈貴〉以〈賤〉為本。

〈高〉以〈下〉為基。

第 四 十 章：〈有〉生於〈無〉。

第四十一章：若〈存〉若〈亡〉。

〈明〉道若〈昧〉。

〈進〉道若〈退〉。

〈夷〉道若〈纇〉。

〈上〉德若〈谷〉。

大〈白〉若〈辱〉。

〈廣〉德若〈不足〉。

〈建〉德若〈偷〉。

〈質〉德若〈渝〉。

〈大方〉〈無隅〉。

〈大器〉〈晚成〉。

〈大音〉〈希聲〉。

〈大象〉〈無形〉。

第四十二章：萬物〈負陰〉而〈抱陽〉。

故物，或〈損〉之而〈益〉。

或〈益〉之而〈損〉。

第四十三章：天下之〈至柔〉，馳騁天下之〈至堅〉。

第四十四章：〈名〉與〈身〉孰親?

〈身〉與〈貨〉孰多?

〈得〉與〈亡〉孰病?

〈多藏〉必〈厚亡〉。

第四十五章：大〈成〉若〈缺〉。

大〈盈〉若〈沖〉。

大〈直〉若〈屈〉。

大〈巧〉若〈拙〉。

大〈辯〉若〈訥〉。

〈靜〉勝〈躁〉。

〈寒〉勝〈熱〉。

第四十六章：天下〈有道〉，卻走馬以糞；天下〈無道〉，戎馬生於郊。

第四十七章：〈不出戶〉，〈知天下〉。

〈不闚牖〉，〈見天道〉。

其出彌〈遠〉，其知彌〈少〉。

是以聖人〈不行〉而〈知〉。

〈不見〉而〈明〉。

〈不為〉而〈成〉。

第四十八章：為學日〈益〉，為道日〈損〉。

〈無為〉而〈無不為〉。

〈取天下〉常以無事，及其有事，〈不足以取天下〉。

取天下常以〈無事〉，及其〈有事〉，不足以取天下。

第四十九章：〈善〉者，吾善之；〈不善〉者，吾亦善之。

〈信〉者，吾信之；〈不信〉者，吾亦信之。

第 五 十 章：〈出生〉〈入死〉。

第五十二章：〈塞〉其兌，……〈開〉其兌。

〈閉〉其門，……〈濟〉其事。

〈見小〉曰〈明〉。

〈守柔〉曰〈強〉。

第五十四章：善〈建〉者不〈拔〉。

善〈抱〉者不〈脫〉。

第五十六章：〈知〉者不言，言者〈不知〉。

知者〈不言〉，〈言〉者不知。

不可得而〈親〉，不可得而〈疏〉。

不可得而〈利〉，不可得而〈害〉。

不可得而〈貴〉，不可得而〈賤〉。

第五十七章：以〈正〉治國，以〈奇〉用兵。

以〈無事〉〈取天下〉。

第五十八章：〈禍〉兮，〈福〉之所倚。

〈福〉兮，〈禍〉之所伏。

〈方〉而〈不割〉。

〈廉〉而〈不劌〉。

〈直〉而〈不肆〉。

〈光〉而〈不耀〉。

第 六 十 章：〈治大國〉，若〈烹小鮮〉。

第六十一章：〈大邦〉以下〈小邦〉，則取小邦。

〈小邦〉以下〈大邦〉，則取大邦。

第六十二章：〈善人〉之寶，〈不善人〉之所保。

第六十三章：〈大〉〈小〉多少。

大小〈多〉〈少〉。

報〈怨〉以〈德〉。

圖〈難〉於其〈易〉。

為〈大〉於其〈細〉。

天下〈難〉事，必作於〈易〉。

天下〈大〉事，必作於〈細〉。

多〈易〉必多〈難〉。

第六十四章：〈合抱〉之木，生於〈毫末〉。

〈九層〉之臺，起於〈累土〉。

〈千里〉之行，始於〈足下〉。

第六十五章：非以〈明〉民，將以〈愚〉之。

故〈以智〉治國，國之賊；〈不以智〉治國，國之福。

以智治國，國之〈賊〉；不以智治國，國之〈福〉。

第六十六章：欲〈上〉民，必以言〈下〉之。

欲〈先〉民，必以身〈後〉之。

第七十一章：〈知〉〈不知〉，上。

〈不知〉〈知〉，病。

第七十二章：民〈不畏威〉，則〈大威〉至。

第七十三章：勇於〈敢〉則殺，勇於〈不敢〉則活。

勇於敢則〈殺〉，勇於不敢則〈活〉。

此兩者，或〈利〉或〈害〉。

第七十五章：民之〈輕死〉，以其上〈求生之厚〉。

第七十六章：人之〈生〉也柔弱，其〈死〉也堅強。

人之生也〈柔弱〉，其死也〈堅強〉。

草木之〈生〉也柔脆，其〈死〉也枯槁。

草木之生也〈柔脆〉，其死也〈枯槁〉。

故〈堅強〉者死之徒，〈柔弱〉者生之徒。

故堅強者〈死〉之徒，柔弱者〈生〉之徒。

〈強大〉處下，〈柔弱〉處上。

強大處〈下〉，柔弱處〈上〉。

第七十七章：〈高〉者抑之，〈下〉者舉之。

高者〈抑〉之，下者〈舉〉之。

〈有餘〉者損之，〈不足〉者補之。

有餘者〈損〉之，不足者〈補〉之。

〈損有餘〉而〈補不足〉。

〈損不足〉以〈奉有餘〉。

第七十八章:〈弱〉之勝〈強〉,……天下莫不知。

〈柔〉之勝〈剛〉,……天下莫不知。

第七十九章:〈有德〉司契,〈無德〉司徹。

第八十一章:〈信言〉〈不美〉。

〈美言〉〈不信〉。

〈善〉者不辯,辯者〈不善〉。

善者〈不辯〉,〈辯〉者不善。

〈知〉者不博,博者〈不知〉。

知者〈不博〉,〈博〉者不知。

以上我們不厭其煩把《老子》中對反模式的造句和思考列舉出來,一則是希望盡量周全把這種情形詳列出來。這是英國哲學家奧斯丁(J. L. Austin)強調的所謂哲學的「田野工作」❸,二則更重要的是,我們要根據這些對老子的寫作和思想方式,以及老子哲學本身,做許多解說和評論。其實,再仔細分析和尋找《老子》的這種造句和思考模式,不止這些。

我們將把《老子》中像上面列舉那樣的造句和思想(思考)方式,叫做「對反的思想(思考)模式(opposite thinking pattern)」。老子有若干顯著的思想模式,這種對反的思想模式是最重要者。老子的思想內容基本而重要的受這種思想模式決定。這是研究老子哲學的人,要注意和了解的。

二、「對反思想模式」的解說

老子的這種對反思想模式,是我們從《老子》看到的,他自己並沒有對這種思想模式做過說明,更不用說是檢討了。很少,甚或沒有對自己的思想方式和內容做自省式的說明和檢討,可以說是中華傳統哲學的一個特徵。我們這裏所謂對反,主要是指在造句上用相反詞(antonym, opposite),而在概念上基本是使用這種相反詞所呈現出來的某種對反情況。從上節列

❸ 參看本人的《奧斯丁》第十三章〈奧斯丁的哲學方法〉。

舉的對反造句例子，可以知道，在形式上這種對反有四種造法。一種就是利用我們普通字典上所謂反對詞。例如：

〈有〉〈無〉相生。
〈難〉〈易〉相成。
〈長〉〈短〉相形。
〈高〉〈下〉相傾。
〈前〉〈後〉相隨。（二章）
〈曲〉則〈全〉。
〈枉〉則〈直〉。
〈窪〉則〈盈〉。
〈敝〉則〈新〉。（二十二章）
〈重〉為〈輕〉根。
〈靜〉為〈躁〉君。（二十六章）

等等，還有很多。第二種是利用否定詞，「不」或「無」等的。例如：

〈視〉之〈不見〉，名曰夷。
〈聽〉之〈不聞〉，名曰希。
〈搏〉之〈不得〉，名曰微。（十四章）
〈企〉者〈不立〉。
〈跨〉者〈不行〉。
〈自見〉者〈不明〉。
〈自是〉者〈不彰〉。
〈自伐〉者〈無功〉。（二十四章）
〈知〉者不言，言者〈不知〉。
知者〈不言〉，〈言〉者不知。（五十五章）

等等，還有很多。在這些例子中，我們可把「視」和「見」,「聽」和「聞」，「搏」和「得」等等，看做同義詞或同義的概念。第三種是，利用在概念上相反的。例如：

〈大道廢〉，〈有仁義〉。
〈智慧出〉，〈有大偽〉。
〈六親不和〉，〈有孝慈〉。
〈國家昏亂〉，〈有忠臣〉。(十八章)
〈衆人皆有餘〉，〈我獨若遺〉。
〈俗人昭昭〉，〈我獨昏昏〉。
〈俗人察察〉，〈我獨悶悶〉。(二十章)
〈惚兮恍兮〉，其中〈有象〉。
〈恍兮惚兮〉，其中〈有物〉。(二十一章)

等等，還有很多。舉個例子來解說吧。先看「大道廢，有仁義」。大道廢除了，一般人的看法中，仁義道德也應該是沒有了，但老子卻用反面的說法說有仁義。一般的觀念是國家之所以會昏亂，是因為沒有忠臣（相對於有沒有忠臣這一理由來說)，但是老子卻相反的說，有忠臣。在恍惚中，一般的觀念是沒有什麼東西所致，但老子卻反而說有形象，有實物。

第四種的對反模式是用「若」即「好像」相反的東西寫出來，例如：

〈明〉道若〈昧〉。
〈進〉道若〈退〉。
〈上〉德若〈谷〉。(四十一章)
大〈成〉若〈缺〉。
大〈盈〉若〈沖〉。
大〈巧〉若〈拙〉。
大〈辯〉若〈訥〉。(四十五章)

等等，還有很多。舉幾個例子來說吧。明白的道，看起來好像是暗昧的樣子。前進的道，看起來好像是後退的樣子。智巧的，看起來好像是笨拙的樣子。雄辯的人，看起來好像不會說話的樣子。

我們這裏所謂老子的「對反」思想模式，學者嚴靈峰用「相對原理」一詞來概括它。他對他使用的「相對原理」這一概念說明不多❹。他說：「老子很早就發現事物的相對性的原理」。這裏有些問題。首先，如同我們在前面第一節列舉的，老子用對反方式造了許多句子，說了許多話，但是，他從來沒有提出一個什麼相對原理來。同時，我們似乎也不可能從他造的這些在意義上那麼雜亂的句子，抽出一個什麼相對原理出來。在我們沒有用一個相當清楚的方式把一個原理寫出來，並顯示這一原理相當符合我們所舉的實例以前，我們不能稱它為一個原理。其次，嚴靈峰所謂的相對性是什麼意思，也沒加說明。在中文的日常用法上，「相對」一詞至少有三個意義。一個是普通字典上所講的反對詞之間的相對，譬如，高低、上下、冷熱、善惡等兩端之間的相對。另一個是，相對於(with respect to)某一標準或根據而言的相對。例如，玉山相對於臺灣其他高山而言是很高的山峰，但相對於喜馬拉雅山脈的諸高峰而言，恐怕是普通高的山了，甚至是矮山了。又如士兵猛烈殺敵的行為，相對於對國家的忠心而言是勇敢，但是相對於人道主義而言則是殘暴。再一個是相對性(relativity)的相對，這是就與絕對性相較而言。這是一個觀念從一到零之間的程度的觀念。例如，美有普通的美、較美、更美、非常美等等。從第一節列舉的對反造句的例子來看，老子的對反觀念主要是從上述第一種意義的相對而言，也就是從日常反對詞出發來講的種種。因此，我們用對反而不用相對一詞來概括它們❺。

---

❹ 參看嚴靈峰前書，pp. 6–13。

❺ 嚴靈峰的學生鄭成海在他的前書(pp. 141–156)中也使用「相對原理」。他說：「老子認為『道』以外一切形而下的事物發展都是相對的。任何事物都不能單獨存在，必須向其他事物發生關係或聯繫。」我們認為，在討論老子哲學時，不能沒有辯解就說什麼是形而上的，形而下的。老子在什麼地方說，道以外形

嚴靈峰用「正言若反」(「反」的邏輯) 這一老子的用詞，來解說老子的「明道若昧」,「大直若屈」,「大方無隅」,「大巧若拙」這些對反造句。他說:

> 「正言若反」: 可以說是老子所特有的一種邏輯。在一般傳統的形式邏輯中，命題的公式是:「甲」是「甲」, 或「甲」非「非甲」。而老子卻不然; 他的公式是:「甲」是「非甲」。❻

然後他列舉了諸如我們前面列舉的《老子》第四十一和四十五章那些造句，並且這樣說:

> 這裏有許多「若」字的字句，尚不能肯定老子的「反的邏輯」, 如:「大音希 (無) 聲」、「大象無形」, 就比較肯定的。尤其是「大方無隅」一語最為重要。「大方」是最大的角。說它「無角」, 這與幾何學上所說「圓」是「無數的角」, 同樣的道理。這可以說「方」等於「圓」。換言之:「方是圓」。這是老子邏輯的特徵。

嚴靈峰這些說法，有許多是可疑的，甚至是錯的。首先，他把所謂「正言若反」解釋為:「甲」是「非甲」。我想,「貓是非貓」,「月亮是非月亮」或者「2是非2」應該是他的例子。他把這叫做老子的「反的邏輯」。我們不知道,「反的邏輯」是嚴靈峰自創的用語，還是那一個哲學家的用語。姑且假定,「『甲』是『非甲』」這個公式是所謂老子的「反的邏輯」, 但是我們認為，嚴靈峰所列舉的老子造句中，沒有一個實際上是這個形式的。讓我們舉代表性的例子來顯示。試看「進道若退」這個造句。這個句子可寫成「進道若退道」。這個句子並不是有「『甲』是『非甲』」這個形式，因為裏面有「若」字。這一點嚴靈峰自己也看到了，因此他說:「這裏有許多

而下的事物發展都是相對的? 又在什麼地方說，任何事物都不能單獨存在?

❻ 嚴靈峰前書，pp. 9–13。

『若』字的字句，尚不能肯定老子的『反的邏輯』。」既然不能肯定，為什麼把這類造句放在所謂老子的『反的邏輯』項目裏呢?」

他說，「大象無形」就比較肯定的了，尤其是「大方無隅」最為重要。也就是說，「大方無隅」由於沒有「若」字，因此就是「『甲』是『非甲』」這個命題形式了。其實不然，因為就前一個例子說，「非進」並不就是「退」，「非進」可以是「不進不退」。就「大方無隅」來說，「非大方」並不就是「無隅」(無角)，因為「非大方」可以是「小方」，並不一定是「無角」。再說，也許更重要的，「大方無隅」這個句子是「大方沒有角」。「大方沒有角」和「大方是非角」的命題形式不同，這正如同「老子沒有錢」和「老子是非錢」並不相同。

再就嚴靈峰列舉的「無為而無不為」這個例句來說。這句話可寫成「無為是無不為的」。這裏的「是」字並不是表示「等同」(identity)，而「『甲』是『非甲』」裏的「是」字是表示等同的。因此，前者不具有後者的形式。因此，我們認為以「『甲』是『非甲』」來解釋這些造句，有根本的錯誤。

現在讓我們回頭來看看所謂「正言若反」可能是什麼意義。「正言若反」這句話出現在《老子》第七十八章。在他的《老子達解》中，嚴靈峰把它解釋為「正直之言，是而若非」❼，和「正面的話，卻似反面的意思」❽。有的人把它解釋為「真實話，好像是胡說」❾。我們要知道的，正直的話，正面的話和正確（真實）的話這三者的意思，並不相同。正直的話可以有兩種意思，即公正不倚的話和不虛偽的話。正確的話，也有公正不倚的意思，但是也有和是否公正無關，而純指科學上的真理。例如當我們說：「2＋3＝5」時，我們說它是一句正確的話，但與公不公正無關。至於什麼是正面的話，那就很難界定了，時常要看它使用的場合而定。

我們不知道嚴靈峰到底是以上面三個意義的那一個來使用「正言若

❼ 嚴靈峰：《老子達解》，p. 401。

❽ 前書，p. 403。

❾ 參看賀榮一：《道德經註譯與析解》，p. 619，620。

反」。這裏有兩個緊要的問題。一個是，所謂正和反是根據什麼來區分呢？是不是在「*A*若*B*」這樣的造句中，*A*就是正，*B*就是反呢？如果是的話，這又根據什麼呢？在「大盈若沖」之中，如果「盈」是正，「沖」是反的話，則「道」是反了，因為老子說：「道沖，而用之或不盈」（四章）。另一個問題是，在「正言若反」之中的「言」是指語句，而不是指事物或東西。也就是，「正言若反」是講到語言層次，而不是講到世界或事物層次的。但是在「明道若昧」，「大巧若拙」這些語句中的明道、昧道、大巧、拙等是講到道、人等等世界層次，而不是講到語言層次的。

我想，以上的討論已足夠顯示嚴靈峰用「正言若反」這一詞語，來標示他想討論的老子那些造句是不適當的，因為它既不清楚，而且在概念上又有錯誤。

我們用「對反的思想模式」，來標示上面列舉的老子那些造句和思想方式，除了注意「對反」以外，也一樣注意「模式」(pattern) 這一用法。我們不用「對反的思想原理(principle)，理論(theory)，方法(method)」，因為在這裏老子並沒有提出一個可以辨認的原理，因此當然也稱不上什麼理論了。在哲學思想上所謂一個方法，至少要滿足這些條件，即要有相當清楚和相當程度的程序或技巧，而且要顯示，最好是舉例，遵循這個程序或技巧，可以獲得許多結果。老子在這裏並沒有提出一個程序或技巧來，因此稱不上有什麼方法。但是，老子的思想方式在這裏有一個重要的特色，那就是他總是喜歡和習慣於使用對反的用詞或概念的方式 (way) 來造句和思考。我把他習慣思考的這種方式叫做思想模式。在這裏我非常強調習慣這個觀念。我認為研究和閱讀《老子》的人，務必要注意和知道這一點。還有一點也很重要的，所謂對反並沒有指定那一端是「正」，那一端是「反」。我們完全是就兩端對照而說的對反。如果有指定正反的必要的話，只在具體的場合去指定。

三、老子對反思想的雜多性

我們在前節裏講過，老子的對反思想不是一個原理，因為我們除了能夠用非常模糊的「對反」來標示，簡直找不出一個較清楚、較具內容的法則來標示它。換句話說，老子的對反思想所講到的東西非常「雜多」，「不能一概而論」。老子對反思想和造句的雜多，可以從下面兩方面來講：

㈠幾乎日常語言中的所有對反詞，都可被用來造對反思想的語句，在不便找對反詞時，就拿否定詞「不」去造對反的語句。下面是一些從第一節列舉的對反造句選出來的對反詞（包括用否定詞造的）：

〈有，無〉

〈不自生，能長生〉

〈視，不見〉

〈新，蔽〉

〈善，惡〉

〈俗人，我獨〉

〈昭昭，昏昏〉

〈恍惚，有象〉

〈曲，全〉

〈不自伐，有功〉

〈企，不立〉

〈重，輕〉

〈雄，雌〉

〈行，隨〉

〈強，弱〉

〈興，廢〉

〈高，下〉

〈明，昧〉

〈大方，無隅〉

〈盈，沖〉

〈辯，訥〉

〈益，損〉

〈福，禍〉

〈光，不耀〉

〈大，小〉

〈先，後〉

〈生，死〉

從這些對反詞，我們明顯可以看出，所講的，天文、地理、人事、有生物、無生物等等，通通都有。

㈡使用對反詞來講的方式和講到的事項也毫無限制。

例如：

⑴根本沒有特定講到什麼的。例如：「有無相生，難易相成，長短相形，高下相盈，音聲相和，前後相隨」。(二章) 在這裏，是指什麼的有無，難易，長短，高下，音聲，前後？根本沒有指明，是指一切的嗎？如果是的話，這些話根本是空洞、毫無意義的。

⑵「天長地久，天地所以能長且久者，以其〈不自生〉，故〈能長生〉」。(七章) 這是講到天長地久的因果關係。

⑶「鑿戶牖以為室，當其〈無〉，〈有〉室之用」。(十一章) 這是說，開鑿門窗建造房間，〈有〉門窗這些〈空〉間，房間有用處。在這裏用〈有〉〈無〉對照講〈無〉的用處。

⑷「〈視〉之〈不見〉，名曰夷」。(十四章) 這是說，看它看不見，叫做夷 (無色)。這是用〈視〉和〈不見〉的對反來定義「夷」。

⑸「絕學無憂。……〈善〉之與〈惡〉，相去若何?」(二十章) 這是說，拋棄一切政教禮樂的俗學，就沒有煩惱了。這樣，善與惡就相差無幾。在這裏，講到在拋棄俗學以後，善惡的對照就要消失了。

等等，我們還可以舉例說明下去，但到此已經夠了。相信從以上兩點，即幾乎日常語言中的所有對反詞，都可以被用來做對反的思考，以及使用對反詞來講的方式和講到的事項毫無限制，我們可以說，老子是毫無限制的使用對反思考來造句，來思考，幾乎到「隨便」的地步。由於這樣的無限制和隨便，因此，固然老子自己沒有提出一個對反的法則或原理，我們也無法替他找出來。

雖然這樣，但是下面三個對反思考所顯示出來的內容，無疑是老子所強調的看法和思想：

(A)〈有〉〈無〉的對反

首先，讓我們把有「有」「無」字眼出現的〈有〉〈無〉對反語句列舉如下：

〈無〉，名天地之始，〈有〉，名萬物之母。

故常〈無〉，欲以觀其妙；常〈有〉，欲以觀其徼。（一章）

故〈有〉〈無〉相生。（二章）

三十輻，共一轂，當其〈無〉，〈有〉車之用。

埏埴以為器，當其〈無〉，〈有〉車之用。

鑿戶牖以為室，當其〈無〉，〈有〉室之用。

故〈有〉之以為利，〈無〉之以為用。（十一章）

及吾〈無〉身，吾〈有〉何患？（十三章）

盜賊〈無〉〈有〉。（十九章）

下德〈無〉為而〈有〉以為。（三十八章）

天下萬物生於〈有〉，有生於〈無〉。（四十章）

〈無〉〈有〉入無間。

吾是以知〈無〉為之〈有〉益。（四十三章）

天下〈有〉道，卻走馬以糞；天下〈無〉道，戎馬生於郊。（四十六章）

有一個統計，連同上舉的「有」「無」對反使用在內，在《老子》中，「無」字共用了一百零二次，「有」字共用了八十二次❿，這在《老子》中所用的「字」數是屬最多次者。在上面列舉的「有」「無」對反的造句和使用中，存在意義的有無幾乎都被強調。在「有」和「無」各別單用的造句和使用

❿ 參照葉廷幹：《老子索引》的統計，p. 25，29。

中，有的場合，「有」字當和「無」相對意義的「有」來使用。例如：

> 惚兮恍兮，其中〈有〉象；恍兮惚兮，其中〈有〉物。窈兮冥兮，其中〈有〉精。（二十一章）
> 言〈有〉宗，事〈有〉君（言論有宗旨，行事有根據）。（七十章）

但有的場合，「有」字有別的意義。例如：

> 執古之道，以御今之〈有〉（採用古來的道，來駕馭現在的具體事物）。（十四章）

在這裏「有」可以當「具體事物」講。又如：

> 用兵〈有〉言（用兵的人曾說）。（六十九章）

在這裏，「有言」可當「說過」，在此「有」字的「有無」意味很淡。在「無」的場合，大半的「無」當「有無」的存在意義的「無」講，例如：

> 繩繩不可名，復歸於〈無〉物。（十四章）
> 聖人〈無〉常心（聖人沒有自己固定的成見）。（四十九章）

有的「無」當否定詞「不」(not)講。例如：

> 小國寡民。使有什伯之器而不用；使民重死而不遠徙。雖有舟輿，〈無〉所乘之；雖有甲兵，〈無〉所陳之。（八十章）

這段話說，國小人民少，遂使有各種兵器，也不派用場；人民重死，不遷移遠方；雖有舟車，不需去坐；雖有武器裝備，也不需陳列。因此，在這裏，兩個「無」字都可以當否定詞「不」講。

我們已經知道，《老子》中使用了許多「無」字。顯然，老子很喜歡講述有關「無」的事項。但是，他只是在使用「無」字或「無」的概念，他似乎沒有對「無」字的意義本身或「無」的概念本身加以說明過。依我們的了解，除了一二地方以外，「無」字不是當否定詞「不」用，就是當普通意義的有(something)無(nothing)意義之「無」用。所謂普通意義的「無」，就是普通所謂的「沒有什麼東西」。例如：

> 鑿戶牖以為室，當其〈無〉，有室之用。（十一章）

這句話是說，開鑿門窗做房間，有了門窗這空間，就有房間的用處。如果房間是密閉的，則不能當房間用。那些門窗「沒有什麼東西在那裏」，所以是「無」，至於是否有空氣在那裏流通，有紫外線或雷射從那裏透過來，那就不是普通所謂沒有什麼東西在那裏所管的了。因此，對這種「無」的意義，我們不需，而且也不應「更深」的去解說，因為老子所講的就是那個意思。但是，在

> 天下萬物生於有，有生於〈無〉，（四十章）

這句話中的「有」「無」是什麼意思呢？學者多半的解釋是，這裏的「有」「無」就是《老子》第一章中的「有」「無」。第一章說：「無，名天地之始；有，名萬物之母」。那「無」指「道」(本身)，「有」指「德」(即道的顯現與作用)。這當然是一種解釋。但是，我們要問的是，為什麼這麼特別意義的「有」「無」在第一章出現以後，在這裏（四十章）突然冒出，而以後也不再出現呢？為什麼老子不直截了當說：「天下萬物生於〈德〉，德生於〈道〉」呢？況且在這兩句之前的是「反者道之動，弱者道之用」，用「德」「道」來寫，在寫作和思想上不那樣唐突，讓人費解嗎？在文章的寫作要領上，突然以很特別意義的「有」「無」來造句，無論如何是不適當的。

再說，在「有」「無」的通常強勢意義上，說「天下萬物生於有」幾乎是廢話，幾乎是現代邏輯上所謂套套言 (tautology)，因為「萬物」者本來就有「有」，還用多說。反之，說「有生於無」難道不矛盾嗎？因為，無什麼東西也沒有，那有可能生什麼？如果不是這樣，為什麼要用「有」「無」來煩人，甚至「庸人自擾」呢？直截了當說：「天下萬物生於德，德生於道」，不就好了嗎？

也許老子在這裏遇到諸如這樣的一個情況。有一個普通的人（即不是哲學家，其實在老子的時代哲學家不會太多）指著一張桌子問老子說，這張桌子是什麼產生的？老子很可能回答說，它是由木材做的。那人又問，那木材是什麼產生的。老子回答說是由樹產生的。那樹又是什麼產生的。老子可能回答說，由泥土產生的（水的回答暫時撇開）。那人又問泥土是什麼產生的？只要最後的回答不是回頭的（即不循環），那麼老子一定會說那最後的東西，他叫不出名稱 (name) 來，他也許會說：那是一些什麼東西 (something)；或者說：〈有〉什麼東西。這種回答也許還可以令人滿意。但在最後階段，那人可能還會不斷質問下去：那〈有〉是什麼產生的呢?!也許午飯時間到了，老子在不耐煩之下乾脆就斷然說：〈無〉。那人再沒有什麼好問了。這樣一個〈無〉的回答，使老子變成一個哲學家。《老子》中特別意義的〈無〉，很可能是在這種思辨之下形成的。如果是的話，當然他這特別意義的〈無〉，多少和普通意義的「無」有關：就是講不出它是什麼，連最「恍惚」的意義都講不出來。所以，老子只好名之曰「無」。其實老子最糊塗的一點是：他老早就把這個最恍惚的道，名之曰「道」了，那裏沒有名稱！他不是說：「吾不知其名，字之曰：道」（二十章）嗎？這個「先天地生，獨立不改，周行而不殆，可以為天下母」的道，怎麼說是〈無〉呢？我想在這裏，老子已深深被語言困惑了。

(B)〈剛（堅）強〉與〈柔弱〉的對反

這是另一個老子的強勢對反思想。現在把直接用「強」「弱」對反寫的造句列舉如下：

〈弱〉其志，〈強〉其骨。(三章)

故物，……或〈強〉或〈羸〉。(二十九章)

將欲〈弱〉之，必固〈強〉之。

〈柔弱〉勝〈剛強〉。(三十六章)

天下之至〈柔〉，馳騁天下之至〈堅〉。(四十三章)

守〈柔〉曰〈強〉。(五十二章)

人之生也〈柔弱〉，其死也〈堅強〉。

故〈堅強〉者死之徒，〈柔弱〉者生之徒。

〈強大〉處下，〈柔弱〉處上。(七十六章)

天下莫〈柔弱〉於水，而攻〈堅強〉者莫之能勝。

〈弱〉之勝〈強〉，柔之勝剛，天下莫不知，莫能行。

〈柔〉之勝〈剛〉，天下莫不知，莫能行。(七十八章)

在這裏有幾點要注意的，剛強和柔弱是什麼意思，老子並沒有特別說明。就像所有討論到的概念一樣，老子是以社會上一般了解的意義來使用剛強和柔弱的(但他又給「柔弱」很高，給「剛強」很低的評價)。由於所謂社會上一般了解的意義，很可能有不同的了解，尤其在具體的例子和場合更可能有不同的了解，因此很容易產生爭執。其次，在評價上，老子很清楚很斷然認為「柔弱勝剛強」。這是老子思想的一個非常突出的特點。再說，在老子的對反命題中，如果兩個對反者是可評價者，則幾乎可用剛強和柔弱把它們歸類。例如，下面的對反對中，左右兩項可分別歸為強弱兩類：

〈有，無〉

〈實，虛〉

〈新，蔽〉

〈有餘，若遺〉

〈昭昭，昏昏〉

〈察察，悶悶〉

〈全，曲〉

〈盈，窪〉

〈得，少〉

〈貴，賤〉

〈明，昧〉

〈進，退〉

〈白，辱〉

〈成，缺〉

〈直，屈〉

〈巧，拙〉

〈辯，訥〉

〈躁，靜〉

〈熱，寒〉

〈益，損〉

〈高，下〉

等等。在這裏特別值得注意的是，「無」屬於弱，「有」屬於強。老子特別注意「無」的價值。

(C)〈(有)為(無不為)〉與〈無為〉的對反

先讓我們列舉這個對反的造句：

是以聖人〈處〉〈無為〉之事。(二章)

〈為〉〈無為〉，則無不治。(三章)

道常〈無為〉而〈無不為〉。(三十七章)

下德〈無為〉而〈有以為〉。

上仁〈為〉之而〈無以為〉。(三十八章)

〈無為〉而〈無不為〉。(四十八章)

等等。整本《老子》無為而無不為的講法和思想非常多。這種講法和思想有沒有道理，需要多方探究，我們不準備在這裏去做。我們想在這裏做一點語意的釐清。什麼是無為呢？最單純的解釋是純然不去做什麼 (doing nothing)。有的人把無為解釋為不「順其自然」，不妄為。有的人則把它特定為人君在經國治民上任何事都不做，一切聽任自然。無不為的字面意義是什麼都做了。當然，在一個系統裏，不能這樣漫無限制的解釋。無不為的意思當然要就是無為什麼，以及如果去為該什麼後希望達成什麼結果的範圍內的無不為。不論怎樣解釋這裏的無為和無不為，「無為而無不為」這句話在有意義的解釋下，應該只可能為假，而不會是矛盾。有人也許會問：無為怎麼可能又是無不為呢？其實「無為而無不為」的語句結構不是「無為＝無不為」，而是「無為然後無不為」。也就是，在時間上無為在先，無不為在後。有人也許會再問：你不去做什麼，事情怎麼可能成功呢？是有這樣的可能的。例如，一個人生病了，什麼都不去醫治，順其自然，病還是可能會好的。因此，「無為而無不為」可能為假，也可能為真，因此並不矛盾。

〈無為〉和〈無不為〉的對反，可以說是〈無〉和〈有〉對反的一個情況，並且也可以視為是〈柔弱〉和〈剛強〉對反情況的一個極致。

四、老子的對反思想模式對他的思想內容的影響

我們在前面指出，老子的對反思想，不是一個方法或原理，而是一種思想習慣模式。從已經列舉和討論過的，我們也看出老子的對反思想的方式和內容是非常「雜多」的。因此，似乎很可以說，老子的對反思想模式，是他的一種思想的心理習慣模式。我們認為，老子的這種對反的思想心理習慣模式，對《老子》的文字作品和思想內容，具有基本而重要的影響。這種影響有正（好的）負（不好的）兩面。現在來檢視這些影響。

《老子》的文字寫作充滿對仗、堆疊和押韻。老子的對反造句方式，和這些寫作特徵揉合在一起，常常也成為對仗的一種。在探究老子的對反造句方式對《老子》的文字作品和思想內容時，最好能夠對《老子》的這

些對仗、堆疊和押韻的寫作有個了解。

首先，讓我們舉幾個押韻的例子：

（例1）：

俗人昭昭，我獨昏昏。

俗人察察，我獨悶悶。（二十章）

在這裏「昏」與「悶」押韻。

（例2）：

孔德之容，惟道是從。（二十一章）

在這裏，「容」與「從」押韻。

（例3）：

甘其食，美其服；

安其居，樂其俗。（八十章）

在這裏，「服」與「俗」押韻。

在《老子》裏，對仗和堆疊的例子可就多了。試看下面一個例子：

道可道，非常道；名可名，非常名。

無，名天地之始；有，名萬物之母。

故，常無，欲以觀其妙；常有，欲以觀其徼。（一章）

上面這段文章中，每一行的前後兩個語句間，都有一個很好的對仗。我們稱兩個語句之間有一個典型的對仗（關係）(antithesis)，恰好如果這兩個語句的每一個詞（包括各種不同組合）之間依前後的次序，有一對一的對仗。前面這個例子第一行的兩個語句，即「道可道，非常道」和「名可名，非常名」之間，就有一個典型的對仗，它們除了從頭到尾每個字（詞）之間有對仗外，還有下圖所示其他詞組之間的對仗：

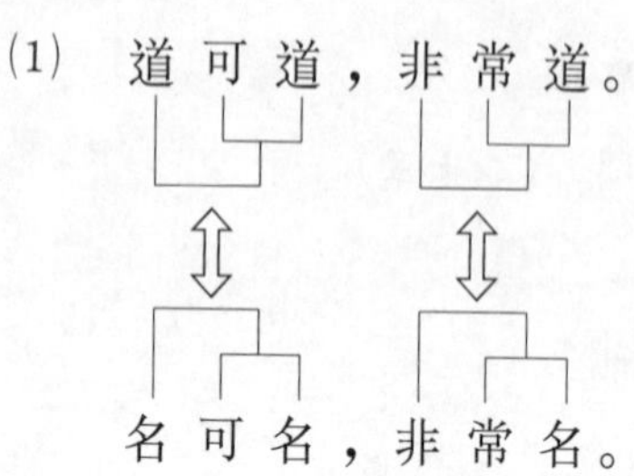

依這個圖，兩個語句的「可道」和「可名」，「常道」和「常名」之間，形成一個對仗。而「道可道」和「名可名」，和「非常道」和「非常名」之間，也形成一個對仗。甚至兩整個語句之間，也形成一個對仗。

其次，讓我們看看「無，名天地之始」和「有，名萬物之母」這兩句之間的對仗，請先看下面的圖示：

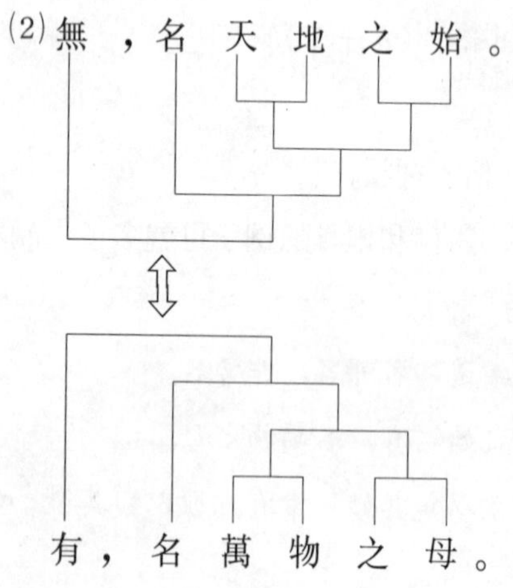

從這個圖示可以看出，這兩個語句之間的「天地」和「萬物」，「之始」和「之母」，「天地之始」和「萬物之母」，「名天地之始」和「名萬物之母」，

以及兩個語句本身之間，形成一個對仗。我們要問的，這兩個語句每個字之間是否依序對仗呢？沒有，因為「天」和「萬」，以及「地」和「物」之間，不能說是對仗。因此，這兩個語句之間雖然有相當良好的對仗，但不是一個典型的對仗。上面第三行的兩個語句，即「常無，欲以觀其妙」和「常有，欲以觀其徼」之間，顯然有一個典型的對仗。讀者不妨圖示看看。

上面三組對仗語句中，有兩個地方的對仗也是對反的，即第二和第三組中，「無」和「有」的對仗。第三組中有「妙」和「徼」的押韻。

其次，讓我們看一些《老子》的堆疊造句。老子的堆疊造句有垂直和平行兩種形式，但以平行式居多。我們這裏所謂堆疊造句，是指依相同或類似的語句形式，重複造句，形成上下文或文段。如果依概念上某種上下位階來堆疊造句，則這種堆疊是垂直式的。如果所堆疊的造句在概念上是平行的，則這種堆疊是平行式的。例如，請看：

> 上士聞道，勤而行之；中士聞道，若存若亡；下士聞道，大笑之。（四十一章）

在這裏，由上、中、下士以及勤行、若存若亡、大笑這些位階，以相當類似的語句形式，重複造了三個語句；這是垂直式的。再看一個例子吧：

> 道生之，德畜之，物形之，勢成之。（五十一章）

在這裏，由道、德、物、勢以及生、畜、形、成這些上下位階，重複造了四個語句；這也是垂直式的。在《老子》中，平行堆疊的造句非常多，可以說「不勝枚舉」。讓我們舉兩個例子：

> 曲則全，枉則直，窪則盈，敝則新，少則得，多則惑。（二十二章）
> 明道若昧；進道若退；夷道若纇。（四十一章）

這兩個文段中的堆疊造句是很明顯的。但是，曲全、枉直、窪盈、敝新、少得、多惑等這些在概念上沒有位階之別，它們是平行的。明昧、進退、夷纇等也一樣。

對仗的造句當然也是堆疊造句之一種。不過，對仗主要是講兩個語句之間的關係，而堆疊則強調三個以上語句間的關係。

使用對仗、堆疊和押韻的方式來造句，如果做的很好，在文學、文字和美學上，當然是一種美。尤其是在對仗中使用對反的詞語，更顯出概念對比之美。在這些方面，《老子》可以說是一種傑作，一種成為古典的傑作。在相當程度上，這種造句可以活潑人的思想，喚起人的想像力。在這方面，《老子》也是一種傑作。但是，如果對仗、堆疊和押韻過多過猛，那就會以詞害意了，也就是會影響，甚至大大影響思想（內容）的清楚性、簡潔性、深度性、適當性和邏輯的嚴密性了。我們認為，老子思想的清楚性、簡潔性、深度性、適當性和嚴密性就大大受他這些造句方式的（負面）影響。現在讓我們回到對反思想模式來檢討。

五、老子的「只推一步」的對反思想

首先，讓我們看看所謂老子只推一步的對反思想模式是什麼意思。我們大部分人，所在社會和時代的優勢觀念和思想告訴我們什麼，就接受什麼。我將把社會和時代（的觀念和思想）一般的告訴我們什麼，就一般的接受什麼的思想方式，叫做零步 (zero step) 或原步 (original step) 思想方式。例如，社會和時代一般的告訴我們剛強是好的、以智治國是好的，我們就一般的接受剛強是好的、以智治國是好的。這裏所謂一般的是指沒有確切的指明那方面的剛強、以怎樣的智治國等具體事項。

設 *A* 為某一詞或某一概念，anti- *A* 為該詞的對反詞或對反概念。例如，設 *A* 為「無」，則「anti-無」為「無」的對反詞，即「有」；反之，如果設 *A* 為「有」，則「anti-有」為「有」的對反詞「無」。（注意，我們在這裏不用「非 *A*」來表示「*A*」的對反詞或對反概念，因為「*A*」與「非 *A*」固然是老子對反思想中的對反，但許多老子講到的對反詞並不是「*A*」與「非

A」的對反，例如「上」與「下」的對反就不是。）那麼，老子的對反思想具有下面幾個特徵：

⑴對有些詞或概念 *A*，「*A*」與「anti- *A*」之間沒有或不應有什麼有意義的或絕對的差別（這裏「絕對」一詞是我們給的，老子自己從未使用過「絕對」一詞或這個概念。我們要小心使用它），這些差別只是相對的（老子自己也沒有使用過「相對」一詞）。例如，老子說：

〈唯〉之與〈阿〉，相去幾何？〈善〉之與〈惡〉，相去若何？（二十章）

⑵他曾舉例說，對反的觀念是相對產生的（注意，他從未明白說過一切對反的觀念是相對產生的）。例如，他說：

天下皆知美之為〈美〉，斯〈惡〉已；皆知善之為〈善〉，斯〈不善〉已。〈有〉〈無〉相生，〈難〉〈易〉相成，〈長〉〈短〉相形，〈高〉〈下〉相傾，〈音〉〈聲〉相和，〈前〉〈後〉相隨。（二章）

⑶對有些詞或概念 *A*，老子說：「*A* 勝於 anti- *A*」。例如：

〈柔弱〉勝〈剛強〉。（三十六章）
〈靜〉勝〈躁〉，〈寒〉勝〈熱〉。（四十五章）
〈弱〉之勝〈強〉，〈柔〉之勝〈剛〉，天下莫不知，莫能行。（七十八章）

顯然在這裏 *A* 是老子的偏好概念，例如，弱、靜、寒等是。而我們認為老子偏好的這些概念的對反概念，例如，強、躁、熱，則是社會和時代的偏好概念。

⑷在《老子》中具有「*A*勝 anti-*A*」這種顯現偏好的造句並不多，但是

大半的對反造句，我們可以從語意中看出老子的偏好是那一端。例如（我們將盡量列舉例子，因為這種田野工作在這裏很重要。為了簡省篇幅，例句最後括號裏的數字表示《老子》的章次，沒有寫明章次者，與前面的同章次）：

無，名天地之始，有，名萬物之母(1)：無比有偏好。

虛其心，實其腹(3)：虛比實偏好。

絕智棄辯，民利百倍(19)：不智不辯比智辯偏好。

絕巧棄利，盜賊亡有：不巧不利比巧利偏好。

絕偽棄詐，民復孝慈：不偽不詐比偽詐偏好。

眾人皆有餘，而我獨若遺(20)：不足比有餘偏好。

俗人昭昭，我獨昏昏：迷糊比清醒偏好。

俗人察察，我獨悶悶：懵懂比仔細偏好。

眾人皆有以，而我獨頑且鄙：蠢笨無能比有為偏好。

曲則全(22)：委曲比保全偏好。

枉則直：屈枉比伸直偏好。

窪則盈：卑下比充盈偏好。

敝則新：敝舊比生新偏好。

少則得：少取比多取偏好。

不自見，故明：不自現比自現偏好。

不自是，故彰：不自以為是比自以為是偏好。

不自伐，有功：不自誇比自誇偏好。

不自矜，故長：不自矜比自矜偏好。

夫唯不爭，故天下莫能與之爭：不爭比爭偏好。

道常無為，而無不為(37)：無為比為偏好。

民不畏威，則大威至(72)：不畏威比畏威偏好。

勇於敢則殺，勇於不敢則活(73)：勇不敢比勇敢偏好。

信言不美，美言不信(81)：不美言比美言偏好。

> 善者不辯，辯者不善：不巧辯比巧辯偏好。
>
> 知者不博，博者不知：不賣弄知識比賣弄知識偏好。

從以上老子偏好概念的列舉，似乎可以看出，老子偏好的概念似乎和社會和時代的相反。這是老子思想模式和內容的基本而重要的特徵。了解這一點對了解和解釋整個《老子》很重要。

老子的這種反社會反時代的思想是怎樣產生的呢？顯然有兩種可能。一種是老子在觀察或經歷他所處社會和時代後，對社會和時代所顯現的觀念、思想和做法產生強烈的反動，因而提出反對的想法和思想。胡適就是採此看法的。他說：

> 在中國的一方面，最初的哲學思想，全是當時社會政治的現狀所喚起的反動。⓫

他又說：

> 上篇說老子以前的時勢，和那種時勢所發生的思潮。老子親見那種時勢，又受了那些思潮的影響，故他的思想，完全是那個時代的產兒，完全是那個時代的反動。⓬

另一種可能是，老子自己特異的心理，他就是喜歡唱反調。當然也可能時勢和他個人的特異心理同時影響他的反動思想。當我們，至少是我們自己，很可能包括胡適，說老子的思想是一種社會和時勢的反動時，基本上有一個假定說，我們知道老子親見那個社會和時代的「原動思想」是什麼。我個人並不知道老子親歷的那些原動思想是什麼。我說老子的思想是一種反動思想，除了參考胡適的見解以外，主要是以我自己的觀點來推測的。我

⓫ 胡適：《中國古代哲學史》，p. 47。

⓬ 前書，p. 44。

感到我現在（1992年在臺灣）親歷的社會和時代的思想，和老子所要反動的那些原動思想相近。老子的思想幾乎都是非常抽象的說的。《老子》一書不像《論語》和《孟子》等，除了提到他自己的「我」（如「俗人昭昭，我獨昏昏」）以外，似乎從未就特定的個人或特定的事物講說。換句話說，老子除了講述他自己的部分以外，其他都是非常抽象的講。由於他是抽象的講他親歷的原動思想，因此，我能夠從我所感到的現在社會和時代的原動思想，推測說老子親歷的社會和時代的原動思想似乎是怎樣。

我們也要知道的，我們這裏所講到的原動思想和反動思想，都是一般的講，而不是很細節的講的。如果是就較細節講，老子的反動思想可能很多會犯稻草人的謬誤。也就是，社會和時代的某方面或某一點的原動思想不是那樣，而他以為是那樣。但是，如果就一般的講，而不是就細節的講，老子對他的社會和時代原動思想的體會，就不致太離譜。

就老子的對反或反動思想來說，我們似乎可以分目的對反，手段對反和謀世要領三種。利用前面使用過的設定詞語或概念 *A*，以及它的對反詞或對反概念 anti-*A*。那麼所謂目的對反是說，社會和時代偏好 *A* 當目的，但老子卻偏好 anti-*A* 當目的。例如，聖智、仁義、巧利、有餘、清醒、有為和美言等，是社會和時代偏好的目的，但老子則以其對反，不聖智、不仁義、不巧利、不足、迷糊、蠢笨無能和不美言為偏好目的。所謂手段對反是說，社會和時代偏好 *A* 當達到什麼的手段，但老子卻偏好 anti-*A* 當手段。例如，社會和時代偏好有為、剛強、勇敢、善辯，當達到什麼的手段，但老子卻偏好無為、柔弱、勇不敢、木訥當手段。在謀世要領上，世人偏好大巧、大辯，但老子卻偏好若拙、若訥；世人偏好自現、自是、自誇、自矜，但老子偏好不要這樣。

老子的對反思想和反動思想，當然是對社會和時代的原步思想和原動思想而說的。因此，老子的對反思想是從原步思想推出了一步，而且不論是在思想方式還是在思想內容上，都相當新穎而有特徵的推出了一步。這是他的創新。由於他偏好社會和時代反面的看法，因此他的思想相當具有震醒作用。但是一般的說，他只推出了一步。再說，他雖然對社會的原步和原動思想具有嚴厲的批評，但是對他自己的對反和反動思想，卻武斷的認定，絲毫沒做反省式的檢討，因此他的思想只推一步。解釋《老子》的人，如果一味替老子的對反和反動思想辯解，甚或發揮（在我所看到的華人解老作品中，幾乎都這樣），在許許多多場合，都難免替「假理」辯護。真理在正反兩面的那一面，是要分別挑選的，不能整面接收。真理甚至不在正反的兩面之一，而是在多面之一。我們對老子的對反和反動思想，如果是當做半個真理的提醒來參考，而不是當做整個真理來接收，是有價值的。

所謂把老子的對反和反動思想當做半個真理的提醒，是什麼意義呢？首先，請看：

> 不出戶，知天下；不闚牖，見天道。其出彌遠，其知彌少。（四十七章）

社會眾人會認為，不出門去看天下，是不會知天下事的。而且眾人也會認為，世界走的愈多愈遠，知識見聞就愈多。可是，老子卻對反的說，不出門，可以知天下事情；世界走的愈多愈遠，知識見聞反而愈少。在這裏，我沒有辦法認為老子的對反講法有任何道理。也許有人會說，不出門可以看書呀，如果是現在還可以看報看電視看網路呀？不錯。但是，書、報紙、電視和網路都是由別人出門去才有的呀！因此，還是要出門，才可知天下呀！況且，在老子的時候，相信可看的書不會太多，報紙、電視和網路根本還沒有。有人這樣替老子辯解說，道是萬事萬物的總根源，存在我們的心中，只要我們能夠反觀內心，道自然可以看見了。所以不出戶，可以知道天下大事。對這種解釋，我們有幾點質疑。首先，我很懷疑老子有「反觀內心」這種觀念。其次，這個段落的解釋要涉及所謂萬事萬物總根源的道嗎？再說，拿語意非常不清楚，存況地位極可質疑的「道」來圓說語意上相當清楚但卻為假的文句，合理嗎？再說，在解老的時候，遇有難解的地方就拿「道」來「解救」，有用嗎？無所不能解釋的觀念，毫無解釋力。

硬要認為老子的「不出戶，知天下；……其出彌遠，其知彌少」有道理的人，請看：

修之於身，其德乃真；修之於家，其德乃餘；修之於鄉，其德乃長；修之於邦，其德乃豐；修之於天下，其德乃普。

故以身觀身，以家觀家，以鄉觀鄉，以邦觀邦，以天下觀天下。吾何以知天下然哉？以此。（五十四章）

不論這個段落每一句話較清楚的解釋是怎樣，以鄉觀鄉，以邦觀邦，以天下觀天下，總要走出門去觀吧。以天下觀天下是合理的，但「不出戶，知天下」，與它不合。因此，我們要斷定老子的「不出戶，知天下」歸根究底，是一句沒有道理的假話。

但是老子的有些對反講話，如果把它當部分真理，而不當全部真理，則滿有提醒的價值。社會的原步思想一般都會認為：剛強總是或必定勝過柔弱。雖然我們可以很容易找到反例來否證它，但很少人膽敢反對這一般社會的成見。但是，老子卻像革命家似的⓭，大膽的全然反過來說：柔弱勝剛強（三十六章）。說的更明白點就是：柔弱總是或必定勝過剛強。他不是也說：「天下之至柔，馳騁天下之至堅」嗎？除了老子迷，我想很多人都敢舉出例子來反駁老子的「柔弱勝剛強」。但是，如果我們把老子的這種強式的講法，改為弱式的講法，即改說為譬如：柔弱有時候(sometimes)會勝過剛強喲，則老子的講法就不無道理了，而且很有提醒和警世作用。在大家和社會的成見都說：「剛強總是或必定勝過柔弱」時，如果有人站出來說：「不，柔弱有時候會勝過剛強的」，就很有提醒和警世作用了。

老子的講話，尤其是對反的講話，大半都用強式講出。即在解釋上，都是「總是」(always) 或「必定」是怎樣講出，很少用弱式，譬如「有時候」或「也許」是怎樣講出。一般說來，一個社會成見用強式語句講出，大半都會變成假話。同樣的，一個社會成見的對反用強式語句講出，更會

⓭ 胡適認為老子是革命家，前書，p. 44。

變成假話。老子的對反講話，大半都是強式語句，因此如果以其原本的強式講話來做真假評定，幾乎都是假話的。老子說「靜勝躁，寒勝熱」(四十五章)；但我們可以找到靜不勝躁、寒不勝熱的例子。老子說「無為而無不為」(四十八章)；但我們可以找到無為而無為的例子。老子說「知者不言，言者不知」(五十六章)；但我們可以找到知者善言，言者有知的例子，等等諸如此類的例子很多。但是，如果我們把老子所說了解為有時候是如此，則他的話就不為假了。不但不為假，而且很有提醒和警世作用。我想，老子的講話中可用真假或有無道理來評定的，其價值在提醒和警世，不在他整個真理。如果我們把一個用強式講出而為真的話叫做整個真理，則可把一個用弱式講出而為真的話叫做半個真理或部分真理。我們認為老子的講話的價值在提醒和警世的半個真理。這半個真理的基本價值在叫人用另一個角度，甚或反面的角度來看世界、看人間。用牽強附會的方式企圖把老子的造句解釋為整個真理的解老，不但費解，而且是強詞奪理的。我們認為沒有這個必要。一個人能夠講出許多提醒和警世的話，已經是很了不起了。

六、進一步討論老子的「對反」和「只推一步」思想模式對他的思想內容的影響

在本節，我們要對老子的只推一步的思想（模式），做進一步的論說，並且檢討老子的對反心理習慣的思想模式，可能如何影響他的思想內容。

像前面講過的，我們稱一個人對社會和時代的成見原本加以接受的思想，叫做原步或零步、或原動思想。我們知道，老子的思想基本的是在反對社會和時代的成見，並且肯斷這些成見的對反觀點，因此老子的思想相對於社會和時代的成見來說，他是做了至少推一步的思想。這一點我們不必多做辯解。我們現在要論證的是，一般說來，他也只推了一步而已。我們知道，在黑格爾的辯證法中，對事物和思想的觀察，從正，到反，到合。在這裏，做了兩步的推展。

讓我們舉例說明老子的只推一步的思想。試看：

> 天下皆知美之為美，斯惡已；皆知善之為善，斯不善已。有無相生，難易相成，長短相形，高下相盈，音聲相和，前後相隨。（二章）

在這裏，從美推到不美（惡），從善推到不善，在觀念和思想上，只推展了一步，而且不論在形式或內容上相當空洞的一步，幾乎只是日常對反詞之間的對反講而已。對美或不美，善或不善本身的內部成分或關係性質，沒有做任何進一步的分析；對美或不美，善或不善，同其他重要相關的外部關係性質，也沒做任何進一步的分析。這些進一步的分析，或再推一步或更多步的工作，才是使思想更清楚、更深刻的困難工作。再說，什麼叫做有無相生，有無為什麼會相生，有無怎樣相生等等，才是研究有無的困難問題。同樣的，什麼叫做難易，難易為什麼會相成，難易怎樣相成等等，才是難易的困難問題。僅僅講有無相生，難易相成，長短相形，……等等，對有無、難易、長短、高下、音聲、前後等問題，並沒有說的很多。在這裏所謂相生、相成、相形、相傾、相和、相隨等，細究起來可能都是同義詞呢？美不美、善不善、有無、難易、長短、高下、音聲、前後等，這些概念之間，可以說都是平行的概念，誰都不解釋誰。它們在這裏擺在一起，最多只是當做對反觀念的一舉例而已。因此，這一段話所顯示的是只推一步的思想內容和形式。

試再看：

> 大道廢，有仁義；六親不和，有孝慈；國家昏亂，有忠臣。（十八章）

學者間對這段話中的三個語句在語法上下面有三種不同的解釋（在詞語的語意上有不同的解釋暫且不論。）（根據郭店簡本丙組，刪除了通行本中的第二句「智慧出，有大偽」。）[14]：

[14] 這段話有四個語句。

(1)大道廢了，就有仁義；六親不合了，就有孝慈；國家昏亂了，就有忠臣。

(2)大道廢了，才有仁義；六親不合了，才有孝慈；國家昏亂了，才有忠臣。

(3)大道廢了，就有仁義；六親不合了，就需要孝慈；國家昏亂了，就需要忠臣。

我們將把第一種解釋，叫做充分條件的解釋⓯。例如，大道廢是有仁義的充分條件；也就是，大道一廢了，就有仁義，大道沒有廢，則可有仁義，也可沒有仁義。把第二種解釋，叫做必要條件的解釋⓰。例如，大道廢是有仁義的必要條件；也就是，大道廢了，才有仁義，大道沒有廢，就沒有仁義。在第三種解釋中⓱，前兩句是充分條件的解釋，後兩句既非充分條件也非必要條件的解釋，因為當六親不合了，雖然就需要孝慈，但並不就有孝慈，而且六親沒有不合時，有沒有孝慈沒有說。上述三種解釋那一種比較適當，我們在此不準備追問。不論是第一種的充分條件，還是第二種的必要條件，上引文段的每一語句中的前後兩個子句都顯出某種對反的概念。但第三種解釋中的第三、四句則沒有對反概念。

好了，我們就拿第一、二種解釋來說吧。在這些解釋中，都只顯出只推一步的思想，因為譬如說，什麼是大道廢，什麼是有仁義？老子都沒有做進一步的解釋。更重要的，為什麼大道廢，就有或才有仁義呢？老子也沒有做進一步的解釋。還有這段話的三個語句也只是並列平行的。它們之間沒有相互解釋或支持的作用。《老子》中這種只推一步的講話非常多，在此不再舉例。我們要指出的是，老子這種只推一步的思想，非常影響老子思想的清楚和深度，因為這種思想留有太多什麼意思和為什麼的問題。後世的解老者，幾乎可以根據他們自己的意思隨意去解答這些問題，但這些

⓯ 例如陳榮捷：《中國哲學資料書》(*A Source Book in Chinese Philosophy*), p. 148。賀榮一：《道德經註譯與析解》，p. 158。

⓰ 例如嚴靈峰：《老子達解》，p. 90。任繼愈：《老子新譯》（修訂本），p. 98。

⓱ 例如，張鍾元(Chung-yuan Chang): *Tao: A New Way of Thinking*, p. 18.

解答很難有理由說是老子的意思，而只能說是解老者自己的哲學罷了，只不過是利用幾句老子非常含糊造句講自己的話而已。但是很多解老者沒有覺察到這一點，而把他自己的意思認為是老子的意思，並把顯示為有道理的責任推給老子。

我們前面一再講的，老子的對反思想模式是或很可能是一心理的習慣性模式。思想的心理習慣模式的特徵是，習慣上就會以這種方式去思想，不管或不甚管這種方式思想是否適當。我們現在舉例說明。

⑴天下皆知美之為美，斯惡已；皆知善之為善，斯不善已。（二章）

如以前那樣，設 *A* 為詞或概念，anti-*A* 為 *A* 的對反詞或對反概念。那麼，從上面⑴可得這樣的語句形式或思想模式：

(i)對反詞式：天下皆知 *A* 之為 *A*，斯 anti-*A* 已。

(ii)否定詞式：天下皆知 *A* 之為 *A*，斯不 *A* 已。

上面的(i)和(ii)是否普通有效或適當呢？這是需要嚴格或相當論辯的。但是，老子似乎管不得這，而在心理習慣上就這樣說，不管這裏的 *A* 是什麼。因此，有多少對反詞對就可以寫出多少上述對反詞式(i)的語句。例如：

天下皆知貴之為貴，斯賤已。

天下皆知寒之為寒，斯熱已。

天下皆知全之為全，斯曲已。

天下皆知弱之為弱，斯強已。

天下皆知明之為明，斯暗已。

天下皆知重之為重，斯輕已。

……

同時，有多少否定詞對就可以寫出多少上述否定詞式(ii)的語句。例如：

天下皆知貴之為貴，斯不貴已。

天下皆知高之為高，斯不高已。

天下皆知新之為新，斯不新已。

天下皆知圓之為圓，斯不圓已。

天下皆知仁之為仁，斯不仁已。

……

⑵有無相生，難易相成，長短相形，高下相盈，音聲相和，前後相隨⑱。

（二章）

同前，設 *A*，*B* 為詞或概念，anti-*A* 為 *A* 的對反詞或對反概念。那麼，上面⑵的各語句具有如下的語句形式或思想模式：

A anti-*A* 相 *B*，

只要它是有意義的。這裏所謂「它是有意義的」，是指「相 *B*」是一個有意義的詞語，譬如像上面⑵中的那些，以及諸如「相愛」，「相助」，「相比」，「相照」，「相對」等等；並且「*A* anti-*A* 相 *B*」是一個有意義的語句，譬如像上面⑵中的那些，以及諸如難易相比，深淺相映，是非相對，黑白相間等等。

在這裏，老子似乎不管 *A* 是什麼，「相 *B*」是什麼，「*A* anti-*A* 相 *B*」是什麼，只要「*A* anti-*A* 相 *B*」是有意義的，它就是有道理的。老子憑什麼這樣說呢？似乎只是心理習慣的造詞造句罷了。「*A* anti-*A* 相 *B*」之有道理是需要解說和論辯的，否則它只是純然的造句練習而已。

⑶三十輻，共一轂，當其無，有車之用。

埏埴以為器，當其無，有器之用。

鑿戶牖以為室，當其無，有室之用。（十一章）

我們知道，在《老子》裏，「無」字有三個使用和意義。一個是指「道」，一個是指日常意義中的有無的無，再一個是指否定詞「不」。老子一直強調「無」的用處。在這強調中的「無」，主要是指日常意義中的「無」。在上面⑶中，老子舉了三個例子來顯示「無」之有用。但是，老子只有舉例，沒有說明無何以有用，以及在怎樣意義下的無有用。因此，老子所強調的「無」的用處只是就那樣的事實是那樣的事實，而沒有論辯那樣的事實為什麼是那樣的事實。後者的論辯才是困難所在。老子上述⑶那種方式的舉

---

⑱ 在這裏，音聲相和的「音聲」有兩種解釋。一種認為，古時，簡單的發音叫做「聲」；聲的組合，成為音樂節奏的，叫做「音」。另一種說，音是樂器的音樂，聲是人的聲音。不論那一種解釋，在音聲之間都有某種對反或相對的意思。

例，似乎可以不斷舉例下去，但不論舉多少例子，還是沒有抽出或說出裏面的原理。我們可以依心理習慣的不斷舉出類似⑶那樣的例子。例如：

人有鼻孔，當其無，有人之用。

馬桶有一洞，當其無，有桶之用。

製煙斗，鑽空洞，當其無，有煙斗之用。

造高速公路，留出入口，當其無，有路之用。

請問這些例子到底說明了什麼。這只不過是：是那樣就有那樣之用罷了。

⑷曲則全，枉則直，窪則盈，敝則新，少則得，多則惑。（二十二章）

這個文段的五個語句顯示的語句形式和思想模式是：

*A*則 anti-*A*

在這裏「少」的對反是「得」。這樣的話，「多」的對反應該是「失」。但是，在這裏老子卻說「多則惑」。不過，這裏「惑」可以解釋為「迷惑」；迷惑就失了。因此，多則惑有多則失的意思。在這文段的前五個語句中的第三個詞，即「全」，「直」，「盈」，「新」，「得」等，都是社會偏好的成見。但第六個語句則社會偏好的是第一個詞「多」。因此，在「*A*則 anti-*A*」中 *A* 還是 anti-*A* 為社會偏好的成見都可以。在上面⑷中，六個語句都是平行的，因此彼此都沒有互相解釋。老子對這裏的什麼是 *A*，什麼是 anti-*A*，以及為什麼 *A* 則 anti-*A* 都沒有解釋和論辯。當然，這些語句都應採用弱式解釋，即「有時候是這樣」的解釋，才有道理，因而具有提醒和警世作用。再說，類似的造句似乎可以不斷造下去。例如：

大則小，黑則白，寒則熱，為則不為，強則弱，興則廢……。

在《老子》中像以上這些心理習慣的思想模式的造句，還很多，我們不再舉例了。在結束本文之前，讓我們簡單舉述本文的一些要點。《老子》的造句有對仗、堆疊和押韻的顯著特徵。這些特徵對老子的思想方式和內容有決定性的影響和限制。這些特徵，在文學審美的觀點上，可以說相當的優美，稱得上是傑作，但在思想的清楚和深度上卻大受負面的影響。在對仗的造句中以對反詞式的造句最突出。這種對反詞式的造句，不是一種原理，因為它的樣式非常雜多，老子本身沒有提出一個清楚明白的原理，我們也無法替他找到一個原理。這種對反的造句方式，可以說是老子的一種對反的心理習慣的思想模式。老子並沒有以一種什麼邏輯的原理支持這種思想方式，因此我們寧可說，它是老子的思想心理習慣上的模式。在這種對反的思想模式中，在內容上，老子偏好的是社會和時代偏好成見的對反面。因此，在某種意義上，老子的思想是社會的反動思想。正如同以強式方式，即以總是 (always) 來解釋社會偏好成見，必定會導致假話，如果以強式來解釋（雖然在造句上，老子大半以強式方式寫出）老子的對反造句，也必定會導致假話。但是如果以弱式來解釋，即解釋為「有時候 (sometimes)」是這樣，則老子的對反思想就很有提醒和警世作用，並且不必用似是而非的口實為它辯護。因此，老子的對反思想具有半個真理的價值，這另一面的半個真理常被「俗人」所忽略。由於老子的思想很受對反詞的牽制，因此他沒有再推一步去想，這樣在思想的推展上，他大半只推了一步而已。不過和俗人之原原本本接受社會成見的原步思想，他算是很有創新了。

第三章　《老子》書中的「名」

一、「名」、「謂」和「曰」諸字的文句

念過《老子》一書的人，都知道這本書中有許多令人費解的句子，尤其是涉及「道」的句子。這類句子中也有同時涉及「名」字的。例如，「名可名非常名」，「無名天地之始」，「有名萬物之母」等，不論它講的有沒有道理，但它確切是什麼意思呢？又既然「吾不知其名」，「道隱無名」，為什麼全書直接提到「道」字達七十六次之多呢？「道」字豈不是道的名嗎？如果我們對《老子》中以怎樣和那些意義使用「名」這一字做一點探討，相信對《老子》中相關的問題會有更好的了解。這個研究也可當做如何利用現代哲學（的成果），尤其是語言哲學，處理中國傳統哲學的一個示例。

在《老子》中，和「名」字性質或功能相近的字有「謂」，「曰」，「字」等。現在先列舉它們出現的地方。

㈠「名」字，共出現二十四次❶：

第一章：

名可名非常名。

無名天地之始。

有名萬物之母。

同出而異名。

第十四章：

視之不見名曰夷。

聽之不聞名曰希。

搏之不得名曰微。

❶ 這個統計和表列參照葉廷幹的《老子索引》，p. 24。

繩繩不可名。

第二十一章：

其名不去。

第二十五章：

吾不知其名。

強為之名曰大。

第三十二章：

道常無名。

始制有名。

名亦既有。

第三十四章：

功成不名有。

常無欲可名於小。

可名為大。

第三十七章：

吾將鎮之以無名之樸。

無名之樸。

第四十一章：

道隱無名。

第四十四章：

名與身孰親。

第四十七章：

不見而名（明）。

㈡「謂」字，共出現三十四次❷：

第一章：

❷ 前書，p. 38。

同謂之玄。

第六章：

是謂玄牝。

是謂天地根。

第十章：

是謂玄德。

第十三章：

何謂寵辱若驚？

是謂寵辱若驚。

何謂貴大患若身？

第十四章：

是謂無狀之狀。

是謂惚恍。

是謂道紀。

第十六章：

是謂復命。

第十七章：

百姓皆謂我自然。

第二十二章：

古之所謂曲則全者。

第二十七章：

是謂襲明。

是謂要妙。

第三十章：

是謂不道。

第三十六章：

是謂微明。

第三十九章：

是以侯王自謂孤寡不穀。

第五十一章：

是謂玄德。

第五十二章：

是謂習常。

第五十三章：

是謂盜夸非道也哉。

第五十五章：

謂之不道。

第五十六章：

是謂玄同。

第五十九章：

夫唯嗇是謂早服。

早服謂之重積德。

是謂深根固柢。

第六十五章：

是謂玄德。

第六十七章：

天下皆謂我道大似不肖。

第六十八章：

是謂不爭之德。

是謂用人。

是謂配天。

第六十九章：

是謂行無行。

第七十四章：

是謂代大匠斲。

第七十八章：

是謂社稷主。

㈢「曰」字，共出現二十二次❸：

第十四章：

視之不見名曰夷。

聽之不聞名曰希。

搏之不得名曰微。

第十六章：

歸根曰靜。

復命曰常。

知常曰明。

第二十四章：

曰餘食贅行。

第二十五章：

字之曰道。

強為之名曰大。

大曰逝。

逝曰遠。

遠曰反。

第五十二章：

見小曰明。

守柔曰強。

第五十五章：

知和曰常。

知常曰明。

益生曰祥。

❸ 前書，p. 80。

心使氣曰強。

第六十二章：

不曰以求得。

第六十七章：

一曰慈，

二曰儉。

三曰不敢為天下先。

㈣「字」字，只出現一次❹：

第二十五章：

字之曰道。

二、「*A* 叫做 *B*」的諸意義

從前節列舉的「名」,「謂」,「曰」, 和「字」等字出現的文句、上下文和系絡看來,《老子》中所涉及的「名」字和「字」字, 大體上和今天英文中使用的名詞和動詞的“name”相當，而所涉及的「曰」字和「謂」字或「是謂」一詞，則大體有我們現在平常的「叫做」(is called)和「說」(say)的意思。但這些只是大體的說法，對解說和了解相關的老子哲學要有幫助的話，需要進一步探索《老子》中以怎樣和那些意義（更精細的意義）來使用這些字詞。

在這裏，我們將利用現代語言哲學中有關的“name”講法或理論的部分講法 (partial account)，來幫助我們處理《老子》中「名」字的問題。讓我們說明一下這裏所謂「利用 *A* 講法或理論的部分講法，來幫助處理 *B* 問題」是什麼意思。利用某一個講法或理論來處理某一個問題，是常見的事。但通常一個講法或理論所包含和牽涉的觀念和原理可能不少。當我們要利用

❹ 前書，p. 101。

某一講法或理論來處理某一個問題時，通常我們只是利用這一講法或理論中的某一或某些觀念或原理來處理這一問題的。但一個講法或理論中所包含的觀念和原理通常在邏輯上會緊密相關。因此，在利用其中一個或多個觀念和原理時，在邏輯上我們似乎要承受它們緊密相關的重要預設和歸結。這些重要預設和歸結可能不是我們處理所論問題中所要和所需承受的。如果我們不承受這些預設和歸結，嚴格說來，我們不能說我們是利用了這一講法或理論。我們這裏所謂利用某一講法或理論的部分講法來處理某一問題，是指在利用這一講法和理論中的某一或某些觀念和原理來處理這一問題時，不去計較和承受或相當不去計較和承受這一或這些觀念和原理的預設和歸結。在利用現代（西方）哲學（的成果）來處理中國傳統哲學問題時，這種利用部分講法的做法和策略，是必要的。這主要有兩個理由。一個是（西方）現代哲學的講法和理論，一般說來其內含和中國傳統哲學的問題很不一樣，在利用現代哲學的某一講法或理論的某些觀念和原理時，如果要計較和承受其牽連的種種預設和歸結，則幾乎不可避免會曲解所要處理的問題。另一個理由是不需要那麼仔細的去計較，因為中國傳統哲學問題的觀念和原理沒有講到那麼仔細。

好了，現在先看看《老子》中以怎樣和那些意義使用「謂」和「曰」這些字詞。我們前面講過，這兩個字具有我們現在平常所謂的「叫做」(is called)和「說」(say)的意思。仔細檢查這兩個字出現的系絡，我們可以說，這兩個字幾乎可以交換使用。當然為了語音關係，在使用「謂」字時有時候最好加個「是」字而為「是謂」。中文的造詞時常為語音的關係而加上同義字。在「是謂」中「是」是「謂」，「謂」也是「是」。在使用「曰」字的文句，幾乎都可用「謂」或「是謂」來改寫或交換。改寫或交換所得最多只有些微修辭味道的不同，其邏輯意義沒有改變。例如，我們可把「曰」字出現的文句，用「謂」字或「是謂」字組改寫如下（句子後面的數字表示章次）❺：

---

❺ 下面是整個改寫表列：

視之不見名曰夷(14) →視之不見名謂夷

視之不見名曰夷(14) →視之不見名謂夷

歸根曰靜(16) →歸根（是）謂靜

字之曰道(25) →字之謂道

大曰逝(25) →大是謂逝

見小曰明(52) →見小是謂明

一曰慈(67) →一（是）謂慈。

細心的讀者可以檢視上面這些文句的上下文，看看這樣改寫以後意思是否仍然一樣。反過來，有「謂」字或「是謂」字組出現的文句，也可用「曰」

聽之不聞名曰希(14) →聽之不聞名謂希

搏之不得名曰微(14) →搏之不得名謂微

歸根曰靜(16) →歸根（是）謂靜

復命曰常(16) →復命（是）謂常

知常曰明(16) →知常（是）謂明

曰餘食贅行(24) →是謂餘食贅行

字之曰道(25) →字之謂道

強為之名曰大(25) →強為之名謂大

大曰逝(25) →大是謂逝

逝曰遠(25) →逝是謂遠

遠曰反(25) →遠是謂反

見小曰明(52) →見小是謂明

守柔曰強(52) →守柔是謂強

知和曰常(55) →知和是謂常

知常曰明(55) →知常是謂明

益生曰祥(55) →益生是謂祥

心使氣曰強(55) →心使氣是謂強

不曰以求得(62) →不謂以求得

一曰慈(67) →一（是）謂慈

二曰儉(67) →二（是）謂儉

三曰不敢為天下先(67) →三（是）謂不敢為天下先

字去改寫❻。可以說所有「是謂」字組出現的地方，都可以改寫為「是曰」，

❻ 下面是整個改寫表列：

同謂之玄(1) →同曰之玄

是謂玄牝(6) →是曰玄牝

是謂天地根(6) →是曰天地根

何謂寵辱若驚(13) →何曰寵辱若驚

是謂寵辱若驚(13) →是曰寵辱若驚

何謂貴大患若身(13) →何曰貴大患若身

是謂無狀之狀(14) →是曰無狀之狀

是謂惚恍(14) →是曰惚恍

是謂道紀(14) →是曰道紀

是謂復命(16) →是曰復命

百姓皆謂我自然(17) →百姓皆曰我自然

古之所謂曲則全者(22) →古之所曰曲則全者

是謂襲明(27) →是曰襲明

是謂要妙(27) →是曰要妙

是謂不道(30) →是曰不道

是謂微明(36) →是曰微明

是以侯王自謂孤寡不穀(39) →是以侯王自曰孤寡不穀

是謂玄德(51) →是曰玄德

是謂習常(52) →是曰習常

是謂盜夸(53) →是曰盜夸

謂之不道(55) →曰之不道

是謂玄同(56) →是曰玄同

夫唯嗇是謂早服(59) →夫唯嗇是曰早服

早服謂之重積德(59) →早服曰之重積德

是謂深根固柢(59) →是曰深根固柢

天下皆謂我道大似不肖(67) →天下皆曰我道大似不肖

是謂不爭之德(68) →是曰不爭之德

是謂用人(68) →是曰用人

例如：

是謂玄牝(6)→是曰玄牝

是謂社稷主(78)→是曰社稷主

而像下面這些「謂」字出現的地方，改為「曰」字也無不可：

同謂之玄(1)→同曰之玄

何謂寵辱若驚(13)→何曰寵辱若驚

百姓皆謂我自然(17)→百姓皆曰我自然

古之所謂曲則全者(22)→古之所曰曲則全者

是以侯王自謂孤寡不穀(39)→是以侯王自曰孤寡不穀

這些改寫讀起來或許稍覺不習慣，但它們和原有文句在語法結構和邏輯意義上似乎沒有兩樣。

如同前面講過的，《老子》使用的「謂」字和「曰」字大體有我們現在平常所謂的「叫做」(is called)和「說」(say)的意思。但平常的「叫做」和「說」也有不同的意義。現在讓我們看看在《老子》中以那些重要不同的意義在使用「叫做」和「說」。設「*A*」和「*B*」都代表詞組(expressions)；這些詞組或是詞端(term)或是語句(sentence)。那麼，我們可把「*A*（是）謂*B*」，「*A*曰*B*」和「*A*叫做*B*」當做同義語來使用。下面兩者是「*A*是謂*B*」的例子：

⑴谷神不死，是謂玄牝。（六章）

⑵寵為上，得之若驚，失之若驚，是謂寵辱若驚。（十三章）

在⑴中「谷神不死」是*A*，「玄牝」是*B*；在⑵中「寵為上，得之若驚，失之若驚」是*A*，「寵辱若驚」是*B*。「*A*叫做*B*」，「*A*是謂*B*」或「*A*曰*B*」，可以有幾種不同的解釋和意義，也就是*A*和*B*有幾種不同的關係。雖然翻譯也是一種解釋，但這兩者不同。在《老子》中，雖然在「*A*是謂*B*」和

是謂配天(68)→是曰配天

是謂行無行(69)→是曰行無行

是謂代大匠斲(74)→是曰代大匠斲

是謂社稷主斲(78)→是曰社稷主

「*A* 曰 *B*」這種形式的文句，我們都可以泛泛翻譯成「*A* 叫做 *B*」，但是在解釋時如果我們一直用「叫做」來講，有的地方沒辦法更特定更明確說出「*A* 叫做 *B*」是什麼意思。這時候，我們需要用別的詞語來解釋「叫做」，甚至還需要把 *A* 和 *B* 的特定關係說出來，才會更清楚知道「*A* 叫做 *B*」是什麼意思。

讓我們把「*A* 叫做 *B*」（或「*A* 是謂 *B*」或「*A* 曰 *B*」）這種文句形式中的「*A*」和「*B*」，分別稱為「叫做的前項(antecedent)和後項(consequent)」，或簡稱為前項和後項。在使用「*A* 叫做 *B*」這種形式的文句中，我們時常拿前項 *A* 來定義後項 *B*；前項 *A* 叫做這個定義的定義端(definien)，後項 *B* 叫做被定義端(definiendum)。在《老子》中似乎不曾做過什麼語詞或概念的嚴格定義。至少在我的解釋中，從未使用過「*A* 叫做 *B*」這種形式做過嚴格的定義。所謂嚴格的定義，我們指的是被定義端和定義端的意含(intension)或範程(extension)相當或相等的定義。但在《老子》的「*A* 叫做 *B*」這種形式文句中，有些可以解釋做是 *A* 對 *B* 所做的某種較稀鬆的定義，或者是 *A* 對 *B* 的某種解說。

設「*a*」和「*b*」分別為「*A*」和「*B*」的（解釋性的）翻譯。那麼，在《老子》中，「*A* 是謂 *B*」，「*A* 曰 *B*」，或「*A* 叫做 *B*」形式的文句，可以有下面幾種更特定或明確的意義：

(i)「*a*（狹義）叫做 (is called) *b*」。這裏所謂狹義叫做，是指「*b*」是「*a*」的專名(proper name)或通名(general name)。

(ii)「*a*（就）是(is) *b*」。

(iii)「*a* 意思是(means) *b*」。

(iv)「*a* 說(say) *b*」。在實際造句時，有時需要變動一些字詞的次序。

(v)「*a*（就）則(then) *b*」。

在舉例說明《老子》中「*A* 是謂 *B*」，「*A* 曰 *B*」或「*A* 叫做 *B*」這種形式的文句應解釋或翻譯成上述那一或那些意義以前，先講兩點。一點是，學者間對這種形式的文句應解釋或翻譯成那一或那些意義，當然，而且實際上有不同的意見。在我的舉例說明中，原則上將只舉出較好的解釋或翻譯，而把其他一些值得參考的寫在附註中。在把「*A* 叫做 *B*」中的後項 *B* 解釋或翻譯成「*b*」時，「*b*」時常可以是專名、通名、形容詞或其他相當於英文的不定詞(infinitive)或動名詞(gerund)。學者間對這些詞性的可能不同沒有加以應有的注意和重視。這種不同時常顯現解釋的不同，而不只修辭的不同。例如，在第一章的「此兩者，同出而異名，同謂之玄。」中，有的人把這裏的「玄」字當專名"the Cosmic Mystery"（注意這裏英文中的大寫字母）講，有的人當通名"the mystery"講，有的人則當形容詞"profound and mysteriou"講。我非常注意這種不同，因為它不只是修辭的不同，而且時常有重要的哲學不同。這種哲學不同，在後面討論「名」字的問題時，將做較詳細的討論。

現在讓我們舉例說明。上面列舉的「*A* 叫做 *B*」可能有的五種更特定或明確的意義，時常只有特定或明確和較不特定或較不明確之間的不同，而沒有哲學意義上的重要不同，因此，在下面的舉例說明中，不以這五種（不同）意義的分類項目來進行，而以例子本身獨立一一去講。為了參考方便，我們將依章次，同時講「謂」字和「曰」字，並把每一例子加以標號。每一例後面的數字表示章次。在列舉例子時，也把必要的上下文寫出來。

三、「是謂」與「曰」文句的分析

⑴此兩者，同出而異名，同謂之玄。玄之又玄，眾妙之門。（一章）

這段話是說，「無」和「有」這兩者是出自同一個來源，但不同名稱；它們都（可以說）是幽遠的。幽遠又幽遠，它們是一切奧妙的門戶。在這裏，我們把「玄」字當形容詞「幽遠（的）」講。它用來修飾 (modify) 或述說 (predicate of) 道的「無」和「有」這兩者。如同第二節提過的，也有人把這裏的「玄」字當做「無」和「有」這兩者──「道」的兩個層面──的專名講，例如林語堂❼；也有人把它當通名講❽。我們認為，在這段話中，

❼ 林語堂在他的《老子的智慧》(*Wisdom of Laotse*)，p. 85 中，把「玄」字譯成大寫英文"Cosmic Mystery"；而實際上，他把《老子》中所有的「玄」字或其

「玄」字當形容詞講比較適當。從造句法說，如果僅僅「同謂之玄」這句話以及之前的文脈看，把「玄」字當形容詞，專名或通名，都無不可。但是，如果考慮到緊接後面的文脈「玄之又玄」時，則當專名或通名講似乎不通。因為，假定「太陽」是一個專名，「桌子」是通名，則「太陽之又太陽」和「桌子之又桌子」似乎是沒有意義的詞語。但如果「*A*」是一個形容詞的話，則「*A*之又*A*」的意思，明確的是指「非常*A*」或「*A*之極至或極點」，例如，「美之又美」是指「非常美」或「美之極至或極點」。又如，「好之又好」是指「非常好」或「好之極至或極點」。在把「同謂之玄」的「玄」字當專名或通名講時，除非現在有相當一致的相當於「玄」的名詞，否則在翻譯時最好不要變動「玄」字，而直接把這個文句譯成「都可以叫做是玄」。又由於在今天「玄」字也有「幽遠」的意思，因此，把「玄」字當形容詞講時，也可把「同謂之玄。玄之又玄……」譯成「都可以說是(很)玄的。玄之又玄……」。

在把這裏的「玄」字當形容詞或述詞講時，老子是利用已經通用的「玄」字的意義，來修飾或述說道的「無」和「有」層面的性質和特徵的。但「玄」字和「玄」這個概念是《老子》中的特別用語和特別概念，而且每次使用幾乎和道直接牽連在一起，在本書中共使用了十一、二次之多，因此，可以說《老子》哲學的整個理論回過頭來，也賦予「玄」字或「玄」概念某種特別意義，或者說老子哲學的交織網絡也回過頭來賦予「玄」字或「玄」概念比通用意義更特定的意義。這種字詞或概念的意義交互賦予，在一個理論或思想的呈現中常見的。

⑵谷神不死，是謂玄牝。玄牝之門，是謂天地根。(六章)

組合詞組，幾乎都譯成大寫英文。

❽ 例如，嚴靈峰說：「『玄』名詞。……古之『玄』字，可視為物質之原始；猶今自然科學上『自然之基本質點』。」(Fundamental Particle of Nature)。他把「同謂之玄」譯成「它可以說是極微小的『玄』」(物質的原始)。參看他的《老子達解》，p. 8 和 p. 11。在英譯中，把「玄」字譯為“the mystery”等名詞者，都可視為把「玄」字當通名講。

這裏的意思是，谷神——即道之德——是不死的。這不死的谷神，可比喻（叫）做玄牝（玄妙的雌性）。玄牝之門，是天地之根❾。在這個解釋中，我們把「玄牝」當通名講。在這裏「玄牝」一詞應該是老子自己依「玄」（玄妙）和「牝」（雌性）兩字的意義造的。這裏之所以解釋為「比喻(叫)做玄牝」，而不直接說是「可叫做玄牝」，是因為谷神無所謂雌不雌。用玄牝來述說或描述谷神，是說谷神具有玄妙的生殖生化或生產力。因此，這裏的玄牝應該是比喻性的。這種比喻也可以應用於谷神以外的什麼，因此玄牝是通名，而不是專名——不是只可專指谷神的❿。當然，整個老子哲學交織的網絡也可回過頭來賦予「玄牝」一詞更特定的意義⓫。

在「玄牝之門，是謂天地根」中，「天地根」一詞最好解釋為是一個確定描述詞，即相當於英文中具有「the...（在單數）」這種形式的詞語。把「天地根」英譯成“the root of Heaven and Earth”或“the root of heaven and earth”的，可以說都是把它當確定描述詞講。在把「天地根」解釋為確定

❾ 在把「玄」字當通名講時，也有這種意義交互賦予的情形。但當專名時，是否有這種情形，可能要看我們對專名採取怎樣的哲學或理論而定了。

❿ 在這裏，我把「是謂玄牝」解釋為「比喻（叫）做玄牝」是採取賀榮一的講法。參看他的《道德經註譯與析解》，p. 67。但他沒有解釋為什麼把「是謂」解釋為「可比喻（叫）做」。

⓫ 有的人把這裏的「玄牝」當專名講，例如林語堂把它譯成大寫英文“the Mystic Female”，參看林語堂前書，p. 165。在文法上把這裏的「玄牝」當專名講，沒有什麼不可。但老子似乎沒有必要拿「具雌性生殖力」的「牝」字來當道之德的「谷神」的專名。在這裏，主要是要用「玄牝」一詞的比喻意義來顯示和說明「谷神之不死」的特徵。我們似乎很難，甚或不能夠拿為某事物初次取的「專名」，來顯示和說明該事物的特徵。因此，我們不主張把這裏的「玄牝」當專名講。一般都把「玄牝」當通名講，但如果把它當比喻性的通名講會更好。范光棣(K. T. Fann)也用英文大寫字母把「玄牝」譯成“the Primordial Female”，參看他的 *Lao Tzu's Tao Teh Ching－a new translation*，在 *Social Prax*, 8–3/4 (1981), p. 145。參看陳榮捷(Wing-tsit Chan)編譯《中國哲學資料書》(*A Source Book in Chinese Philosophy*)，p. 142。

描述詞時，「玄牝之門，是謂天地根」最好譯成「玄牝之門是天地之根」。在這裏有拿「天地之根」來描述「玄牝之門」是什麼的功能。

我們提過的，在「A 叫做 B」或「A 是 B」這種形式的文句中，「B」有形容詞、專名、通名，和確定描述詞這四種情形。在用英文來表示這些形式的文句時，我們可以從「B」的文法形式和本身的詞性，判定它到底是那一種。但是用中文來表示時，我們沒有辦法這樣判定，因為在中文字詞本身的文法形式和詞性不明，非常需要依靠閱讀者「主觀」的解釋來決定。在解釋《老子》時，我們必須留心這一點⓬。

(3)何謂寵辱若驚？寵為上，得之若驚，失之若驚，是謂寵辱若驚。何謂貴大患若身？吾所以有大患者，為吾有身，及吾無身，吾有何患⓭？

在這裏，兩個「何謂」的意思，應該是「為什麼（我們）說」，而不是「是什麼意思」或「叫做什麼」，雖然那一個意思也不能說全然是錯的。也就是，這裏問的是：「寵辱若驚的理由或道理是什麼」和「貴大患若身的理由或道理是什麼」，而不是：「寵辱若驚是什麼意思」和「貴大患若身是什麼意思」。這可從這兩個問題後面的回答看出來，尤其是在第二個問題後面，有「吾所以有大患者」中「所以」一詞更可顯出是在講理由或講道理。「是謂寵辱若驚」的意思是「這就會寵辱若驚」。但把這裏的「何謂寵辱若驚」和「何謂貴大患若身」譯成「什麼叫做寵辱若驚」和「什麼叫做貴大患若身」，也不算很錯，因為對一個問題講理由，也相當會給這個問題是什麼意思提供很多回答。

(4)視之不見，名曰夷；……名曰希；……名曰微。……不可名……。是

⓬ 嚴靈峰把「谷神不死，是謂玄牝。玄牝之門，是謂天地根。」解釋為「谷（空虛）和神（精氣）是不會死的，這叫做『玄、牝』（陽性和陰性）。陰陽變化的交關，這叫做天地的本根。」（參看嚴靈峰前書，p. 36）。撇開把「谷神」解釋為「谷（空虛）和神（精氣）」不談，我不認為「玄牝」應解釋為「玄、牝」（陽性和陰性）。但這種解釋很特別，列舉在此，以供參考。

⓭ 在這裏我沒有給這一段落文句詳加解釋，因為它的解釋有費解的地方。討論這些費解不是本文的要點。

謂無狀之狀，……，是謂惚恍。……是謂道紀。（十四章）

這一章涉及到很多「名」「曰」和「是謂」，並且又直接牽連到道的問題，後面討論「名」字的問題時，一起討論。

⑸夫物芸芸，各復歸其根。歸根曰靜，是謂復命。復命曰常，知常曰明。（十六章）

這段文句中「*A* 曰 *B*」或「*A* 是謂 *B*」詞組裏的詞組「*A*」和「*B*」特別短，我們要特別小心「*A*」和「*B*」怎麼講以及它們如何關連，否則如果僅僅依詞組的表面形式講，會很費解。首先，我們要把這段文句解釋為，萬物變化紛紜，但又會各自回歸它的根源。回歸根源就寧靜了，也就復命了，即回復本性了。回復本性就回復常性。知道常性就明白萬物並作歸根（的情形和道理）。在這個解釋中，我們把「*A* 曰 *B*」中的「*A*」和「*B*」都解釋為「某一回事」，而不是解釋為「某一性質或個態」；並把「曰」字解釋為「就」或「則」，而不是解釋為具有等同或述說作用的「是」，也就是把「*A* 曰 *B*」中的「*A*」「*B*」關係解釋為「*A*」是「*B*」的充分條件，也就是解釋為「*A*」這回事成立時「*B*」隨後或同時就成立。在《老子》中，如果「*A* 曰 *B*」中的詞組「*A*」和「*B*」特別短，譬如短到只有一兩個字時，這樣的解釋比較適當合理。在這樣的解釋中，要把只有一個字的「*B*」擴張，譬如把「靜」字擴張為「寧靜了」，「明」字擴張為「明白萬物並作歸根（的情形和道理）」。如果把這裏的「曰」字當「叫做」講，而不擴張「靜」「常」和「明」等字，譬如把「歸根曰靜」解釋為「回歸根源叫做靜」，把「復命曰常」解釋為「復命叫做常」，把「知常曰明」解釋為「知道常叫做明」，則會叫人不知什麼意思。

在《老子》中，有許多「怎麼樣怎麼樣，就（則）怎麼樣怎麼樣」這樣的思考方式。老子常用下面造句形式之一來表達這種思考：

(i)「*A*，*B*」或「*A B*」

(ii)「*A* 曰 *B*」

(iii)「*A* 乃 *B*」

(iv)「*A* 則 *B*」

在「*A*，*B*」或「*A B*」這種形式中，我們完全依上下文脈把它解釋為「*A*（則）*B*」的。例如：

> 絕智棄辯，民利百倍；絕巧棄利，盜賊亡有；絕僞棄詐，民復孝慈。（十九章）

這段文句顯然應解釋為，（如果）棄智聖辯，則人民利益就百倍；（如果）棄絕巧利，則盜賊就沒有；（如果）絕偽棄詐則人民就復婦孝慈。「*A* 曰 *B*」這種形式的例子，我們剛才講過了。現在來看「*A* 乃 *B*」的例子：

> 知常容，容乃公，公乃王，王乃天，天乃道，道乃久，沒身不殆。（十六章）

我們可把這段文句解釋為，知道常性就有包容，有包容就有公平，有公平就王天下，王天下就合乎天，合乎天就合乎道，合乎道就會久遠，終身不會危殆。在這裏，我們把「乃」字當「就」或「則」講。單一字的「*A*」和「*B*」都擴張成「某一回事」，譬如「容」擴張為「有包容」，「公」擴張為「有公平」，「天」擴張為「合乎天」等等。在下面的文句中，「乃」字也當「就」或「則」講：

> 修之於身，其德乃真；修之於家，其德乃餘；修之於鄉，其德乃長；修之於邦，其德乃豐；修之於天下，其德乃普。（五十四章）

這段文句中的「修之」的「之」字，向來有三種不同的解釋，即把它解釋為「道」、「德」和這段文句前面的「善建者不拔，善抱者不脫」這個「原理」[14]。我將把它解釋為「德」。這樣，我將把這段文句解釋為，一個人把

[14] 例如，張鍾元(Chung-yuan Chang)把它解釋為「道」，見他的 *Tao: A New Way of Thinking*, p. 54；范光棣也是，見他的前譯，p. 164。陳榮捷把它解釋為

德修於己身，則他的德就真實；把德修於家庭，則他的德就有餘；把德修於鄉里，則他的德就長久；把德修於邦國，則他的德就豐厚；把德修於天下，則他的德就普遍⓯。

「A 則 B」的例子有：

曲則全，枉則直，窪則盈，敝則新，少則得，多則惑。（二十二章）

⑹功成事遂，百姓皆謂：「我自然」。（十七章）

這裏的「謂」當「說」講。這個文句是說，「功成事遂，百姓都說：『我自然就是這樣的』。」

⑺古之所謂曲則全者，豈虛言哉！（二十二章）

這裏的「所謂」就是普通所謂的「所謂」。這句話是說，「古時所謂『曲則全』，也就是委曲（就）反爾保全，豈是虛話！」

⑻其在道也，曰：餘食贅形。（二十四章）

「德」，見他的前書，p. 165；賀榮一也是，他的前書，pp. 455–456。任繼愈把它解釋為「原理」，見他的《老子新譯》，p. 176；陳鼓應也是，他的《老子今註今譯》，p. 254。嚴靈峰則似乎既把它解釋為「道」，也解釋為「原理」，他的前書，pp. 287–290。

⓯ 「乃」字除了有「就（於是）」「則」的意思以外，也有「才怎麼樣」的「才」的意思。「A 則（就）B」和「A 才 B」的邏輯意義不同。前者是「如果 A 則 B」，後者則為「如果 B 則 A」。任繼愈把第十六章的「乃」當「才」講，而把第五十四章的「乃」當「就」講（他的前書，p. 95, pp. 176–177）；陳鼓應也是（他的前書，p. 116，p. 258）。賀榮一則反過來，把第十六章的「乃」當「就」講，而把第五十四章的「乃」當「才」講。我認為這兩章中的「乃」字應有同一個意義。我們有兩點可以支持第十六章中的「乃」字應當「就」講。一點是，這一章中的「知常容」無論如何其結構應該是「知常則容」。另一點是，有的《老子》版本把「知常容」以下寫成「容能公，公能王，王能天，天能道，道能久，沒身不殆。」在這裏「A 能 B」只可解釋為「A 則 B」，不可解釋為「A 才 B」。參看朱謙之撰《老子校釋》，p. 66。

這句話是說，這些在道來說，是剩飯贅瘤。在這裏「曰」字是當述說講，意思是拿餘食贅瘤來比喻說「這些」是多餘的東西。

(9)吾不知其名，字之曰道，強為之名曰大。大曰逝，逝曰遠，遠曰反。

(二十五章)

這裏有三個重要的問題。一個是，「字之」的「字」字和「為之名」的「名」字有沒有重要的意義上的不同，或者只是修辭的不同而已。另一個是，五個「曰」字怎麼講。再一個是，這裏的「大」，「逝」，「遠」和「反」等字要怎麼講。首先，我認為在直覺上老子在這裏恐怕以有重要不同意義使用「字」「名」兩字。「字」是人或事物的「別號」，因此可以「任意」取一個記號(sign)或標籤(label)來稱呼(address)它。但「名」是人或事物正式的「名稱」，因此要取適當的字詞來賦與它。「字」和人或事物之間不需要有什麼內在或本質上的關連，而「名」和人或事物之間則需要有這種關連。老子也許就在這種直覺上不同的意義，使用這裏的「字」和「名」。因此，他可以很自由的把「有物混成，先天地生」的道叫做「道」，或拿「道」這個記號來標示它。但由於道是很「混成」的，很不好給它賦與一個正式的「名」(名稱)，因此只好勉強賦給它名稱（強為之名）叫做「大」。在後面第四節討論「名」字時，還要更詳細討論這些。

這裏五個「曰」字中的頭兩個，很簡單，就是當狹義的「叫做」講。那就是把道的「字」叫做「道」，把道的「名」(名稱) 叫做「大」。因此，這裏「曰道」的「道」和「曰大」的「大」，都是專名，即道的專名。其他後面三個「曰」字，學者間有兩種解釋，即「就（則）(then)」和「意思是(means)」。我個人傾向「就（則）」的解釋。這樣，連同「大」、「逝」、「遠」和「反」諸字的解釋，我要把(9)這段文句解釋為，我不知道它（指道，即混成者）的名稱，我標示它叫做「道」，勉強給它取名稱叫做「大」。浩大就流逝，流逝就深遠，深遠就歸返。

(10)是以聖人常善救人，故無棄人；常善救物，故無棄物。是謂襲明。故善人者不善人之師；不善人者善人之資。不貴其師，不愛其資，雖智大迷。是謂要妙。(二十七章)

第一段中的「襲明」一詞，我還沒有令自己略為滿意的解釋。在這裏暫時不解說這一段文句。第二段中的「要妙」，可以解釋為通名，即「重要微妙的道理」，也可以解釋為形容詞，即「重要微妙的」。這一段是說，「因此，善人是不善人之師；不善人是善人之借鏡。不貴重其師的，不愛惜其借鏡的，雖然是聰明，其實是大迷糊。」這（指以上引號中所說的道理）是重要微妙的道理（或是說，這是重要微妙的）。因此，「是謂要妙」在這裏，不是當定義，而是當述說。

⑾物壯則老，是謂不道，不道早已。（三十章）

這裏，「物壯則老」的意思是「萬物強壯起來時就會衰老下去」；「不道」的意思是「不合於道」；「早已」的意思是「早死」。這句話如果順著語法去解釋，即解釋為「物壯則老，是不合於道的，不合於道的會早死」，則似乎在道理上不通，因為「物壯則老」應是老子的看法，但它為什麼不合於道呢？如果要這句話解釋的有道理，則非偏離語法不可。也就是要把它解釋為，物壯則老，因為物壯是不合於道的，不合於道的會早死⓰。

⑿將欲歙之，必固張之；將欲弱之，必固強之；將欲廢之，必固興之；將欲奪之，必固與之。是謂微明。（三十六章）

這一段話是說，「想要收斂什麼的，必先使它擴張；想要削弱什麼的，必先使它增強；想要廢棄什麼的，必先使它興盛；想要奪取什麼的，必先使它得與。」這些是一種微明，也就是一種微妙的聰明。這裏是用「微明」來述說這些「道理」⓱。

⓰ 嚴靈峰把這段話解釋為，「一切事物壯大了就要走向衰老，這就叫做：『不道』（讀作『否道』。謂『道』的自行『否定』）；成了『否道』，那就快到死亡的時候了。」這個解釋至少有兩個問題。一個是，他好像把「物壯則老」的情形，解釋為是「否道」，如果是的話，「物壯則死，就快到死亡」是什麼意思呢？很費解。另一個是，把「不道」解釋為「道」的自行「否定」，也很費解。我不認為在《老子》中有所謂道的否定這個概念。

⓱ 這句話有一種在概念上很不一樣的解釋。陳鼓應解釋說：「要收斂的，必定先擴張；要衰弱的，必定先強盛；要廢墮的，必定先興舉；要取去的，必定先給

⒀故貴以賤為本，高以下為基。是以侯王自謂孤、寡、不穀。（三十九章）

這段是說，貴以賤為根本，高以下為基礎。因此，侯王自稱為孤，寡，不穀。這樣，侯王就以孤獨之人，寡德之人，不善之人來述說自己。

⒁故道生之，德畜之，長之育之，成之熟之，養之覆之。生而不有，為而不恃，長而不宰。是謂玄德。（五十一章）

解釋這段話時有一點要注意的，即各動詞的主詞是「道」、「德」或是「道和德」。首先，依我們的看法，要把它解釋為：「所以，道生成萬物；德畜養萬物，成長萬物，作育萬物，結果萬物，成熟萬物，愛養萬物，和保護萬物。道生成萬物卻不據為已有。德興作萬物卻不自恃才能，成長萬物卻不主宰它們，這是一種玄德，即深遠的德。」在這裏，我們很清楚的舉出各動詞的主詞是「道」還是「德」。我們把「是謂玄德」解釋為，「為而不恃，長而不宰」的「德」，是一種玄德。不是「為而不恃，長而不宰」的「德」，未必是玄德。

⒂見小曰明，守柔曰強。用其光，復其明，無遺身殃。是謂襲常。（五十二章）

這第五十二章中，有好多個「其」字。在「既得其子，以知其子」中的「其」字是指「道」。在「塞其兌，閉其門」等中的「其」字則應指「你」或「一個人」或「任何人」。在這引述的「用其光，復其明」中的「其」字也應指「你」或「任何人」⑱。我要把這裏的「曰」字解釋為「則」。一般翻譯者把它譯成「叫做」；除非把「叫做」再解釋為「則」或其他更特定的意義，否則「守柔叫做強」是什麼意思呢？很費解。現在我們要把這段話解釋為，能見到細微所在則就明白事理，能守柔弱則就堅強。應用你的光亮，復歸你的明察，就不會給自己遺下災殃。你能這樣你就是在襲常，也就是在遵守和實行（道的）常性。這是用「襲常」來述說「用其光，復其明」到底

與。這就是幾先的徵兆。」（見他的前書，p. 187。）這種解釋也合於《老子》的思想，但很不合「原文」的造句。

⑱ 賀榮一則把這些「其」字解釋為「治民者」。見他的前書，p. 444。

是什麼一回事。

⒃使我介然有知，行於大道，惟施是畏。

大道甚夷，而民好徑。朝甚除，田甚蕪，倉甚虛；服文綵，帶利劍，厭飲食，財貨有餘；是謂盜夸，非道也哉。（五十三章）

首先，我們要把這段文句解釋為：

假使我稍微有知⓳，我就在大道行走，唯一畏恐的是走入邪路。

大道很平坦，但人君卻喜好小路。把宮室弄得很美好，但田野卻荒蕪，倉庫卻空虛。身穿錦繡衣服，佩帶利劍，飽足飲食，財貨有餘。這種人君是強盜頭子，是多麼不道呀！

在上引的文句中，共有三個「道」字，都似乎以老子哲學中的「道」或「大馬路」這兩種意義的「道」，有歧義的使用。頭兩個「道」字似乎偏重「大馬路」的「道」，後一個則偏重哲學意義的「道」。由於有這種歧義，因此，在我們的解釋或翻譯中，我們保留其原字詞「大道」和「道」，否則這種歧義性就可能不見了。「朝甚除」的「除」字，有人解釋為朝政廢弛的「廢弛」⓴。把「除」字解釋為「美好」也好，「廢弛」也好，就道理來說都通，而且這兩個解釋也相容。但由於在「朝甚除」後面講到的都是「硬體」的項目，而「宮室美好」是屬於硬體方面，但「朝政廢弛」則是屬於「軟體」方面的，為了概念屬性的一致，我們選擇「宮室美好」為「朝甚除」的解釋。這裏的「是謂盜夸」，是用來述說和評定「怎樣怎樣的人君是盜夸(強盜頭子)」。

⒄知和曰常，知常曰明。益生曰祥。心使氣曰強。物壯則老，謂之不道，不道早已。（五十五章）

「物壯則老，……早已」這句話，在前面第十一例中已講過，這裏不談。我們要把這裏的四個「曰」字當「則」字講。這樣，我們要把這段話前面幾句解釋為，知道（天生的）和諧則就知道常性，知道常性則就有洞明。

⓳ 原文「介然」一詞還有兩種不同的解釋。一個是「忽然」（參看賀榮一前書，p. 451），另一個是「準確」（參看任繼愈前書，p. 174）。

⓴ 參看嚴靈峰前書，pp. 283–285；陳鼓應前書，pp. 250–252。

縱欲貪生就會災殃。心生意氣就會逞強。

⒅挫其銳，解其紛，和其光，同其塵，是謂玄同。（五十六章）

這裏四個「其」字可當「一個人（你，或自己）」講。這樣我們可把這段話解釋為，挫削一個人的鋒銳，消解一個人的紛雜，和柔一個人的光亮，使一個人與塵垢，這是一個人的玄同，也就是一個人玄妙的同一，也就是一個人玄妙的無差別。在這裏是拿「玄同」來述說「怎樣怎樣」，而「怎樣怎樣」也同時解說了「玄同」這一概念。

⒆治人事天，莫若嗇。

> 夫唯嗇，是謂早服；早服謂之重積德；重積德則無不克；無不克則莫知其極，可以有國；有國之母，可以長久；是謂深根固柢，長生久視之道。（五十九章）

這裏的「是謂」有的《老子》版本是「是以」。我們要這裏的「是謂」和「謂之」都當「則（就）」講。這樣，我們要把這段文句解釋為：

> 治人事天，沒有比吝嗇好的了。
>
> 由於吝嗇，則早有準備；早有準備，則加倍積德；加倍積德，則無不能克服的；無不能克服的，則沒有人知道其極限；沒有人知道其極限，則可以治國；有治國的根本，則可以長治久安。這就是深根固柢，長生久存的道理。

在這裏，老子講「怎樣怎樣」「是」「一種深根固柢、長生久存的道理。」

⒇古之所以貴此道者何？不曰：求以得，有罪以免邪？故為天下貴。（六十二章）

我們可以把這些話解釋為：「古時為什麼重視這個道呢？還不是說，利用道有求的可以得到，有罪的可以赦免嗎？因此道是天下貴重的。」其實這裏的「還不是說」，也可說成「還不是」。這樣至少在表面上就沒有「說」字了。在《老子》中很少以「說」來使用「曰」字，也許是因為《老子》中從未提到某人某書，因此沒有或很少有直接引述的造句，間接引述的也少，因此就沒有或很少有「誰」和「那一本書」在「說」在「講」的造句。這樣，當「說」使用的「曰」字，自然很少出現了。

⑵故以智治國，國之賊；不以智治國，國之福。知此兩者亦稽式。常知稽式，是謂玄德。（六十五章）

有的學者認為在這段文句的「亦」和「稽式」之間，應加「知」字。現在把這段話解釋為，所以以智治國，是國家的災禍；不以智治國，是國家的福氣。知道這兩者也知道治國的法則。經常知道這法則，就是一種玄德，即一種玄妙的德。

⑵天下皆謂我道大，似不肖。……

我有三寶，持而保之。一曰慈，二曰儉，三曰不敢為天下先。

我們把這段文句解釋為：

天下都說我的道很大，不像什麼。……

我有三種法寶，我保持著它：一是慈，二是儉，三是不敢為天下先。

⑵善為士者，不武；善戰者，不怒；善勝敵者，不與；善用人者，為之下。是謂不爭之德，是謂用人，是謂配天，古之極。（六十八章）

我們把這段話解釋為，善為士者，不逞勇武；善戰者，不易發怒；善勝敵者，不與爭鬥；善用人者，謙虛處下。這些是不爭之德，是用人，是配合天，這是古來的極則。

⑵用兵有言：「吾不敢為主，而為客；不敢進寸，而退尺。」是謂行無行；攘無臂；扔無敵；執無兵。（六十九章）

我們要把這段文句解釋為：

用兵的說得好：「我不敢取攻勢，而寧取守勢；不敢前進一寸，而寧後退一尺。」這意思是，前行而不擺行陣；攘舉而不奮膊臂；抗敵而不臨敵；執兵器而不持有它㉑。

⑵夫代司殺者殺，是謂代大匠斲。（七十四章）

這裏的「是謂」最好解釋為「如同是」。這樣，我們把這個文句解釋為，代

㉑ 「行無行；攘無臂；扔無敵；執無兵。」這些文句有好些不同的解釋，譬如有「行軍沒有陣形；伸臂沒有胳膊；迎拒沒有敵人；執持沒有兵器。」（見嚴靈峰前書，p. 370）；「沒有陣勢可以擺；沒有膊臂可以舉；沒有敵人可以對；沒有兵器可以執。」（任繼愈前書，p. 212）。

替司殺者（專管殺人的人）去殺，這正如同是代替木匠去砍木頭。「正如同是」基本上是「是」的一種引伸使用。

(26)是以聖人云：「受國之垢，是謂社稷主；受國不祥，是為天下王。」（七十八章）

這裏的「是謂」和「是為」都可以解釋為「可以說是」。這樣，我們把這段文句解釋為，因此，聖人說：「承受全國屈辱的人，可以說是社稷主。承受全國災殃的人，可以說是天下王。」㉒

以上我們可以說是使用奧斯丁 (J. L. Ausitin, 1911–1960) 的所謂實地調查（或田野調查）(field work)的哲學方法㉓，來研究《老子》中「*A* 是謂 *B*」和「*A* 曰 *B*」這種文句中「是謂」和「曰」的種種意義。我們指出，這種文句可以有這五種解釋或翻譯：(i)「*a* 叫做（狹義）*b*」，(ii)「*a*（就）是(is) *b*」，(iii)「*a* 意思是(means) *b*」，(iv)「*a* 說(say) *b*」，和(v)「*a* 則(就)(then) *b*」。現在我們有下面一些註示：

(1)在「*a* 是 *b*」這種解釋中，可以有「*a* 可以說是」（譬如第26例）和「*a* 如同是」（譬如第25例）等的解釋。

(2)有很多學者把許多「*A* 是謂 *B*」和「*A* 曰 *B*」的文句解釋為「*a* 才 *b*」，而不是「*a* 則（就）*b*」。從語法看，我不知這種解釋有什麼根據。

(3)在以上二十六個「*A* 是謂 *B*」和「*A* 曰 *B*」的實例中，對「是謂」和「曰」，我做了比較好的解釋。當然可能有見仁見智的地方。但我想強調的是，我的解釋是很仔細邏輯思考過的。

(4)當我們把「*A* 是謂 *B*」和「*A* 曰 *B*」解釋為「*a* 是(is) *b*」時，這裏的「是」是可以看做現代文法學家所謂的「繫詞」(copula)的。這樣，「是謂」和「曰」字就可當繫詞使用了㉔。

㉒ 很多人把這裏的「是謂」和「是為」解釋為「才是」。從語法上看，不適合做這樣的解釋。

㉓ 參看劉福增：《奧斯丁》，第十三章〈奧斯丁的哲學方法〉。

㉔ 王力說：「在先秦的史料中，肯定的句子，主格與表明語之間沒有繫詞，乃是最常見的事實。」（見他的〈中國文法中的繫詞〉，《清華學報》，12卷1期，p. 4）。

(5)我們從上面二十六個例子的討論中，顯然可以看出「*A* 是謂 *B*」和「*A* 曰 *B*」是老子慣用的一種造句和造文方式。我們也可以說，這是老子的一種慣用的思想模式，雖然這種模式並非老子特有的。注意和了解老子這種慣用的造句造文方式和思想模式，對解釋《老子》和老子哲學很有幫助。

(6)我們知道老子的「*A* 是謂 *B*」和「*A* 曰 *B*」這種形式中的「是謂」和「曰」，可以有好多種解釋，但其中最重要的一種是這樣的。那就是，老子拿他自己締造的更簡潔的「概念」或「詞語」，來述說和評定用「A」講的「怎樣怎樣」的「人」或「世界或人間的現象或道理」是「什麼」。例如，老子說（參看前面第16例）：

> 朝甚除，田甚蕪，倉甚虛；服文綵，帶利劍，厭飲食，財貨有餘；是謂盜夸。（五十三章）

在這裏，老子利用「*A* 是謂 *B*」這種形式的文句，以他自己編造的「盜夸」一詞，來述說和評定「朝甚除，……；財貨有餘」，這樣的人君是盜夸，是強盜頭子。當然，「朝甚除，……財貨有餘」這些描述，也同時給什麼是盜夸提出描述。「*A* 是謂 *B*」表面看來好像是拿「*A*」來定義「*B*」，但在《老子》中，這種形式的文句主要不在形成一個定義。在「*A* 是謂 *B*」這樣文句中的「*B*」，很少出現第二次的。在一個理論中，我們定義一個詞語，主要是為後面的討論使用的。

四、「名」與「名」的迷惑

上面第三節中，我們對「*A* 是謂 *B*」和「*A* 曰 *B*」這種文句形式的討論，在一個重要意義上，是為本節討論「名」字做準備的。

《老子》中涉及的「名」字，大體和今天英文中使用的名詞和動詞的 “name” 相當。在當今的語言哲學中，有關 “name” 的講法和理論很多，而

如果我的解釋對的話，王力的說法可能就要改了。

且是爭論不休的問題。我們在這裏討論《老子》中的「名」字，並不是要討論老子有什麼特別的「名論」。事實上，除了一兩個地方似乎是講到有關名的問題以外，《老子》中只是使用「名」字而已。但在「名」字出現的二十四次之多中，幾乎有十八次以上都直接和「道」牽連在一起。因此，對老子以怎樣的意義使用「名」字，以及他對「名」可能有些什麼混淆的地方，如果能夠做一番釐清；並且在釐清之後，對有關文句做一番解釋和討論，相信對老子哲學的了解，會有基本的幫助。

在《老子》中，有三種意義的「名」字[25]。一種是當和「知道」「明白」的「明」通用的「名」字；另一種是當「名位」(fame and position) 和「名聲」、「名望」、「名譽」(reputation)講的「名」；再一種是當和事物的「名字」和「名稱」講的「名」。

當「明」字講的「名」也許只出現在第四十七章：

> 是以聖人不行而知，不見而名，不為而成。

這一段話是說，因此，聖人不必出行就知道，不必歷見就明白，不必作為就成功。

在下面這句話中，「名」字當「名聲」講：

> 名與身孰親？（四十四章）

這句話是說，名聲與身體，那個可貴？在「始制有名，名亦既有，夫亦將知止，知止可以不殆。」（三十二章）中的「名」字，可能也當「名位」講。但學者間有不同的解釋，後面我們還要討論。

為了要釐清《老子》中當人和事物的名字和名稱講的「名」字的意義以及相牽連的問題，我們必須先講一點當今的名稱理論 (theory of name)。當今的名稱理論雖然很多，但基本上只有兩種主要不同的觀點。而且，就

[25] 對嚴靈峰來說，也許有四種。在後我們將討論他的觀點。

我們現在的討論而言，也就是就討論老子哲學中有關「名」的問題而言，只要知道這兩種主要觀點的要點就夠了㉖。一個觀點是所謂個常詞名稱論(individual constant theory of proper name) 或象目名稱論 (object theory of proper name)；另一個觀點是所謂述詞名稱論 (predicate theory of proper name)。個常詞名稱論的要點是，專名 (proper name) 是常詞(constant)，一個專名的意義是它的具有者 (bearer)(the meaning of a proper name is its bearer)，或者說，給一個專名的具有者就是給它的意義。這個要點的一個重要涵蘊是，說話者可以任取一個記號來當某一個人或象目的名稱。假如我們需要我們可以拿任意記號「劉劉」來當太陽的名稱，記號「劉劉」預先不必有任何和太陽有什麼意義上的關係。在我們拿「劉劉」當太陽的名稱以後，太陽才變成它的意義。反之，述詞名稱論的要點是，一個專名其實是一個述詞 (predicate)，這個述詞對某一個象目為真，恰好如果該象目被以某一適當方式賦予該名稱。換句話說，一個專名是一種描述詞(descriptions)的簡稱。譬如，「老子」可以說是「《道德經》的作者」的簡稱。當然，上面我們是以非常粗簡的方式陳述名稱的這兩種主要觀點的要點。我們要指出的，在日常生活和一般非形式系統的討論中，我們不知不覺以這兩種觀點，交相使用名稱。

我們必須知道的，老子並沒有提出什麼「名」理論來。他對「名」的反省幾乎都和「道」的「名」牽連在一起，別的其他事物的「名」的問題似乎沒有引起他任何注意。因此，他對「名」如果有什麼概念的話，與其說是對名有什麼概念，不如說是對道概念的某種延伸。而且，如果我們從《老子》的文句中抽出老子所使用的「名」字的意義的話，那幾乎是在和

㉖ 這兩種觀點的討論可參看普拉茲(Mark de Bretton Platts)的《意義之方式——語言哲學導論》(*Ways of Meaning— An Introduction to a Philosophy of Language*)，pp. 133–160；以及伯吉(Tyler Burye)的〈稱指與專名〉(Reference and Proper Name)，*The Journal of Philosophy* 70 (1973), pp. 425–439，此文也收集在戴維森 (D. Davidson) 和哈曼 (G. Harman) 合編的《文法邏輯》(*The Logic of Grammar*)，pp. 200–209。

「道」之「名」牽扯下，抽出來的意義。離開「道」的問題，老子會以什麼意義使用「名」字，那就不知道了。在這個了解下，我們要指出，老子對「名」有下面幾個概念：

㈠他在直覺上僅只以述詞名稱論的概念，而沒有以個常詞名稱論的概念了解「名」。換句話說，他在直覺上認為東西的「名」或「名稱」一定要能明確的描述該東西，而沒有看到一個東西的「名」或「名稱」可以由人任意取記號去給的。老子說（每段《老子》原文後面括方內的，是該段的翻譯或解釋）㉗：

> 視之不見，名曰「夷」。聽之不聞，名曰「希」。搏之不得，名曰「微」。此三者不可致詰，故混而為一。其上不皦，其下不昧。繩繩不可名，復歸於無物。是謂無狀之狀，無物之象，是謂惚恍。迎之不見其首，隨之不見其後。（十四章）
>
> 〔道，看它看不見的，叫做「夷」。聽它聽不到的，叫做「希」。摸它摸不著的，叫做「微」。這三者無法予以詰問，因此它們混而為一，它上面並不明亮，它下面並不陰暗，綿綿密密無邊無際，不可名狀，又回復於無物。這是一種無狀之狀，無物之象，是恍恍惚惚的。近它，看不見它的前頭；隨它，看不見它的背後。㉘〕

㉗ 在引用中國古文，即文言文，當討論的根據時，表明是以怎樣的「白話了解」來討論是很重要的。這一方面有助讀者的了解，二方面有助自己觀念和思想的清楚。這也是在前面的討論中，每引一段「文言原文」，我總要先依自己的了解，把它講成白話的道理。

㉘ 在這裏，我們把「名曰」兩個字當做一個述詞 (predicate)「叫做」來使用。但在這裏也可以有另一種不同的文法分析，譬如我們可把「視之不見，名曰『夷』」，解釋做「道，看它看不見的，它的名字叫做『夷』」。在這裏「名」字當名詞「名字」講，而只由「曰」單獨一個字當述詞「叫做」講。不過，這兩種不同文法的分析結果，都是相同的命題。

有物混成，先天地生。寂兮寥兮，獨立不改，周行而不殆，可以為天下母。吾不知其名，字之曰道，強為之名曰大。（二十五章）

〔有一個混然形成的東西，先於天地生成。它無聲，又無形，獨立而不改變，周行而不息。它可以說是天下的根源。我不知道它的名字，用「道」這個字來稱呼它，勉強給它起個名叫做「大」。〕

從這兩段話，我們可以看出，老子認為，由於道的「視之不見」、「聽之不聞」、「搏之不得」，「不皦不昧」、「無狀」、「無物」、「惚恍」、「不見其首」、「不見其後」、「寂兮寥兮」、「混成」，因此「繩繩不可名」。這裏的「不可名」可以有歧義的一方面指「不可形容、不可描述」，二方面指「無法給它取個名字」。從這我們很可以說，在老子心目中認為無法明確形容和描述的道或任何其他東西，我們都無法給它取個適當的名字的；因為，老子似乎認為，道或一個東西的「名字」「本身」必須要能夠適切的描述或表示道或這一東西的「根本特質」；就道而言，道的名字要能表示出道的「象」、「物」和「精」㉙。但由於沒有一個字或詞能夠表示道的「真象」、「真物」和「真精」，因此，他無法給道取個「正確的名字」。因此，他就姑且拿「道」這個字來稱呼道，並且勉強給道取個名字叫做「大」；也許老子認為「大」字有「大至於不可圍」「至大無外」的意思。在這裏老子沒有想到，說話者或語言使用者是可以任意拿一個「記號」來給他心目中的「那個東西」取名字的。這個「記號」和「那個東西」之間不需有任何預先的什麼關連。老子沒有想到我們可以依個常詞名稱論的方式來給道取名字。然而，在實際的思考和撰作中，老子卻依這個理論的方式給道取了個他通用的名字，這個名字就是「道」；他「字之曰道」。不過，他也許不是「完全」依這個理論給道取名為「道」，因為「道」字仍然有非常抽象而普通的「道理」或「道路」的意思，而他的道也具有這個意思。老子依他認為的應該有的取名原理，即我們所謂的述詞名稱論，來給道取的名字「大」，反而不常用，

㉙《老子》第二十一章：「道之為物，惟恍惟惚。惚兮恍兮，其中有象；恍兮惚兮，其中有物。窈兮冥兮，其中有精；其精甚真，其中有信。」

甚至根本沒有用。

我們還可以從老子的「視之不見，名曰夷。聽之不聞，名曰希。搏之不得，名曰微。」以及第一章的「無，名天地之始；有，名萬物之母。」顯示老子是以述詞名稱論的想法給東西取名字的。老子明白以「名」或「名曰」的形式給東西取名字的只有六次。這六次還都是給某個形式或某個層面的道取名字的。除了前面討論過的「強為之名曰大」以外，就是上面引述的五次。在「視之不見，名曰夷。聽之不聞，名曰希。搏之不得，名曰微」這三次的取名中，是就「視之不見」，「聽之不聞」和「搏之不得」這三方面的「性質」，分別拿各具這三方面意義的「夷」、「希」和「微」賦予名稱的。因此在這裏，也有拿「夷」和「微」來「描述」和「述說」道這三方面性質的意思。拿「無」和「有」分別來給「天地之始」和「萬物之母」取名，也有拿「無」和「有」來「描述」和「述說」它們的意思。這樣，如果無法拿出適當的字詞來描述和述說某一個東西，依老子的述說名稱觀，就無法給這個東西取名字了。在要給老子的道取名字時，老子就遇到這種情形。但是，我們不要忘記的，老子「實際上」已經依個常詞名稱說的觀點給它取個名字，叫做「道」了。

從造句的形式看，「*A* 是謂 *B*」和「*A* 曰 *B*」也時常是在做命名的，也就是拿「*B*」當「*A*」的名稱。但是在《老子》中，這些形式的文句，如同我們在第三節講過的，與其說是在做定義或命名，不如說是在做述說和評定。在《老子》中，明白講到命名的，也許只有對「道」這個東西，而且是使用「名」、「名曰」和「字之曰」這些字眼去做的。解老的人最好能注意到這一點。

㈡老子似乎認為，道、天地、萬物本來就各有它的名字和名稱，至少對道和道的諸方面說是如此。請看上面剛引述過的，老子說：

> 有物混成，先天地生。寂兮寥兮，獨立不改，周行不殆，可以為天下母。吾不知其名，字之曰道，強為之名曰大。（二十五章）

在這裏，老子顯然在說，道本來有名字，但他不知道它的名字，因此，姑且稱呼它為「道」，勉強給它取名叫做「大」。在這裏，老子如果不是「天真的」，或是「根本錯誤的」認為道本來有個名字，就是認為他或有人可以「找到」，但還沒有找到道的名字。但是從他講的：名可名，非常名（一章），似乎又在說，道的「常名」，人是找不到的。從老子說的：「無，名天地之始；有，名萬物之母。……此兩者，同出而異名……」(一章),似乎又在說,「無」和「有」分別是在天地之始和在萬物之母方面道的本來名字；這兩個名字不是他老子替「它們」取的。

然而，老子又說：「道常無名」（三十二章）和「道隱無名」（四十一章）。你既然稱呼道為「道」，怎麼又說道「無名」呢？姑且不論這個「說謊者悖謬」(liar paradox) 式的困局㉚，但老子這兩句話和他的「名可名，非常名」(一章),「吾不知其名」（二十五章），和「無，名天地之始」（一章）是很不諧合的。如果道無名，它當然無「常名」。如果道無常名，則「名可名，非常名」是一句廢話；因為，道既無常名了，還有什麼是或不是常名的問題？還有，如果道無名，則「吾不知其名」也是句廢話；因為，道既無名，則沒有我知不知其名的問題。再說，如果道無名，則不可以有「無，名天地之始」，因為在這裏「無」也是道的名字呀！

顯然，老子在這裏被語言，尤其是被「名」（名稱）迷惑了。世世代代《老子》的讀者也被迷惑了。《老子》一些「很深」「很難懂」的地方，實際上只是一些被迷惑的地方。迷惑一旦被打開，「原來如此，沒什麼嗎！」維根斯坦(L. Wittgenstein, 1889–1951)說：「哲學是對抗語言迷惑我們的理知的一種戰鬥。」㉛歷代《老子》的讀者，似乎沒有進行過這種哲學戰鬥。維根斯坦說：

> 在哲學著作中所見到的大多數命題和問題不是假的，而是了無意義

㉚ 「說謊者悖謬」是古希臘哲學家 Epimenides 和 Eubulides 所提出的。「我正在說謊」(I am lying)是一個悖謬，因為這句話為真恰好如果(if and only if)它為假。

㉛ 維根斯坦：《哲學探究》(*Philosophical Investigations*)，§109。

> 的。因此我們不能給這類問題任何回答，而只能指出它們是了無意義的。哲學家的大多數命題和問題，起自我們沒有了解我們的語言邏輯。
> 而這是並不令人驚奇的，最深奧的問題實際上根本不是問題。[32]

他又說：

> 你的哲學目標是什麼？——給蒼蠅指出脫出蒼蠅瓶子的路。[33]

仔細並且有反省的閱讀《老子》，我們不難發現，《老子》中許多看似所謂最深奧的命題和問題，其實不是維根斯坦所謂的了無意義的命題和問題，就是假的命題和擬似(pseudo-)問題。這樣，許多《老子》的「哲學蒼蠅」就困在蒼蠅瓶子裏了。我們能不能給蒼蠅指出脫出瓶子的路呢？現在我們要試就直接牽連「名」的命題和問題找找看。

老子被「名」迷惑的地方，主要有兩點。一點是，他認為「道」本來有一個「常名」。其實包括道在內的萬物，如果有什麼名稱的話，都是我們人給它取的。尤其是老子的道，如果是他發現的，則是在他發現以後他給它取個名稱叫做道的。道本身原來沒有什麼名稱。道如果是他創造的，則更無所謂它原來有個什麼「常名」了。由於道本身原來沒有名稱，因此假定它原來有個什麼常名的所有講法，不是廢話，就是假話。但世代以來的解老者，不知這些是廢話或假話，因此非常賣力要把它解釋成有意義的或有理的話，因此除了牽強附會以外，便是解得不知所云了。不知所云的東西時常會令人覺得很深奧，除非你「敢」斷然宣稱它是了無意義的廢話。老子被「名」迷惑的另一點是，他以為道或萬物的名稱一定要能夠適當描述道或萬物，否則它就不會是道或萬物的好名稱。他不知道，只要一個東西是可以給予名的，人可以拿任何記號當它的名稱。他依這一迷惑所講的

---

[32] 維根斯坦：《哲學邏輯論說》(*Tractatus Logico-Philosophicus*)，4.003。

[33] 維根斯坦：《哲學探究》，p. 309。

話，不是廢話，就是假話。現在讓我們來看看一些這類的廢話和假話：

⑴「名可名，非常名」（一章）是廢話[34]，因為包括道在內，萬物都沒有所謂常名。東西的名稱都是人給的。在人給予一個東西名稱以後，這個名稱就是這個東西的名稱。當人不要這個名稱時，可以予以取消。一個東西的名稱在沒有被取消以前，依舊是這個東西的名稱。

⑵「無，名天地之始；有，名萬物之母。」（一章）在這裏老子可能有兩個意思之一。一個是，他發現了「無」和「有」分別是天地之始和萬物之母的名字。另一個是，他自己給兩者分別取了「無」和「有」的名字。如果是前者，則是一個錯誤，因為這兩者原來無所謂有什麼名字，而且在老子之前，似乎也從未有人給它們取名為「無」和「有」。如果是後者，則老子在這裏拿意義很不清楚的「無」「有」兩字來迷惑自己，也迷惑了後世的人。首先，老子根本不需給「天地之始」和「萬物之母」取名字，同時也不應用「無」「有」來描述這兩者。與其這樣描述，不如「天地之始是無形的，萬物之母是有形的」這樣描述更好。《老子》整本書，只有另兩個地方使用了這個意義的「無」「有」。一個地方是緊接這兩句後面的「故常無，欲以觀其妙；常有，欲以觀其徼。」不需使用「無」「有」，我們可以這樣改寫這兩句話。那就是，「天地之始是無形的，萬物之母是有形的。從無形的前者，以觀其妙；從有形的後者，以觀其徼。」另一個使用這種意義的「無」「有」的地方是第四十章的「天下萬物生於有，有生於無。」我們可以把這兩句改寫為「天下萬物生於道的有形者，道的有形者生於道的無形者。」以上這樣的改寫，一方面去掉令人迷惑的道的「無」「有」之名，二方面也以較平白的「無形」和「有形」，取代很不清楚的「無」「有」來描述道的無形和有形層面。在整本《老子》中，沒有對這裏所論特別意義的「無」「有」加以什麼說明。因此，我們去掉迷惑人的「無」「有」，並沒有什麼遺失。

⑶「此兩者，同出而異名，同謂之玄。」（一章）這裏所謂「此兩者」

---

[34] 對這一句話的解釋，參看本書第一章〈老子的「道可道，非常道；名可名，非常名」〉。

指「無」和「有」。從「同出而異名」看，老子似乎指「無」和「有」是道的無形和有形層面本來有的名字。如果是這樣，則「同出而異名」這句話沒什麼意思，因為萬物沒有所謂本來的名字。因此，整個一句話可改為「此兩者（道的無形者和有形者），同謂之玄。」

⑷在「視之不見，名曰夷；聽之不聞，名曰希；搏之不得，名曰微。」（十四章）中，「名曰夷」、「名曰希」和「名曰微」這些話，都沒有什麼意思。因為，在《老子》的其他地方，「夷」、「希」和「微」都沒有以這裏的意義使用，同時，在這裏使用這些字眼，對道之「視之不見」、「聽之不聞」和「搏之不得」沒有增加什麼意思。

⑸在「自古及今，其名不去，以閱眾甫。」（二十一章）中，「其名不去」改為「道名不去」，不是更好嗎？「其名不去」，有道本來就有個名字，而且我們都知道這個名字這些錯誤的假定。

⑹「吾不知其名，字之曰道，強為之曰大。」（二十五章）我們講過的，道沒有所謂本來的名字，而且在老子以前也沒有講過老子心目中的道，因此老子所謂「吾不知其名」， 是一句廢話。老子要叫道為「大」就叫它為「大」，沒有什麼好「強為之」的。

⑺我們講過的，「道常無名」（三十二章）和「道隱無名」（四十一章）是沒有什麼意思的。

五、「名」與「無」「有」及其他

在這最後一節裏，我們要討論和「名」有關，而在前面幾節尚未討論或尚未仔細討論的一些問題：

㈠在別的文章中，我曾經指出，在「道可道，非常道；名可名，非常名。」（一章）這句話中，「名可名，非常名」如果嚴格依其語法，是一句非常費解的話㉟。這主要是由於這句話要和前句「道可道，非常道」，做修辭的對仗，以及老子被「名」困惑。在「曲解」（有意或無意）這句話的語法結構後，一般的解老者不是把它解釋為，對萬物來說，凡是可以叫得出

㉟ 參看本書第一章。

的名字，都不是常名，就是把它解釋為，對道來說，凡是可以叫得出的名字，都不是常名。

嚴靈峰對「名可名，非常名」，有一個很特別的解釋。他把這句話第一個「名」字解釋為，「此『名』字乃指宇宙（自然）之本真，具整一大全之存在之意義。相當於英文：Existence。」㊱我至少有兩個理由不認為有這種解釋。一個是，整本《老子》中的「名」字，只有這裏有這個解釋，太突然了，不合乎一個人使用一個字詞的習慣。另一個理由是，不論所謂「整一大全之存在」是否有意義，我想當時是不會有這種概念的。解老者最好不要使用相對於老子來說這麼「離譜」的概念。

㈡「無，名天地之始；有，名萬物之母。」（一章）這句話還有另一種斷句，即「無名，天地之始；有名，萬物之母。」這兩種斷句歷來解老者爭執不已。讓我們看看這兩種斷句各有什麼意義、預設和涵蘊，以及那一種斷句比較可接受。設我們分別稱這兩種斷句為「*A* 斷句」和「*B* 斷句」。

從普通的語意來看，這兩種斷句的意義顯然不同。*A* 斷句是說，「無」是天地之始的名字，而「有」是萬物之母的名字。而 *B* 斷句則是說，無名這個東西是天地之始，而有名這個東西是萬物之母。注意，在這裏「無名」和「有名」不是專名(proper name)，而是描述詞(descriptions)或確定描述詞。不論就意含(intension)或範程(extension)，當做名字的「無」和當做描述詞的「無名」是不同的，而當做名字的「有」和當做描述詞的「有名」也是不同的。就意含說，這裏的「無」是指無形，「無名」是指沒有名字的。無形的東西未必沒有名字，而沒有名字的東西未必是無形的。同樣的，就意含說，這裏的「有」是指有形，「有名」是指有名字的。有形的東西未必有名字，而有名字的東西未必有形。從這些分析，我們很可以說，從普通的語意分析，上述 *A* 和 *B* 兩種斷句的意義顯然不同。

但是，如果比較「婉轉」的，從老子可能的意思來說，我們可把 *A* 和 *B* 斷句中的「無」和「無名」都解釋為是稱指(refer to)（道的）無形者，而把「有」和「有名」都解釋為稱指（道的）有形者㊲，然後可把這兩個

㊱ 嚴靈峰前書，p. 4 和 p. 11。

斷句都解釋為「無形者是天地之始，有形者是萬物之母。」這樣的話，這兩種斷句就表示同一個命題了。然而，我們不能忘記，從 *A* 斷句我們可以推得「無」和「有」分別是天地之始和萬物之母的名字。從 *B* 斷句我們推不出這。不但推不出這，反而可推得天地之始是沒有名字的，這和 *A* 斷句告訴我們的，「天地之始」有「無」這個名字相衝突。

從以上兩段的討論，我們可以知道，*A* 斷句和 *B* 斷句是很不一樣的。甚至是相衝突的。那麼，那一個斷句比較可接受呢？我們認為是 *A* 斷句。首先，有了 *A* 斷句而引進了特定意義的「無」「有」以後，我們就容易了解第四十章的「天下萬物由於有，有生於無」這句話，否則所謂「有生於無」這句話是非常費解的。*B* 斷句對這的了解沒有什麼幫助。以 *B* 斷句引進的「無名」和「有名」，對《老子》其他章句的了解沒有什麼幫助。不但沒有，有的地方甚至產生混淆呢。就「無名」一詞來說，只有在下面這些地方再出現過，即「道常無名」（三十二章）、「吾將鎮之以無名之樸」（三十七章）和「道隱無名」（四十一章）。從「道常無名」和「道隱無名」，我們直接了當知道：道是沒有名字或道隱而沒有名字的；因此，我們沒有以 B 斷句來引進「無名」的必要，更且，這種引進讓人想起的是天地之始的無名，而不是道的無名。就「吾將鎮之以無名之樸」來說，由於在先已經有「道常無名」，以及所在章也都在談論道的問題，因此，這裏的「無名」指的是道，沒有經由 *B* 斷句來解什麼是「無名」的必要。不但如此，如果經由這，則將變成「吾將鎮之以天地之始之樸」，意義反而不明。就「有名」一詞來說，其他地方只出現過一次，即：

> 始制有名，名亦既有，夫亦將知止，知止可以不殆。（三十二章）

這裏的「始制有名」解老者有兩種解釋。一種是「開始制定名位」。這種解

---

37 有人把我們這裏所謂無形者和有形者稱為無形質和有形質。由於《老子》中從未明白講「質」「形」相對的「質」，因此我用在存況論(ontology)上更中性的字眼「者」字。

釋的「有名」和 *B* 斷句引進的「有名」似乎沒有什麼關連。另一種是「萬物興作，產生各種名稱」。這裏「產生各種名稱」的「各種名稱」和 *B* 斷句引進的當「萬物之母」的「有名」似乎也沒有什麼關係。

其次，像前面那樣，我們可把 *A* 斷句中的「無」和「有」分別解釋為「無形者」和「有形者」。甚至由於系絡上是講道的，因此可分別把它們解釋為道的「無形者」和道的「有形者」。把「無」「有」和「無形」「有形」相對，頗合乎「無」「有」的一種日常了解。但是，在把 B 斷句中的「無名」「有名」和「無形」「有形」相對時，是一種不合乎「無名」「有名」的日常了解的非常特別的解釋。在日常了解中，「無名」未必是「無形」，「有名」未必「有形」，對信徒來說，「上帝」是上帝的名字，因此，上帝是「有名」的，但卻是無形的。

㈢在第三十四章「功成不名有」中的「名有」㊳，可以解釋為「不稱為有功」或「不說是有功」。同章中的「可名於小」可解釋為「可稱為是小」或「可說是小」；「可名為大」可解釋為「可稱為是大」或「可說是大」。

㊳ 有的版本為「功成而不有」，有的為「功成而不居」。

第四章　老子思想奧晦的起源：「有」、「無」和「無為無不為」

哲學家的大部分命題和問題產自我們沒了解我們語言的邏輯。（維根斯坦，1922《邏輯哲學論說》）

大部分被認為是深奧哲學的東西，不過是對字詞意義的好爭辯的議論罷了。我們利用對語言本性的誤解來神祕化我們的知識。（約翰生 (A. B. Johnson，1828)）

當一個人因為能夠了解和解說克萊希帕斯（Chrysippus）的著作而驕傲時，跟你自己說，如果克萊希帕斯原來沒有寫的曖昧，這個人就會沒有什麼好驕傲的。（艾匹克蒂塔 (Epictetus, AD. 60?–?120)）

老子的思想時常被說是很奧晦，這是真的嗎?《老子》（即《道德經》）一書言簡意晦，有些詞句不完整，句與句間，章與章間，很多缺少明顯的邏輯關連，甚或根本沒有邏輯關聯，簡錯的地方也不少。這些很可能使《老子》被詮釋成很奧晦。但一般說來，這些不是本文要關心的老子思想奧晦的起源問題。是否是時代社會背景，個人的心理思想因素等等，使《老子》的作者寫出令人感覺奧晦的東西，也不是本文要關心的問題。無疑的,《老子》書中的「有」、「無」和「無為無不為」的問題和寫作，以及大部分詮釋者的詮釋「本身」，是老子思想令人感到奧晦的一大起源，甚至是最大起源。本文主要要對《老子》書中「有」、「無」和「無為無不為」的問題做詳細的分析和探討，並且從這些分析和探討看看老子思想是否真的看來那麼奧晦，尤其是那麼玄奧，玄之又玄，眾妙之門?

老子思想中的有無和無為無不為部分，一向被許多注疏和詮釋者認為是他的思想中最深奧、最有智慧的部分。這是真的嗎？其實，把《老子》中和有無和無為無不為糾纏的問題弄清楚一點，並予解開，很可能是了解《老子》和不被老子思想困住、兜圈最好的一個途徑。

本文主要想對老子的有無和無為無不為的問題，提出作者自己的分析和了解。但有時也要檢討一些注疏者和詮釋者的講法。這些檢討的主要目的不在接受或拒絕它們，而在比襯本人的講法，使它更清楚。我當然要對老子本身的講法提出檢討和批評，尤其是我認為他很沒有道理和混淆不清、觀念攪混、攪錯的地方。我希望這種檢討和批評，一方面有助「正確」了解老子的思想，二方面是「給蒼繩指出飛出蒼蠅瓶子的途徑」。維根斯坦(Wittgenstein, 1889–1951)說：「你的哲學目標是什麼？——給蒼蠅指出飛出蒼蠅瓶子的途徑。」❶在老子的哲學思想中，恐怕有不少瓶子裏的哲學蒼蠅。

在這裏我想提出兩點。一點是，依整個《老子》，基本的我認為老子的世界觀和宇宙觀，一般說來，是道、天地、萬物、人間一世界（一宇宙）。簡單的說，就是道、天、地、萬物和人間都是在同一個世界，同一個宇宙裏。他這種世界觀和宇宙觀就和古希臘哲學家柏拉圖的很不一樣。柏拉圖的世界觀中有兩個截不然同的世界，一個是永遠不變的觀念(ideas)世界，一個是變動不居的其他萬物的世界。在分析和解說老子思想時，我基本的要認定他有這樣一個世界觀。我要使用他這一世界觀時，將一步一步更多一點說明他這一世界觀。老子的這一世界觀，在某一意義上，也可以說是一種泛道世界觀，一種泛道主義。

另一點是我所謂的雙重詮釋。我將在必要的時候，使用雙重詮釋的方法和觀念來詮釋和分析《老子》和老子的思想。實際上，我認為任何對古代哲學家及其著作的研究，都很需要使用這個方法。我所謂雙重詮釋，簡單的說，是指譬如當我們要詮釋《老子》的章句和哲學時，我們一方面當然要盡量設想以老子的一般世界觀和宇宙觀為基礎來詮釋，另一方面在必

❶ 維根斯坦(L. Wittgenstein)：《哲學探究》(*Philosophical Investigations*), p. 309。

要的時候，我們也要以我們詮釋者自己的一般世界觀和宇宙觀為基礎來詮釋。我們不妨把前者叫做被詮釋者觀點的詮釋，後者叫做詮釋者觀點的詮釋。明白區分和使用這種雙重詮釋有許多好處。首先，它會使我們更好了解古代哲學家在想什麼和怎樣想。其次，在評價古代哲學家的思想時，我們可以利用這種雙重詮釋以不同的世界觀和宇宙觀當基礎來評價。這會使我們更有分寸和分辨來評論過去哲學家的哲學價值。當然，我現在只非常抽象講什麼是雙重詮釋。在後面我實際使用這種詮釋方法時，我將進一步說明它。

一、在那些意味中使用「無」——一個初步分辨

在五千多字的《老子》文本中使用「無」字特別多，而老子也特別偏愛「無」的思想。我們知道，有一種造句模式和思考模式和習慣強而普通的支配老子的造句和思想模式和內容，我把它叫做「對反思想模式」。在對反的造句和思考中用具有否定詞(negatives)地位的「不」和「無」造的語句最多。在對反思想中，一般說來老子又非常偏好否面、無面的，尤其是某一意義的「無」又和「道」(Tao)本身牽連在一起。因此，《老子》文本中使用「無」字特別多了❷。在語言和思想概念上和「無」直接明白對反

---

❷ 本文引用的《老子》原文，主要（但不是全部）採用陳鼓應的《老子今註今譯》。

《老子》中直接使用「無」、「有」這些字的語句，依章次列舉如下：

㈠「無」字的，約有102次：

第1章：無，名天地之始。

故常無，欲以觀其妙。

第2章：有無相生。

是以聖人處無為之事。

第3章：常使民無知無欲。

為無為，則無不治。

第7章：非以其無私邪?

第8章：夫唯不爭，故無尤。

第10章：載營魄抱一，能無離乎?

滌除玄覽，能無疵乎?

愛國治民，能無為乎?

明白四達，能無知乎?

第11章：當其無，有車之用。

當其無，有器之用。

當其無，有室之用。

故有之以為利，無之以為用。

第13章：及吾無身，吾有何患?

第14章：繩繩兮不可名，復歸於無物。

是謂無狀之狀，無物之象。

第19章：(絕巧棄利，盜賊無有。)

絕學無憂。

第20章：儽儽兮若無所歸。

飂兮若無止。

第24章：自伐者無功。

第27章：善行無轍迹。

善言無瑕讁。

善閉無關楗而不可開。

善結無繩約而不可解。

是以聖人常善救人，故無棄人。

常善救物，故無棄物。

第28章：為天下式，常德不忒，復歸於無極。

第29章：是以聖人無為，故無敗；無執，故無失。

第32章：道常無名。

第34章：(常無欲)，可名於小。

第35章：道之出口，淡乎其無味。

第37章：道常無為而無不為。

化而欲作，吾將鎮之以無名之樸。

無名之樸，夫將無欲。

第38章：下德不失德，是以無德。

上德無為而無以為。

（下德無為而有以為）

上仁為之而無以為。

第39章：天無以清將恐裂。

地無以寧將恐廢。

神無以靈將恐歇。

谷無以盈將恐竭。

萬物無以生將恐滅。

侯王無以貞將恐蹶。

至譽無譽。

第40章：天下萬物生於有，有生於無。

第41章：大方無隅。

大象無形。

道隱無名。

第43章：無有入無間，吾是以知無為之有益。

無為之益，天下希及之。

第46章：天下無道，戎馬生於郊。

第48章：損之又損，以至於無為。

無為而無不為。

取天下常以無事。

第49章：聖人無常心，以百姓心為心。

第50章：兕無所投其角。

虎無所用其爪。

兵無所容其刃。

夫何故？以其無死地。

第52章：用其光，復其明，無遺身殃。

第57章：以無事取天下。

我無為而民自化。

我無事而民自富。

我無欲而民自樸。

第58章：孰知其極？其無正也？

第59章：重積德則無不克。

無不克則莫知其極。

第63章：為無為，事無事，味無味。

是以聖人猶難之，故終無難矣。

第64章：是以聖人無為故無敗，無執故無失。

慎終如始，則無敗事。

第69章：是謂行無行，攘無臂，扔無敵，執無兵。

第70章：夫唯無知，是以不我知。

第72章：無狎其所居。

無厭其所生。

第75章：夫唯無以生為者，是賢於貴生。

第78章：以其無以易之。

第79章：有德司契，無德司徹。

天道無親，常與善人。

第80章：雖有舟輿，無所乘之。

雖有甲兵，無所陳之。

㈡「有」字的，約有82次：

第1章：有，名萬物之母。

常有欲，以觀其徼。

第2章：有無相生。

生而不有。

第10章：(生而不有)。

第11章：當其無，有車之用。

當其無，有器之用。

當其無，有室之用。

故有之以為利，無之以為有。

第13章：吾所以有大患者，為吾有身。

及吾無身，吾有何患？

第14章：執古之道，以御今之有。

第17章：太上，不知有之。

信不足焉，有不信焉。

第18章：大道廢，有仁義。

（智慧出，有大偽）。

六親不和，有孝慈。

國家昏亂，有忠臣。

第19章：絕巧棄利，盜賊亡有。

故令有所屬：見素抱樸，少私寡欲。

第20章：眾人皆有餘，而我獨若遺。

眾人皆有以，而我獨頑似鄙。

第21章：惚兮恍兮，其中有象。

恍兮惚兮，其中有物。

窈兮冥兮，其中有精。

其精甚真，其中有信。

第22章：不自伐，故有功。

第23章：信不足焉，有不信焉。

第24章：物惑惡之，故有道者不處。

第25章：有物混成，先天地生。

域中有四大，而人居其一焉。

第26章：雖有榮觀，燕處超然。

第30章：大軍之後，必有凶年。

第31章：物惑惡之，故有道者不處。

第32章：始制有名，名亦既有，夫亦將知止。

第33章：勝人者有力，自勝者強。

強行者有志。

第34章：功成不名有。

第38章：上德不德，是以有德。

下德無為而有以為。

上義為之而有以為。

第40章：天下萬物生於有，有生於無。

第41章：故建言有之：明道若昧，……。

第43章：無有入無間，吾是以知無為之有益。

第46章：天下有道，卻走馬以糞。

第48章：及其有事，不足以取天下。

第50章：生之徒，十有三。

死之徒，十有三。

人之生，動之於死地，亦十有三。

第51章：生而不有。

第52章：天下有始，以為天下母。

第53章：使我介然有知，行於大道，唯施是畏。

財貨有餘。

第57章：法令滋彰，盜賊多有。

第59章：莫知其極，可以有國。

有國之母，可以長久。

第62章：人之不善，何棄之有？

雖有拱璧，以先駟馬，不如坐進此道。

求以得，有罪以免邪？

第64章：為之於未有，治之於未亂。

第67章：我有三寶，持而保之。

第69章：用兵有言：「……」。

第70章：言有宗，事有君。

第74章：常有司殺者殺。

希有不傷其手矣。

第75章：民之難治，以其上之有為。

第77章：有餘者損之，不足者補之。

天之道，損有餘而補不足。

的是「有」。但是，由於在語言和思想上要表示「有」的並不一定要用語言上顯現的「有」字表示出來，因此在《老子》文本中直接使用「有」字，就要比「無」字少。如果當否定詞的「不」、「無」兩字合起來算，當肯定、存在的「有」字相對更少了❸。又由於中文和《老子》造句的習慣，有很多「有」字只是一種習慣用詞，和肯定和存在的意義並無特殊關係。因此，在老子思想上需要特別提出來研究的「有」字又更少了。不過，為了做完整的「篩選」，我們也要把所有出現的「有」和「無」字一樣，都找出來處理。

本文對《老子》書中「有」、「無」的研究，主要的興趣在思想而不在語法，因此在本節和下節，我們要從在思想上以那些意味使用「無」「有」兩字，給《老子》文句做初步的分辨。在後面諸節，再進一步分析和探討這些使用和思想。在每個列引的文句後面，我們會對該文句做簡單解釋。我們對涉及這些文句的討論，主要根據這些解釋。我們知道，《老子》的每個文句很可能有許多不同的解釋，甚至是意義相反的解釋。我們在這裏的解釋，當然是自以為比較好的解釋。除非別的解釋也很不錯，或者是比較著名學者的解釋，而且就我們正在討論的「有」、「無」的使用意味說，在思想和邏輯上很不一樣的，否則在這裏不提它們。

此外很重要的，下面「有」、「無」使用意味的分項分辨彼此並不排斥，

人之道，則不然，損不足以奉有餘。
孰能有餘以奉天下，唯有道者。
第79章：和大怨，必有餘怨。
有德司契，無德司徹。
第80章：使有什伯之器而不用。
雖有舟輿，無所乘之。
雖有甲兵，無所陳之。
第81章：既以為人己愈有。
既以與人己愈多。

❸ 在《老子》文本中，「不」字約出現244次。

也就是同一個語句中的「有」、「無」可能同時或有歧義的以兩種以上的意味在使用。

當做否定詞，一般說來，「無」字可以有種種使用。例如，⑴對某種特定東西的不存在的表示，例如，「無桌子」，「無鬼神」。⑵表示什麼都不存在、都沒有，例如，「桌子上無東西」，「窗口空無」。⑶表示沒有那種狀態、性質、功能，例如，「無色」，「無運轉」，「無效」，「無欲」，「無憂」。⑷表示某種事態不存在或語句的否定，例如，「無風不起浪」，「今天無人上學」，「學生無不很用功」。在《老子》中，「無」字又和「道」名和道本身牽連在一起。

現在我們依下面幾種使用意味，分辨《老子》書中的「無」字：

㈠當一般語句或述詞的否定詞，或者表示某種東西不存在，或者表示沒有什麼狀態、性質、功能存在的。

㈡一般「有」「無」相對的「無」和東西不存在抽象的「無」。

㈢與「道」本身和道的名稱牽連的「無」。

㈣「無為而無不為」的「無」。

現在我們就依序列舉分辨如下：

㈠當一般語句或述詞的否定詞，或者表示某種東西不存在，或者表示沒有什麼狀態、性質、功能存在的：

⑴「常使民無知無欲。」(三章) 這是說，常使人民〈無知〉〈無欲〉❹。

⑵「為無為，則無不治。」(三章) 這是說，實踐無為，就〈沒有什麼治理不好〉的了。

⑶「非以其無私邪？故能成其私。」(七章) 這是說，不正是由於他〈無私〉，因此反而成全其私。

⑷「夫唯不爭，故無尤。」(八章) 這是說，正因為與世無爭，所以〈無怨咎〉。

⑸「載營魄抱一，能無離乎？……滌除玄覽，能無疵乎？愛國治民，能無為乎？……明白四達，能無知乎？」(十章) 這是說，魂魄合一，能夠

❹ 括方「〈〉」表示對「無詞組」的解釋，以下同。

〈無分離〉嗎？……滌清洞見，能夠〈無瑕疵〉嗎？愛國治民，能夠實行〈無為〉嗎？……明白通達，能夠〈無知〉嗎？

(6)「及吾無身，吾有何患?」（十三章）這是說，若是我〈無身〉，我有什麼禍患?

(7)「絕巧棄利，盜賊無有。」（十九章）這是說，棄絕巧利，就〈沒有〉盜賊。

(8)「絕學無憂。」（二十章）這是說，棄絕俗學則〈無憂〉。

(9)「儽儽兮若無所歸。」（二十章）這是說，疲憊的樣子，好像〈無所依歸〉。

(10)「飂兮若無止。」（二十章）這是說，急風啊，好像〈無止盡〉。

(11)「自伐者無功。」（二十四章）這是說，自誇的人，〈沒有功勞〉。

(12)「善行無轍迹。善言無瑕讁。……善閉無關楗，而不可開。善結無繩約，而不可解。是以聖人常善救人，故無棄人。常善救物，故無棄物。」（二十七章）這是說，善行的，〈不留〉轍迹。善言的，〈沒有〉過失。……善關閉的，〈不用〉栓梢，卻使人不能開。善結綑的，〈不用〉繩索，卻使人不能解。因此，聖人常善救人，所以〈沒有〉無用的人；常善救物，所以〈沒有〉無用的物。

(13)「是以聖人無為，故無敗；無執，故無失。」（二十九章）這是說，聖人無為，所以〈不會〉失敗；〈不把持〉，所以〈不會〉失去。

(14)「道之出口，淡乎其無味。」（三十五章）這是說，道說出來，平淡〈無味〉。

(15)「道常無為而無不為。侯王若能守之，萬物將自化。化而欲作，吾將鎮之以無名之樸。無名之樸，夫亦將無欲。」（三十七章）這是說，道(經)常無為而〈無不為〉。侯王若能守住它，萬物將自滋自化。自滋自化而至欲望發作，我將以無名之樸來鎮定它。無名之樸，就將〈無欲〉。我將在後面解說和討論「無名之樸」的意義。

(16)「上德不德，是以有德；下德不失德，是以無德。上德無為而無以為；下德無為而有以為。上仁為之而無以為；上義為之而有以為。」（三十八章）這是說，上德的人不自以為有德，所以有德；下德的人不自以為失德，所以〈無（沒有）德〉。上德的人〈無為〉而〈不以此〉為什麼；下德的人〈無為〉有以此為什麼。上仁的人有為而〈不以此〉為什麼；上義的人有為而有以此為什麼。

⒄「天無以清將恐裂。地無以靈將恐廢。神無以靈將恐歇。谷無以盈將恐竭。萬物無以生將恐滅。侯王無以正將恐蹶。」（三十九章）這是說，天如果〈沒有以此〉清明，恐怕將會塌裂。地如果〈沒有以此〉寧靜，恐怕將會傾廢。神如果〈沒有以此〉靈顯，恐怕將會銷歇。谷如果〈沒有以此〉豐盈，恐怕將會枯竭。萬物如果〈沒有以此〉滋生，恐怕將會絕滅。侯王如果〈沒有以此〉清靜，恐怕將會蹶踣。

⒅「至譽無譽。」（三十九章）這是說，最高的榮譽〈無須〉讚譽。

⒆「大方無隅。……大象無形。」（四十一章）這是說，最方正的，〈沒有〉廉隅。……最大形象的，〈沒有〉形狀。

⒇「無有入無間。」（四十三章）這是說，〈空無〉進入〈沒有間隙的〉。

㉑「天下無道，戎馬生於郊。」（四十六章）這是說，天下〈無（沒有）道〉的時候，戰馬在郊野生產。

㉒「聖人無常心，以百姓心為心。」（四十九章）這是說，聖人〈沒有〉固執的心，以百姓的心為心。

㉓「兕無所投其角，虎無所用其爪，兵無所容其刃。夫何故？以其無死地。」（五十章）這是說，兕牛〈無處（沒地方）〉投撞牠的角，老虎〈無處〉戳用牠的爪，兵器〈無處〉容納它的刃。這是何故呢？因為它〈無（沒有）致死的地方〉。

㉔「無遺身殃。」（五十二章）這是說，〈不給自己遺下災殃〉。

㉕「我無欲而民自樸。」（五十七章）這是說，我〈無欲（沒有欲望）〉，人民自己就簡樸。

㉖「孰知其極？其無正？」（五十八章）這是說，誰知道它的究極？它〈沒有正則〉嗎？

㉗「重積德則無不克；無不克則莫知其極。」（五十九章）這是說，多

積德則〈無往〉不克；〈無往〉不克則沒有人知道他的極限。

⑱「味無味。」（六十三章）這是說，品味〈無味的〉。

⑲「是以聖人猶難之，故終無難矣。」（六十三章）這是說，因此聖人還把易事當難事，所以他終究〈沒有難事〉了。

⑳「是謂行無行；攘無臂；扔無敵；執無失。」（六十九章）這是說，是所謂〈不用行陣〉來行進；〈不用臂膊〉來攘舉；〈不面迎敵人〉來抗拒；〈不用兵器〉來執拿。這些話有很多別的不同解釋。

㉛「夫唯無知，是以不我知。」（七十章）這是說，因為人們〈不知道〉道，所以不知道我。

㉜「無狎其所居，無厭其所生。」（七十二章）這是說，〈不束縛〉人民的居住，〈不壓迫〉人民的生活。

㉝「夫唯無以生為者，是賢於貴生。」（七十五章）這是說，看起來(統治者)〈不為生存〉的，勝於貴重生存的。

㉞「天下莫柔弱於水，而攻堅強者莫之能勝，以其無以易之。」（七十八章）這是說，天下沒有比水更柔弱的，但是攻堅擊強者沒有能夠勝過它的，因為攻堅擊強者〈沒有〉能夠變更水的。

㉟「有德司契，無德司徹。天道無親，常與善人。」（七十九章）這是說，有德的人像是司管左契的人，而〈無德的人〉像是司管徵稅的人。天道是〈無偏私的〉，但常站在善人一邊。

㊱「雖有舟輿，無所乘之；雖有甲兵，無所陳之。」（八十章）這是說，雖然有船和車，卻〈沒有地方〉要乘坐它；雖然有盔甲兵器，也〈沒有地方〉陳現出來。

㈡一般「有」「無」相對的「無」和東西不存在抽象的「無」。也就是沒有特指什麼的「無」。

⑴「有無相生。」（二章）這是說，〈有無〉相互產生。

⑵「三十輻共一轂，當其無，有車之用。埏埴以為器，當其無，有器之用。鑿戶牖以為室，當其無，有室之用。故有之以為利，無之以為用。」（十一章）這是說，三十根輪輻共成了一個車轂，在車轂形成的〈空無〉

中，產有車子的功用。揉合泥土做為器具，在器具形成的〈空無〉中，產有器具的功用。開鑿門窗做為房室，在房室形成的〈空無〉中，產有房室的功用。所以有成為便利，〈無〉成為功用。

⑶「無有入無間。」（四十三章）這是說，〈空無〉進入〈沒有間隙的〉。

㈢與「道」本身和道的名稱牽連的「無」。

⑴「無，名天地之始；有，名萬物之母。故常無，欲以觀其妙；常有，欲觀其徼。」（一章）這是說，〈無〉名稱天地的始源；有名稱萬物的生母。因此，從〈常無〉，想藉以觀看道的奧妙；從常有，想藉以觀看道的端倪。

⑵「繩繩不可名，復歸於無物。是謂無狀之狀，無物之象。是謂恍惚。」（十四章）這是說，綿綿不可名狀，回歸到〈沒有〉物象的狀態。這就叫做〈沒有〉形狀的形狀，〈沒有〉物象的物象。這叫做惚恍。

⑶「道常無名。」（三十二章）這是說，道恆常〈沒有名字〉。

⑷「道常無為而無不為。侯王若能守之，萬物將自化。化而欲作，吾將鎮之以無名之樸。無名之樸，夫亦將無欲。」（三十七章）這段話的解釋參看本節前面㈠之⒂。

⑸「天下萬物生於有，有生於無。」（四十章）

⑹「道隱無名。」（四十一章）這是說，道幽隱〈沒有名字〉。

㈣「無為而無不為」的「無」。

⑴「為無為，則無不治。」（三章）這是說，實行無為，就〈沒有什麼治理不好的〉。

⑵「愛國治民，能無為乎?」（十章）這是說，愛國治民，能〈無為〉嗎?

⑶「是以聖人無為，故無敗；無執，無失。」（二十九章）這是說，聖人〈無為〉，所以不會失敗；〈不抱持〉，所以不會失去。

⑷「道常無為而無不為。」（三十七章）這是說，道恆常〈無為〉而〈無不為〉。

⑸「上德無為而無以為；下德無為而有以為。」（三十八章）這是說，上德的人〈無為〉，而不以此為什麼；下德的人〈無為〉，有以此為什麼。

⑹「無有入無間，吾是以知無為之有益。不言之教，無為之益，天下希及之。」（四十三章）這是說，〈空無〉進入〈沒有間隙的〉，我以此知道〈無為〉的益處。不言的教化，〈無為〉的益處，天下很少比得上它的。

⑺「損之又損，以至於無為，無為而無不為。取天下常以無事。」（四十八章）這是說，減損又減損，直至於〈無為〉。〈無為〉而無不為。治天下要常以〈無事〉來做。

⑻「以無事取天下。……我無為而民自化……；我無事，而民自富。」（五十七章）這是說，以〈無事〉治天下。……我〈無為〉而人民自己就更化……；我〈無事〉而人民自己就富足。

⑼「為無為，事無事。」（六十三章）這是說，去為〈無為〉，去事〈無事〉。

⑽「是以聖人無為，故無敗；無執，故無失。」（六十四章）其解釋見前面⑶。

⑾「愼終如始，則無敗事。」（六十四章）就是說，如開始那樣謹愼到終結，就〈沒有〉敗事。

二、在那些意味中使用「有」

本文的主要目的是要研究老子的「有」、「無」哲學，或者說的精確點，要研究老子使用「有」、「無」的字眼而產生的所謂老子的有無哲學，以及這種哲學產生的困擾，以及這些困擾的一些排除和解決。但在《老子》書中使用「有」、「無」字眼的語句很多，那些才是在某種意味上具有老子有無哲學意義的，並不都很明顯，因此為了徹底分辨起見，我們要對《老子》全書出現的「有」、「無」字眼的語句先做掃描。前節已經對所有「無」字語句中「無」字的種種使用意味，做了初步分辨和分析，在後面幾節將做更多的討論。現在我們要對「有」字語句中「有」的種種使用意味做分辨和分析。我們之先做「無」後做「有」的分辨分析，主要是因為在老子的對反思想中「無」方的概念較為鮮明和突出，較容易給人印象。

我們現在要注意的是對反造句中的「有」、「無」字眼，這主要是從語法和語言層面來考察的。但現在要問的是，是否相對於每個「有」、「無」字語句，都有老子有無思想或哲學中的特別意義呢?顯然不是，尤其是「有」字語句，有很多只是《老子》或中文的造句習慣而已，其中似乎沒有老子有無哲學思想中，「有」思想的特別意義。這些似乎沒有「有」思想特別意義的「有」字語句，本節討論以後就要把它們交代過去。要注意的，我們雖然說這些似乎沒有「有」思想的特別意義，但是我們並沒有說它們沒有其他重要意義。不過，其他重要意義不是本文要討論的。

我們認為在《老子》中，「有」字有下面幾種使用意義：

㈠中文造句上某種習慣性使用，或老子「有」、「無」對反造句上的使用，但在老子的「有無」哲學思想上似乎沒有特別意義的。

㈡一般有無相對的「有」和強調東西存在的「有」。

㈢具有、占有、擁有和所有格(possesive)意味的「有」。

㈣與道或萬物的顯現和道的特性相牽連的「有」或「有」字。

現在依次分辨分析如下：

㈠中文造句上某種習慣性使用，或老子「有」、「無」對反造句上的使用，但在老子的「有無」哲學思想上似乎沒有特別意義的。

「他來了」和「他有來了」這兩句話的意思是一樣的。因此，後一句中的「有」字在語句中是沒有特別意義的，因此在某種意味上它是一個虛字。在說話造句時，有些人習慣用前者，有些則用後者。這樣，在後者中「有」字只是可有可無的習慣性用字。我們可以用語法的方法來顯示一個字詞是否只是習慣性用的虛字。那就是，經由語句的等值改寫，如果某一個字詞完全不見了，則這個字詞可以視為是虛字。我們可以用兩種等值改寫來顯示只是習慣性用的《老子》「有」字語句的「有」字。一種是把它改寫為另一句中文，尤其是白話文。另一種是用英文去改寫（翻譯)。尤其是後者，特別明顯。在英文改寫中，如果《老子》語句中的「有」字，可以使用普通意義，即沒有特別強調「存在」意義的"have"或"there is"的字詞形式去表示的，則這個「有」字沒有老子有無哲學上特別意義的。現在讓我們逐句分辨看看（為了突顯「有」字，在下面的各引用中，我們用括方

「〈 〉」把它括起來。)：

⑴「三十輻，共一轂，當其無，〈有〉車之用。埏埴以為器，當其無，〈有〉器之用。鑿戶牖以為室，當其無，〈有〉室之用。」(十一章) 在前節㈡之⑵，我們把這裏的「有車之用」、「有器之用」和「有室之用」，分別等值改寫 (即解釋或翻成白話) 為「〈產有〉車子的功用」、「〈產有〉器具的功用」和「〈產有〉房室的功用」。其實，這裏的「產有」一詞也可以改寫為「產生」。我原先把它改寫為「產有」，是因為在把文言文翻譯或等值改寫為白話文時，我一向採取的原則是，如果沒有其他必要的考慮，盡量保留原文，尤其是原文的字詞。這是因為，文言句和白話句的不同，除了語句結構的語詞次序的不同排列外，字詞間的不同主要在單字詞和多字詞而已，而在白話句中之所以要多採多字詞，主要為音而不是為義。白話句中的多字詞的意義要和對應的文言句中的單字詞一樣。因此，保留原有的字詞，一般說來，最能保留原義。

傅偉勳和范光棣曾把上引的「當其無，有……」三句英譯，即英文等值改寫為：

(a) ...but it is *on* its non-being (the empty space for the axle) that the function of the wheel *depends*. ...but it is *on* its non-being (empty hollowness) that its function *depends*. ...but it is *on* its non-being (empty space) that its function *depends*.❺

(b) It is *on* the empty space in the center that the utility of the cart *hinges*. ...It is the empty space within that makes it useful. ...It is *on* these empty spaces that the utility of the room *depends*.❻

從這兩個英譯可以看出，在英譯中完全可以「解消」「有」字。因此在上引的《老子》語句中，「有」字可有可無。老子在他的原句中使用「有」字，

❺ 傅偉勳 (Charles Wei-hsun Fu):"Lao Tzu's Conception of Tao", *Inquiry*, 16, pp. 367–94, 1973年.

❻ 范光棣(K. T. Fann): *Lao Tzu's Tao Teh Ching — a new translation, Social Prax*, 8–3/4, 143–143–175, Mouton Publishers, Amsterdam.

是為「當其無」中的「無」對的，這種「有無」對反，除了提醒我們注意「無」或「空無」(empty space)的可能功用以外，似乎沒有什麼特別的有無邏輯或哲學意義。

有一點需要一提的，在我們引用別人的《老子》原文的白話翻譯或英譯，用來顯示「有」、「無」字眼的「無特別性」時，除了接受其對「有」、「無」字眼的翻譯外，其他部分，我們未必完全接受。

⑵「太上，不知〈有〉之。」(十七章) 這是說，最好的上位置，人民不知道〈有他〉(〈他〉)。

⑶「信不足焉，〈有〉不信焉。」(十七章) 這是說，(人君) 誠信不足，(人民) 就〈不信任〉他。在這個翻譯中，「有」字不見了。這個「有」字可以看做是第一句「信不足焉」中否定詞「不」的對反詞。

⑷「大道廢，〈有〉仁義；六親不和，〈有〉孝慈；國家昏亂，〈有〉忠臣。」(十八章) 這是說，大道廢棄，〈就有〉(〈就產生〉) 仁義；六親不和，〈就有〉(〈就出現〉) 孝慈；國家昏亂，〈就有〉(〈就出現〉) 忠臣。在上面這個白話解釋或翻譯中，我們把也可不用「有」字的解釋用括弧「( )」表示出來。這是為節省篇幅的寫法。以後我們時常要採取這種寫法。陳榮捷把相當於上引段落中的「有仁義；……有孝慈；……有忠臣」英譯為 "the doctrines of humanity (*jen*) and righteousness (*i*) *arose*. ...there *will be* the advocacy of filial piety and deep love to children. ...there *will be* praise of loyal minister."❼在這個英譯中沒有特別顯出「有」字。

⑸「絕巧棄利，盜賊亡〈有〉。」(十九章) 這是說，絕巧棄利，盜賊就〈沒有〉(〈絕跡〉)。

⑹「故令〈有〉所屬。」(十九章) 這是說，所以要令人民〈有所從屬(這些)〉(〈依屬 (這些)〉)。

⑺「眾人皆〈有〉餘，而我獨若遺。」(二十章) 這是說，眾人都〈有〉多餘的，而我唯獨好像不是。在這裏，「有」字是一個很普通的「有」。

---

❼ 陳榮捷 (Wing-tsit Chan): *A Source Book in Chinese Philosophy* (《中國哲學資料書》), pp. 148–49.

⑻「眾人皆〈有〉以，而我獨頑似鄙。」(二十章) 這是說，眾人都〈有作為〉(〈很能幹〉)，而我唯獨似乎冥頑鄙陋。

⑼「故有道者不處。」(二十四章) 這是說，〈有道的人〉(*the man of Tao*)不這樣做。

⑽「域中〈有〉四大。」(二十五章) 這是說，宇宙中〈有〉四大。陳榮捷把它英譯為"There *are* four great things in the universe."❽

⑾「雖〈有〉榮觀，燕處超然。」(二十六章) 這是說，(他) 雖然〈有〉(〈可住〉) 榮耀的宮觀，但卻超然閒居。顯然，這裏的「有」字沒有特別意義。例如，張鍾元就把這句話英譯為"Although he *is in* a glorious atmosphere, he remains quiescent and above it."❾

⑿「大軍之後，必〈有〉凶年。」(三十章) 這是說，大戰之後，〈必有〉(〈必定會成〉) 荒年。

⒀「勝人者〈有〉力，自勝者強。知足者富。強行者〈有〉志。」(三十三章) 這是說，勝人者是〈有力的〉。自勝者是強健的。知足者是富足的。強行者是〈有志的〉。這裏的「有力的」、「有志的」的邏輯地位和「強健的」、「富足的」一樣，因此其中的「有」字沒有特別意義。

⒁「上德不德，是以〈有德〉。」(三十八章) 這是說，上德的人不以為德，所以是〈有德〉。這裏的「有」和平常的「有力氣」、「有頭腦」的「有」一樣，沒有特別意義。張鍾元把「是以有德」英譯為"Therefore, there *is* attainment."❿而范光棣則把它英譯為"And consequently he *is* really virtuous."⓫

⒂「下德無為而〈有〉以為。……上義為之而〈有〉以為。」(三十八章) 這是說，下德的人無為而〈有〉以此為什麼。……上義的人去作為而〈有〉以此為什麼。這裏的「有」字沒有特別意義。張鍾元把這裏的「有

---

❽ 陳榮捷前書，p. 152。

❾ 張鍾元(Chung-yuan Chang): *Tao: A New Way of Thinking*, p. 76.

❿ 張鍾元前書，p. 106。

⓫ 范光棣前書，p. 158。

以為」英譯為“is purposeful”⓬，林語堂則把它英譯為“and (does so) with an ulterior motive.”⓭

⒃「故建言〈有〉之。」(四十一章) 這是說，所以〈有〉這樣的立言。陳鼓應把這句話白話譯成「所以古時候立言的人說過這樣的話」⓮。林語堂和陳榮捷都把它英譯為“Therefore there is the established saying.”⓯

⒄「吾是以知無為之〈有〉益。」(四十三章) 這是說，我所以知道無為的〈有益〉(〈益處〉)。

⒅「天下〈有〉道，卻走馬以糞。」(四十六章) 這是說，當天下盛行道 (治) 的時候，遣退戰馬運糞耕種。陳榮捷把「天下〈有〉道」英譯為“When Tao *prevails* in the world.”⓰張鍾元把它譯為“When the world *is governed* according to Tao.”⓱

⒆「及其〈有〉事，不足以取天下。」(四十八章) 這是說，一旦〈有〉事，就不足掌取天下。范光棣把這句話英譯為“If you *interfere* then you are not ready to win the empire.”⓲

⒇「生之徒，十〈有〉三；死之徒，十〈有〉三；人之生，動之於死地，亦十〈有〉三。」(五十章) 這是說，長壽的人是十分之三；短命的人是十分之三；長壽的人走向死地的也是十分之三。

㉑「天下〈有〉始，以為天下母。」(五十二章) 這是說，天下〈有〉個原始，做為天下的根本。這裏的「有」是普通意義的「有」。陳榮捷把「天下〈有〉始」英譯為“There *was* a beginning of the universe.”⓳

⓬ 張鍾元前書，頁106。

⓭ 林語堂(Yu-tang Lin): *The Sayings of Lao Tzu*, p. 216.

⓮ 陳鼓應:《老子今註今譯》，p. 157。

⓯ 林語堂前書，p. 221；陳榮捷前書，p. 160。

⓰ 陳榮捷前書，p. 162。

⓱ 張鍾元前書，p. 127。

⓲ 范光棣前書，p. 162。

⓳ 陳榮捷前書，p. 164。

(22)「使我介然〈有〉知。」(五十三章) 這是說，假使我〈稍有知識〉。這裏的「有」是普通「有知識」、「有才華」的「有」。

(23)「財貨〈有〉餘。」(五十三章) 這是說，有多餘的財貨。

(24)「盜賊多〈有〉。」(五十七章) 這是說，盜賊多起來。

(25)「莫知其極，可以〈有〉國；〈有〉國之母，可以長久。」(五十九章) 這是說，沒人知道他的極限，他就可以治理國家；以根本治理國家，可以長治久安。在這裏「有國之母」我採取張鍾元的解釋；他把它英譯為 "Governing the country through its origin leads to endurance." ⓴

(26)「人之不善，何棄之〈有〉?」(六十二章) 這是說，即使一個人不善，道那裏遺棄他的? 張鍾元把它英譯為 "Even if a man is unworthy, Tao will never exclude him." ㉑

(27)「雖〈有〉拱璧以先駟馬，不如坐進此道。」(六十二章) 這是說，雖然以拱璧在先駟馬在後進奉，還不如獻進此道。

(28)「不曰：求以得，〈有〉罪以免邪?」(六十二章) 這是說，不是說求道的就可以得到，〈有罪的〉(〈犯罪的〉) 可以赦免嗎?

(29)「為之於未〈有〉，治之於未亂。」(六十四章) 這是說，未發生以前把它處理好，未混亂以前把它治理好。這裏的「有」是指「事情的發生」。

(30)「我〈有〉三寶。」(六十七章) 這是說，我〈有〉三種法寶。這裏的「有」是普通的「我有錢」、「我有飯吃」的「有」。

(31)「用兵〈有〉言。」(六十九章) 這是說，用兵的這樣說。

(32)「言〈有〉宗，事〈有〉君。」(七十章) 這是說，言論〈有〉宗旨，行事〈有〉根據。范光棣把它英譯為 "My words *flow from* an ancient source. My deed *are based* on a simple principle." ㉒

(33)「常〈有〉司殺者殺。」(七十四章) 這是說，常〈有〉專司殺人的去殺。張鍾元把這英譯為 "(In nature), there *is always* one who is respon-

⓴ 張鍾元前書，p. 160。

㉑ 前書，p. 166。

㉒ 范光棣前書，p. 171。

sible for ending the life of man."[23]

(34)「希〈有〉不傷其手矣。」（七十四章）這是說，〈少有〉不傷自己的手的。

(35)「以其上之〈有〉為。」（七十五章）這是說，由於在上者的〈有為〉（〈作為〉）。陳榮捷把它英譯為"because their ruler *does* too many things"[24]。

(36)「〈有〉餘者損之，……損〈有〉餘而補不足，……損不足以奉〈有〉餘。孰能〈有〉餘以奉天下，唯〈有〉道者。」（七十七章）這是說，減損〈有餘的〉（〈多餘的〉），……減損〈有餘的〉（〈多餘的〉），而來補不足的，……減損不足的而來供奉〈有餘的〉（〈多餘的〉）。誰能夠把〈有餘的〉（〈多餘的〉）供奉天下，唯〈有〉(*only*)〈有道〉者(*the man of Tao*)。

(37)「和大怨，必〈有〉餘怨。」（七十九章）這是說，和解大怨，必定〈還有〉（〈留下〉）餘怨。

(38)「〈有〉德司契。」（七十九章）這是說，〈有德的人〉(*virtous people*)司掌左契。

(39)「使〈有〉什伯之器而不用；……雖〈有〉舟輿，無所乘之；雖〈有〉甲兵，無所陳之。」（八十章）這是說，遂使〈雖有〉(*even if there are*)各種器具，而派不上用場；……〈雖有〉(*even if there are*)船和車，卻沒有地方要乘坐它；〈雖有〉(*even if there are*)盔甲兵器，也沒有地方陳現出來。

(40)「既以為人己愈〈有〉。」（八十一章）這是說，雖然以之為人，但自己反而〈愈有〉（〈愈富足〉）。

(二)一般有無相對的「有」和強調東西存在的「有」。

(1)「故〈有〉無相生。」（二章）這是說，有無是相互產生的。

(2)「故〈有〉之以為利，無之以為用。」（十一章）我對這句話的解釋比較有意見，在後面第三節我們回頭看《老子》第十一章時再詳細討論。

(3)「其中〈有〉象；……其中〈有〉物。……其中〈有〉精；……其中〈有〉信。」（二十一章）這是說，其中〈有〉形象（的存在）；……其

[23] 張鍾元前書，p. 195。

[24] 陳榮捷前書，p. 174。

中〈有〉物象（的存在）。……其中〈有〉精質（的存在）；……其中〈有〉信實（的存在）。這是指在道中有這些東西存在。

⑷「〈有〉物混成，先天地生。」（二十五章）這是說，〈有〉混然而成的東西，在天地之先生成。

⑸「始制〈有〉名；名亦既〈有〉，夫亦將知止。」（三十二章）這是說，一旦有規章體制，就有名位；既有名位，那也該知道止步了。也有另一種解釋，即一旦萬物興作，就有名稱；既有名稱，那也該知道停止了。

⑹「無〈有〉入無間。」（四十三章）這是說，〈空無〉進入沒有間隙的。

㈢具有、占有、擁有、含有和所有格意味的「有」。

在這種意義的「有」中，「*A* 有 *B*」至少且有下面幾種意義：在 *A* 中含有 *B* 成分或 *B* 成分在 *A* 中存在；*A* 在物理上控制或支配 *B* 的運作；*A* 在法律上具有 *B* 的所有權；*A* 在實際上可以使用 *B*；*A* 在精神或心理上擁有 *B*；和以上兩種或更多種同時存在的情形。現在看看老子的一些說法。

⑴「生而不有」（二章），這句話至少有四種解釋：

⒜聖人生長萬物而不據為己有。這是一般的解釋。

⒝聖人養育人民而不據為己有（或據為己有的功榮）㉕。

⒞萬物自己生長而沒人據有它們㉖。

⒟道生長萬物而不據為己有㉗。

這裏老子表達了他的不據有、不占有、不爭功或「不有」的思想。

⑵「吾所以〈有〉大患者，為吾〈有〉身，及吾無身，吾有何患?」（十三章）這是說，我所以〈有大患〉，是因為我〈有身〉，如果我無身，我還有什麼患? 這裏「大患」的「患」有「患得患失」和「禍患」的意思。「有身」的「身」有「身軀」(body)或「自我」(self)的意思。涉及「大患」和「有身」的《老子》第十三章，有許多「似是而非」或「似非而是」的詮

㉕ 參看賀榮一：《道德經註譯與析解》，p. 23。

㉖ 張鍾元前書，p. 8。

㉗ 嚴靈峰：《老子達解》，p. 14。

釋。那一種詮釋比較合理可靠，非從整個老子的思想和整個《老子》的章句去探討不可。

⑶「其中〈有〉象；……其中〈有〉物。……其中有精；……其中有信。」（二十一章）這些話的文詞解釋，在本節㈡之⑶已經做過。這是指在道中具有象、物、精、信這些東西或性質。

⑷「〈有〉物混成，先天地生。」（二十五章）這是說，在宇宙裏有個先於天地之前生成的混成的東西。

⑸「生而不有。」（五十一章）這裏的「生而不有」顯然是指道（和德）生長萬物而不據為己有。

現在就讓我們認定前面⑴，即《老子》第二章的「生而不有」是指「聖人生而不有」。那麼現在就有「聖人生而不有」和「道生而不有」。在聖人生而不有的第二章中，我們有「萬物作焉而不辭，生而不有，為而不恃，功成而弗居。」在「道生而不有」的第五十一章中，我們有「生而不有，為而不恃，長而不宰。」在一種意義上，這兩段話對聖人和道所講的幾乎是一樣的。但有三點我們想指出的，首先，所謂「聖人生長萬物而不據為己有」中的「聖人生長萬物」是很不可理解的；那裏有那樣可生長「萬物」的聖人？我們也不認為老子會認為有這種聖人。一個合理的處理是，把這裏的「萬物」修整為「事事物物」，其中可以包括「養育人民」。我們之所以要把「A」修整解釋為「B」，主要不是因為 A 的意義不明顯，而是因為 A 明顯不合理。B 要為 A 的一個好的修整解釋的條件是 A 要涵蘊 B，而且在 B 與 A 不等值和 B 為合理的情況下，B 的意義要盡量接近 A。我們之要求 B 不與 A 等值，是因為如果它們等值，B 就是 A 的解釋，而不是 A 的「修整解釋」。「聖人養育人民」雖然可視為是「聖人生長萬物」的一個修整解釋，但似乎不是好的一個，因為這個修整解釋太窄了。在研究古典文言的哲學思想著作中很需要做修整解釋，但在做修整解釋時，我們最好要表明出來。其次，所謂「不據為己有」，在「聖人生長事事物物」中，我們可把它解釋為「不控制，不主宰它們」、「在精神和心理上不獨占它們」或「不對它們要求所有權或功勞」。但是，在「道生長萬物」中，「在精神和心理上不獨占它們」或「不對它們要求所有權或功勞」，似乎不適合當「不據為己有」的一個解釋內容，因為這些概念似乎只適合應用於人格化的項目，而在老子哲學中，道不是人格化的項目。

再一點要指出的是，在老子哲學中老子經常使用道、天、天地和萬物等概念來展現和說明他心目中認為的「應有」的世界原理。這是老子的詮釋者一般知道的。但是，恐怕一般沒有注意到的是，在展現和說明人間應有的（人文）原理時，他時常拿「聖人」來表達。我們現在正在討論的「道生而不有」和「聖人生而不有」，就是一個例子。但這兩者是放在兩個不同章次裏。不過，由於所要講的原理本身太接近了，我們很容易把它們放在一起看。現在我們要找出同一章並列表達的一些例子如下（文中「〈　〉」是我加的）：

(a)〈天地〉不仁，以萬物為芻狗。
〈聖人〉不仁，以百姓為芻狗。（五章）

(b)〈天地〉所以能長且久者，以其不自生。……
是以〈聖人〉後其身而身先，外其身而身存。（七章）

(c)〈江海〉之所以能為百谷王者，以其善下之，……
是以〈聖人〉欲上民，必以言下之。（六十六章）

(d)〈天〉之道，利而不害。
〈聖人〉之道，為而不爭。（八十一章）

(四)與道或萬物的顯現和道的特性相牽連的「有」或「有」字。

(1)「〈有〉，名萬物之母。常有，欲以觀其徼。」（一章）這是說，〈有〉，名稱萬物的根本。……從〈常有〉，想藉以觀看它（道）的端倪。

(2)「執古之道，以御今之〈有〉。」（十四章）這是說，堅守原古的道，用來駕御現今的〈萬有〉。

(3)「功成而不〈有〉。」（三十四章）這是說，大道功成而不據為己有。

(4)「天下萬物生於〈有〉，〈有〉生於無。」（四十章）這裏的「有」、「無」分別指道的某個層面或階段。

(5)「生而不〈有〉。」（五十一章）這是說，道生長萬物而不據為己有。

這與前面⑶的講法接近。

三、「有」、「無」的哲學、問題、困擾及其解決

在前面兩章中，我們把《老子》中所有「有」「無」兩字出現的語句找出來，並依這兩字的使用意味，做了初步分辨。在列引原文原句後，我們也做了解釋。這些工作主要是為本節和下節的「有」、「無」哲學的進一步討論做準備。我們之把《老子》中的所有「有」、「無」字語句找出來檢查，主要目的是想要藉此機會對《老子》中的「有」、「無」語句做一個哲學的「田野分析」工作。我們之把所有列引的原文原句加以解釋，目的是在我們的討論中如果要參考和依據這些語句，要以這些解釋為依據。一般以中文撰寫討論中國傳統哲學的著作在引用古文文獻時，時常不加文句的解釋或翻譯。這種「包裹」引用文言文句的做法，是有問題的，因為一句文言句時常有不同的解釋和翻譯，在包裹引用下，我們不知道引用者是依據那一個解釋。在我的研究中，要盡量避免這種「推責」的做法，尤其要準備做「精密」的研究的時候。當然，要做這種有解釋的引用必須付出「篇幅」和「分析」的代價。

現在讓我們進一步討論「有」、「無」問題。

㈠在許多文句中「無」字只是當普通的「否定詞」而已。相當於普通的「不」字或「沒有」一詞。第一節㈠引用的文句中的「無」字，幾乎都可以當普通的「否定詞」來了解。

㈡我們將把「無什麼什麼」詞組，叫做「無詞組」，例如，「無為」、「無欲」、「無物」等等。依老子的思想，有些無詞組表示的事項是好的，有些是不好的，而有些無所謂好不好，要看怎麼用而定。我們可把《老子》的所有無詞組依此三分法列舉如下（括號中的數字表示出現的章次）：

⑴好的——無為(2, 3, 37, 38, 41, 48, 57, 63, 64)、無知(3, 10, 70)、無欲(3, 34, 37, 57)、無私(7)、無尤(8)、無疵(10)、無身(13)、無憂(20)、無

轍迹(27)、無瑕謫(27)、無棄人(27)、無棄物(27)、無極(28)、無名(32, 37, 41)、無以為(38)、無有(43)、無事(48, 57, 63)、無常心(49)、無死地(49)、無不克(59)、無味(63)、無難(63)、無敗(64)、無執(64)、無失(64)、無行(69)、無敵(69)、無兵(69)、無親(70)。

⑵不好的——無所歸(20)、無功(24)、無德(38, 79)、無以清(39)、無以寧(39)、無以靈(39)、無以盈(39)、無以生(39)、無以貴(39)、無輿(39)、無道(46)、無正(58)。

⑶本身無所謂好不好的——無離(10)、無物(14)、無有(19)、無止(20)、無關楗(27)、無繩約(27)、無隅(4)、無形(41)、無間(43)、無臂(69)、無狎(72)、無厭(72)、無所乘(80)、無所陳(80)。

從以上的列舉和分辨，可以看出，在《老子》中，雖然無詞組表示好的居多，但也有表示不好的，或無所謂好不好的。因此，我們不能說「無」就是好的；好不好要看無什麼而定。

㈢《老子》第二章「有無相生」中的「有」、「無」是普通意義的有無，與第一章「無，名天地之始；有，名萬物之母」和第四十章「天下萬物生於有，有生於無」中特別意義的「有」、「無」是不一樣的。在後兩章中的「無」是稱指當做「天地之始」的道，而「有」則稱指當做「萬物之母」的道。有人或初讀《老子》的人會把第二章普通意義的「有無」和第二、第四十章特別意義混在一起，其理由恐怕有四個。一個是，都使用意義鮮明濃厚的「有」、「無」兩字。另一個是，第二章的「有無」就在第一章的意義突出的「有」、「無」之後出現，容易使人在心理上聯想混同在一起。再一個是，第二章中的「有無」在「有無相生」出現後，在該章中沒有再做任何說明。第四個理由是，「有無相生」的「生」字和第一章中的「有，名萬物之母」的「母」字有很接近的意義，尤其是和第四十章中「生於有」、「生於無」的「生」字根本是同一個字。

但是第二章中的「有」、「無」和第一、第四十章中的「有」、「無」是不一樣的。任何細讀《老子》的人，都應該知道第一、第四十章中的「有」、「無」應有特別的意義。第二章中的「有」、「無」不應視為具有這種特別意義的有無，而應視為只是普通意義的有無。首先，我們應該知道，老子是在許多一般對反的概念中提到「有無相生」而已。在第二章中老子說：

> 天下皆知美之為美，斯惡已；皆知善之為善，斯不善已。有無相生，難易相成，長短相形，高下相盈，音聲相和，前後相隨。

在這裏老子講的是一般意義中的美惡、善不善、有無、難易、長短、高下、音聲、和前後等這些對反概念的產生。因此，有無在這裏是一般的有無觀念。其次，這裏「有無相生」的「生」字也是一般意義的，和第四十章中的「生於有」、「生於無」的「生」字不同。第四十章中的「生」是「東西」或「生命體」的產生；在那裏老子說，萬物自「有」這個東西產生出來，而有這個東西又自「無」這個東西產生出來。因此，這裏的「生」是宇宙萬物生成的概念。但在第二章中，老子則說「有」、「無」這兩個概念或詞語是互相形成的，這兩個概念是同時出現的，相互形成的。這裏的「相生」是邏輯概念。但第四十章中「無」那個東西並不產自「有」那樣東西。第一、第四十章中的「有」、「無」那些東西可以用「有」、「無」以外的字詞去表示它們，譬如用「萬物之母」和「天地之始」分別去表示它們。假如你高興的話也可以用「張友」和「李吾」分別去表示它們。但是第二章中的「有」、「無」則只有用「有」、「無」去表示。沒有「有」、「無」兩字就沒有它們。在第二章中的「相生」、「相形」、「相傾」、「相隨」這些字眼，可以說是同義詞。老子使用這些不同的字眼，可以說只是為修辭變化而已，在邏輯上它們的意義是相同的，即指這些對反的概念是互相形成的。由此可以很明白看出，第二章的「有無相生」的「有」、「無」不是第一、第四十章那些稱指某個層面或過程的道的「有」、「無」，而是一般普通意義的有無。

所謂普通意義的「有」、「無」，其意義是很含混籠統的。從邏輯上嚴格對立的有無，到稀疏相對的有無，其級距非常大。在中文中，除了一些場合用或可用「不」字取代「無」，以不寫「有」字取代「有」以外，這個級距中的有無幾乎都使用「有」、「無」兩字。因此，在中文中普通意義的「有無」是意義級距非常大的一對字眼，在英文中幾乎找不到一對可以取代它的。因此，在要把第二章「有無相生」中的「有無」譯成英文時，幾乎找不到現有的英文字彙去翻譯。大部分人用邏輯上存在不存在意含對立最強的“being”和“non-being ”去翻譯它們，這並不適切；因為在《老子》或中文中，有非常多的地方我們要用或可用「有無」這些字眼，但在這些地方“being”和“non-being”根本用不上。例如，在要把前面㈡中的「無詞組」譯成英文時，幾乎用不上“non-being”一字。因此，要把「有無相生」中的「有無」譯成英文時，最好的英譯是「音譯」了，譬如把它譯成“*yu wu*”。

把第二章「有無相生」的「有無」解釋為普通意義的「有無」， 這是多數詮釋者的看法，我以上只是做更精細的說明和辯護。但是傅偉勳有不同的解釋。他把這裏「有無相生」的「有」、「無」解釋為道的兩個不可分離的層面。他說㉘：

> 老子也說，「天下萬物生於有(being)，有生於無(non-being)」(四十章)。這句話再次可以用上述方式來重新解釋。依我現在所知，馮友蘭在1947年（在他回中國之前）曾給這句話最好的哲學分析。如同他主張的：老子這句話，不是說，曾經有個時候只有「無」，後來有個時候「有」生於「無」。它只是說，我們若分析物的存在，就會看出，在能夠是任何物之前，必須先是「有」。「道」是「無名」，是「無」，是萬物之所從生者。所以在是「有」之前必須是「無」，由「無」生「有」。這裏所說的屬於本體論，不屬於宇宙發生論。它與時間，與實際，沒有關係。因為在時間中，在實際中，沒有「有」，只有萬有。
>
> 也許可以問的：本文和馮友蘭所提出的哲學分析不會使老子的宇宙

㉘ 原注為16，即馮友蘭 (Yu-lan Fung), *A Short History of Chinese Philosophy*, ed. by Derk Bodde, The Macmillan Co., New York, 1948, p. 96. 據涂又光中譯。

論太西方式嗎？我的回答是明確的：不。如果我把道看做一個象徵(symbol)的基本假定是可接受的話，我們對諸如「無」，「有」，或「宇宙論」詞語的使用不會有誤解。有另一個證據可以顯示來支持把道當本始(Origin)的存況論解釋。老子也說：「有無相生」(二章)。這句話的哲學意義是無和有在存況論上彼此依據，並且構成道的兩個不可分離的層面，雖然就道缺少任何特定，正面的特徵來說，更強調無。因此，這句話和前面那句「萬物生於有，有生於無」之間沒有矛盾。㉙

對傅偉勳這些看法，我想提出三點意見。一點是，我認為第二章的「有無相生」中的「有無」只有普通使用上有無的意義，也就是只有邏輯概念上的意義，沒有存況論上特別的意義，更不用說是表示道的兩個不可分離的層面了。如果這裏它們有存況論上特別意義，請問在同一段落中的「美惡」、「善不善」、「難易」、「長短」、「高下」和「前後」等有什麼存況論上的特別意義？另一點是，把第四十章中的「有無」不解釋做宇宙生成上道的發展層面或過程，而解釋做存況論上道的兩個不可分離的層面，也是很難令人接受的。在同一章中唯有的另兩句話是「反者道之動；弱者道之用」。這兩句話講的有強烈的宇宙生成的原理。在這樣的脈絡中，怎麼忽然把「生於有」和「生於無」解釋為存況論上道的兩個層面呢？況且就在兩章之後的第四十二章，立即有「道生一，一生二，二生三」的宇宙生成原理在那裏嗎？第三點是，人類對宇宙的思索，一般總是從宇宙生成的問題開始的。存況論的思考是在後的事。我們認為老子有「自覺的」哲學是宇宙哲學和人間哲學，他的存況論哲學也許只是他的宇宙哲學和人間哲學中「不自覺」的「副產品」。把老子明顯的宇宙生成思想的表達轉解為存況論上的見解，這種形上學上「轉軸」的做法，是以詮釋者觀點的詮釋取代被詮釋者觀念的詮釋。當然傅偉勳也許會說，他的詮釋才是「原軸」上的詮釋。那一種詮釋才是原軸上的詮釋是研究老子哲學的一個基本課題。我個人當然「胸

㉙ 以上他的話參看他前文，p. 379。

有成竹」，我會在每個適當和必要場合陳述和辯護我的立場。

㈣《老子》第十一章「當其無，有車之用。……有器之用。……有室之用」的適當解釋在「提示無之用」。第十一章說：「三十輻，共一轂，當其無，有車之用。埏埴以為器，當其無，有器之用。鑿戶牖以為室，當其無，有室之用。故有之以為利，無之以為用。」除了最後兩句話「有之以為利，無之以為用」比較費解以外，這一章要說的用意應該是很清楚的。老子在這裏舉製車輪、器具和房子為例，留有空間即「無」的地方，對車子、器具和房間是有用的。我們一般人平時只會注意「有東西存在」的用處，而很少注意空位空間的用處。老子在這裏舉例提示我們空位空間的用處。對一個初期哲學思想來說，這也是有貢獻的。哲學的價值之一就在講出一般的人不容易看到的地方。這一章的貢獻就在「提示無（即空位空間）之用」，而且也就在此而已。但一些解老者似乎對這一章有過多和失當的「闡釋」。

嚴靈峰說：「老子完全是對：車、器、室之客觀的觀察和事實，而推出『無之為用』的理論。……因此，他主張『用無』。由於『用無』，而更進一步提出『無為』的理論。」㉚的確，在這裏老子是依觀察而看出「空位空間」的用處，因而提出「無之為用」的「主張」。但這裏有兩個問題。一個是，我們不能從一個人舉兩三個簡單例子抽出一點想法，就說他「推出『一個理論』」。充其量我們只能說他「提出『一個看法』」。另一個是，老子在這裏提出的是「常識觀點」的「空隙」(vacancy)。這些「空隙」是否就真的是「無」，或是怎樣的「無」，老子一點也沒有進一步解說。因此，我們不便很強勢說老子「主張『用無』」，雖然他說了「無之以為用」，而更不能說他「推出『無之為用』的理論」。解老或解中國傳統哲學者，時常「過獎」古人。

好，姑且假定老子主張「用無」，甚至「推出『無之為用』的理論」，但是我們也不能因此就說他「更進一步推出『無為』的理論」。這裏有兩個問題，一個是，「實際上」，老子是從「用無」「想到」或「寫到」「無為」，

㉚ 嚴靈峰：《無求備齋學術新著》，p. 19。

還是反過來；另一個是，在邏輯上是要由「用無」推出「無為」，還是反過來。對第一個問題，依我所知文獻，是無法確切回答的。對第二個問題，依我的了解，「用無」和「無為」的主張，在邏輯上是可以彼此獨立的。我不知道，嚴靈峰所謂由於「用無」而更進一步提出「無為」的理論，到底是就「實際」說，還是邏輯上說的。如果是就實際說的，我想指出的，有人有另一方向的說法。牟宗三說[31]：「假定你了解了老子的文化背景，就該知道無是簡化地總持的說法，他直接提出的原是『無為』。」他又說：「從無為再普徧化、抽象化而提煉成『無』。」如果是就邏輯上說，則我想指出的是：未必。就像老子的其他許多主張或說法，老子的「用無」和「無為」的主張說的很模糊，確切是什麼意思，並不清楚。但是，我們可以知道的，老子並沒有明文說出「無」或「用無」和「無為」之間有什麼關係。因此，除非我們認為「無」能產生的一切好的作用，否則從「用無」推不出「無為」的主張。我們不認為老子會有那麼強的「萬能萬善無」的主張。在邏輯上從「無為」推不出「用無」的主張更不用說，因為無為有用時無未必有用。

嚴靈峰又說：「老子的『用無』，是依據『有無相生』的原理。」[32]首先，我們不認為老子有所謂「有無相生」的原理。雖然老子說過「有無相生」的話，但那是在講對反觀念的形成中所舉的一個例子而已。並不是老子每舉一個例子每講一句話就形成一個原理。即使承認老子有「有無相生」的原理，「用無」的主張也非依據這個原理不可，因為「無」、「有用」的「有」不必是「有無」相對中的「那個有」。況且嚴靈峰自己也說過老子是依客觀的觀察，推出「無之為用」的，在這個推出中未必要使用「有無相生」的觀念。

傅偉勳認為老子在第十一章是使用三個「類比」(analogies) 以「象喻性詞語」(figurative expressions)，來說明無的奇妙功能[33]。我們認為老子

---

[31] 牟宗三：《中國哲學十九講》，第五講〈道家玄理之性格〉，pp. 87–109。

[32] 嚴靈峰前書，p. 18。

[33] 傅偉勳前文，p. 383。

在這裏是使用三個「例子」，不是類比，以直述(literal)方式而不是以象喻方式，說明無的用處。就邏輯的證明力而言，使用例子以直述方式的顯示力要比使用類比以象喻式的顯示力強。

傅偉勳又說：「老子在這裏想要說的是，一般人雖能夠為世俗需要利用個別對象，但是他們在形上學上察覺不到無在自然和人間中發揮的無盡奇蹟的最偉大的使用。」㉞姑且假定所謂無在自然和人間中發揮無盡奇蹟的最偉大使用是有意義的觀念，而且假定無真的在這樣發揮，我們認為老子在這裏，也就是在講第十一章中沒有那麼驕慢瞧不起一般人說，他們在形上學上察覺不到這。實際上，我也看不出在老子的心目中有什麼「形上學」和「形下學」之分，因為他就是那樣看世界，「沒分上下學」。我們認為至少老子在這裏講的很實在。他說，你看，這些「空無的地方」也是有用的。

第十一章最後兩句「有之以為利，無之以為用」雖似「簡單」，但是《老子》的讀者和詮釋者可能沒有發現，簡短兩句「各家」給它的解釋或翻譯，真是「五花八門」。我現在先列舉一些給大家「觀賞」(所列舉的英譯當然是一個詮釋。英文句後面括號內的中文，是我給該英文詮釋的翻譯)：

⑴林語堂："Therefore by the existence of things we profit. And by the non-existence of things we are served."(因此，以有我們獲利。而以無我們受用。)㉟

⑵陳榮捷："Therefore turn being into advantage, and turn non-being into utility."(因此使有成為有利，使無成為有用。)㊱

⑶張鍾元："Therefore, as individual beings, these things are useful materials. Constructed together in their non-being, they give rise to function."(因此，當做個別有的東西，這些東西是有用的質料。在它們的無構作在一起中，它們產生作用。)㊲

㉞ 傅偉勳前文，p. 383。

㉟ 林語堂前書，p. 178。

㊱ 陳榮捷前書，p. 145。

㊲ 張鍾元前書，p. 35。

⑷嚴靈峰：「所以，『有』（實體），作為憑藉，『無』（空虛），給人利用。」㊳

⑸任繼愈：「『有』所給人的便利，〔只有〕完全靠『無』起著決定性的作用。」㊴

⑹陳鼓應：「所以『有』給人便利，『無』發揮了它的作用。」㊵

⑺范光棣："Thus, while the tangible is necessary and beneficial, it is by virture of the intangible that it can be useful."（這樣，雖然有形具體的東西是必要和有益 的，但是它可以有用是靠無形非具體的東西。）㊶

⑻賀榮一：「所以說製有器物是為有利於人；使器物空虛，是為使器物能致用。」㊷

這些列舉可以繼續增加，但已經夠看了。只要稍微仔細一點看看，真是五花八門，「思花」繚亂。但在這裏我們不準備一一「檢驗」它們。我們要指出的，任何可做為這兩句話的適當詮釋必須滿足下面諸條件：

⒜我們認為，這兩句話不論是語言上還是邏輯上，都是對等、平行平等的語句。前後兩句不需也不要相承。也就是說，這兩個語句可以互換前後，例如可寫成「故無之以為用，有之以為利。」單獨看其中一句，雖然也可以把它解釋為「後面」要承接什麼的，譬如拿第一句來說，可以把它解釋為「有之所以有利，是因為……」，但是由於第二句與第一句是對等平行而不與它相承，因此這第一句不能這樣解釋，也就是它必須解釋為一個獨立的語句。再說如果把第二句解釋「無之所以有用，是因為……」，則「後面」必須要有相承的語句，但這第二句後面沒有語句；因此這第二句也必須解釋為是一個獨立的語句。上面⑷、⑸、⑹和⑺的解釋顯然不滿足⒜條件。

㊳ 嚴靈峰前書，p. 56。

㊴ 任繼愈：《老子新譯》，p. 83。

㊵ 陳鼓應前書，p. 75。

㊶ 范光棣前書，p. 147。

㊷ 賀榮一前書，p. 102。

(b)由於「有之以為利，無之以為用」這兩個語句之間有一個典型的對仗㊸，因此這兩句的解釋一定要符合這個對仗。我們稱兩個語句之間有一個典型的對仗（關係）(antithesis)，恰好如果這兩個語句的每一個字詞(包括諸不同詞組）之間依前後次序，有一對一的對仗。「有之以為利」、「無之以為用」之間就有一個典型的對仗。它們除了從頭到尾每個字詞間有對仗外，還有下圖所示其他詞組間的對仗：

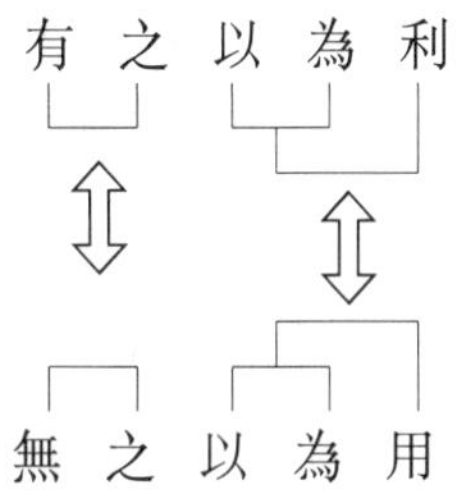

依這個圖，這兩個語句的「有之」和「無之」，「以為」和「以為」，以及「以為利」和「以為用」之間，各形成一個對仗。兩個語句間形成一個對仗更不必說。在認定這個圖所示對仗下，在做解釋時要注意下面幾點：

(i)兩個語句中的「以為」一詞，不論在語法、語意或邏輯上都應做相同的解釋。

(ii)兩個語句中的「有之」和「無之」兩詞有「指及前文」和「獨立」兩種解釋。

所謂「指及前文」解釋，是指這裏的「有」、「無」和「之」諸詞有特別指及到前面文句中的某些項目。所謂「獨立」解釋，是指這些詞沒有「特別」指及前文的什麼，而是就一般來說。在指及前文的解釋中，「有之」或「無之」一定要指及前面三個例子（指車輻、器具和房室的例子）的邏輯結構中相同地位的項目。在獨立的解釋中，則「有之」和「無之」可分別泛指

㊸ 有關《老子》中的對仗造句和對反思想，參看本書第二章〈老子的「對反」和「只推一步」的思想模式〉和第五章〈老子對偶造句與思考的邏輯分析與批判〉。

「有東西存在（的話）」和「沒東西存在（的話）」。

我們可以說不滿足(a)條件必不滿足(b)條件。(8)應該不滿足(b)條件。

(c)在「有之」和「無之」之中的「有」「無」應該是普通意義的有無，和與道有關的「有」、「無」無關。其實整個第十一章討論的應該是普通意義的有無，和道的「有」、「無」無關。

對這兩句中的「利」、「用」兩字，我有一點看法。在討論《老子》中我一再強調的，老子的造句非常喜歡對仗式的，因此他常有為對仗而對仗的習慣。我想，這兩字很可能是他在「文字上」對仗的產物。「利用」不是一個常用的詞嗎？在「利用」一詞中的「利」和「用」，實際上可視為是同義詞。因此，雖然在修辭上我們可把這兩句中的「利」和「用」分別解釋為是「便利」和「有用」，其實在邏輯上是一個意思，即都是「便利」和「有用」。因此，我倒喜歡把這兩句話解釋為「有有用，無（也）有用」。而「有」有用是大家平常注意到的，因此老子在這裏的「貢獻」是在提示和提醒大家，「無」也有用。

如同前面(5)引述的，任繼愈把這兩句話解釋為「『有』所給人的便利，〔只有〕完全靠『無』起著決定性的作用。」根據他自己這個解釋，他批評老子說：

> 老子把有和無的關係，完全弄顛倒了。老子只看到房屋住人的地方是空虛的部分；器皿盛水的地方是空虛的部分；車輪轉動的部位全靠車輪中間空洞的地方。由此，老子認為對一切事物起決定性作用的是「無」，而不是「有」。這裏，老子忘記了，如果沒有車子的輻和轂、沒有陶土、沒有房子的磚瓦、牆壁這些具體的「有」，那麼空虛的部分又從那裏來？又怎能有車、器、房子的用處？老子把「無」作為第一性的東西，把「有」看作第二性的，因而是錯的。[44]

我們認為任繼愈把「有之以為利，無之以為用」兩句完全錯解了。他根據

[44] 任繼愈前書，p. 82。

自己的錯解，攻擊老子把「有」看作第二性。他忘了老子曾講過「有無相生」。他整個錯解第十一章的意思；第十一章的意思很簡單，那就是「無」或「空虛」也有用的。至少老子在這一章中沒有「瞧不起『有』」。

㈤「無」「有」：道的兩個層面或過程。

我們已經知道，在《老子》中，「有」、「無」兩字有好幾個重要使用。在這些使用中，有一個非常特別使用，那就是，用「無」、「有」兩字分別當道的兩個層面或過程的名稱（名字，name），或用它們來分別稱指(refer to)道的這些層面或過程。「無」、「有」兩字的這種使用，可以從《老子》的下面文句中看出來：

⑴「『無』，名天地之始；『有』，名萬物之母。」（一章）

⑵「有物混成，先天地生；寂兮寥兮，獨立不改；周行而不殆，可以為天下母。吾不知其名，強字之曰『道』；強為之名曰『大』。」（二十五章）

⑶「天下萬物生於有，有生於無。」（四十章）

⑷「道生一，一生二，二生三，三生萬物。」（四十二章）

首先，從上述⑴，我們知道老子用「無」和「有」分別當「天地之始」和「萬物之母」的名稱。那麼，什麼是天地之始呢？從⑵我們知道，在天地之先生成的那混成的東西是道，而⑷又告訴我們道是生成一切的本源，並且在《老子》中再也沒有講到任何其他在天地之先生成的東西。因此，我們可以說，那天地之始就是道；也就是，老子拿「無」字當道的名稱。其次，萬物之母又是什麼呢？從上述⑶和⑷可知，萬物之母是在生成中道與萬物「之間」的東西，也就是在「道生一，一生二，二生三，三生萬物」中的那些「一」「二」「三」所稱指的東西。又從「有生於無」，「無是天地之始」，「有是萬物之母」，「天地不仁，以萬物為芻狗」（五章）和「人法地，地法天，天法道」（二十五章），我們很可以說萬物之母是「天地」。在生成中，天地是道與萬物之間的東西。因此，在這裏，老子是拿「有」當天地的名稱。但天地是道的一個層面或過程嗎？老子說：「無，名天地之始；有，名萬物之母。故常無，欲以觀其妙；常有，欲以觀其徼。此兩者，同出而異名，同謂之玄。」（一章）在這裏，老子說「無」、「有」兩者都是同出於道，名稱不同而已。由此，可知天地也是道的一個層面或過程。

有幾點需要注意的。首先，上面我們好像是從道的觀念來解釋「有」、「無」這兩個名稱到底指的是什麼。是的，這是我們「解老者」想從《老子》中探知老子使用「有」、「無」兩字到底來當什麼東西的名稱。老子除了明白告訴我們「無」是「天地之始」的名稱，「有」是「萬物之母」的名稱以外，在《老子》中，他似乎並未很明白告訴我們，天地之始和萬物之母又是什麼。因此，我們使用「還原法」從《老子》中去追究它們是什麼。可是，從老子自己的立場來看，則又是另一方面。因為老子自己心目中知道要用「有」、「無」兩字來當什麼東西的名稱，因此他自己不需，也不應使用我們解老者的方向去做這種追究。其次，很重要的，我們要問：老子為什麼要使用「有」、「無」兩字來當道的這些層面或過程的名稱呢？我們必須弄清楚這個問題，否則我們很容易錯解老子的哲學，或把老子的哲學引入「無意義的深奧」。

那麼，老子為什麼要使用「有」、「無」兩字來當道的這兩個層面或過程的名稱或稱指呢？在我看來，他的用意不在要給它們名稱，而是想用最簡短的方式來「描述」它們一下。在一個討論中，我們要給一個東西取名字，主要是在這個討論中我們時常要使用這個名字來「提到」它。但在整本《老子》中，除了命名的地方以外，只再使用「有」、「無」名字兩次，即即接的「故常無，欲以觀其妙，常有，欲以觀其徼」，和第四十章的「天下萬物生於有，有生於無。」《老子》其他地方的「有」、「無」字眼都是其他的意義的有無。那麼，老子想用「有」、「無」的什麼意思來描述道的那兩個層面或過程呢？老子想用「無」來描述道的是不是「什麼都不存在」、「一無所有的」、「虛無」或「烏有」的「道」呢？當然不是。因此老子所謂道，尤其是當做天地之始的道絕不是「烏有」。老子說：「道之為物，惟恍惟惚。惚兮恍兮，其中有象；恍兮惚兮，其中有物。窈兮冥兮，其中有精；其精甚真，其中有信。」（二十一章）也就是說，道中有象、有物、有精、有信，因此道不是烏有。這樣，老子想用「無」的什麼意思來描述道呢？老子在這想用「無」來表示的是「無形無狀」的意思，不是一無所有的意思。老子在十四章說：

> 視之不見，名曰夷；聽之不聞，名曰希；搏之不得，名曰微。此三者不可致詰，故混而為一。其上不皦，其下不昧。繩繩不可名，復歸於無物。是謂無狀之狀，無物之象，是謂惚恍。

我們把它白話解釋為：

> 道，看它看不見的，叫做夷。聽它聽不到的，叫做希。摸它摸不著的，叫做微。這三者無法予以詰問，因此它們混而為一。它上面並不明亮，下面並不陰暗，綿綿密密無邊無際，不可名狀，又回復於沒有物形的。這是一種沒有形狀的狀況，沒有物形的形象，是恍恍惚惚的。

要注意的，我們把這裏的「無物」解釋為「沒有物形的」，而不解釋為「什麼都沒有」，因為如果是「什麼都沒有」，則「無狀之狀」「無物之象」也沒有，甚至連「惚恍」也沒有，因為那是「純虛空」。我也「刻意」把這裏「無物」的「無」字解釋為「沒有」，這個解釋當然完全正確；這樣的解釋可以消除「無」的「無意義的深奧」，好讓被「迷困」在「哲學瓶子裏的蒼蠅」逃出來。

這樣，我相信，而且大部分的詮釋者也這樣詮釋，當做「天地之始」和「道的某一層面或過程」的名稱的「無」字，所要表示的不是「什麼都沒有」，而是「沒有形狀」、「沒有物形」的意思。相對的，當做「萬物之母」和「道的某另一層面或過程」的「有」，所要表示的不是一般的「有沒有」的「有」，而是較特定的「有形狀」、「有物形」的意思。這樣，老子在說「無，名天地之始；有，名萬物之母」時，他要說的是「沒有形的道，是天地之始；有形的道是萬物之母」。他在說「天下萬物生於有，有生於無」時，他要說的是「天下萬物生於有形的道，有形的道生於沒有形的道」。如果我們這樣的了解沒有錯的話，那麼就理論的表達而言，老子使用「有」、「無」兩字當做道的某些層面或過程，實在並不適當。首先，我們講過的，在整個《老子》中只有兩個地方使用了它們，而且在這兩個地方可以不用它們而用別的方式表達，而這別的方式甚至表達的更清楚易懂。因此，就理論構作的簡單經濟原則而言，這樣的做法是不適當的。其次，更嚴重的是，拿在「哲學上」意義「深晦不清」的「有」「無」兩字來當「玄之又玄」的道的名稱，更是玄上加玄，誘人墜入上無蓋下無底的「奧晦的深淵」了。歷來，以及現在的許許多多詮釋者，對「無，名天地之始；有，名萬物之母」和「天下萬物生於有，有生於無」大發令人難解的高論，就是明證了。

㈥「有」、「無」、「道」：奧晦和困惑的起源及其解決。

從以上的討論，我們知道，在《老子》中，「有」、「無」兩字有好幾個主要不同的使用。譬如，有當普通否定詞的「無」，有當個別東西存不存在的「有」、「無」，有當有無相對觀念的「有無」，有當占不占有、據不據有東西，權利等的「有無」，還有在老子哲學中特別有的當道的某些層面或過程的名稱的「有」、「無」，以及「無為」、「有為」的「有」、「無」等等。一個字詞有好多不同的使用和意義，這是很普通的語言現象，只要使用者和解釋者不混淆諸不同的使用和意義，就不會使人錯亂和困惑。但如果混淆了則思想就會混亂不清起來，困惑叢生。傅偉勳說：「一般說來，包含在老子道概念的六個不同層次的思想，沒有混淆或矛盾。」㊺對《老子》的了解和詮釋，我和傅偉勳的有很多不同的觀點，但我也認為老子的思想，一般說來相當一致，對「道」和「有」、「無」等重要字眼的使用，也相當不混淆。老子思想的這種相當一致性和不混淆性，我想主要是因為老子本身思辯天資高，有很好的天生邏輯能力；《老子》的詞句語意抽象含混(vague)（注意，含混不等於混淆(confusion)，雖然含混的詞句容易使「別人」混

㊺ 傅偉勳前文，p. 370。在該文中，他析出道的六大層面，即道體(Tao as reality)，道原(Tao as origin)，道理(Tao as principle)，道用(Tao as function)，道德(Tao as virtue)，與道術(Tao as technique)。在他的下面兩文中，也對老子哲學多所討論：⑴〈創造的詮釋學及其應用〉，收在他的《從創造的詮釋學到大乘佛學》；⑵“Creative Hermeneutics: Taoist Metaphysics and Heidegger”, *Journal of Chinese Philosophy*, 3 (1976), pp. 115–143.

淆），因此在解釋上可以避開「精細」的對立。還有，一樣重要的，老子自己有相當「單純」一貫的天地觀、萬物觀和人間觀和道觀，而他的哲學主要在發表他自己這一貫的諸觀，不參雜或很少參雜別人的觀點。在思想傳統上，老子是屬於初期的思想家，他的思想實際上很少受到「已成形」的別人思想的影響。因此，在世界觀上他能夠相當「不受別人的干擾」，自己「一貫的」講述自己的看法；在整本《老子》中，我們看不到一個「人名」。

然而，後世和現代的《老子》詮釋者的情形，就很不同了。混淆和矛盾叢生。尤其是諸不同人的詮釋，更是南轅北轍，牛頭不對馬嘴了。這種情形的產生，撇開詮釋者先天的邏輯思辯能力的高下和後天的邏輯訓練不談，主要是因為《老子》，言簡意寬，錯簡、衍文、脫字及誤字很多，後人自然很不容易知道，在《老子》的章句中確切要講什麼，雖然老子自己知道要講什麼。老子對他的用詞章句也很少做必要的釐清和解說；大家知道的，老子主要以格言和警句的方式表達他的思想。牟宗三說：「中國的哲人多不著意於理智的思辯，更無對觀念或概念下定義的興趣。」[46]其實，我也懷疑中國的哲人知道如何對觀念或概念做解說、下定義的技術和方法。還有，可能被大家忽略的，後人，尤其是現代的詮釋者自己的宇宙觀、世界觀和人間觀跟老子的很不一樣；不但不一樣，而且由於西方哲學、印度哲學、佛學和中國歷來哲學的影響，因而非常「雜亂」。以這樣雜亂的世界觀為背景來詮釋《老子》，自然就「異說紛云」了。

這樣，很重要的，要「正確」了解和詮釋《老子》， 必須先探知和認定老子的一般道觀、天地觀、萬物觀和人間觀，因為他的哲學就在表達他這些觀的細節。他不像一般的哲學研究者在研究別人的觀點而發表意見，他是發表他自己的宇宙觀、世界觀和人間觀。他認為宇宙、世界和人間，就「如實」的像他看到和想到那樣。那麼，他的宇宙觀、世界觀和人間觀是怎樣呢？一言以蔽之，道、天地、萬物和人間一世界（宇宙），也就是，這些都在這同一個（應該也是唯一的一個）世界裏，泛泛的，都受而且也應受道顯現的原理法則支配。如同人間都在這個世界裏，道、天地、萬物

[46] 牟宗三：《中國哲學的特質》，p. 10。

也在這個世界裏。從道的觀點講，這可以說是一種泛道世界觀。這是老子的「哲學」，也是他的「科學」。任何老子觀點的《老子》詮釋都應該符合老子這一世界觀。偏離或相當偏離老子這一世界觀的《老子》詮釋，都不是老子觀點的《老子》詮釋，也許只是詮釋者觀點的《老子》詮釋。

依前面的分析，我們知道，老子以好幾種不同的意義在使用「有」、「無」兩字。我們認為，能清楚分辨這些不同的使用，尤其是和道牽連在一起的時候，並且以老子的道、天地、萬物和人間一世界的世界觀為依據，來詮釋《老子》，是獲得正確的老子觀點的《老子》詮釋的一個基本探進。可是，許多老子的詮釋者卻不是這樣。他們把「有」、「無」的諸多使用混在一起，又以他們自己「雜多」的世界觀來詮釋。我認為這是讓人「費解」老子，莫測高深老子，讓老子的哲學困惑人的一個根本來源。在前面的討論中，我已陸續檢討一些令人困惑的詮釋。結束本節以前，再舉些例子看看。

傅偉勳說:「《老子》基本上是一部嚴肅的形上學論述，所有其有關政府、戰爭、倫理、社會生活等等的結論，都是道的形上學的歸結。」㊼我認為傅偉勳在這裏是以他自己（我想也是現在大部分）的世界觀，而不是以老子的世界觀為依據來判定《老子》的思想性質。我相信在老子的時代，包括老子在內，哲學和科學都是未分辨的，因此無所謂形上學和科學之分。生物學家告訴我們，人類常以主觀的眼光觀察世界現象，並給以標語式的結論，把許多假象當真象。人類也常把主觀的解釋當做自然的真理。我想，整部《老子》就是老子以主觀眼光觀察和思辯世界和人間現象，並以標語式做結論的產品。不論怎樣，他認為世界和人間的真理，就像他觀察、思辯和解釋那樣。老子想必自認自己是「科學家」。在討論「無，名天地之始；有，名萬物之母」時，袁保新說:「『無』是就『道』的超越性來說，是體；『有』則就『道』不離天地萬物來說，是用。即體成用，即用顯體。」㊽這裏有兩個問題。一個是，所謂「『無』是就『道』的超越性說」。很多人

㊼ 傅偉勳:“Lao Tzu’s Conception of Tao”, p. 368.

㊽ 袁保新:《老子哲學之詮釋與重建》，p. 104。

喜歡用「超越性」來定位「道原『無』」。其實，這個「無」所要表示的是「無狀的東西」而已。在整部《老子》中，從未使用過「超越」或相當的字眼或概念。唯一出現過一次「超」字的地方是「燕處超然」（二十六章）。但這裏的「超然」只是表示「閒居超然」，表示一種態度和心境而已。在《老子》中最「超越」的東西是「無狀之狀」。空氣是「無狀」的，視之不見，聽之不聞，搏之不得，但空氣超越什麼？在老子的世界觀中，那「無狀的道」根本就在這個世界中。另一個問題是，又有很多人喜歡或習慣於使用「體用」的「模式」來解釋中國哲學上一些「根本問題」。我不喜歡這個「粗糙不清」的模式，因為它根本起不了什麼解釋作用。你想，那「有形的道」會比那「無形的道」更「無體」嗎？還有，喜歡用這個模式的人，時常「滑來滑去」，「忽體忽用」。王邦雄說：「老子哲學，以無說道體，以虛弱說道用。」不久，他又說：「老子之以無為本〔體〕，以有為用，……」㊾。

傅偉勳說：「譬如『無』字在《道德經》中有不同的脈絡而顯不同的意義。『無名天地之始』（首章）的『無』指謂『道始』或『道原』(Tao as origin)……『有無相生』（二章）的『無』則與『有』構成統制物極必反，相反相成的『道理』(Tao as principle)，……。『無』之以為用（十一章）的『無』則指『道用』(Tao as function)而言，脈絡意義不同於『道原』的『無』與『道理』的『無』。」㊿不錯，這裏的三個「無」字有不同的意義。但是，「有無相生」中的「無」只是普通「有無」對反概念中的「無」而已，與道無關，也與「物極必反」無關。「無之以為用」只是普通有無空間、空位的「無」而已，也與道理無關。胡適似乎也把這裏的「無」和道連在一起看[51]。老子根本沒有說這兩個「無」和道有關，而用在這裏的說明不需要利用道，利用道反而令人不清楚。我們雖然說過，在老子的世界觀中，道顯現的原理法則支配天地、萬物和人間，但我們並沒有說，老子認為所有天地、萬物和人間的道理（一般道理的道理）都是「道」顯現的。

㊾ 王邦雄：《老子的哲學》，pp. 114–116。

㊿ 傅偉勳：《從創造的詮釋學到大乘佛學》，p. 22。

[51] 胡適：《中國古代哲學史》，p. 50。

四、「無為，無不為」的疑惑、意義與問題

「無為」的思想是老子哲學中最重要、最突顯和最叫座的一個思想。「自然無為」、「無為而無不為」幾乎成為中國傳統上許多人的口頭禪。但是，「無為而無不為」也是《老子》中令人非常費解疑惑的一句話。無為怎麼可能無不為呢？所有我讀過的有關老子的無為而無不為的詮釋，都不能令人滿意，因為其中都存有似是而非和令人存疑費解的地方。

我準備以討論下面幾個命題和問題的方式，來討論「無為而無不為」和「無為之有益」。這些討論只是「初步的」，因為老子的「無為」思想彌漫在他整個思想裏面，因此，要對他無為思想做廣含的了解和把握，非觸及他整個哲學不可。但我希望這個初步討論，有助做進一步的探討。這些命題和問題是：

㈠老子的無為思想是時代政治社會的反動。

㈡「無為而無不為」的語意分析，含意和用意探索。

㈢老子為什麼要說：「道常無為而無不為。」

㈣老子有為「無為之有益」辯護嗎？

㈤「無為之有益」只是「半個真理」。

㈥「無為」和「無」有邏輯和哲學上的關聯嗎？

現在讓我們來討論這些命題和問題。

㈠老子的無為思想是時代政治社會的反動。

胡適說：「老子親見那種時勢，又受了那些思潮的影響，故他的思想，完全是那個時代的產兒，完全是那個時代的反動。」老子的反對有為的政治，主張無為的政治，更是當時政治的反動。胡適說：「凡是主張無為的政治哲學，都是干涉政策的反動。因為政府用干涉政策，卻又沒干涉的本領，越干涉越弄糟了，故挑起一種反動，主張放任無為。歐洲十八世紀的經濟學者政治學者，多主張放任主義，正為當時的政府實在太腐敗無能，不配干涉人民的活動。老子的無為主義，依我看來，也是因為當時的政府不配有為，偏要有為。」[52]老子說：「天下多忌諱，而民彌貧，……法令滋彰，

盜賊多有。」（五十七章）又說：「民之飢，以其上食稅之多，是以饑；民之難治，以其上之有為，是以難治。」（七十五章）牟宗三也認為老子的「無為」，是「對周文疲弊而發」。周公所作禮樂典章，到了春秋戰國，貴族墮落腐敗，都只成空架，束縛生命，為了生命的精神自由，老子提出「無為」的主張[53]。

現代老子的詮釋者一般都接受這個說法。

㈡「無為而無不為」的語意分析，含意和用意探索。

老子的「無為」思想，是以「無為而無不為」的格言、驚句、標語、口號提出。要能較明白而不似是而非的了解老子「無為」思想的「真諦」，我們一定先對這個語句的文詞意義和邏輯概念加以分析，因為這個語句的文詞意義和邏輯概念的多歧和糾纏，會形成了解老子無為思想的障礙。我想指出的，這個語句可能有的不同的語意和邏輯結構，遠比詮釋者曾經想過和分析過的繁多和複雜。我下面的分析還是相當簡化了的。

首先讓我們假定這個語句可以有這些（不同的）解釋：

(a)「無為而無不為」這個語句可以了解為連言(conjunction)「(無為)而且(無不為)」，或如言(conditional)「如果(無為)，則(無不為)」。

(b)在解釋為如言時，又可解釋為實質如言(material conditional)和因果如言(causal conditional)兩種。

(c)這個語句可解釋為有明確行為者(agent)的和沒有明確行為者的。

(d)這個語句可解釋為兩個「為」意義完全一樣的，和不一樣的。在不一樣中又至少有兩種可解釋。一種是第一個「為」是「去做」，第二個是「完成的」。另一種是第一個「為」是「妄為」，第二個是「做成」。

熟悉組合原理的人馬上會發現，上面各種可能解釋可以形成「非常非常多」種不同的邏輯可能的解釋，雖然其中有一些在語意上會顯得很不自然。但一一進一步去分析它們，不是本文的目的。現在我實際列出下面幾個常見或在直覺上比較容易想到的解釋。每個解釋後面括號內的標示是一

[52] 胡適前書，pp. 44 – 45。

[53] 牟宗三：《中國哲學十九講》，p. 89。

些提示。

⑴沒有做什麼，但卻什麼都做了。（連言，無行為者，兩個「為」同義。）

⑵你沒有做什麼，但你卻什麼都做了。（連言，有行為者，兩個「為」同義。）

⑶你沒做什麼，但什麼卻（自身）做了。（連言，第一句有行為者，第二句沒有。）

⑷如果一個人不去做什麼，則他什麼都做成。（如言，有行為者。）

⑸如果一個人不去做什麼，則什麼都（自身）做成。（如言，前件有行為者，後件沒有。）

⑹如果一個人不去做某件事，則他無不做成該件事。（如言，有行為者。）

⑺如果不去做什麼，則會產生什麼都做的結果。（因果如言，沒有行為者。）

⑻如果不妄為什麼，則沒有什麼做不成的。（如言，沒有行為者，前後兩個「為」不同義。）

好了，我們不再列舉下去了。只要稍微追究一下這些解釋的「內容」，不難發現，依我們對人間和事事物物的觀察，它們幾乎都是「假的」，而且所說的好像沒有什麼意思。但老子無為的思想又好像不是完全沒有意思，而且在一般思想上也滿有影響的。這樣，我們勢須「跳出」或「偏離」這個語句的語意和邏輯分析，而去探索它的「含義」和「用意」了。在跳出和偏離以前，讓我們先檢討一下這個語句本身。首先，我們發現，「無為而無不為」這句話講的「非常強」。首先是，「無不為」，也就是「無不做什麼」，非常強。其次是，「無為」與「無不為」，也就是「不去做什麼」與「無不做什麼」對立的「超強」。為了使含意和用意的探索不會令人感到似是而非，我們必須明白表示對原語句的「修整」。首先，我們要對「無為」做較「特定」的解釋，譬如把它解釋為「不妄為」、「放任」、「不干涉」、「自由自在、自己如此、無所依靠」、「自然而然」等等。其次，要「限制」和「益化」、

「無不為」的解釋，甚至「淡忘」它；這尤須明文明白交代，因為這已經相當「偏離」了「原文」原句。所謂「限制」，是指把「無不為」限制為「有某所為（這個『為』字要讀成第二聲）」，也就是限制為「有做了某某東西」，而不再是原來的「無所不做」了。所謂「益化」是指，要表明那做了的什麼是有益的事項，也就是「無為之有益」。這裏所以要這樣限制是不要使「無為」變成「萬能」，好像一「無為」，代表都做得出來。這樣的思想沒有用。所以要「益化」，是因為「做出不益的事項」顯然不是老子想要的。

在《老子》中，「無不為」一詞只在第三十七和四十八兩章出現過；而且在三十七章中還直接跟道連在一起的。因此，這樣強式的用詞，可以視為是「例外」的書寫。在《老子》中，絕大部分都以特定「無為」和限制並益化「無不為」的方式表達無為的思想。舉幾個例子看看：

⑴「為無為，則無不治。」（三章）把「無不為」限制到「無不治」，益化到「治」。沒有特定「無為」。

⑵故聖人云：「我無為，而民自化；我好靜，而民自正；我無事，而民自富；我無欲，而民自樸。」（五十三章）把「無為」特定為「好靜」、「無事」和「無欲」。把「無不為」限制益化為「民自化」、「民自富」和「民自樸」。

⑶「聖人終不為大，故能成其大。」（六十三章）把「無為」特定為「不為大」，把「無不為」限制益化為「成其大」。

有時候，老子就乾脆不講「無不為」，只喊，甚至命令「無為」了。他說：「為無為，事無事，味無味。」（六十三章）

㈢老子為什麼要說：「道常無為而無不為?」

當老子要宣示一個世界原理時，常用「道怎樣怎麼」來表示。例如：

⑴「功遂身退，天之道。」（九章）

⑵「道法自然」。（二十五章）

⑶「道常無名樸」。（二十五章）

⑷「大道記兮，……功成而不有」。（三十四章）

⑸「反者道之動；弱者道之用。」（四十章）

老子也用「道常無為而無不為」來宣示「無為而無不為」的世界原理。「無為而無不為」有它的一般問題，「道常無為而無不為」有它的特別問題，譬如，道的「為」是否是「有意志的」、「有目的性的」；道的為與「道之動」關係如何？道的為的性質如何？等等。這些問題有待研究。

㈣老子有為「無為之有益」辯護嗎？

老子鼓吹「無為而無不為」的主要目的，不在「無不為」，而在「無為之有益」。老子說：「無有入無間，吾是以知無為之有益。……無為之益，天下希及之。」（四十三章）又說：「聖人無為，故無敗；無執，故無失。」（二十九章）現在我們要問的，老子對「無為之益，天下希及之」，即「無為的益處，天下很少及得上的」這個強烈的主張和斷說，提出較具體的理由和說明嗎？正如同老子的其他強烈的主張，很少做較具體的辯護那樣，老子對這個主張也沒有做較具體的辯護。其實，他在講到「無為」怎麼好時，幾乎是以武斷的方式提出。但在整個《老子》中，老子時時刻刻在講「什麼為就不好」，「不為就好」。例如，

⑴「天地所以能長且久者，以其不自生，故能長生。」（七章）「不自生」即「不『為』自生」。

⑵「夫唯不爭，故天下莫能與之爭。」（二十二章）「不爭」即「不『為』爭」。

⑶「天下神器，不可為也，不可執也。為者敗之，執者失之。是以聖人無為，故無敗；無執，故無失。」（二十九章）

⑷「上德無為而無以為。」（三十八章）

⑸「聖人不行而知，不見而明，不為而成。」（四十七章）「不行」、「不見」即「不為」也。

⑹「以無事取天下。」（五十七章）

等等，還有很多。從一方面看，老子似乎給「無為之益」做了一些辯護，因為他在非常「一般而抽象」的「例子」上舉出「無為」的有益，「有為」的壞處。但從另一方面看，由於這些「例證」太一般太抽象了，世界人間是否就像這些講的那樣，還「非常需要」進一步提出較具體較清楚的辯護。

這種辯護，在《老子》中可以說「完全闕如」。

㈤「無為之有益」只是「半個真理」。

我曾經指出，我們對老子的對反和反動思想，如果是當做半個真理的提醒來參考，而不是當做整個真理來接受，是有價值的(54)。「無為之有益」是老子的對反和反動思想之一。「身體力行，實際去做」才會「成功」。這個「力行哲學」不但現在沒有人敢反對，相信在老子的時代，也是一種盛行和優勢的人間哲學，「天行道，君子以自強不息」就是一個力行哲學。但是，一個統治者「力行」太多，「濫用權力」，「生殺欲奪」，干涉人民太多，也會變成「暴政」。統治者的「權力」適度「無為」，「放任」人民自由發展，反而「國富民安」。就個人而言，一個人為追求名位財富，「為」得太多，不但未必成功，身心也會疲憊。反之，適度「無為」休閒一下，「自由自在」放任自己，有時反而會使自己的事業更成功。「無為」、「有時候」反而比「有為」更有用。這是「無為之有益」的「半個真理」。老子看到「無為」有時候更有用，並且敢站出來反對「盲目」的「力行哲學」，這是他的智慧和勇敢。

㈥「無為」和「無」有邏輯和哲學上的關聯嗎?

老子的「無為哲學」和他的「無哲學」之間，有邏輯和哲學上的關聯嗎？這個問題必須問，而且也必須要回答。首先，「無為」之中就有一個重要而關鍵的「無」字。其次，在「無為之有益」和「無之以為用」中，「無為」和「無」以及「有益」和「為用」，兩兩並立。再說，「無」是道的某一會面或過程的名稱，而道常無為無不為。「無為」和「無」的這些牽連，足以讓我們要問，它們之間有沒有邏輯和哲學上的關聯。如果有，是怎樣意義上的有，怎樣的關聯。如果沒有，是怎樣意義上沒有。

首先，我們要指出的，「無為之有益」的「無為」和「無之以為用」的「無」，即「用無」的「無」，沒有特別關聯。在前面第二節第四項裏，我們已經指出，「用無」的「無」是指「空位」、沒有（占位置的）東西存在的「無」。這種無「本身」，沒有老子哲學上的特別意義，只當老子指出

(54) 參看本書第二章〈老子的「對反」和「只推一步」的思想模式〉。

這種無很有用時，即「用無」時，才有老子哲學上的特別意義。「無為」的「無」涉及的是「行動」(action) 或作用 (function)。對「用無」意義上的「有」、「無」都可以採取行動、起始作用。因此，「無為」和「用無」，是不同樣相的東西。在老子哲學上，「用無」不排斥「用有」，但「無為」相當排斥「有為」，尤其絕對排斥「妄為」和「意圖的有為」。「無為」中的「無」和有無物理空間、有無東西的存在無關，而「用無」的「無」則有關。

老子四十三章說：「天下之至柔，馳騁天下之至堅。無有入無間，吾是以知『無為』之有益。不言之教，無為之益，天下希及之。」也許有人會從這裏的「無有入無間」有無的「無」與「無為」有關。對這個質疑，我們這樣處理。首先，這個語句疑係錯簡，因為它「與上下文俱不相應。」[55]其次是把這裏的「無有」解釋為「無形的力量」[56]，而不是為「虛無」或「無形的東西」。這裏的「至柔」是指水，因老子說：「天下莫柔弱於水」（七十八章）我們要知道的，這裏水之「馳騁天下之至堅」，不是因為水的「物質」本身，而是因為水的「力量」。也就是說，這四十三章所講的是「行動」和「作用」，與「虛空」無關，「不言之教」的「不言」乃「無為」也，非「虛空」也。

傅偉勳認為[57]，當做無的道用 (function of Tao) 之所以是無限用不盡，是因為道常無為而無不為。他把這裏的「無為」解釋為自動自發 (spontaneous)，沒有意圖的行動。在他的詮釋中，道不是一個真正的行動者(real agent)，因此採取自動自發行動的不是道。由於「道法自然」(二十五章)，因此他認為我們應重新把「道常無為」這句話，在哲學上解釋為「萬物不受干擾自動自發地聽其自然的發展」，而這也說明了為什麼「無不為」。在這裏，傅偉勳好像把「無」和「無為」做了某種必要的關聯。但我們要指出的，傅偉勳在這裏，把道解釋為不是「無為」的真正行動者；這是一種

[55] 嚴靈峰前書，p. 240。

[56] 陳鼓應前書，p. 161；任繼愈前書，p. 154。

[57] 傅偉勳："Lao Tzu's Conception of Tao", p. 384.

很特別的解釋。而他這種解釋好像建立在道的「無」，但我們知道，當做道名的「無」不是「烏有」，而是「無形」。無形的東西也可採取行動。

牟宗三把「無為」，做形上學的「轉軸」為「無」，當做他詮釋老子的基本起點[58]。他說：「無為是高度精神生活的境界，不是不動。」[59]「從無為再普徧化、抽象化而提煉成『無』。……『無』不是個存有論的概念，而是實踐、生活上的觀念；這是個人生的問題，不是知解的形而上學的問題」[60]。「道家式的形而上學、存有論，是實踐的，實踐取廣義。……這種形而上學因為從主觀講，不從存在上講，所以我給它個名詞，叫做『境界形態的形而上學』；客觀地從存在講，就叫『實有形態的形上學』」[61]。要說清楚牟宗三從「無為」抽象到「無」的講法，並做有意義的檢討，需要較多的篇幅，有機會在別的地方再講。

[58] 牟宗三前書第五、六、七講，pp. 87–156。

[59] 前書，p. 89。

[60] 前書，p. 91。

[61] 前書，p. 103。

第五章　《老子》對偶造句與思考的邏輯分析與批判

本文主要是對《老子》書中的對偶造句，以及以這些對偶造句所做的、所顯現的哲學思考，做邏輯分析與批判。《老子》的讀者和研究者一定會發現，《老子》一書造句最突出、最普遍的方式是對偶造句。這些對偶造句，顯然可以和值得從修辭學、美學和心理學等觀點來研究。但我們要指出的，這些對偶造句，一樣可以，甚至更值得和需要從哲學思考和邏輯觀點來研究。尤其是從邏輯觀點的，似乎從來少有人，甚或沒有人嘗試和做過。有一點要特別指出的，《老子》的對偶造句不但在語法上顯現它的突出和特點，而且還大大影響他的哲學思想的實質內容。這就會更顯出給它做邏輯分析與批判的重要了。雖然在本文，我們主要是從邏輯的觀點來分析與批判，但是相信這種分析與批判可以給這些對偶造句的修辭學、美學和心理學的研究，提供重要而根本的基礎和參考點。更重要的，我們認為，如果要對老子哲學做較不模糊、較清晰和較嚴密的現代研究，非對《老子》的文句做相當的邏輯分析與批判不可。

一、語句的意義、說話者的意義、讀者的解釋與讀者的闡發

在《老子》的研究，尤其是在本文的研究裏，我們要利用語句的意義(sentence's meanings)、說話者的意義(utterer's meanings)、讀者的解釋(reader's interpretations)和讀者的闡發(reader's expounding) 等這些用語❶。在哲學上，或者說的更特定些，在語言哲學上第一個明白的區分語

❶ 英文"utterer's meanings"也可寫成"speaker's meanings"。這裏「讀者的解釋或闡發」視場合，也可叫做「聽者的（hearer's（或 audience's））或研究者的

句的意義與說話者的意義，並再三予以細緻討論的人，是格來斯（Grice，曾任英國牛津大學，和美國柏克來加州大學、哈佛大學哲學教授）❷，和著名哲學家庫律基（Kripke，美國普林斯頓大學哲學教授），後來利用這種區分來處理鄧南倫（Donnellan，美國洛杉磯加州大學哲學教授）的確定描述詞(definite descriptions)的兩種使用——描述性使用(attributive use)和稱指性使用(referential use)——的議題❸。讀者的解釋和讀者的闡發這兩個觀念是我要引進的，並且我要把它們和上述語句的意義和說話者的意義兩者對照討論和使用。

上述四個觀念的詳細討論，是很複雜的事，在這裏我們只將就本文所要使用的程度內略加說明。依格來斯❹，我們可以有這樣的區分，即在某一定場合上，說話者的字詞(words)和語句意義什麼，和在該一定場合上，在說這些字詞和語句中他意義什麼的區分。利用庫律基舉的例子來說❺，有

(researcher's)解釋或闡發」。

❷ 格來斯(H. Grice)的"Meaning"（〈意義〉），*Philosophical Review*（《哲學評論》），66, pp. 377–388, 1957; "Utterer's Meaning, Sentence-Meaning, and Word-Meaning"（〈說話者的意義、語句意義與字詞意義〉），*Foundations of Language*（《語言基礎》），4, pp. 225–242, 1968; "Utterer's Meaning and Intentions"（〈說話者的意義與意圖〉），*Philosophical Review*, 78, pp. 147–177, 1969.

❸ 參看庫律基(S. Kripke)的"Speaker's Reference and Semantic Reference"（〈說話者的稱指與語意的稱指〉），P. A. French, T. E. Uehling, Jr. 和H. K. Wettstein合編的*Contemporary Perspectives in the Philosophy of Language*（《語言哲學當代面貌》），pp. 6–27, 1977.庫律基的「說話者的稱指」和「語義的稱指」，可以說分別是格來斯的「說話者的意義」與「語句的意義」的特別情況。關於鄧南倫(K. Donnellan)的描述性使用和稱指性使用的區分，參看他的"Reference and Definite Descriptions"（〈稱指與確定描述詞〉），*Philosophical Review*（《哲學評論》），75, pp. 281–304, 1966.

❹ 參看注❷格來斯諸文。

❺ 參看注❸庫律基該文。

一個竊賊跟另一個說:「條子在角落」。這個語句的意義很清楚:警察在角落。但是,說話者很可能具有意義為「我們不能多等收集掠奪物了:讓我們分攤吧!」雖然這是在該場合在說這些話裏他意義的什麼,但是即使在該場合這不會是這些話的意義。我們也可以舉一個例子來說,早上我跟即將出門上學的女兒說:「劉葳,天快下雨喲!」這句話的意義很清楚在說外面天快下雨了,但在講這句話裏,我的(說話者的)意義很可能有要提醒劉葳出門時要帶雨傘。

在語言裏,字詞和語句可以意義什麼的觀念是語意的(semantical)。它是由我們語言的約成提供的。在某一定場合上,一個字詞或語句的意義是由這些約成,連同說話者的一般意圖和種種系絡的特徵決定的。在一定場合上,在說這些字詞或語句時,說話者的意義是由說話者的種種其他特別意圖,連同種種可應用於所有人類語言的種種一般原理獲得的。語句的意義與說話者的意義之間,有下面一些值得注意的關係:

㈠語句的意義與說話者的意義有幾近相同者。這個在科學的討論,尤其是在數學的討論裏時常出現。例如,數學老師在班上跟學生說:「3與5之和是偶數」。可以想見的,在一般情形下,這句話的意義和這位老師在說這句話裏他的意義是相同的,即3與5之和是偶數。但並不是說在一切情況中,數學或科學的語句意義和說話者意義,都會相同的。就拿上舉數學語句「3與5之和是偶數」來說吧。例如,有一個爸爸對他新婚的兒媳說:「3與5之和是偶數」。他的(說話者的)意義是他送給他們分別編號為「3」和「5」的禮物之「和」是「偶數」,是成雙的意思。他的意義主要不在3與5之和是偶數這個簡單的數學真理。

㈡說話者意義可以有語句意義——即字詞意義本身——未有的意義。例如,在前面的「條子在角落」的例子裏,「我們不能多等收集掠奪物了:讓我們分攤吧!」這些說話者的意義,並不包含在「條子在角落」的語句意義裏。說話者意義可以有語句意義未有的意義,是語句意義之外要區分出說話者意義的重要理由。

㈢說話者的意義可以並不包括語句意義的全部——語句的所有歧義,

但也許除了比喻性的(metaphorical)使用以外，說話者的意義至少包含語句意義中的一個意義。我們知道，一個語句可以有多個不同的意義，即有歧義(ambiguity)。說話者的意義可以包含語句的所有歧義或只包含其中一個或多個意義。例如，語句「我要走大道」的語句意義，至少有「我要走大馬路」和「(在為人處世上) 我要走光明正大的方向」。有一個正在跟他旁邊的朋友爭論的駕車人說:「我要走大道」。他的意義（說話者的意義）可能是他要走大馬路（不走巷道），或者他要走光明正大的方向（不偷偷摸摸），或者他要走大馬路，也要走光明正大的方向。

在語句意義和說話者意義的區分以外，進一步提出讀者、聽者或研究者的解釋和闡發這兩個觀念，是很有用的，尤其是對研究像《老子》這樣語句結構相當模稜、語意十分含混的中國古典著作。研究者的解釋當然要從語句意義的分析開始，並以這種分析為基本根據去探求說話者或作者的意義。在探求說話者或作者的意義時，當然可以並且需要參考語句所在的段落，甚或整個文本的有關語句的意義和說話者的意義。如果研究者的解釋一部分，大部分，甚或幾近全部離開段落或文本的語句意義的約束，以研究者自己的觀念和思想推展時，就形成研究者的闡發了。

在一種重要意義上，研究者的解釋愈接近說話者或作者的意義愈好，但這不是容易做到的，尤其是在說話者的意義複雜、含混不清的時候。正由於研究者的解釋和說話者或作者的意義時常會相左，因此在說話者或作者的意義之外，我們需要研究者的解釋這一觀念。

二、《老子》的諸種研究

有關《老子》的研究，依其特色至少可以徵定為下列幾種:

㈠《老子》作者老子的考證　老子的事蹟，已不可考。他所生時代也有爭議。甚至有人懷疑，《老子》一書是由老子一人所作，還是集體創作。因此，有些書籍在討論老子的哲學思想以前，會對老子其人做些考證，例如，胡適在他的《中國古代哲學史》❻、勞思光在他的《中國哲學史》❼、

❻ 胡適:《中國古代哲學史》, pp. 41–43，此書為重新排版，原書名為《中國哲學

賀榮一在他的《道德經註譯與析解》[8]、嚴靈峰在他的《老子研讀須知》[9]等等。

㈡《老子》一書本身的考證　《老子》這書原本是一種雜記體的書，沒有篇章結構組織；現有的篇章都是後人所編。《老子》一書歷代版本，錯簡、衍文、脫字和誤字很多，不同行文造句也有。因此，這書本身的考證，便成為許多研究者關注的問題。例如，前面所舉的胡適人等的著作，都討論到這個問題[10]。歷代《老子》注疏的著作，都或多或少對《老子》章句字詞，做些考證工作。例子很多，不勝枚舉。自1973年中國長沙馬王堆第三號漢墓出土《老子》甲乙本帛書以後，學者參考或根據這兩本帛書，來做《老子》的注疏和解說的著作很多，例如有黃釗的《帛書老子校注析》、許抗生的《老子研究》、王垶的《老子新編校釋》、張松如的《老子說解》等[11]。

㈢《老子》的註疏、集註　中國歷代的《老子》研究，以這種居多。在註疏中，對一些字詞加以註解，並對整個文句，或以句子為單位，或以整章為單位做進一步「義理」的疏解。有順文作解的，有以儒來解的，有以史事來解的，有以道家說來解的，有以兵家說來解的，有以《易》來解的[12]。在集註中，把諸家註釋並列比較。

㈣《老子》今註今譯今解　在臺灣和中國大陸的當代老子研究中，以

史大綱》。

7 勞思光：《中國哲學史》卷一，pp. 159–178。

8 賀榮一：《道德經註譯與析解》，pp. 1–3。

9 嚴靈峰：《老子研讀須知》，pp. 23–26。

10 胡適前書，pp. 43–44；勞思光前書，pp. 178–183；賀榮一前書，pp. 3–8；嚴靈峰前書，pp. 27–41。

11 黃釗：《帛書老子校注析》，臺灣學生書局，1991年；許抗生：《老子研究》，水牛出版社，1993年；王垶：《老子新編校釋》，洪葉文化事業有限公司，1993年；張松如：《老子說解》，麗文文化事業股份有限公司，1993年。

12 參看嚴靈峰前書，pp. 31–33。

這種方式成書出版的最多。在這類研究和書中，主要包含字詞的註解，諸家註解的一些比較和選擇，文本的白話文翻譯，以及文句或章次的義理說明。其中，不論是好的還是壞的，或多或少利用現代哲學的一些觀念做說明⑬。對初學《老子》的人，這類書很有用。英文和日文的今註今譯今解也有。尤其是英文的，更有多種版本。

㈤以當今的哲學內體系分類講述老子哲學　例如以形上學、知識論、方法論、人生哲學和政治哲學等哲學體系分類講述老子哲學的⑭。我個人並不贊同這種體系分類的講述和成書。主要有兩個理由。一個是，在今天的哲學研究上，即使從較鬆的角度來看，老子的哲學思想距離「有體系的展布」還很遠。現在很勉強把它體系分類，勢必東拉西扯，七拼八湊,「更不成體系」了。另一個理由是，從知識的特質來說，老子的哲學思想還未分門別類化，也就是他講的東西大部分還混在一起，是講宇宙呢？還是講人生？還是講知識呢？其實都有。這麼未分化的東西，勉強把它分化處理，必失原貌。我認為，老子的哲學思想，以一個個問題和一個個觀念來處理比較好。在一個個問題和一個個觀念中，可能會牽涉宇宙、人生、政治和知識等問題。

㈥闡發《老子》的章句和哲學思想　這種研究和成書雖然從《老子》的章句出發，但對章句本身的語句意義未做一定程度的分析，即匆匆離開原章句，而十分自由、十分寬鬆的根據自己的「解釋」，從「種種角度」去「發揮」老子的「哲學思想」，尤其是老子的「智慧」⑮。這類講述和著作，

⑬ 坊間這類書很多，例如，嚴靈峰：《老子達解》，華正書局，1968年修訂版；陳鼓應：《老子今註今譯》，臺灣商務印書館，1970年初版，1997年二次修訂版；任繼愈：《老子新譯》，谷風出版社，1987年；以及賀榮一、黃釗、許抗生、王垶、張松如等前書；吳怡：《新譯老子解義》，三民書局，1994年。

⑭ 例如，吳康：《老莊哲學》，臺灣商務印書館，1955年；張起鈞：《老子哲學》，正中書局，1964年；鄭成海：《老子學說研究》，華正書局，1992年。

⑮ 例如下面的講述和書，可以說是這種方式形成的。林語堂：《老子的智慧》（上下冊），正中書局，1994年，1948年初版；牟宗三：《中國哲學十九講》第五講：

與其說是老子哲學的學術研究，不如說是「借題發揮」的作品，而且其中大部分可以視為老子哲學的通俗作品。

㈦《老子》及老子哲學的專精研究　這是就《老子》的一個章句，一個主題，一個觀念等做專精的學術研究。雖然四十多年來，臺灣和中國大陸有關《老子》和老子哲學的書出版的很多，但是做這種專精研究的論文和專書卻非常少，尤其是學術品質好的更少。在哲學思想的歷史發展上，對哲學歷史典籍及其哲學思想的這種專精研究，是非常必要的。因為唯有透過這種專精研究和批評，才能看出它的精華和雜蕪所在，讓我們做取精去蕪的選擇。唯有能夠對《老子》及其哲學思想做這種取精去蕪的選擇，我們才不會被老子的「朦朧智慧」圍困和綁腳，在哲學觀念的推進、釐清和創造上展進。

以上七種研究，除了前面兩種是屬於人誌史和文獻考的問題以外，其餘都跟哲學問題的研究密切關連。對《老子》及其哲學的現代解釋應根據那些原則和方法，是一個值得注意的問題。袁保新曾經整理出所謂合理的解釋的一些原則如下⓰：

1. 解釋本身必須邏輯上是一致的。
2. 解釋必須能夠還原到經典，取得文獻的印證與支持；解釋觀點籠罩的文獻愈廣，解釋就愈成功。
3. 解釋應該盡可能使用經典本身無疑義的文獻來解釋有疑義的章句，用清楚的觀念解釋不清楚的觀念。
4. 解釋應該將經典本身視為在思想上一致和諧的整體，避免將解釋對象導入自相矛盾的立場。
5. 解釋必須把解釋主題置於它們隸屬的特定時代與文化背景來了解，

道家的玄理性格，臺灣學生書局，1983年；張起鈞：《智慧的老子》，三民書局，1976年；王邦雄：《老子的哲學》，三民書局，1980年；稻田孝著陳宏政譯：《老子的智慧》，新潮社，1988年；戴健業：《老子的人生哲學》，揚智文化事業，1994年。

⓰ 袁保新：《老子哲學之詮釋與重建》，文津出版社，1991年，p. 77。

同時也要能夠抽繹出它不受時空拘限的思想觀念，而且盡可能用現代語言與哲學經驗傳遞給讀者。

6.解釋對所使用的解釋方法與原則應有充分的意識，並願意透過與其他解釋系統的對比，調整方法與原則。

除了第五點中要能夠抽繹出不受時空拘限的思想觀念這一點以外，這六點大體可以接受參考。除此以外，在解釋《老子》及其哲學，在方法上有三點要特別注意。一點是我所謂的雙重解釋⑰。所謂雙重解釋，簡單的說，是指譬如我們要解釋《老子》及其哲學時，當然首先要盡量設法以老子的一般宇宙觀、世界觀和人生觀為基礎和假定來解釋。然後在必要的時候，也要以我們現在解釋者所在世界的一般宇宙觀、世界觀和人生觀為基礎和假定來解釋。前者可以叫做被解釋者觀點的解釋，而後者則可以叫做解釋者觀點的解釋。區分這種雙重解釋有幾個好處。首先，使我們把古代哲學家在想什麼和怎麼想了解的更好。其次，在對古代哲學家的思想做評價時，我們可以利用這種雙重解釋的標準來評價。這樣會使我們更有分辨和更清楚評論古代哲學家思想的「該代」價值、歷代價值和現代價值。再說，也一樣重要的，有了雙重解釋的自覺以後，才可以避免不自覺的以解釋者的宇宙觀、人生觀，取代被解釋者的宇宙觀、人生觀的混攪和錯謬。牟宗三對老子的「無」哲學的解釋，似乎就有這種錯謬。

牟宗三把「無為」做形上學的「轉軸」為「無」，當做他解釋老子的基本起點⑱。他說：「無為是高度精神生活的境界，不是不動。」⑲「從無為再普偏化、抽象化而提練成『無』。……『無』不是個存有論的概念，而是實踐、生活上的觀念；這是個人生的問題，不是知解的形而上學的問題」⑳。「道家式的形而上學、存有論，是實踐的，實踐取廣義。……這種

⑰ 參看本書第四章〈老子思想奧晦的起源：「有」、「無」和「無為無不為」〉。

⑱ 牟宗三：《中國哲學十九講》第五、六、七講，pp. 87–156。以及參看本書第四章〈老子思想奧晦的起源：「有」、「無」和「無為無不為」〉。

⑲ 前書，p. 89。

⑳ 前書，p. 91。

形而上學因為從主觀講，……我給它個名詞，叫做『境界形態的形而上學』』㉑。我認為在這裏，牟宗三用他自己的宇宙觀、人生觀當背景來解釋老子的哲學。

另一點要注意的是，《老子》一書的造句和寫作，充滿修辭學上所謂對偶、層遞和喻言（比喻）。在解釋對偶、層遞語句和章句時，有兩點要特別注意。一是，有的對偶、層遞造句，只是為對偶、層遞而對偶、層遞，也就是只是為加強文學上的修辭效果而已，在邏輯和哲學上未必有特別意義。因此，在邏輯和哲學上，似乎不必去尋找其特別意義。有時不但不必，反而要指出「它們只是修辭上的不同，在邏輯和哲學上是一樣的」。例如，試看：

有無相生，
難易相成，
長短相形。
高下相盈，
音聲相和，
前後相隨。（二章）

在這些多對偶或排比的語句中，「相生」、「相成」、「相形」、「相傾」、「相和」，和「相隨」等字詞的不同，主要只是修辭上的。在邏輯和哲學上，它們似乎沒有特別意義上的不同。它們要表達的觀念，都是有無、難易……等等這些是「相互對待」形成的。因此，在邏輯和哲學上，似乎不必去追究「相生」、「相成」……等等這些的不同意義。又如，在我看來，

無，名天地之始；
有，名萬物之母。（一章）

㉑ 前書，p. 103。

中的「始」和「母」，在邏輯和哲學上都是一樣的東西，一樣的觀念。也就是，它們都是「開始」、「開端」的意思。又如，在我看來，

> 常無，欲以觀其妙；
> 常有，欲以觀其徼。（一章）

中的「妙」和「徼」，在邏輯和哲學上都是指「玄妙」的意思，雖然有人把這裏的「徼」解釋為「歸終」、「邊際」等。

在喻言的語句和章句上，有幾點要注意的。首先是一個語句或章句是當喻言(metaphorical)使用，還是當本義(literal)使用，要小心認定。《老子》的語句和章句，相當天馬行空，東講西講。是本義還是喻言，時常不易認定。本義還是喻言，在解釋和評價上，會有重要的差別。例如，《老子》十一章說：

> 三十輻，共一轂，當其無，有車之用。
> 埏埴以為器，當其無，有器之用。
> 鑿戶牖以為室，當其無，有室之用。
> 故有之以為利，無之以為用。

傅偉勳認為，老子在這裏使用三個「類比」(analogies)，以「象喻性詞語」(figurative expressions)，來說明無的奇妙功能。他說：「老子在這裏想要說的是，一般人雖能夠為世俗需要利用個別對象，但是他們在形上學上察覺不到無在自然和人間中發揮的無盡奇蹟的最偉大的使用。」[22]我不認為老子在這裏講的是喻言性的。他在這裏講的不折不扣是本義性的。他在這裏講的是三個實例，談的是日常觀念上有無的用處，不是談什麼形上學上的有無概念。

---

[22] 傅偉勳 (Charles Wei-hsun Fu):“Lao Tzu’s Conception of Tao”, *Inquiry*, 16, p. 383。也參看本書第四章。

再一點要注意的，《老子》及其哲學的解釋和闡發，必須仔仔細細，實實在在從《老子》語句和章句的語句意義的分析做起。這似乎是歷來老子的研究者沒有特別用心做的。在西方哲學的研究上，由於大部分的哲學文獻，造句寫的相當完整，語句意義一般也相當清楚，因此其語句意義的把握和了解，比較容易。但是，像《老子》一書，錯簡、衍文、脫字及誤字很多，言簡意晦意多，句讀也有爭議，因此，其語句意義的把握和了解，就頗不容易。加之，許多《老子》的讀者和研究者，迫不及待想捕捉和撈取先入為主的老子的「深睿絕倫的智慧」。因此，大半在還沒有相當釐清《老子》的語句意義以前，就想「飛到」、「跳到」老子的「玄之又玄，眾妙之門」的智慧夢境去。但是，從現代哲學研究觀點來說，這是一大缺點。

三、《老子》研究的一個共同基本缺點：缺少仔細的語句意義的分析

缺少語句意義的仔細和精密的分析，是歷來中國古典哲學研究的共同缺點。尤其，由於《老子》言簡義晦、義多，如果對其語句意義不先做相當程度的分析，則任何更進一步的解釋和闡發，都不能視為是有文獻根據的，只是附會之說。

也許有人會質問，歷代不是有很多《老子》的「註疏」嗎？這些註疏所做的不就是，或就包含了語句意義的分析了嗎？不是的。歷代的註疏，除了字句的考證以外，主要首先是就一些字詞加以註釋。然後，就做一些「義理」的說明或發揮，其間很少對語句意義加以仔細的分析。因此，在歷代的註疏上，是短缺了良好的哲學解釋應有的語句意義的分析。有人也許會質問，老子當代研究的出書中，大都不是先有《老子》章句的白話文或現代語言的解釋嗎？這些章句的翻譯不就是《老子》的語句意義的分析嗎？我們的回答是，這些翻譯有的也許還可以算做是語句意義分析的一個初步或一部分，但是大部分只能算做是翻譯或越過語句意義的讀者或研究者解釋，而不是較嚴格意義上的語句意義分析。為什麼呢？最好用舉例來說

明。首先看看我們所謂《老子》的語句意義的分析是怎樣的。例如,

(1)天下之至柔，馳騁天下之至堅。

無有入無間。

吾是以知無為之有益。(四十三章)

這裏「天下」即「世界」的意思，或者就用現在平常所謂「天下」來了解就可以。「至柔」就是「最柔的」，可以是「最柔的物質」、「最柔的力量」、「最柔的原理」、「最柔的行為」，甚至「最柔的思想或觀念」。因此，這裏「至柔」最好的白話意義是「最柔的」。「最柔的」後面不要加什麼，甚至也不加「東西」，因為如果加了「東西」會有只指「物質的東西」的意思。在一樣的考慮下，這裏的「至堅」最好的白話意義是「最堅的」。這裏「馳騁」雖有奔馳、奔走，或駕御的意思，但在現在的日常用語裏，也常有「馳騁」一詞。而且要注意的，在整個語句裏，寧可把「馳騁」看做是喻言性使用，不是本義性使用。因此，在語句意義的分析上，寧可保留「馳騁」一詞。這裏「無有」應指「無形的東西或行為」。這裏所謂「東西」應指在老子心目中一切「視之不見，聽之不聞，搏之不得」的東西，包括「道」在內。因此，這裏的「無有」的白話意義最好為「無形的」。這裏的「入」最好的白話意義應為「進入」。至於「進入」是「穿透」、「滲透」或「過」，則應看什麼無形的進入什麼無間隙而定。這裏的「無間」是指「無間隙」。至於是「什麼」形成的「無間隙」，則要看「無有」、「無形的」是什麼而定。這裏的「無為」應指老子整個「無為哲學」中的「無為」，其特定的各別意義依情況而定。以上是某種程度內字詞意義的分析。

其次，我們要進一步從語句結構，包括語法結構和語意結構，做語句意義的分析。就「天下之至柔，馳騁天下之至堅」的語句意義來說，首先要問的是，這裏的意義是指，天下最柔的事實上一直在馳騁天下最堅的呢，還是指，天下最柔的有馳騁天下最堅的之潛能(potentiality)呢?比較合理的譯法應該是後者,因此這句話的意義應為天下最柔的能夠馳騁天下最堅的。有一點要注意的，在表面的語句意義上，這句話是用「極端形成的觀念」，即使用最高級的「最」什麼馳騁「最」什麼。但是我們相信老子，即說話

者的意義在這裏所要表示的是，一般的說，柔的能夠馳騁堅的。同樣的，我們認為在這裏「無有入無間」的語句意義應是潛能性的，即無形的能夠進入無間隙的。

其次，一樣要注意的，在這裏「天下之至柔，馳騁天下之至堅」和「無有入無間」這兩句話之間，有沒有語法或語意上的關連呢？至少在表面上，看不出有明顯的關連。因此，有無這種關連便成為分析者見仁見智的問題。認為有關連者，在表示它們的語句意義時，最好要明示出來。我採沒有的觀點。再說，最後一句「吾是以知無為之有益」，其本身的語句意義很清楚，即我因此知道無為的益處。但也有一個問題，即這裏「是以」所根據的是前面兩個語句，還是只有後一個語句。當然，把前面兩個語句了解為具有語法或語意上相關連者，無所謂所根據的是兩個或一個語句的問題，因為在這樣的了解下，前面兩個語句必須看成一個更大的複合句。我的了解是，所根據的是前面兩個語句。這樣，我對這段話的綜合語句意義的分析和表示是：

天下最柔的，能夠馳騁天下最堅的；

無形的能夠進入無間隙的。

我因此知道無為的益處。

要注意的，我這個最後所得章句意義，是經過一番分析得來的。這番分析時常只在腦子裏盤想，沒有形成文字。

現在我要舉例說明，為什麼說當代許多《老子》的白話現代語言的翻譯，不算是一種語句意義的表示。為了討論的方便，我們將把前面討論的《老子》章句中的三個語句，分別稱為第一、第二和第三句話。

嚴靈峰把第一句話語譯為「世間最軟弱的東西，能夠和世間最堅硬的東西相周旋。」[23]姑不論這裏的「東西」是僅只物質的東西，還是包含一切的東西，把「柔」譯為「軟弱」，那是研究者嚴靈峰的解釋，不是原字詞的「意義」，因為在字詞意義上，「柔的」未必是「軟弱的」，「軟弱的」未必是「柔的」。同樣的，把「堅的」譯為「堅硬的」是研究者的解釋。把「馳

---

[23] 嚴靈峰：《老子達解》，p. 241。

騁什麼」譯成「和什麼周旋」是譯者的解釋，不是字詞意義的分析。因此，我們認為嚴靈峰在這裏做的是第一句話的解釋，不是它的意義的分析。

任繼愈把第二句話語譯為「這個看不見的力量，能透過沒有空隙的東西。」㉔把「無有」譯為「這個看不見的力量」，無論如何是譯者自己的解釋，不是原詞意義的分析。

賀榮一把第一、二句話語譯為「天下最柔弱的物體『水』，能奔馳在天下最堅強的物體『石』之內。這就等於是虛無進入無有間隙的實體。」㉕他在這裏簡直不是做語譯，而是全然的解釋了。在原句中那裏有「水」和「石」？雖然老子說過「天下莫柔弱於水」（七十八章），但從未說過類似「天下莫堅強於石」的話。況且比起許多物質，石頭也不是最堅強的。此外，在第二句中也沒有相當於「實體」的字詞。

范光棣(K. T. Fann)更把第一句話英譯為"Tao is the softest thing in the world. But it can overcome the hardest thing in the world."㉖他更整個改變了原語句的結構，並用「道」來解釋「最柔的」。這不是語句意義的分析，而是譯者的解釋。

吳怡把第二句話語譯為「沒有形質的東西，才能穿透沒有縫隙的銅牆鐵壁。」㉗他除了把「最堅的」解釋為「銅牆鐵壁」以外，他的解釋更變動了原句的邏輯結構，這當然不是語句意義的分析。語句的解釋固然不是絕對不可更改邏輯結構，但一定得有很重要的理由。

我們再舉一個《老子》章句：

(2)知不知，尚；

不知〔不〕知，病。（七十一章）

由於在帛書甲本中，第二句是「不知不知」，因此這段話有兩個版本。一個

㉔ 任繼愈譯著：《老子新譯》，p. 154。

㉕ 賀榮一前書，p. 392。

㉖ 范光棣(K. T. Fann): *Lao Tzu's Tao Teh Ching — a new translation, Social Prax*, 8-3/4 (1981), p. 160.

㉗ 吳怡：《新譯老子解義》，pp. 353-354。

是「知不知，尚；不知知，病」。另一個是「知不知，尚；不知不知，病」。讓我們稱前者為一般版本，後者為甲版本（依帛書甲本的）。兩版本第一句都一樣。這一句有比想像中有更多的歧義或解釋：

㈠ (i)知道自己（有所）不知道，是好啊。

(ii)知道了，但（虛心的）說自己不知道㉘，是好啊。

(iii)知道了，但不（炫耀）說自己知道㉙，是好啊。

(iv)知道了，還（糊里糊塗）以為自己不知道，是好啊。

(v)知道那些是不可知的㉚，是好啊。

(vi)知道了，還（虛偽地）說自己不知道，是好啊。

(vii)有「知」，而不執著這種「知」㉛，是好啊。

現在讓我們對這些可能或實際上已有的解釋，做一些取捨。首先，我們認為㈠(i)，(ii)和(iii)都是「知不知，尚」可能有的語句意義，或老子（說話者）的意義。㈠(iv)雖然可以是語句意義，但似乎不會是老子的意義，因為老子恐怕不會讚美這樣的糊塗。㈠(v)不像是語句意義。而且老子雖然談過可不可道和可不可名的問題，以及知道不知道的問題，但似乎沒有談過可不可知的問題。不可道不可名的東西未必不可知。㈠(vi)雖然可以是語句意義，但相信不會是老子的意義，因為老子不曾讚美虛偽的人。㈠(vii)似乎離開語句的意義太遠了。

其次看看一般版本的第二句話，即「不知知，病」。這句話也有許多可能的意義：

㈡ (i)不知道，卻（無知的或糊裏糊塗）自己以為知道，是毛病啊。

(ii)不知道，卻（虛假的或有意騙人的）說自己知道，是毛病啊。

(iii)（無知的或迷迷糊糊的）不知道自己知道，是毛病啊。

(iv)不知道知識㉜，是毛病啊。

㉘ 河上公：《老子章句》的解釋。

㉙ 賀榮一前書，pp. 578–579。

㉚ 張鍾元(Chung-yuan Chang): *Tao: A New Way of Thinking*, p. 188。

㉛ 吳怡前書，pp. 509–510。

(v)對這個知道（即知道那些是不可知的）並不知道[33]，是毛病啊。

我們認為，(乙)的(i)到(iv)都可能是「不知知，病」的語句意義，但(iii)和(iv)似乎不會是老子的意義，因為老子似乎沒有說過「不知道自己知道什麼」的問題；也沒有談過「知識」的可不可知的問題。(v)似乎離開語句意義太遠了。

其次再看甲版本的第二句話，即「不知不知，病」。採取這個版本的學者雖然還少[34]，但這個版本的第二句話的語句意義似乎很單一明瞭，即「不知道自己不知道，是毛病啊」。這很可能也是老子的意義。

好了，讓我們把以上兩個版本前後兩個語句的可能的語句意義，和老子的意義組合起來：

(A)一般版本的，由於第一句話有三個可能意義，而第二句話有兩個可能，因此組合起來(3×2)，計有下面六個可能的章句或老子的意義：

(i)知道自己（有所）不知道，是好啊；

不知道，卻（無知的或糊裏糊塗的）自己以為知道，是毛病啊。

(ii)知道自己（有所）不知道，是好啊；

不知道，卻（虛假的或有意騙人的）說自己知道，是毛病啊。

(iii)知道了，但（虛心的）說自己不知道，是好啊；

不知道，卻（無知的或糊裏糊塗的）自己以為知道，是毛病啊。

(iv)知道了，但（虛心的）說自己不知道，是好啊；

不知道，卻（虛假的或有意騙人的）說自己知道，是毛病啊。

(v)知道了，但不（炫耀）說自己知道，是好啊；

不知道，卻（無知的或糊裏糊塗的）自己以為知道，是毛病啊。

(vi)知道了，但不（炫耀）說自己知道，是好啊；

不知道，卻（虛假的或有意騙人的）說自己知道，是毛病啊。

---

[32] Gia-fu Feng 和 Jane English英譯：*Lao Tsu Tao Te Ching*, p. 71.

[33] 張鍾元前書，p. 188。

[34] Robert G. Henricks 採取這個版本，參看他英文譯註的 *Lao-Tzu Te-Tao Ching*（《老子德道經》），p. 42 和 p. 168。

(B)甲版本的，第一句有三個可能意義，但第二句只有一個意義，因此組合起來有三個可能意義：

(i)知道自己（有所）不知道，是好啊；
不知道自己不知道，是毛病啊。

(ii)知道了，但（虛心的）說自己不知道，是好啊；
不知道自己不知道，是毛病啊。

(iii)知道了，但不（炫耀）說自己知道，是好啊；
不知道自己不知道，是毛病啊。

以上一般版本和甲版本的種種可能意義中，那一或那些個意義最接近老子的意義呢？這需要對老子對「知」有關的講述做較全盤的探查，才比較可決定。這不是本文要做的。但在做這種決定時，要注意的是，在前面分析的諸可能意義中，㈠(i)，㈡(i)和甲版本第二句是關涉到一個人的認知能力問題的，而㈠(ii)，(iii)和㈡(ii)則關涉到一個人的認知態度問題的。

對「知不知，尚；不知知，病」，余培林的語譯是：

> 已經完全了解大道，而如愚若晦，表現的好像並不了解一樣，這是最高明的了；根本不了解大道，而自炫自耀，表現的好像已經完全了解一樣，這就是毛病。[35]

這個語譯離開章句意義太遠了。尤其是把「知」解釋為「已經完全了解大道」，實在太牽強了。賀榮一的語譯是：

> 一個欲信奉道治主義的人，已經了解了治民的自然之道，但他並不炫示他已經了解了，這種人對自然之道來說是最好不過的。一個欲信奉道治主義的人，本沒有了解治民的自然之道，而他炫示他已經了解了，這種人對自然之道來說，實是病患。[36]

---

[35] 余培林註譯：《新譯老子讀本》，p. 108。

[36] 賀榮一前書，pp. 578–81。

這實在不是「語譯」，而是在「發揮」自己的「哲學」。

四、《老子》的對偶造句

本文主要的工作是對老子對偶造句與對偶造句思想的邏輯分析與批判。我們知道，《老子》一書造句的最大特色是對偶造句。如果把對偶的觀念放大些，則幾乎可以說《老子》是由對偶造句組成的。在本節，讓我們對《老子》的對偶造句本身先做點討論[37]。

大致說來，在一系列中文的語句中，前後語句字數相等，句法相同或相似[38]，表達相對或相關意思的諸語句，叫做對偶。對偶句可以有種種分類[39]。由於本文的主要目的在對老子的對偶造句做邏輯分析和批判，而邏輯分析的主要焦點在語句，因此在這裏我們要分析一下以所對語句個數為著眼的對偶分類。我們可把這種分類叫做對偶的句數分類。依這種分類，我們可以有下面幾種。

㈠單句對

一個簡單句與一個簡單句之間的對偶，例如，

堅強者死之徒，柔弱者生之徒。（七十六章）

在這個語句系列中，第一句對第二句，即「堅強者死之徒」對「柔弱者生之徒」。在一個典型或標準的對偶中，除了「整句」對和每個字依前後次序對以外，兩個語句之間也有完整的詞(phrases)對。例如，在上述的例子中第一句的「堅、強、者、死、之、徒」諸字，依前後次序分別和第二句的「柔、弱、者、生、之、徒」諸字對，例如「堅」與「柔」對，「強」與

[37] 朱榮智在他的〈老子的修辭技巧〉中，對老子的對偶造句有個初步的列舉。此文收在他的《老子探微》，pp. 133–200。

[38] 有時候，也可增加「平仄相對」這個條件。

[39] 參看黃慶萱：《修辭學》第23章對偶。

「弱」對，「者」與「者」對，等等。此外，兩句中的詞，有「堅強」對「柔弱」，「堅強者」對「柔弱者」，「之徒」（第一個）對「之徒」（第二個），和「死之徒」對「生之徒」。我們可以用下面的圖來表示這些對偶㊵：

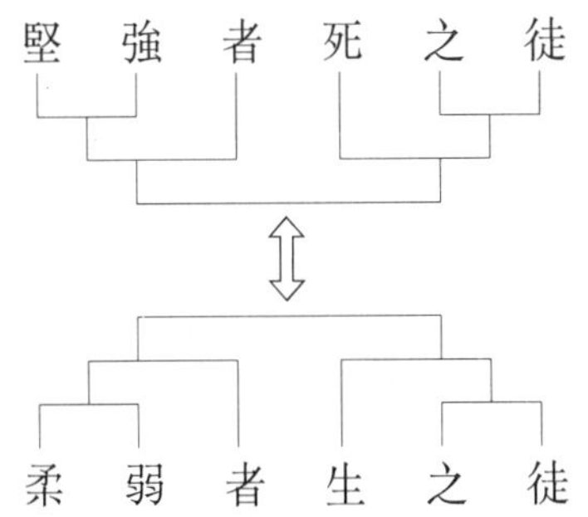

設 p, q 分別代表任意語句，我們可用「$\langle p \rangle \langle q \rangle$」來表示語句「$p, q$」是對偶的。例如我們可用

〈堅強者死之徒〉〈柔弱者生之徒〉

來表示上述對偶。用

〈天長〉〈地久〉

或

〈天長〉

〈地久〉

表示

天長地久（七章）

或

天長，地久

是對偶的。

在辨認和整理對偶句時，我們時常這樣做：

㊵ 參看本書第二章〈老子的「對反」和「只推一步」的思想模式〉。

⑴把一些語句連接詞去掉，例如，前面列舉的第一個對偶句，在《老子》的「原文」是「故堅強者死之徒，柔弱者生之徒」。在列舉對偶時，把連接詞「故」字去掉。嚴格說，「故」所連接的是前後兩句，而不是單單前一句。因此，如果要較完整寫，老子這句話應寫成「故堅強者死之徒，故柔弱者生之徒」。

⑵恢復或省略一些字詞。例如，在辨認和整理下面這個語句系列的對偶時：

是以聖人常善救人，故無棄人；常善救物，故無棄物。（二十七章）

我們可把它的對偶寫成，

聖人常善救人，故無棄人；

聖人常善救物，故無棄物。

或寫成

常善救人，故無棄人；

常善救物，故無棄物。

在上面的第一個對偶的第二個語句上，我們恢復了被省略的「聖人」兩字。而在第二個對偶的第一個語句上，我們省略了「聖人」兩字[41]。

㈡複句對

---

[41] 下面我們整理出《老子》中的單句對。遺漏是難免的。

道可道，非常道；名可名，非常名。（一章）

無，名天地之始；有，名萬物之母。（一章）

常無，欲以觀其妙；常有，欲以觀其徼。（一章）

處無為之事，行不言之教。（二章）

天長，地久。（七章）

功遂，身退。（九章）

其上不皦，其下不昧。（十四章）

迎之不見其首，隨之不見其後。（十四章）

豫兮若冬涉川，猶兮若畏四鄰。（十五章）

孰能濁以靜之徐清，孰能安以動之徐生。（十五章）

致虛極，守靜篤。（十六章）

功成，事遂。（十七章）

見素抱樸，少私寡欲。（十九章）

唯之與阿，相去幾何；善之與惡，相去幾何。（二十章）

如享太牢，如春登臺。（二十章）

眾人皆有以，我獨頑似鄙。（二十章）

孔德之容，惟道是從。（二十一章）

飄風不終朝，驟雨不終日。（二十三章）

從事於道者，同於道；從事於德者，同於德。（二十三章）

企者不立，跨者不行。（二十三章）

重為輕根，靜為躁君。（二十六章）

輕則失根，躁則失君。（二十六章）

善閉無關楗而不可開，善結無繩約而不可解。（二十七章）

不貴其師，不愛其資。（二十七章）

知其雄，守其雌。（二十八章）

知其白，守其辱。（二十九章）

天下神器不可為也，天下神器不可執也。（二十九章）

為者敗之，執者失之。（二十九章）

師之所處，荊棘生焉；大軍之後，必有凶年。（三十章）

吉事尚左，凶事尚右。（三十一章）

偏將軍居左，上將軍居右。（三十一章）

知人者智，自知者明。（三十三章）

貴以賤為本，高以下為基。（三十九章）

反者道之動，弱者道之用。（四十章）

不言之教，天下希及之；無為之益，天下希及之。（四十三章）

甚愛必不費，多藏必厚亡。（四十四章）

知足不辱，知止不殆。（四十四章）

靜勝躁，寒勝熱。（四十五章）

其出彌遠，其知彌少。（四十七章）

為學日益，為道日損。（四十八章）

出生，入死。（五十章）

生之徒，十有三；死之徒，十有三。（五十章）

陸行不遇兕虎，入軍不被甲兵。（五十章）

萬物莫不尊道，萬物莫不貴德。（五十一章）

道之尊，莫之命而常自然；德之貴，莫之命而常自然。（五十一章）

塞其兌，閉其門。（五十二章）

開其兌，濟其事。（五十二章）

見小曰明，守柔曰強。（五十二章）

用其光，復其明。（五十二章）

善建者不拔，善抱者不脫。（五十四章）

知和曰常，知常曰明。（五十五章）

知者不言，言者不知。（五十六章）

以正治國，以奇用兵。（五十七章）

禍兮福之所倚，福兮禍之所伏。（五十八章）

正復為奇，善復為妖。（五十八章）

治人，事天。（五十九章）

或下以取，或下而取。（六十一章）

大國不過欲兼畜人，小國不過欲入事人。（六十一章）

道者萬物之奧，道者善人之寶。（六十二章）

美言可以市尊，美行可以加人。（六十二章）

天下難事，必作於易；天下大事，必作於細。（六十三章）

輕諾必寡信，多易必多難。（六十三章）

為之於未有，治之於未亂。（六十四章）

非以明民，將以愚之。（六十五章）

玄德深矣，玄德遠矣。（六十五章）

聖人處上而民不重，聖人處前而民不害。（六十六章）

慈故能勇，儉故能廣。（六十七章）

慈以戰則勝，慈以守則固。（六十七章）

兩個複句之間所成對偶，為複句對。例如在：

天地不仁，以萬物為芻狗；聖人不仁，以百姓為芻狗。（五章）

中，複句「天地不仁，以萬物為芻狗」對複句「聖人不仁，以百姓為芻狗」。設 A，B 分別為複句，我們可以用「〈A〉〈B〉」表示 A 和 B 之間形成的複句對（偶）。設「p_i」和「q_i」都表示語句，又設 $A=p_1p_2\cdots p_n$，$B=q_1q_2\cdots q_n$，即 A 和 B 分別是由諸 p_i 和 q_i 所組成的複句，則「〈A〉〈B〉」可寫成「〈$p_1p_2\cdots p_n$〉〈$q_1q_2\cdots q_n$〉」。因此，上面所舉的複句對可寫成：

〈天地不仁，以萬物為芻狗〉〈聖人不仁，以百姓為芻狗〉

有兩點要特別注意的。首先，一個語句是單句還是複句，時常不易看出，甚至無法明確決定。中文的語句更是這樣，因為在中文，一個字詞在語句中的詞性有時很難決定，尤其是在文言文。其次，一個複句中有些字

吾言甚易知，吾言甚易行。（七十章）

天下莫能知，天下莫能行。（七十章）

言有宗，事有君。（七十章）

知我者希，則我者貴。（七十章）

無狎其所居，無厭其所生。（七十二章）

自知不自見，自愛不自貴。（七十二章）

堅強者死之徒，柔弱者生之徒。（七十六章）

兵強則滅，木強則折。（七十六章）

強大處下，柔弱處上。（七十六章）

高者抑之，下者舉之。（七十七章）

有餘者損之，不足者補之。（七十七章）

有德司契，無德司徹。（七十九章）

信言不美，美言不信。（八十一章）

善者不辯，辯者不善。（八十一章）

知者不博，博者不知。（八十一章）

既以為人己愈有，既以與人己愈多。（八十一章）

詞時常被省略。例如，在上舉的對偶中，兩個「以」前面分別被省略了「天地」和「聖人」。要完整分析和表示兩個複句之間的「對偶情形」時，這些被省略的字詞要恢復。複句對的觀念主要要人注意可能有的複雜的對偶情形㊷。

㊷ 下面我們列舉《老子》中一些複句對的例子：

天地不仁，以萬物為芻狗；聖人不仁，以百姓為芻狗。（五章）

貴以身為天下，若可寄天下；愛以身為天下，若可託天下。（十三章）

大道廢，有仁義；（智慧出，有大偽）。（十八章）

六親不和，有孝慈；國家昏亂，有忠臣。（十八章）

俗人昭昭，我獨昏昏；俗人察察，我獨悶悶。（二十章）

惚兮恍兮，其中有象；恍兮惚兮，其中有物。（二十一章）

從事於道者，同於道；從事於德者，同於德。（二十三章）

聖人常善救人，故無棄人；聖人常善救物，故無棄物。（二十七章）

聖人無為，故無敗；聖人無執，故無失。（二十九章）

衣養萬物而不為主，可名於小；萬物歸焉而不為主，可名為大。（三十四章）

上德無為而無以為，下德無為而有以為；上仁為之而無以為，上義為之而有以為。（三十八章）

大成若缺，其用不弊；大盈若沖，其用不窮。（四十五章）

天下有道，卻走馬以糞；天下無道，戎馬生於郊。（四十六章）

不出戶，知天下；不闚牖，見天道。（四十七章）

塞其兌，閉其門，終身不勤；開其兌，濟其事，終身不救。（五十二章）

其政悶悶，其民淳淳；其政察察，其民缺缺。（五十八章）

大邦以下小邦，則取小邦；小邦以下大邦，則取大邦。（六十一章）

聖人欲上民，必以言下之；聖人欲先民，必以身後之。（六十六章）

聖人處上，而民不重；聖人處前，而民不害。（六十六章）

不敢為主，而為客；不敢進寸，而退尺。（六十九章）

知不知，尚；不知知，病。（七十一章）

天之道，損有餘而補不足；人之道，損不足以奉有餘。（七十七章）

受國之垢，是謂社稷主；受國不祥，是為天下王。（七十八章）

雖有舟輿，無所乘之；雖有甲兵，無所陳之。（八十章）

㈢多句並對

三個或三個以上語句彼此間有對偶時，為多句並對。這裏所謂語句包括單句和複句。設$p_1, p_2, \cdots p_n$為任意語句，則一般化的多句並對可寫成

$\langle p_1 \rangle \langle p_2 \rangle \cdots \langle p_n \rangle$

下面是一個多句並對的例子：

> 有無相生，難易相成，長短相形，高下相傾，音聲相和，前後相隨。（二章）

這是一個七句並對，而且是單句多句並對。下面是一個三個複句並對的例子：

> 視之不見，名曰夷；聽之不聞，名曰希；搏之不得，名曰微。（十四章）

對偶句的要求除了字數相等以外，還要語句結構相同或相似，表達相對或相關的意思。在多句並對時，要注意語句的結構和意義，不要愈對愈偏離。在修辭上，還有所謂排比和層遞的。所謂排比，是指一連串結構相同或相似，表達相關內容的語句。對偶要字數相等，排比不必。因此，對偶是排比的一種，尤其是多句並對，但排比未必是對偶，因為排比的語句字數未必相等。把三個或更多有深淺、大小、先後等層次關係的語句，依序排列的，是層遞。層遞計較層次關係的依序排列，不必管語句字數和結構是否相同或相似。在《老子》中，層遞的寫法很多，有的層遞也同時是對偶的。例如，

> 人法地，地法天，天法道。（二十五章）
>
> 天無以清將恐裂；地無以寧將恐廢；神無以靈將恐歇；谷無以盈將恐竭；侯王無以正將恐蹶。（三十九章）

這第一個是依人、地、天、道的層次排列，第二個是依天、地、神、谷、侯王的層次排列。《老子》中的多句並對相當多，比一般注意到的多㊸。

㈣含對對

這是對偶之中有對偶，也就是對偶的諸句中含有對偶的情形。例如，

㊸ 在《老子》中多句並對的例子有：

有無相生，難易相成，長短相形，高下相傾，音聲相和，前後相隨。（二章）

虛其心，實其腹，弱其志，強其骨。（三章）

居善地，心善淵，與善仁，言善信，政善治，事善能，動善時。（八章）

滌除玄覽，能無疵乎？愛國治民，能無為乎？天門開闔，能為雌乎？明白四達，能無知乎？（十章）

五色令人目盲，五音令人耳聾，五味令人口爽。（十二章）

視之不見，名曰夷；聽之不聞，名曰希；搏之不得，名曰微。（十四章）

敦兮其若樸，曠兮其若谷，混兮其若濁，澹兮其若海。（十五章）

容乃公，公乃全，全乃天，天乃道，道乃久。（十六章）

絕智棄辯，民利百倍；絕巧棄利，盜賊亡有；絕偽棄詐，民復孝慈。（十九章）

曲則全，枉則直，窪則盈，敝則新，少則得，多則惑。（二十二章）

自見者不明；自是者不彰；自伐者無功；自矜者不長。（二十四章）

大曰逝，逝曰遠，遠曰反。（二十五章）

道大，天大，地大，人大。（二十五章）

或行或隨，或歔或吹，或強或羸，或載或隳。（二十九章）

去甚，去奢，去泰。（二十九章）

果而勿矜，果而勿伐，果而勿驕。（三十章）

視之不足見，聽之不足聞，用之不足既。（三十五章）

將欲歙之，必固張之；將欲弱之，必固強之；將欲取之，必固與之。（三十六章）

上德無為而無以為；下德無為而有以為；上仁為之而無以為；上義為之而有以為；上禮為之而莫之應。（三十八章）

失道而後德，失德而後仁，失仁而後義，失義而後禮。（三十八章）

天得一以清；地得一以寧；神得一以靈；谷得一以生。(三十九章)

天無以清將恐裂；地無以寧將恐廢；神無以靈將恐歇；谷無以盈將恐竭。(三十九章)

明道若昧；進道若退；夷道若纇；上德若谷；大白若辱；……建德若偷；質德若渝。(四十一章)

大方無隅；大器晚成；大音希聲；大眾無形。(四十一章)

名與身孰親？身與貨孰多？得與亡孰病？(四十四章)

大成若缺；……大盈若沖；……大直若屈；大巧若拙；大辯若訥。(四十五章)

不行而知，不見而明，不為而成。(四十七章)

兕無所投其角，虎無所用其爪，兵無所容其刃。(五十章)

道生之，德畜之，物形之，勢成之。(五十一章)

長之育之；成之熟之；養之覆之。(五十一章)

生而不有，為而不恃，長而不宰。(五十一章)

朝甚除，田甚蕪，倉甚虛。(五十三章)

服文綵，帶利劍，厭飲食。(五十三章)

修之於身，其德乃真；修之於家，其德乃餘；修之於鄉，其德乃長；修之於邦，其德乃豐；修之於天下，其德乃普。(五十四章)

以身觀身，以家觀家，以鄉觀鄉，以邦觀邦。(五十四章)

毒蟲不螫，猛獸不據，攫鳥不搏。(五十五章)

挫其銳，解其紛，和其光，同其塵。(五十六章)

不可得而親，不可得而疏；不可得而利，不可得而害；不可得而貴，不可得而賤。(五十六章)

(天下多忌諱，而民彌貧)；朝多利器，國家滋昏；人多伎巧，奇物滋起；法令滋彰，盜賊多有。(五十七章)

我無為，而民自化；我好靜，而民自正；我無事，而民自富；我無欲，而民自樸。(五十七章)

其政悶悶，其民淳淳；其政察察，其民缺缺。(五十八章)

方而不割，廉而不劌，直而不肆，光而不耀。(五十八章)

為無為，事無事，味無味。(六十三章)

合抱之木，生於毫末；九層之臺，起於累土；千里之行，始於足下。(六十

其政悶悶，其民淳淳；其政察察，其民缺缺。（五十八章）

對這個語句系列，我們首先至少可以這樣來觀察。即語句「其政悶悶，其民淳淳」和「其政察察，其民缺缺」是對偶的。其次，在每個對偶句「本身」也有對偶情形，即第一句中，語句「其政悶悶」和「其民淳淳」對偶，而第二句中「其政察察」和「其民缺缺」對偶。這樣，這個語句系列就形成了我們所謂的含對對，因為這個對偶的前後兩句中都各自又有對偶的情形存在。我們可把這裏的含對對的情形表示為

〈〈其政悶悶〉〈其民淳淳〉〉〈〈其政察察〉〈其民缺缺〉〉

順便一提的，這個含對對中的每個簡單語句之間，碰巧也看成多句並對如下，

〈其政悶悶〉〈其民淳淳〉〈其政察察〉〈其民缺缺〉

含對對當然也可有多句並對的情形。例如，

〈〈不可得而親〉〈不可得而疏〉〉〈〈不可得而利〉〈不可得而害〉〉〈〈不可得而貴〉〈不可得而賤〉〉（五十六章）

〈〈信言不美〉〈美言不信〉〉〈〈善者不辯〉〈辯者不善〉〉〈〈知者不博〉〈博者不知〉〉（八十一章）

五、微欠對偶、對反對偶、「無」字或「不」字對偶

在我們將《老子》的對偶語句做邏輯分析和批判時，下面幾種對偶情

四章）

行無行，攘無臂，扔無敵，執無兵。（六十九章）

不爭而善勝，不言而善應，不召而自來。（七十三章）

甘其食，美其服，安其居，樂其俗。（八十章）

信言不美，美言不信；善者不辯，辯者不善；知者不博，博者不知。（八十一章）

形須要注意，即我所謂微欠對偶、對反對偶與「無」字或「不」字對偶。

㈠微欠對偶

試看下面的語句系列：

知人者智，自知者明；

勝人者有力，自勝者強。（三十三章）

相信讀者都會有強烈傾向，認為這個系列的上下兩句應該是對偶的，因為這兩句有太多的相關和對應的情形。但是，如果想到對偶的定義時，又會使人猶豫是否應把它們認為是對偶，因為在對偶的定義中，我們似乎把對應字詞的字數相等當做必要條件之一，而在這裏上下兩句中的對應字詞「智」和「有力」在字數上並不相等。這樣，我們應不應和要不要把像上述這一語句系列看做是對偶呢？我們認為，至少在對《老子》的對偶語句做邏輯分析和批判上，應該和要把這種語句系列看做是對偶的。

在把兩組語句看做是對偶時，我們列了三個條件，即對應的字詞字數相等，語句結構相似或相同，和表達相對或相關的意思。意思是否相對或相關，時常是很難決定的。在決定兩組語句是否對偶時，意思的相對或相關可以說只是參考條件而已，實際上要考慮的是字數是否相等和結構是否相似或相同。字數相等可以說是字數在數學計量上是否對等的考慮，語句所占長短大小、空間是否相等的考慮，以及字的音數是否相等的考慮。在版本、校勘和校對的問題決定以後，字數相等的問題可以明確決定。語句結構相似或相同可以說是概念結構是否相同的考慮。對偶句的特徵可以說是由字數相等和概念結構相同這兩者共同決定。顯然，字數相等的語句概念結構未必相同；反之亦然。

一個典型或完整的對偶，字數必定相等，而概念結構也必定相同。我們必須知道的，概念結構是思想的實質問題，而語句字數基本的是修辭和說話習慣的問題。一個人企圖用對偶的方式表達思想時，他的第一根本考慮當然是概念結構的相同，其次才是語句造做和字數相等。因此，一個人企圖構作對偶時，只要滿足概念結構的相同，有時為了修辭和說話習慣，難免要犧牲少許字數相等的要求。我們認為，前面列舉的語句系列，即

知人者智，自知者明；

勝人者有力，自勝者強。

是一個微欠對偶。我們可以看出，這個系列前後兩句的概念結構顯然是相同的。再說，除了「智」和「有力」這個對應字詞的字數不相等以外，其他所有對應字詞的字數都相等。除了這個字數相等的「些微」──只一個對應字詞的地方不相等，而且只差一個字──的欠缺以外，其他的對應都非常良好。因此，我們很可以把這個語句系列看做對偶。為了和典型或完整的對偶區分，不妨把它叫做微欠對偶。在使用對偶記號表示的場合，我們可使用雙角括方「〔　〕」把些微欠對的詞組圍起來。例如，我們可把上述微欠對偶寫成：

〈知人者〔智〕，自知者明〉

〈勝人者〔有力〕，自勝者強〉

在這個表示中，我們把微欠對應的兩個詞組，即「智」和「有力」，都用雙角括方圍起來，這表示我們並未把這個微欠對應詞組中那一個是「正的」和那一個是「欠的」標示出來。其實在大部分的情況裏，我們從審查整個對偶的情形中得知那一個是正的，那一個是欠的。譬如，在我們這個微欠對應詞組中「智」應該是正的，而「有力」應該是欠的。在確定正欠後，我們可把正的雙角括方塗掉。例如可把上述微欠對偶寫成：

〈知人者智，自知者明〉

〈勝人者〔有力〕，自勝者強〉

我們知道，同一個思想可以用不同長短的語句表達出來。例如，下面兩個長短不同的語句表達同一個思想：

⑴道可道，非常道。(一章)

⑵道，可以說得出的，它就不是恆常的道。

一樣的，同一個概念可以用不同長短的詞組來表達。例如「智」和「智慧」，可以表達同一個概念，「知人者」和「知道別人的人」也可以表達同一個概念。這樣，我們可以很容易把上述微欠對偶改寫如下的完整對偶：

知人者智慧，自知者明達；

勝人者有力，自勝者堅強。

也因為很容易這樣改寫成完整對偶，我們才把微欠對偶看做是對偶。現在讓我們再舉幾個微欠的例子：

⑴〈大道廢，有仁義〉

〈六親〔不和〕，有孝慈〉

〈國家〔昏亂〕，有忠臣〉（十八章）

我們可把「不和」改為「乖」，「昏亂」改為「亂」，而使整個對偶變成完整的。

⑵〈天無以清將恐裂〉〈地無以寧將恐廢〉

〈神無以靈將恐歇〉〈谷無以盈將恐竭〉

〈〔萬物〕無以生將恐滅〉〈〔侯王〕無以正將恐蹶〉（三十九章）

我們可把「天」改為「上天」，「地」改為「大地」，「神」改為「神明」，「谷」改為「深谷」，而使整個對偶變成完整的。

⑶〈〔人〕之生也柔弱，其死也堅強〉

〈〔草木〕之生也柔弱，其死也枯槁〉（七十六章）

我們可把「人」改為「眾人」，而使整個對偶變成完整的。

⑷〈〔天〕之道，利而不害〉〈〔聖人〕之道，為而不爭〉（八十一章）

我們可把「天」改為「上天」，而使整個對偶變成完整的。

㈡對反對偶與「無」字或「不」字對偶

在老子的對偶造句中大半在概念和意思上是對反的。我們知道，「對反」的思想模式是老子思想最顯著的特色。例如在下面的諸對偶中，

⑴無，名天地之始；有，名萬物之母。（一章）

⑵迎之不見其首，隨之不見其後。（十四章）

⑶知其雄，守其雌。（二十八章）

(4)吉事尚左，凶事尚右。(三十一章)

「無」與「有」對反,「迎」與「隨」對反,「首」與「後」對反,「雄」與「雌」對反,「吉」與「凶」對反,「左」與「右」對反。我們將把這種對偶叫做對反對偶。老子的對反對偶大半都是由日常概念和想法中的「相反詞」形成的。在老子的對反思想和造句中，有不少是用否定詞或否詞 (negative words)「不」或「無」來表達。在這種造句中，有些至少在表面上是對偶，微欠對偶，或具有相當對偶形成的，例如(用括方「〈 〉」把「無」「不」詞組及其對應詞組圍起來)：

(A)含「無」的詞組

(1)〈無〉，名天地之始；〈有〉，名萬物之母。(一章)

(2)常〈無〉，欲以觀其妙；常〈有〉，欲以觀其徼。(一章)

(3)〈有〉之以為利，〈無〉之以為用。(十一章)

(4)天下萬物生於〈有〉，有生於〈無〉。(四十章)

(5)天下〈有〉道，卻走馬以糞；天下〈無〉道，戎馬生於郊。(四十六章)

(6)〈有〉德司契，〈無〉德司徹。(七十九章)

(B)含「不」的詞組

(1)天下皆知美之為美，斯〈惡〉已；皆知善之為善，斯〈不善〉已。(二章)

(2)虛而〈不屈〉，動而愈出。(五章)

(3)〈善人〉者，不善人之師；〈不善人〉者，善人之資。(二十七章)

(4)善人者，〈不善人〉之師；不善人者，〈善人〉之資。(二十七章)

(5)知其雄，守其雌，為天下谿；為天下谿，常德〈不離〉，復歸於嬰兒。知其白，守其辱，為天下谷；為天下谷，常德〈乃足〉,復歸於樸。(二十八章)

(6)禍莫大於〈不知足〉，咎莫大於〈欲得〉。(四十六章)

(7)〈善者〉吾善之，〈不善者〉吾亦善之。(四十九章)

(8)〈信者〉吾信之，〈不信者〉吾亦信之。(四十九章)

⑼〈以智〉治國，國之賊；〈不以智〉治國，國之福。（六十五章）

⑽勇於〈敢〉則殺，勇於〈不敢〉則活。（七十三章）

⑾〈有餘〉者損之，〈不足〉者補之。（七十七章）

⑿天之道，損〈有餘〉補不足；人之道，損〈不足〉以奉有餘。（七十七章）

⒀天之道，損有餘補〈不足〉；人之道，損不足以奉〈有餘〉。（七十七章）

我們現在要探究的問題是，諸如上面列舉的以「無」「不」詞組顯現的對反對偶（包括微欠對偶）中，「無」「不」字基本上會不會特別的影響到所在語句的概念結構。這裏所謂特別影響，主要是指在這些對偶中「無」和「不」是否當語句的否定詞使用。如果是的話，在對偶中「無」和「不」會影響語句表達的概念結構。試看下面兩句話：

(a)無人是聰明的。

(b)有人是扁鼻的。

就表面的語句文字和文意看來，這兩句話顯然可以形成完整的對偶，除了字與字間依序有對偶外，其他詞組間的對偶可以圖示如下：

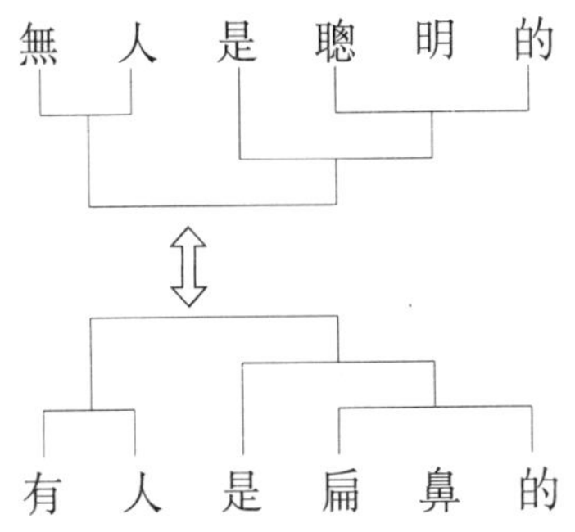

但是，如果進一步或深一層分析這兩句話的概念結構，我們會發現它們是不一樣的。一個語句表達怎樣的概念結構是很不好說明的。不過，就我們的目的而言，不妨把「概念結構」和「邏輯結構」看成可以互用的觀念。設

Hx：x 是人

Wx：x 是聰明的

Sx：x 是扁鼻的

那麼我們可用述詞(predicate)邏輯的符號把前面語句(a)和(b)分別表示為

(a′) $\sim\exists x(Hx \cdot Wx)$

(b′) $\exists x(Hx \cdot Sx)$

從這兩個述詞邏輯的符號式子可以看出，語句(a)和(b)的邏輯結構或概念結構是不相同的。這也許需要一點說明。兩個述詞邏輯的式子要具有相同的邏輯結構或要表示相同的概念結構，它們至少需要能夠化成彼此相互對應的式子。這裏所謂彼此相互對應的式子，簡略的說是指，每個式子的每個邏輯項目與另一個式子的某一個項目都有個良好的對應。這裏所謂有良好的對應是指，對應的連號 (connectives) 要相同，譬如連言號 (conjunction sign) 對應連言號，否言號 (negation sign) 對應否言號，對應的量號 (quantifier)也要相同，譬如全稱(universal)量號對全稱量號，存在(existential)量號對存在量號，述詞對應述詞 (不必相同的)。前面(a′)和(b′)兩個式子雖然在存在量號「$\exists x$」及其右邊式子中的每個項目都有良好的對應，但在(a′)式前頭的否言號「$\sim$」在(b′)式中卻沒有適當的否言號可對應。因此，我們可以說(a′)和(b′)，也就是語句(a)和(b)不具有相同的邏輯結構，不表示相同的概念結構。這種不同的邏輯結構和概念結構主要是因為在語句(a)中，「無」字對語句本身產生否定作用所致。但「無」字和「不」字並不是在一切語句中，都產生這種改變語句結構的否定作用。現在就讓我們檢查一下在上述(A)和(B)列舉的對偶中，如何使用「無」字和「不」字，以及這些使用有沒有影響對偶的語句結構或概念結構。

在(A)諸對偶中，「無」字及其對應的「有」字顯然有三種不同的使用和意義[44]。一種是當做世界或宇宙中某種東西或事物，或是某一樣態的老子的道的名稱(name)；也就是當做專名(proper name)。例如，(A)中(1)，(2)

[44] 有關這三種不同使用，參看本書第四章〈老子思想奧晦的起源：「有」、「無」和「無為無不為」〉。

和(4)裏的「無」「有」就是當這種專名的。另一種是當普通形容東西或人具不具有某種性質的「有」「無」，例如「有錢的人」和「無錢的人」的有無，(5)和(6)裏的「有」「無」就是這種使用的有無。再一種是很一般的表示有無的「有」「無」，(3)裏的「有」「無」就是這種使用。這三種使用的「有」「無」都各自表示一個項目，其作用並不及整個所在語句。從這些分析我們可以說，上述(A)中「有」「無」的對應使用能夠保持概念結構或語句結構中良好的對應地位。這樣，我們很可以把上述這類對偶叫做「無」字對偶。

其次讓我們檢查一下上述(B)中「不」字的使用，以及這些使用是否會影響良好的對偶對應。首先我們想指出的，上述(B)中的所有「不」字，都不應或不必當否定語句的否定詞。它們可有這些使用。它們首先有當普通對反意味的一極的概念的一部分使用。例如，在(B)的(6)中，「不知足」在當「欲得」的對反概念在使用。又如，在(11)，(12)，和(13)中，「不足」在當「有餘」的對反概念在使用。其他許多例子中的「不」字也可這樣來說明，不過我們想用一個更特定的概念來說明，這一概念就是補類 (complement of a class) 或補概念。為了我們的討論有意義和更清楚，我們常需要宇類 (universal class)或論域(domain of discourse)這一概念。所謂宇類或論域是指在一個討論裏所有要討論到的元目或人所形成的類。例如，在討論到善惡問題時，我們可能以人類為宇類或論域。在討論加減乘除問題時，我們可能以實數或整數為宇類或論域，設 U 為宇類。那麼，一個類 A 的補類是由從 U 裏除去 A 的所有分子所剩的所有分子所成的類。例如，設 U 為人類，A 為善人，則 A 的補類就是從人類中除去善人所得所有人所成的類，即不善的人。補類是從類和分子來講的。在把一個類說成是一個概念比較適當的場合，也可把補類說成是補概念。

在邏輯結構和概念結構上，兩個互補的類或概念是可以佔相同地位的。這樣，就邏輯結構和概念結構來說，「善人者，天下之師」和「不善人者，天下之師」這兩句話可以說是相同的。這樣，我們可把上述(B)中的(3)、(4)、(7)、(8)、(9)和(10)看成在概念結構上是對偶的。其次，在(1)中，「惡」和「不善」各自可視為一個概念，因此在對偶的考慮中，各可視為同一種類的一個單元。因此，在概念結構上可視為佔相同的地位。在⑵中，「不屈」和「愈出」都可視為是一種述詞。⑸中的「不離」和「乃足」也都可視為是一種述詞。

從以上的討論，就「不」字使用所呈現的對偶對應來說，都可視為在概念結構上維持對等的地位。在⒝的諸例中，其他字詞都有很好的對偶架構。因此，從概念結構來說，這些例子都滿足對偶的要求。我們不妨把這些含「不」字的對偶，叫做「不」字對偶。不過，我們也看到，這些「不」字對偶在字數上兩個對偶的語句時常有一個字數之差，因而這些差一個字數的對偶，是一種微欠對偶。

六、對偶造句與對偶思考的邏輯分析與批判

任何細心的《老子》讀者，必定會覺察到《老子》對偶造句的繁多和顯著。對偶造句值得做文學和修辭的研究和評價。這是大家知道的。但是，也許很少人會注意到，對偶造句雖然像是只是形式的考慮，但是對偶造句的繁多和過分的專注，實質上會很重要的影響思想模式和思想內容。對偶造句在修辭和文學上能夠產生相當異彩，而且在誘導思想的聯想上也頗有功用，但在邏輯上卻容易產生瑣屑和錯謬。正因為我們發現了對偶造句在思想聯想的誘力，以及容易產生邏輯上的瑣屑和錯謬，我們要對對偶造句做較細一點的邏輯分析和批判。顯然，對遇造句的修辭評價和邏輯評價，並不必然相關。也就是，修辭上評價好的邏輯上評價未必好，並且反之亦然。

由於《老子》中對偶造句繁多，在本文我們不能一一予以檢查。我們要做的是舉例的和有選擇的。我們的選擇將著重突顯老子思想模式和思想內容的特色上。在進行我們的邏輯分析和批判以前，有幾點要特別說明的：

⑴我們的分析和批判要以《老子》對偶章句的語句意義為基礎，而不輕易利用研究者的語句解釋。許多研究者的語句解釋越離語句意義太多太遠了，太自由了。我們實在無法參考它們來做較嚴格的邏輯分析和批判。

⑵我們對某一對偶的分析和批判，當然要盡量顧到整個老子的思想以

及其他章句的語句意義，而不是說一句話卻忘了其他的話。

⑶我們討論的《老子》對偶造句，主要根據陳鼓應的《老子今註今譯》中的〈老子校定文〉。在有助正面評價的時候，我們才參考其他校定文，尤其是參考帛書老子甲乙本和郭店簡本。

⑷對偶造句很多也要講究平仄和押韻的，《老子》中的對偶也不例外。依我們的觀察，老子的押韻對偶也十分影響思想模式和思想內容。在做分析和批判時，我們也要涉及這一點。

⑸《老子》的章句和思想可從許多觀點來分析和批判，我們在這裏要做的主要是針對對偶造句和對偶思想所顯現的特徵和錯謬。把握老子對偶思想所顯現的特徵，是把握老子思想特徵的一個基本而重要的途徑。

現在我們就依老子對偶思想所顯現的特徵和錯謬，逐一討論。

㈠有的對偶在語句結構或概念結構上並不相同。這樣的語句系列本來不應視為對偶的。但是，從章句系絡和文字表面的對整看來，老子是以對偶的形式表達的。這些表面上很像對偶的語句系列，如果不細心，很容易把它當對偶來解釋。例如，

⑴豫兮若冬涉川；

猶兮若畏四鄰。（十五章）

無疑的，老子在這裏是要以對偶方式表達的。這個對偶的意義是：謹慎啊，像冬天過河；警惕啊，像畏懼四鄰。在這裏，「冬涉川」和「畏四鄰」的字詞意義在概念結構上並不相同。在前者，有當時間副詞用的「冬」字；在後者沒有當時間副詞的任何字眼。這樣就足夠顯示這兩組字詞的概念結構不同。然而，在這兩組字詞前面各加「若」字，而把原來字詞的本意改為喻言性的意義，即把「若冬涉川」的本意「像冬天過河」改為喻言性的意義「小心翼翼」，而把「若畏四鄰」的本意「像畏懼四鄰」改為喻言性的意義「不敢妄動」，則在概念結構上又可視為相同了。這樣，這個對偶例子，就語句意義來說，其概念結構並不相同，但就說話者意義，即老子的意義來說，其概念結構可以視為相同。

⑵大道廢，有仁義；六親不和，有孝慈；國家昏亂，有忠臣。（十八

章)

這是一個微欠多三句並對。在這裏,「仁義」是「仁」和「義」這兩個獨立概念的並列;「孝慈」是「孝」和「慈」兩個獨立概念的並列。「忠臣」則為「複合概念」。因此,這個多句並對的概念結構並不相同。

(3)絕智棄辯,民利百倍;絕巧棄利,盜賊亡有;絕偽棄詐,民復孝慈。(十九章)

這是一個三句並對。各句前一句之間的對偶和概念對應並無問題,但後一句之間的對偶和概念對應並不良好。就字詞的對應來說,雖然「民利百倍」和「盜賊亡有」之間,可視為有良好的對應,即「民利」和「盜賊」對應,和「百倍」,和「亡有」對應,但是「民利百倍」或「盜賊無有」和「民復孝慈」之間,卻沒有良好的對應,因為「民利」和「民復」之間或「盜賊」與「民復」之間,都不能視為有概念的對應。

(4)人法地,地法天,天法道,道法自然。(二十五章)

在這裏「自然」這個兩個字詞使這一對偶微欠,但這個字數性的微欠並不重要。重要的是這裏「自然」一詞所表達的概念,是否與諸如「地」「天」「道」等居於對等的地位。這裏「自然」一詞可以有三種解釋。一種是普通所謂的大自然㊺。這是把「自然」一詞當一個普通的專名。另一種是把「自然」當普通的形容詞或描述詞「自然的」(natural) 或那些自然的東西 (what is natural that which is)㊻。再一種是把「自然」解釋為道本身的自然而然㊼。如果依上述第一種解釋,則在所舉的對偶中「自然」在概念上可

㊺ 例如林語堂(Yu-tang Lin)和陳榮捷(Wing-tsit Chan)都把「道法自然」英譯成"Tao models itself after Nature."參看林語堂:《老子的智慧》, p. 200;陳榮捷: *A Source Book in Chinese Philosophy*(《中國哲學資料書》), p. 153。

㊻ Gia-fu Feng和Jane Englich把「道法自然」英譯成"Tao follows what is natural.", 參看他們的前書, p. 27。張鍾元把「道法自然」英譯為"Tao is in accordance with that which is.", 參看他的前書, p. 72。陳鼓應把「道法自然」語譯為「道純任自然」, 參看他的《老子今註今譯》, p. 152。

㊼ 范光棣(K. T. Fann)把「道法自然」英譯為"Tao follows its own way.", 參看他

與「地」「天」「道」等居於對等地位，因為它們都當專名(proper name)。如果依第二種解釋，則「自然」在概念上是否仍然可與「地」「天」「道」等居於對等地位，要看我們根據那種哲學觀點來觀察專名和描述詞的指稱(reference) 問題。如果是依當代著名哲學家庫律基 (S. Kripke) 對專名(proper name)和確定描述詞(definite descriptions)的稱指的看法，則這第二種解釋的「自然」在概念上似乎並不十分可以和當專名的「地」「天」「道」居於對等的地位，因為在這第二種解釋裏似乎把「自然」解釋做一種描述詞，而不是專名，而依庫律基的觀點，專名和描述詞有不同性質的指稱，因此它們所顯現的概念結構並不一樣。然而如果像弗列格(Frege)那樣，在指稱上把專名和確定描述詞看做同一種東西，則在概念上「自然」當然可以和「地」「天」「道」居於對等地位。如果依第三種解釋，即把「自然」解釋為「道的自然而然」，則在概念上它不適合與「地」「天」「道」居於對等的地位，因為正如同在概念上專名「地球」與詞組「地球的什麼什麼」，譬如「地球的軌道」，「地球的衛星」，「地球心的引力」， 並不屬於對等的地位，專名「道」與詞組「道的自然而然」也不屬於對等地位。

⑸師之所處，荊棘生焉；大軍之後，必有凶年。（三十章）

乍讀之下，這個語句系列給人是一個很好對偶的感覺。但是，稍加注意，不難發現，它依序對應的字詞就不是很好的對偶。然而，如果進一步分析，它的語句結構或概念結構卻可整理出對偶來。首先，「師」與「大軍」字數不同，但概念可以對等。「之所處」與「之後」字數也不相同，但概念也可以對等。「荊棘生焉」與「必有凶年」之中，要有一個對調其詞組，譬如或是「荊棘生焉」對調為「生焉荊棘」， 或是「必有凶年」對調為「凶年必有」，它們才能成為良好的對偶，譬如「荊棘生焉，凶年必有」。原文之所以寫成那樣，想必是為了「焉」字與「年」字的押韻。總之，這個語句系列雖然在詞組的位置和字數上對得不整齊，但在概念結構和整個韻味上卻

的前書, p. 153。賀榮一把「道法自然」語譯為「道隨從它內在的任自然精神」，參看他的前書，p. 217。許抗生把「道法自然」語譯為「道效法他自己的自然而然的存在」，參看他的《老子研究》，p. 109。

對得很好。

⑹衣養萬物而不為主，可名於小；萬物歸焉而不為主，可名為大。(三十四章)

乍讀之下，這個語句系列像是一個好對偶，但稍加細讀就會發現，前後兩句的前面一句在詞組和概念上都不對應。這個語句系列是說，大道覆養萬物而不自己以為主，它可叫做小；萬物歸附大道而大道不自己以為主，它可叫做大。在原文中，「衣養」和「萬物」以及「萬物」和「歸焉」在詞性和概念上並不對應。尤其是，「衣養萬物」是指大道衣養萬物，而「萬物歸焉」是指萬物歸附大道，因此大道在這兩個概念關係的關係方向上有所不同，因此概念結構也不同。因此，上述語句系列前後兩組語句的概念結構並不相同。

⑺天下有道，卻走馬以糞；天下無道，戎馬生於郊。(四十六章)

乍讀之下，這個語句系列像是對偶，但就語句意義來分析，它的概念結構並不對等。問題在「卻走馬以糞」和「戎馬生於郊」。前者的語句意義可解為「驅趕戰馬運糞」，後者則可解為「戰馬在郊野生駒」。這兩個語句的詞組間是很不對應的，而在概念結構上並不對等。但是，如果就說話者意義來說，我們不妨把這兩句分別解為「戰馬在田裏運糞」和「戰馬在郊野生駒」。這麼一來，在概念結構上就可對等了。

⑻不出戶，知天下；不闚牖，見天道。(四十七章)

這個語句系列給人的感覺，是十足的對偶。但是細加分析，我們會發現，由於「知天下」和「見天道」在概念上並不對等，因此這個語句系列在概念結構上並不相同。在這裏，「天下」一詞是當專名「世界」(the world)用的，但是「天道」，則是指「天的道理」(the way of heaven)，這是一個確定描述詞。如同我們在前面⑷討論「道法自然」時講過的，依現在盛行的一種哲學看法，專名和確定描述詞，在指稱的使用上有基本的不同㊽。這種不同會使兩者在概念上不能全然對等。又天下和天道是不同範疇的東西。因此，上述語句系列在概念上並不全然對等。

㊽ 參看庫律基(S. Kripke): *Naming and Necessity*（《名稱與必然》）。

以上我們檢討一些看起來像是良好的對偶，但進一步檢查會發現其概念結構卻是不相同或不對等的語句系列。換句話說，這些像是要寫成對偶的語句系列，實際上並沒有寫成良好的對偶。但是，有一點要指出的，對偶是否構作的好與道理是否講的好，是兩回事。也就是說，好對偶道理未必講的好；反之，不好的對偶道理未必講的不好。因此，上述概念結構不相同或不對等的語句系列，所講的道理未必不合理。

㈡有的對偶，尤其是多句並對的，所表達的意思和內容似乎沒有什麼特別相關或相對的。我們知道，表達相關或相對的意思是良好的對偶需要滿足的條件之一。當然，什麼是相關或相對的意思時常很不好決定。雖然這樣，但是這還是必須要考慮和計較的條件之一。例如，試看：

⑴有無相生，難易相成，長短相形，高下相盈，音聲相和，前後相隨。（二章）

這是《老子》中多句並對和排比造句的典型的例子。在字數（每句皆四個字）和語句結構和概念結構上都是典型的對偶。但是，這個多句並對表達什麼相關或相對的意思呢？也許有人會說，「有無」，「難易」，「長短」等等不都是相對的意思了嗎？不是的。在對偶中所要求的相對是指諸對偶語句之間的相對，而不是諸對偶語句本身表達相對的意思。上述多句並對是諸對偶語句本身表達相對的意思，而諸並對語句之間並沒有表達什麼相對的意思。不但如此，在這些並對的多句之間除了各自本身是表達某一特定的相對概念之外，似乎並沒有表達什麼相關的意思。這些語句所表達的相對性頗為紛雜，可以說十分任意的。譬如，「有無」可以說是表示存況論(ontology)或一般物理性質上的相對性；「難易」可以說是表示一般認識、技術或行為性質上的相對性；「長短」可以說是表示空間和時間性質上的相對；「高下」可以說是表示空間、地位和評價性質上的相對；「音聲」（樂器的音響和人的聲音）可以說是表示聲音性質上的相對；「前後」可以說是表示空間，時間或地位性質上的相對。總之，這個語句系列並沒有利用多句並對顯示出什麼特別東西來。至於這個語句系列告訴我們的一些相對概念的產生，並非用多句並對的方式表示不可。我們知道「對反」的造句和思想模式是老子最基本最常用的㊾。在這裏我們可以說是老子對反造句和思想模式，與他的對偶造句與思想模式的混合和混淆。這裏所謂混淆是指，他把語句本身表達的對反觀念與對偶所需的相對混淆起來。我們也許可把這種混淆叫做對反對偶混淆。

⑵唯之與阿，相去幾何？善之與惡，相去若何？（二十章）

這裏的「唯與阿」有兩種不同的解釋。一種是「應諾與呵斥」，另一種是「貴與賤」。如果是前一種解釋，則似乎與對偶的「善與惡」沒有什麼特別相關或相對。如果是後一種解釋，則與「善與惡」都可以說涉及價值判斷這一相關。

⑶曲則全，枉則直，窪則盈，敝則新，少則得，多則惑。（二十二章）

這個語句系列是說，委曲就會全身，屈枉就會直伸，低窪就會充盈，敝舊就會更新，少取就會獲得，貪多就會迷惑。老子顯然是以多句並對寫出這個系列的。但是，除了「曲則全」與「枉則直」，「少則得」與「多則惑」有某種相關意思，以及「窪則盈」與「敝則新」有押韻，以及這六個語句除了其本身表達某種對反觀念以外，它們之間似乎沒有表示什麼共同相關或彼此相對的意思。這也許又是一個對反對偶混淆的例子。又這裏的「……則……」的「則」字的意義，我們解釋為充分條件的「就會」，但有的解釋者解釋為必要條件的「才會」。就字義來看，解釋為「就會」或「便會」才對。我們應該知道，充分條件的「就會」和必要條件的「才會」，在邏輯上很不一樣。

⑷善行無轍迹；善言無瑕讁；善數不用籌策；善閉無關楗而不可開；善結無繩約而不可解。（二十七章）

這個微欠多句並對是說，善行走的，不留轍跡；善說話的不會過錯；善計數的，不用籌碼；善關閉的，不用門閂，卻打不開；善打結的，不用繩索，卻解不掉。這六個並對語句之間，除了「善什麼什麼」是共同相關點，和第一、二句中的「行」「言」的相關以外，沒有什麼特別相關或相對的。這也是對反對偶混淆的一例。

㊾　參看本書第二章〈老子的「對反」和「只推一步」的思想模式〉。

⑸大方無隅；大器晚成；大音希聲；大象無形。（四十一章）

這個多句並對是說，大方形沒有邊角；大器具慢晚完成；大音樂稀少聲音；大形象沒有形跡。這四句話除了本身表示某種對反以外，它們之間沒有什麼特別相關或相對的。這也是對反對偶混淆的一例。

㈢許多以對偶，尤其是多句並對寫出的語句系列，與其說是對偶，不如說是以形式相同或相近的諸語句或諸實例表現某一觀念或某一原理。因此，在解讀這些語句時，首要工作在找出這一觀念或原理，而不應太計較這些語句的個別差異和個別意義。不然，反而會顯出老子語句的牽強附會之處。前面㈡的例子都適合當這個要點的例子，但我們也找出許多其他的例子。例如：

⑴有無相生，難易相成，長短相形，高下相盈，音聲相和，前後相隨。（二章）

乍看起來，這個語句系列或多句並對好像在講「有無」、「難易」、「長短」、「高下」、「音聲」和「前後」這些種種不同的對反或相對觀念的形成原理，其實老子在這裏要講的主要是一個較抽象的原理，即對反或相對觀念是相因相成的。這些雜多的對反或相對只是這一較抽象原理的例證而已。「相生」、「相成」、「相形」等這些不同的字詞不過是修辭變化，在邏輯上沒有什麼重要不同。在整個老子哲學中，老子並未進一步分析這些不同字詞的不同意義，它們的不同是如我們日常修辭上所感覺到的不同而已。它們的邏輯意義都是「相因相成」而已。需要一提的，這裏「有無相生」的「有無」也只是普通意義的有無，不是老子哲學上特別意義的有無。在修辭上也許還值得去體會一下這裏「相生」、「相成」、「相形」等的微差，但在老子哲學上沒有什麼差別意義。

有一點要注意的，諸對偶句之間所表達的相關或相對意思，與我們剛才所講的這些語句在一起表現的某一觀念或原理，是不同的東西，而且兩者之間沒有必然的關連。例如，我們在前面㈡之⑴指出的，像「有無相生，……前後相隨」（二十一章）這個多句並對中，諸並對語句之間，並沒有什麼特別相關或相對的意思，但這些語句在一起很可以說是表現對反的觀念是相因相成這一原理。這一原理不是存在於這些語句相互之間的，這些語句顯現的只是這一原理的一個實例而已。而且，這一原理的可能實例，可以由其他各種語句表現出來，不是非由這些對偶語句表現不可。因此本項㈢和前項㈡所說明和分析的，是不同的要點，而且這些要點之間未必有關連。試看下面的例子：

飄風不終朝，驟雨不終日。（二十三章）

這個對偶是說，狂風不能持久一早晨，暴雨不能持久一整天。在這裏「飄風」與「驟雨」有相關的意思，「不終朝」與「不終日」也有相關的意思。但這個對偶要講的與其說是這些相關和個別自然現象的描述，不如說是要一起表現一個觀念，即狂暴的自然現象不能持久，狂暴的人間現象也不能持久。這個對偶的個別現象，不是老子要計較的。其實，我們可以依照類似的語句模式寫的更多，譬如：

巨雷不終秒，威震不終瞬，大雪不終晨，……。

⑵曲則全，枉則直，窪則盈，敝則新，少則得，多則惑。（二十二章）我們在前面㈡的⑶中講過，這個多句並對之間並沒有一致的表達什麼相關或相對的意思。但是，在這裏我們要指出的，這些對偶句在一起要表現老子的一個基本觀念和思想。這一基本觀念和思想老子本身沒有明白說出來，老子本身恐怕也沒有十分明白的觀念。我們也不容易用簡明的字眼和語句把它寫出來。設「N」和「P」分別表示「怎樣怎樣」，不論是人間事務或自然現象的。讓「N」表示一般負面(negative)評價的，「P」表示一般正面(positive)評價的。讓「$(N)P_i$」表示「相對於 N 的 P_i」，這裏「P_i」表示相對於 N 的 P 可能不只一個。讓「則」表示充分條件意義的「就會」。那麼，老子的這一基本思想是：

N 則 P_i

這樣，上舉的

曲則全；枉則直；窪則盈；敝則新；少則得；多則惑；

都是這個基本思想的例子。《老子》中充滿這類例子，但它的表達方式未必像上面這樣的。我們不妨依章次舉例，改寫如下：

無則有（一章）	虛則實（二章）
弱則強（三章）	不自生則長生（七章）
無私則成其私（七章）	昏則昭（二十章）
悶則察（二十章）	不自見則明（二十二章）
不自是則彰（二十二章）	不自伐則有功（二十二章）
不自矜則長（二十二章）	無為則無不為（三十七章）
亡則存（四十一章）	昧則明（四十一章）
退則進（四十一章）	纇則夷（四十一章）
辱則白（四十一章）	損則益（四十二章）
柔則堅（四十三章）	缺則成（四十五章）
拙則巧（四十五章）	訥則辯（四十五章）
不出戶則知天下（四十七章）	不闚牖則見天道（四十七章）
不行則知（四十七章）	不見則明（四十七章）
不為則成（四十七章）	塞則開（五十二章）
不拔則善建（五十四章）	不脫則善抱（五十四章）
疏則親（五十五章）	害則利（五十五章）
賤則貴（五十六章）	愚則明（六十五章）
下則上（六十六章）	後則先（六十六章）

其實在《老子》文本之外，我們可以繼續寫出這類形式的語句。有一點要指出的，不論是上述的一般式「N 則 P_i」或諸個別例子，其意義都不十分清楚。老子本身也沒有進一步給它說清楚。我想老子這一對反原理或思考的重要意義不在要清楚的說出什麼，而在要人時時從反方向去思考人間和

世界。這對打破人們思考和視野的盲點是很有用的。

⑶自見者不明；自是者不彰；自伐者無功；自矜者不長。（二十四章）

這個多句並對是說，自我愛現者，不明達；自以為是者，不彰顯；自我誇耀者，不見功；自我矜恃者，不長進。這些語句之間當然有表達相關的意思，它們在一起所要提示的主要觀點是：好自我表現者，反而得不到預期的效益。

⑷善行無轍迹；善言無瑕讁；善數不用籌策；善閉無關楗而不可開；善結無繩約而不可解。（二十七章）

我們在前面㈡之⑷講過，這個多句並對之間沒有表達什麼特別相關或相對的意思。但這些語句在一起顯然在提示一個觀點說，精於某種技術或行事的人，會把東西或事情做得無聲無影，萬無一失。老子這個觀點，我們也不妨這樣來表達：

善酒不醉。

善眠不鼾。

善笑無聲。

甚至於：

善偷無失。

⑸將欲歙之，必固張之；將欲弱之，必固強之；將欲廢之，必固興之；將欲取之，必固與之。〔是謂微明。柔弱勝剛強。〕（三十六章）

這個多句並對是說，對萬物或人間事物，想要收斂它（他）的，必先暫且擴張它（他）；想要削弱它的，必先暫且增強它；想要廢去它的，必先暫且興盛它；想要奪取的，必先暫且給與它。這些多句並對之間雖然都表達了「要弱化什麼」的相關意思，以及「先要強化什麼」的相關意思，但是它們主要的是要合在一起提示「要弱化什麼，先要強化什麼」這一原理。當然，在這裏「弱化」和「強化」未必十分一般的表達這些語句案例共同提示的觀念，但在未能找到較好的以前，不妨暫且使用。

對這個多句並對向來有所謂老子的「陰謀」或「陰柔」思想和「物極必反」的解說㊿。所謂陰謀思想是指老子在這裏要人使用陰謀的手段來達成壓制人，打擊人的目的。我們不同意這種說法，其理很簡單，那就是，整個老子思想並沒有講什麼謀術、陰暗手段的。所謂物極必反的解說，是指老子在這裏想利用所謂事物發展到一個極限時，它必定會向相反的方向運轉，因此如果你想要事物收斂，就先擴張它，然後它會向收斂方向運轉。姑且不論這裏所謂物極必反的確切意義是什麼，但這種事物相反雙向運轉的思想不是老子的基本思想，至少就強弱觀念的相反而言是如此。堅持物極必反的人，應該對事物的任何一極沒有偏愛。大家都知道，在事物的對反兩極中，老子是偏愛其中一極的。偏愛一極的思想與堅持物極必反的思想不相容。

那麼，老子在這個多句並對中想要提示什麼觀念呢？我們認為，這些語句所要提示的是他在七十六章所講的，即：

人之死也堅強；
草木之死也堅強；
堅強者死之徒；
兵強則滅，木強則折。

講的明白點就是，強或堅強會導致事物的死滅或衰廢。我們要注意的，「強弱」兩字在《老子》中的種種使用和意義，尤其是老子的特別使用和意義。大致說來，「強」字有這幾種使用和意義：

(i)普通意義的「增強」「強健」，例如，

強其骨。（三章）（增強他們的筋骨。）

(ii)勉強的意思，例如，

故強為之容。（十五章）（勉強給他形容。）

㊿ 例如參看陳鼓應前書，p. 188；賀榮一前書，pp. 298–311。

強為之名曰大。(二十五章)(勉強給它名字叫做大。)

(iii)老子特殊意義下的「剛強」「堅強」，在他這一意義下的「強」或「剛強」「堅強」，有會使事物死滅或衰廢的力量。這是老子思想的一個要義或定見。例如，

或強或羸。(二十九章)(有剛強，有羸弱。)

不以兵強天下。(三十章)(不以兵力強行天下。)

不敢以取強。(三十章)(不敢以兵力強取。)

果而勿強。(三十章)(達到目的而不逞強。)

必固強之。(三十六章)(必先暫且增強它。)

柔弱勝剛強。(三十六章)

強梁者不得其死。(四十二章)(強暴的人不得好死。)

心使氣曰強。(五十五章)(以心力出氣的，是逞強。)

其死也堅強。(七十六章)(人死了就堅硬。)

故堅強者死之徒。(七十六章)(因此，堅強者是死亡的一類。)

是以兵強則滅，木強則折。(七十六章)(因此，軍隊強大就會滅亡，樹木強大就會折斷。)

強大處下。(七十六章)(強大居於下位。)

天下莫柔弱於水，而攻堅強者莫之能勝。(七十八章)(天下沒有比水更柔弱的，而攻克堅強的沒有勝過它的。)

弱之勝強，柔之勝剛，天下莫不知。(七十八章)(弱勝過強，柔勝過剛，天下沒有人不知道。)

(iv)老子特殊意義下的「真強」或「質強」[51]，在許多情況下，一般人們心目中所謂強也是這種意義的強。例如，

[51] 「真強」或「質強」一詞，參看賀榮一前書，p. 281。

自勝者強。（三十三章）（能夠克勝自己的人是強者。）

守柔曰強。（五十二章）（能夠堅守柔弱是堅強。）

(v)勤行不息的意思。例如，

強行者有志。（三十三章）（勤行不息的人是有志氣的。）

在《老子》中，「弱」字有這幾種使用和意義：

(i)普通意義的「削弱」「衰弱」，例如，

弱其志。（三章）（削弱他們的意志。）

將欲弱之。（三十六章）（想要削弱它。）

(ii)老子特殊意義的「柔弱」，這種弱具有「真強」「質強」的力量。例如，

柔弱勝剛強。（三十六章）

弱者道之用。（四十章）（弱是道的作用。）

骨弱筋柔而握固。（五十五章）（筋骨柔弱但握拳牢固。）

人之生也柔弱。（七十六章）（活著的人是柔弱的。）

柔弱者生之徒。（七十六章）（柔弱者是活著的一類。）

柔弱處上。（七十六章）（柔弱居於上位。）

天下莫柔弱於水。（七十八章）（天下沒有比水更柔弱的。）

弱之勝強，柔之勝剛，天下莫不知。（七十八章）（弱勝過強，柔勝過剛，天下沒有人不知道。）

在前舉的多句並對（三十六章）中，「歙之」「弱之」「廢之」「取之」都有某種意義的「削弱之」「衰廢之」的意思。而「張之」「強之」「興之」

「與之」都有某種意義的「使剛強」「使堅強」的意思。因此，老子在這裏要提示的是要削弱、衰廢什麼，必先要剛強它，因為他認為讓事物剛強，就會使它削弱、衰廢。老子在這裏就在「單純的」提示這一觀點。他並沒有從事什麼「陰謀」，也沒有假定什麼「物極必反」的「法則」。

(6)明道若昧；進道若退；夷道若纇；上德若谷；大白若辱；廣德若不足；建德若偷；質德若渝；大方無隅；大器晚〔免〕成；大音希聲；大象無形；道隱無名。(四十一章)

這個微欠多句並對是說，明顯的道像似暗昧；前進的道像似後退；平坦的道像似崎嶇；高尚的德像似谿谷；大潔白像似污辱；廣大的德像似不足；剛健的德像似偷懶；質實的德像似空虛；大方形沒有邊角；大器具慢晚完成〔沒有完成〕；大音樂稀少聲音；大形象沒有形跡；道幽隱無名。這個多句並對在提示：

(i)具有某種一般意義上優越性質——譬如，明、進、夷、上、建、質——的道或德，看來像是具有某種一般意義上對應的差勁性質——譬如，昧、退、纇、谷、不足、偷、渝。

(ii)具有一般意義上優越性質的諸性質或事物，看來像是該性質或事物相反的差勁性質或事物。例如，大白若辱。還有譬如第四十五章的

大成若缺（大完成像似欠缺）
大盈若沖（大充盈像似空虛）
大直若屈（大正直像似曲屈）
大巧若拙（大靈巧像似笨拙）
大辯若訥（大雄辯像似口訥）

其實老子這種「大 A 若 B」的說法，我們可以給它繼續寫下。譬如，

大熱若寒
大圓若缺
大智若愚

大善若欠

其實上面兩點都是老子更根本更重要的對反思想，以及偏好其中一極的一種表現而已。

有兩點要注意。一點是，在「大白若辱」「大方無隅」等等這種形式中的「大」字，大部分《老子》的語譯用最高級(superlative)來翻譯，即用「最大」來翻譯。但是大部分《老子》的英譯，則用「非常級」，即用“great”，而沒有用最高級“greatest”來翻譯。不過，不論那一方都未採用的「級數」做過說明。我的解釋是採非常級。我刻意用「大」來解釋「大」。我的「大」字，就是英文的“great”的意思。我不認為老子在這裏用「最大」的意思來使用「大」字。不僅如此，在整本《老子》中，老子似乎也沒有用過「最大」的意思來使用「大」字。當做形容詞的「大」字，在《老子》中似乎只有兩種意義的。一種是「大」或「非常大」，另一種是「非常大而且具有優越的性質和能力」。在「大白若辱」「大方無隅」「大直若屈」等中的「大」字，就是這第二種意義的大。

另一點要注意的是，「大白若辱」「大直若屈」等「大 A 若 B」這種形式的說法，不論有沒有道理，它們本身的語句意義不會有直接的語意矛盾。但是，像「大方無隅」「大音希聲」「大象無形」這類說法，其語句意義顯然會產生矛盾。一個語句的語句意義如果會產生矛盾，則在說明這個語句所講的東西是有道理的以前，一定得先消除這個矛盾。我想這樣來處理上述「大方無隅」這類語句。雖然這些語句的語句意義會產生矛盾，但是這些語句的說話者意義，即老子的意義是不會產生矛盾的。因老子的意義應該是「大方若無隅」「大音若希聲」等等，這裏的「若」字是「像似」的意思。

㈣許多多句並對，與其說是對偶，不如說是層遞。所謂層遞是說，一個語句系列中諸對應語句或其對應字詞所表達的意思、觀念或思想，以範圍的大小、等級的高低、類別或範疇的層次等次序依序排列。《老子》中，以層遞方式寫出的語句系列非常多，其中有對偶的，也有非對偶的。限於篇幅，在這裏我們將只討論對偶的。除了找出層遞的造句以外，我們將主要檢討諸語句的對偶和「層遞」在邏輯上的適當性問題。當然由於所謂觀念的範圍大小、等級高低、類別層次等次序排列，不是明確的觀念，因此這種檢討和評價，也不會是很明確的。試看下面的例子：

⑴知常容，容乃公，公乃全，全乃天，天乃道，道乃久。（十六章）

這個層遞對偶是說，知道常恆，就能包容；包容就能大公；大公就能周遍；周遍就能順天；順天就能順道；順道就能長久。就推遞變換(transform)來說，這個層遞是步驟分明的。但是就推遞層次來說，則有不分明的地方。依老子的哲學觀，周遍、順天和順道是依次廣大的。因此，「全乃天，天乃道」這樣的遞推是合乎層次的。但是包容，大公和周遍這三個概念之間有什麼層次關係，在老子哲學中並不分明，除非把現在正在討論的這個「層遞」當它們層次關係的決定。此外，「久」為何比「道」層次更高，也是任意決定的。順便一提的，在這裏我們把「乃」當充分條件，不當必要條件。

⑵太上，不知有之；其次，親而譽之；其次，畏之；其次，侮之。（十七章）

這個層遞微欠對偶是說，最好的統治者，人民不知道有他（的存在）；其次的，人民親愛他讚譽他，再其次的，人民畏懼他；更其次的，人民輕侮他。這個層遞層次分明。有幾個有趣的問題。老子這個斷述符合他所在時空嗎？符合我們這時空嗎？譬如有那些時空符合的？老子這個斷述是他觀察研究所得，還是他想當然的一種玄思？無論如何，老子在這裏提供人民看待統治者等級的一種參考模式。

⑶惚兮恍兮，其中有象；恍兮惚兮，其中有物；窈兮冥兮，其中有精。（二十一章）

這個層遞對偶是說，（道這個東西，是恍恍惚惚的）。在恍惚中，卻有形象；在恍惚中，卻有實物；在幽冥中，卻有精質。在這裏，老子依道的各種形態和存況(ontological)的精緻程度，依粗至精，以有象，有物和有精來排列。在《老子》中，對這裏所謂有象、有物和有精中的「象」「物」和「精」並沒有做多少說明和徵定(characterize)。因此，除了用十分直覺意義的形象、實物和精質，分別來解釋和理解象、物和精以外，很難有更特定的解釋和理解。

在《老子》中，「象」字一共使用了下面五次：

> 吾不知誰之子，象帝之先。（四章）
> 繩繩不可名，復歸於無物。是謂無狀之狀，無物之象，是謂惚恍。（十四章）
> 惚兮恍兮，其中有象。（二十一章）
> 執大象，天下往。（三十五章）
> 大象無形。（四十一章）

「象帝之先」一般的解釋是，道像似在天帝之前就存在。在這裏，「象」字當「像似」解；這樣，就與「有象」的「象」字無關。從道是「無狀之狀，無物之象，是謂惚恍」中，我們可知，道有在恍惚中，沒有形狀 (shape)，沒有物的「象」的狀態。在「執大象，天下往」中，「大象」一般解釋為是指「道」。在該（三十五）章中，老子說，這個大象「無味」「不足見」和「不足聞」。有的人把「大象無形」中的「大象」解釋為是指「道」。但如果是這樣，則似乎和「有象」中「象」的直覺意義不合，因為這個直覺意義應該是指「形象」，而「形象」「無形」似乎不合理。我個人不把這裏的「大象」解釋為是指「道」。我把它解釋為一般的「大形象」。有的《老子》的英譯者把「無物之象」「有象」和「大象」中的「象」字譯為“form”，有的則把它譯為“image”[52]。從以上討論，似乎可以說，「象」是指感官不能感覺到，但直覺可以意會到那種狀態的道。

在《老子》中，「物」字的使用，除了「萬物」以外，與講述道（的語句）有直接關係的有下面幾處：

> 繩繩不可名，復歸於無物。是謂無狀之狀，無物之象，是謂惚恍。

---

[52] 例如，陳榮捷前書，p. 146, 150, 157, 160。例如，張鍾元前書，p. 43, 100, 116，但他卻把「其中有象」（二十一章）中的「象」譯為“forms”，p. 61。

（十四章）

道之為物，……恍兮惚兮，其中有物。（二十一章）

有物混成，先天地生。（二十五章）

從這些可以看到，老子有用「無物」和「無物之象」來述說道的，可是也有用「有物」來述說道的。道「無物」又「有物」，這到底是怎麼回事?「有物」有兩處，一在「其中有物」，一在「有物混成」。這兩處「有物」的使用和意義似乎並不一樣。在「有物混成」中的「有物」，是泛指有些什麼東西，用英文來講是"there was something"。但在「其中有物」中的「有物」，則有特指什麼東西的意思，因此英譯者有把這個「有物」的「物」譯為"objects"（象目），"substance"（實體）或"things"（東西）的㊸。如果道中有象目，實體或東西，它還可以說是「無物」或「無物之象」或「無狀之狀」嗎? 在老子哲學中似乎無法較明確回答這個問題。

在《老子》中，「精」字一共只使用三次，即

窈兮冥兮，其中有精。其精甚真，其中有信。（二十一章）

未知牝牡之合而全作，精之至也。（五十五章）

這最後一句是說（嬰孩）還不知道男女交合，但小生殖器卻會勃起，這是精氣充足呀。要注意的，這個「精之至也」的「精」字和「其中有精。其精甚真」的「精」字，其使用和意義有相同點，也有不同點。其相同點在所指東西之「真實」和「充實」這一意義。其不同點在所指的東西不是相同的東西。前者的「精」指的是嬰孩的「精氣」或「精力」，後者的「精」指的是道的某種「本質」(essence)。

從以上分析，可以看出，在「其中有象」，「其中有物」和「其中有精」

㊸ 例如，張鍾元把它譯為"object"，參看他的前書，p. 61；范光棣把它譯為"substance"，參看他的前書，p. 151；陳榮捷把它譯為"things"，參看他的前書，p. 150。

中的「象」,「物」和「精」到底指什麼，老子沒有講很多，也沒有講的明確。回到層遞的觀念來看，「象」「物」和「精」依此次序的排列在層遞的考慮上是否適當也有問題，因為在道的存在樣態來說，「物層面」似乎不會比「象層面」或「精層面」更高、更實，因此把「物」排在「象」和「精」中間，就層遞說並不適當。

在《老子》中，為了造句的對偶、層遞、押韻和排比，時常只為造句而造句，為造詞而造詞，而在思想層次和內容上並沒有特別意義。顯然，「惚兮恍兮」和「恍兮惚兮」只是為對偶所做的一些修辭變化而已，在邏輯和哲學上沒有什麼不同。其實，「窈兮冥兮」和「惚兮恍兮」或「恍兮惚兮」，也沒有什麼邏輯和哲學上的不同。

(4)人法地，地法天，天法道，道法自然。(二十五章)

在前面(一)之(4)，我們已經從對偶的概念結構是否相同討論過這個多句並對。其問題發生在「道法自然」這一句。現在我們要從層遞的觀點來看看這個層遞對偶。就造句和老子哲學來說，這個層遞對偶的前三句，即「人法地，地法天，天法道」，是很標準的。問題在第四句，即最後一句「道法自然」。從存況和法則的原理來說，在老子哲學中，道是最高的，因此，就「……法……」而言，道除了本身以外，沒有什麼好「法」的。因此，就層遞而言，「道法自然」的寫法，在這裏不很適合，除非把這裏的「自然」解釋為道本身的「自然而然」。

(5)天得一以清；地得一以寧；神得一以靈；谷得一以盈；萬物得一以生；侯王得一以為天下正。

天無以清，將恐裂；地無以寧，將恐廢；神無以靈，將恐歇；谷無以盈，將恐竭；萬物無以生，將恐滅；侯王無以正，將恐蹶。(三十九章)

這裏的「一」可解釋做道或道之德。在這兩個層遞對偶中，都以天、地、神、谷、萬物和侯王這個次序形成層遞。依老子的宇宙觀，如果把「谷」的語句放在「萬物」的之後「侯王」的之前，這個層遞也許更好。在這兩個層遞中，清、寧、靈、盈、生和天下正，並沒有形成層遞。它們只是前四個後兩個各形成一個押韻而已。在第二個層遞對偶中的裂、廢、歇、竭、滅和蹶也沒有形成什麼層遞，但它們六個一起形成一個押韻。就文學立場說，這些押韻以及各個語句形成的可理解的意念，是很好的創作。但在哲學上，各個語句並沒有形成什麼特別的含意。如果不計較押韻，模仿第一個層遞對偶，我們可有下面這樣的層遞對偶：

天得一以長；地得一以久；神得一以顯；谷得一以曠；萬物得一以作；侯王得一以治。

實際上，這兩個層遞對偶主要在提示：天下萬物和人得到道或道之德將有許多好處，反之沒得到的話將有許多壞處。

⑹修之於身，其德乃真；修之於家，其德乃餘；修之於鄉，其德乃長；修之於邦，其德乃豐；修之於天下，其德乃普。（五十四章）

這個層遞對偶是說，一個人修道於個人，他的德就真實；修道於一家，他的德就有餘；修道於一鄉，他的德就長久；修道於一國，他的德就豐富；修道於天下，他的德就普遍。這個層遞中自身、家、鄉、邦到天下，當然是一個很好的層遞。至於真、餘、長、豐到普的排列，只是對德做正面的形容和述說而已，不同的用詞只是修辭變化，在邏輯上可以說是等值的，因此彼此對換也沒關係。

㈤一個微欠，概念結構不相同或層遞不適當的對偶，其所表達的觀念和思想，邏輯上未必會產生什麼毛病。一個表面上良好的對偶，卻可能隱含邏輯的錯謬。這種錯謬時常被表面美好的對偶所誤導，甚至以訛傳訛，世代相傳，而不被覺察。這種錯謬恐怕不是哲學上見仁見智的問題，而是邏輯上的正誤問題，因此格外要注意。試看下面一些例子。

⑴道可道，非常道；名可名，非常名。（一章）

這個對偶的語句意義是：道，可以說出來的，就不是常道；名，可以叫得出來的，就不是常名[54]。這是一般老子的解釋者所了解的語句意義。這個

---

[54] 黃釗根據帛書甲本的文字「道，可道也，非恆道也；名，可名也，非恆名也」，把它的語句意義語譯為「一般的『道』，是可以用言語表達的，但它不是『恆道』；一般事物的『名』，是可稱呼的，但它不是『恆名』」。這個語句意義與我

語句意義也應該是沒有爭議的。但是一般的研究者可能都沒有發覺，他們對這個對偶的第二句話的解釋（研究者的解釋），卻幾乎完全背離了它的語句意義[55]。實際上，老子自己也許也不知道，他自己在這裏的說話者意義，就背離了語句意義，因為這個語句意義顯然不會是老子的意義。老子之有這樣深含的錯謬，恐怕是由於不知不覺中抱守對偶造句的美妙所致。

乍看起來，乍聽起來，乍感起來，「道可道，非常道；名可名，非常名」似乎是一個非常美妙的對偶。但是如果進一步或深一點分析，我們會發現問題重重。我們知道這是一個對偶。由於這是一個對偶，因此在第一個語句的語句結構或邏輯結構決定以後，第二個語句的語句結構或邏輯結構應盡量參照第一個語句的。第一個語句「道可道，非常道」的語句或邏輯結構是「一個道如果可以說出來的，則它不是常道」。這樣，依這個結構，第二個語句「名可名，非常名」的結構也應該是「一個名如果可以叫出來的，則它不是常名」。 在上述第一個語句的結構裏，由於「一個道」中的「道」所稱指的東西與這個「道」字沒有必然的邏輯關連，以及這個「道」所稱指的東西與「可以說出來的」這個述詞也沒有必然的邏輯關連，因而這第一個語句可以成為一個很「正常的」哲學性的命題。但是，上述第二個語句的結構則不然。在這個結構裏，「一個名」中的「名」所稱指的東西與這個「名」字有某種必然的邏輯關連，而且這個「名」所稱指的東西與「可以叫得出來的」這個述詞也有某種必然的邏輯關連。由於這些必然的關連，因而使這第二個語句變成一個很「特殊的」哲學性的命題。

一個東西，不一定可以說出來的。因此，「道可道」， 也就是，「道，可以說出來的」，是一個綜合性(synthetic)命題。但是一個名或名稱(name)，一定可以叫得出來的，否則它就不是名或名稱。因此，「名可名」，也就

們這個語句意義，也就是一般老子解釋者所了解的，並不一樣。但這個不一樣，對我們這裏現在要討論的問題不發生影響。參看黃釗：《帛書老子校注析》，pp. 3–4。

[55] 本書第一章〈老子的「道可道，非常道；名可名，非常名」〉，對這點有詳細的討論。

是，「名，可以叫得出來的」，是一個分析性(analytic)命題，因為凡是「名」的東西，一定可以叫得出來的。在這樣的語句意義的了解之下，「名可名，非常名」的意思是說，一切名都不是常名，甚至連「常名」也不是名。這樣，「常名」將變成一個空意義的字眼。這顯然不是老子的意思。但這些卻嚴格的根據「名可名，非常名」的語句意義得來的。在我所看到的所有老子的解釋者，都未曾這樣分析過。但這是應有的，而且是非常明確的分析。大部分老子的解釋者，雖然抱「名可名，非常名」正確的語譯為「名，可以叫得出來的，就不是常名」，但是在做解釋時，卻非常沒有反省批判的把它解釋為「道是不可名的」。這種研究者的解釋太偏離這個對偶的語句意義了。

在這個對偶中老子的錯謬，其原因恐怕有二，一個是太講究對偶的外表美妙，另一個是對名的哲學性格和功能了解不夠，有所混淆。

⑵無名天地之始，有名萬物之母。(一章)

這個章句向來有下面兩種斷句或標點法：

(i)無，名天地之始；有，名萬物之母。

(ii)無名，天地之始；有名，萬物之母。

在這裏，「始」和「母」應該都是產生的原始或根源的意思，「始」「母」字眼的不同，只是修辭的變化而已。「天地」和「萬物」的意義和所指雖然不同，但這種不同和我們這裏討論的議題無關。

先就第一個斷句來看，它的語句意義應該是「天地的原始，叫做『無』；萬物的根源，叫做『有』」。這樣的語句意義在對偶上可以說是很完整的。但是，雖然有這種完整，卻沒有什麼實質上的重要意義。除非進一步追問那些叫做「無」和「有」的天地之始和萬物之母，到底是什麼「東西」。顯然，除了分別把這些東西叫做「無」和「有」以外，老子還想利用這兩個字一般具有的意義，來表示或描述被它們稱指的東西。「無」和「有」兩字單用的一般意義是「沒有什麼東西」和「有什麼東西」。在這樣了解下，這個語句可以解釋為「天地的原始是空無，萬物的根源是有什」。這樣的解釋雖然在哲學上並不是沒有意義的命題，但是一則天地的原始是空無這個解釋，顯然不是老子的意義，因為老子說:「有物混成，先天地生。……獨立不改，周行而不殆，可以為天下母。」（二十五章）因此，天地的原始不是空無，二則這樣的解釋，就一個完整的對偶所要求的概念結構或邏輯結構的相同來說，是畸型的，因為在這些結構上，「空無」無法和「有東西」對應起來，因為「空無」不能當概念結構或邏輯結構的「結」或「點」。當然，採取這種斷句的人，會進一步把這裏的「無」和「有」特別解釋為「無形的東西」和「有形的東西」。雖然這裏所謂無形的東西和有形的東西，是指怎樣的「無形」和「有形」的東西，還十分模糊，但是在這樣的特別解釋下，這個對偶的概念結構的相同性會相當好。雖然這樣，但是，要把「無」和「有」解釋為稱指「無形的東西」和「有形的東西」，是十分「費力」的事。為了「無」「有」的對偶，這樣讓人「費解」，不是一個好的造句，也不是一種好的語言使用。

現在讓我們看看第二種斷句，即「無名，天地之始；有名，萬物之母」。它的語句意義是，無名，即那些沒有名（稱）的東西，是天地的原始；有名，即那些有名（稱）的東西，是萬物的根本。在這樣了解下，這個對偶的概念結構的相同性是很良好的。但是，不論把這裏的「名」字解釋為「可名稱的」或「可概念的」，都會使這個對偶的後一句話，立即變成哲學上不可支持的一個命題，因為說有名稱的東西是萬物的根源也好，說有概念的東西是萬物的根源也好，都是哲學上難以支持的一個命題。

當然，我們知道，有的學者直接把這個章句的「無」或「無名」解釋為老子的道的某一層面，而把「有」或「有名」解釋為老子的道的某另一層面或道之德。這雖然是一個可接受或老子哲學上應有的解釋，但這是對「無」「無名」或「有」「有名」這些字詞的非常「費力」和「曲折」的解釋。為什麼不明白而直截了當說「道之什麼什麼是天地之始，道之什麼什麼是萬物之母」呢?

⑶〔聖人〕處無為之事，行不言之教。（二章）

表面上看，這個對偶是很完整的，其概念結構或邏輯結構的相同性似乎是很好的，因為「處」「無為」「事」和「行」「不言」「教」諸項目之間，似乎有很好的對應，但是實際上並不然。設 a, b, c, x, y, z 等代表任意數。那麼，一般說來，式子“$a+b=c$”和“$x+y=z$”可以說具有相同的概念結構或邏輯結構（注意：這兩個式子並不相同）。但是，如果再設 $b=2c$，則經代換後，式子 $a+b=c$ 變成 $a+c=0$。這樣，由於“$a+c=0$”和“$x+y=z$”不具有相同的概念結構或邏輯結構，因此“$a+b=c$”和“$x+y=z$”也就也不具有相同的概念結構或邏輯結構了，這也是因為在我們的設定下，“b”和“c”具有內在關係，而“y”和“z”之間卻不具有類似的關係。同理，由於「無為」是「事」之一種，因此「處無為之事」實際上是「處無為」而已，但「不言」卻未必是「教」之一種，因此，「行不言之教」和「行不言」是不同的。因此，「處無為之事」和「行不言之教」實際上並不具有相同的概念結構或邏輯結構。但是，比較之下，「不言之教，無為之益」（四十三章）在概念結構上卻是很好的對偶詞語了。

(4)為無為，事無事，味無味。（六十三章）

這個多句並對表面上是很完整的並對，但是除非把第三個句子「味無味」做特定的解釋，否則會產生意義的錯謬。我們知道，「無為」和「無事」是老子哲學上的術語。讓我們把它們的語詞意義，分別解釋為「不去為」和「不從事」。讓我們認定，至少在老子的「為觀念」或「行為觀念」上，「去為不去為什麼」和「去為什麼」一樣，都是「去為什麼」，也就是「去做什麼」。同樣的，「去從事不從事什麼」和「去從事什麼」，一樣，都是「去從事什麼」，也就是「去做什麼」。在這個認定下，「為無為」和「事無事」，都具有「去做什麼」的共同模式或結構。再進一步特定一點來看，這裏「去做什麼」的「什麼」還要是一種「行動」或「不行動」、「動作」或「不動作」。尤其是在否定的場合，「不行動」「不動作」的觀念一定要表示出來，這樣才能把老子的「無為」（不為）或「無事」（不從事）也是「為」或「從事」的「為觀」或「行為觀」表示出來。

在《老子》中，「無味」一詞只出現過兩次。除了上述地方以外，另一次出現在「道之出口，淡乎其無味」。在「淡乎其無味」中，「無味」的意義就是通常的「沒有味道」。如果把「味無味」中的「無味」解釋為「沒有味道」，則不但會產生在老子哲學上沒有什麼意義的「去品沒有味道」這個命題，而且會和「為無為」和「事無事」不相同的概念結構，因為「沒有味道」一語沒有「做什麼」的意思。如果為了和「為無為」和「事無事」保持相同的概念結構，而把「味無味」中的「無味」解釋為「不品味」，則在《老子》中，這是一種很特別、很唐突的解釋，因為這不是這一詞的通常解釋，而且如同剛才講過的，在這一詞唯一出現的另一地方，它的意義卻是明確的通常意義的「沒有味道」。

第六章　老子的「知」與「智」以及「為學日益，為道日損」——兼論老子是否「反智」

一、老子的什麼知識論？

中國哲學家和中國哲學的研究者，與西方哲學家和西方哲學的研究者比較起來，在做哲學的創作和研究時，較少做，或沒有有效的做哲學方法上，或哲學本身（哲學命題本身）的性格上應有的反省和改造。例如，在西方哲學上，十七世紀法國哲學家笛卡兒 (R. Descartes, 1596–1650)，首倡以有系統的懷疑方法，從哲學開頭，以清楚(clear)和明辨(distinct)為判準，徹底重新檢查其累積的先入之見(preconceptions)，希望能從最穩固最不可懷疑的起點出發建立哲學。十八、十九世紀德國哲學家康德 (I. Kant, 1724–1804)，在他的《第一批判》中❶，檢討曾經被視為所有科學的王后——形上學(metaphysics)，是否可以歸還它正常的地位。

奧地利維也納出生、長大，英國劍橋大學當代哲學家維根斯坦 (L. Wittgenstein, 1889–1951)，在哲學方法上曾有這樣徹底的檢討。他說：

> 哲學的正確方法真正會是這些：不說什麼，除了可以說的之外，即除了自然科學的命題——即一些與哲學無關的東西——之外，因而每當別人想說一些形上學的東西時，向他指證，在他的命題中他未能給某些記號以意義。雖然這也許不會令別人滿意——他也許沒有覺得我們在教他哲學——這個方法會是唯一嚴格正確的方法。❷

---

❶ 即康德的 *Kritik der reinen Vernunft*. Riga, 1781; 2d ed., Riga, 1787. N. Kemp Smith英譯 *Critique of Pure Reason*（《純粹理性批判》），倫敦，1929年。

❷ 維根斯坦：《邏輯哲學論說》 (*Tractatus Logico-Philosophicus*)，皮爾士 (D. F.

在對哲學本身的性格上，維根斯坦做了這樣驚人的反省：

> 哲學不是自然科學之一。❸
>
> （「哲學」一詞必須蘊含一些其地位高於或低於自然科學的東西，不是它們旁邊的東西。）

以及：

> 哲學志在思想的邏輯釐清。
>
> 哲學不是一種學說體，而是一種活動。
>
> 一個哲學作品基本的是由闡釋(elucidation)組成。
>
> 哲學並不產成「哲學的命題」，而是產成命題的釐清。
>
> 沒有哲學，思想可以說是模糊不分明的；它的工作是使它們清楚和給它們明顯的界限。❹

以及：

> 在哲學作品中所見到的大部分命題，不是假的，而是無意思的。因此我們不能給這類問題任何回答。哲學家的大部分命題和問題，產自我們未能了解我們的語言的邏輯。
>
> 因而並不驚人的，最深奧的問題事實上根本不是問題。❺

以及：

Pears)和麥吉尼(B. F. McGuinness)英譯，倫敦，1971年第二版，6.53。

❸ 前書，4.111。

❹ 前書，4.112。

❺ 前書，4.003。

所有哲學是一種「語言的批判」。❻

以及：

哲學，一個經由語言對抗我們的理智之迷惑的戰鬥。❼

以及：

哲學只是把每樣東西擺在我們面前，既不解說，也不推演什麼。——因為每樣東西打開在眼界，沒有什麼東西要解說的。❽

以及：

哲學家的處理一個問題，就像治療一個疾病。❾

以及：

你在哲學中的打算是什麼，——給蒼蠅指出飛出蒼蠅瓶子的路。❿

維根斯坦對某些種類的命題也做了斷然的反省。他說：

❻ 前書，4.0031。

❼ 維根斯坦：《哲學探究》(*Philosophical Investigations*)，安士科（夫人）(G. E. M. Anscombe)和呂斯(R. Rhees)合譯，1953年；1968年含索引，§109。

❽ 前書，§126。

❾ 前書，§255。

❿ 前書，§309。

> 邏輯不是一種學說體，而是世界的一個映象。
>
> 邏輯是超世的(transcendental)。⓫

又說：

> 很清楚的，倫理學不能說成話語。
>
> 倫理學是超世的。⓬
>
> （倫理學和美學是一個，而且相同一個東西。）

不管贊不贊成諸如上述笛卡兒、康德和維根斯坦對哲學方法或哲學本身性格的反省和檢討，顯然這些反省和檢討對之後的哲學發展，有一個重要的正面影響。那就是，會使哲學概念更清楚。哲學概念和命題的性格——它們是形上學的，知識論的，倫理學的，政治社會哲學的，或者其中相混或相兼的——更有自覺性的分辨，和哲學意見的表達和形構，更有條理和更嚴密。中國哲學家和中國哲學的研究者，由於欠缺這種反省和檢討，或者欠缺足夠有效的反省和檢討，因此在哲學創造和研究的成品上，沒有顯現上述正面影響下應有和可有的哲學進步。說句不好聽的話，中國哲學的創造和研究，似乎一直在「哲學蒼蠅瓶子裏打轉」，而且還「自得其樂」。

我們認為，中國哲學的研究要有實質的進步，一定先得在方法上，以及中國哲學或中國哲學的命題性格上，做有效的反省和檢討。雖然在原則上，這種反省和檢討可以通盤的和一般的來進行，但是這種進行不容易產生實質的作用。我們認為，最好是在做特定哲學問題的研究中，以相關問題為例，一點一滴反省最有效。在過去幾篇的老子研究中，我就這樣做⓭。

在研究牽涉到老子的「知」、「智」、「名」、「觀」等字詞或問題時，許多人直接把他們的文章標題為「老子的知識論（認識論）」。現在有一個嚴

⓫ 《論說》，6.13。

⓬ 前書，6.421。

⓭ 指本書第一章到第四章。

肅的問題：老子有沒有一種知識論(theory of knowledge; epistemology)？如果沒有，則這個「標題」首先會給人一個錯誤的提示，說老子「有」一種知識論。其次，也錯誤的告訴人家，在這個標題下所討論的東西是老子的一種知識論。

在哲學研究上，一個或一些思想或說法要可以適當的稱為「老子的知識論」，須要具備一些東西。首先是有關知識和信念等知識概念(epistemic concepts)基本的、一般性命題(general propositions)的斷說和主張。其次，對這些斷說和主張的至少某種程度的解說和分析。再其次，非常重要的，要對這些斷說和主張提出某種程度可接受的論證。當然，這些東西基本上是要由老子首先提出的。在這些了解下，我們認為老子哲學沒有略為嚴格意義的知識論。對於這一點，我們將在本文陸續提出說明和論證。

在老子哲學的研究上，我們可以看到下面一些「老子的知識論」的標題情形：

㈠好像老子當然有他的知識論的樣子。在標題為「老子的知識論」下，對老子是否有知識論和在怎樣的意義下有，沒做什麼解說，就討論他的「知識論」⓮。

㈡雖然在討論老子的「知識論」之前，對什麼是知識論做了一些傳統的哲學概論式的（而非現代分析性的）敘述，但對為什麼老子有關知識的一些講話可以視為這些知識論的內容，尤其是可以視為是「一種知識論」，並沒有做什麼解說⓯。

㈢不但認為老子「有」知識論，而且從存況論(ontology)的唯心主義和唯物主義之爭的立場，去認定老子的「知識論」是「唯心主義的」，還是「唯物主義的」⓰。在討論老子的道是唯心的還是唯物的問題時，任繼愈說：

⓮ 例如嚴靈峰的〈老莊的認識論〉，見他的《無求備齋學術新著》，pp. 39–73；嚴靈峰的〈老子的知識論〉，見他的《老子研讀須知》，pp. 288–298；魏元珪的〈老子知識論問題之探討〉，見《中國文化月刊》，184期，pp. 7–38，1995年2月。

⓯ 例如吳康的《老莊哲學》第一篇〈老子哲學〉第一章〈知識論〉，pp. 19–26；譚宇權的《老子哲學評論》第十二章〈評論老子的知識論〉，pp. 274–307。

主張老子是唯心主義的，姑稱為甲派，主張老子是唯物主義的，姑稱為乙派。筆者的四卷本哲學史屬乙派。1973年筆者撰《中國哲學史簡編》主張老子是唯物主義有困難，改變了觀點，主張甲派。今天看來，甲、乙兩派都有一定根據，但都不夠充分。雙方都把老子的思想說過了頭，超出了老子時代（春秋）的人們的認識水平。……

甲、乙兩派同樣犯了把古人現代化的錯誤。

甲、乙兩派都把老子的哲學體系說得太系統化了，其實許多問題老子自己還不甚清楚。⓱

在這裏，我們可以把任繼愈的話引伸的說，老子不但沒有現代意味的所謂唯心主義和唯物主義的概念，也沒有他的「知識論」，老子還不會有稱得上「知識論」這樣「系統化」的東西。

㈣不但直接認定老子有他的「知識論」，而且還拿現代哲學家的哲學層次代替老子立論。沈清松說：

「吾人對『道』的認知如何可能？」老子在回答此問題的時候，建構了他的知識論。⓲

他說：

對於老子而言，「知識」卻是「存有」的一種模態，而非「存有」是「知識」的一種模態。吾人知識的可靠性要依乎吾人存有的實現程度而定。以現象學的語詞來表達，對老子而言，「所思」(Noema)的

⓰ 參看古棣和周英的《老子通》（中）第十七章〈老子的唯心主義認識論〉，pp. 469–512。

⓱ 任繼愈：《老子新譯》，pp. 32–33。

⓲ 沈清松：〈老子的知識論〉，見《哲學與文化》，20卷1期，p. 98，1993年1月。

> 呈現須依賴乎與其相關的「能思」(Noesis)的徹底程度，而「能思」的徹底程度本身則依賴吾人在每一認識的行動當中，吾人存在的真純性而定。換言之，老子認為，必須先肯定知識的存有學條件，將知識視為存有的模態，而非將存有視為知識的模態，以知識論來規定存有學。⓳

暫且不論「知識」與「存有」是否如上述的關係，但我們認為老子本人從未講過這種問題。這種說法，誠如任繼愈所說，「把老子的思想說過了頭，超出了老子時代（春秋）的人們的認識水平」。

許多中國哲學的研究者，尤其是新儒家主義者，喜歡把中國（傳統）哲學說成是「圓融」，而且完全以美譽的意思使用這一詞。他們的意思是，這種圓融要比西方哲學的「分割」——他們把西方的「分析」錯誤的貶為「分割」——高明、高超。如果他們的意思真的如此，我們當然不會同意。

我們可以把人類——個人也一樣——知識或哲學思想的成長和發展，大體依次分成粗糙混雜、分辨分化和整合三個階段。其中整合是高發展階段，並不容易達成。沒有經過相當程度的分辨分化，是無所謂整合的。分析是分辨分化必須做的工作。嚴格說來，中國（傳統）哲學思想並未經過分析的歷史階段，因此當然無所謂整合。因此，所謂中國哲學思想是圓融者，恐怕是混雜也。所謂必須先肯定知識的存有學條件，將知識視為存有的模態，而非將存有視為知識的模態，以知識論來規定存有學，這已經是哲學發展的高階反省分析的階段，我們不認為老子的哲學已達到這個階段。我們認為，在老子，知識和存有恐怕還在混雜的初期。在哲學思想的研究上，我們應把混雜的東西就說它是混雜，是怎樣混雜的，而不應說它是有分辨、有分化，更不應該說它是整合的。

老子的哲學思想，整個還在非常混雜的階段。在談到知與智的地方也一樣。因此，在略為嚴格的意義上，我們不能說老子有一種知識論。也因此，我們不宜用「老子的知識論」當討論有關老子的知與智等知識問題的

⓳ 前文，pp. 99–100。

標題，但是在「知識論」的標題下，如果討論的是諸家——譬如也包括老子——有關知識的看法的，則並無不當，因為在這種情形下並不預設或含蘊老子有一種知識論。這種標題只在標示這裏討論的主要是有關知識的問題，而不預設或含蘊所討論的諸家都有他們各自的一套知識論。

我們剛才所講的主要用意是要小心用標題，以免誤導。羅素(B. Russell, 1872–1970)的做法值得參考。羅素在他的《西方哲學史》中討論了許多西方歷代哲學家有關知識論的看法。不用爭論的，在這些哲學家中有許多對知識的問題提出了遠比老子更精細、更有條理、更有系統的看法，但是羅素只在討論洛克(J. Locke, 1632–1704)的看法時，才使用「洛克的知識論」(Locke's Theory of Knowledge)這種標題，在其他哲學家都沒有⑳。

二、一些有用的用語：術語、半術語、日常用語；可理解化的語句意義、常理化的語句意義；涉點、焦點；斷言、做言

在後面討論《老子》有關「知」、「智」等的章句和問題時，我們需要使用術語 (terminology)，半術語，和日常用語；可理解化的語句意義和常理化的語句意義；涉點和焦點；斷言和做言等用語和觀念。其實，在整個《老子》一書的研究上，也需要這些。讓我們給它們做一些簡單說明。

所謂術語，如同一般所了解的，是指在特定學科、行業、活動裏，特別使用，或經特別說明或定義而使用的字詞或詞組。例如：偶數、奇數、基數和序數是數學術語；再犯、牽連犯、直系血親等是法律術語；唯心論、存況論(ontology)、悖論(paradox)是哲學術語。所謂日常用語，顧名思義，是指日常生活上一般使用的字詞和詞組。所謂半術語，是指介於術語和日常用語之間使用的。一般說來，使用術語來講話，可以把話講得較精確和簡潔，但對不了解術語的聽者，會使他聽不懂。反之，使用日常用語，可以使更多的人聽得懂，但其缺點是，要把話講得更長，同時往往講得比較

⑳ 羅素：《西方哲學史》(*History of Western Philosophy*)，p. 8 和 p. 628。

不精確。

一個詞語當術語使用時，我們要以術語的意義來了解。反之，當日常用語使用時，則要以日常意義來了解。不論是把術語當日常用語來了解，或是把日常用語當術語來了解，都會是一種誤解。在一個討論中，說話者沒有用某種比較明顯的方式把一個不明顯為術語的術語交待清楚，容易使人把它以日常用語來了解。在不當的「深化」古人著作——尤其是文言文的著作——的解釋時，容易把日常用語了解為術語。在同一個討論，同一個段落，同一篇文章，或同一本書中，同一個字詞或詞組在不同的出現中，時常有的當術語，有的當日常用語。在這種情況中，術語和日常用語的交錯誤解最常發生。當然術語和日常用語的認定，時常有見仁見智之爭。

在《老子》中，「道」就有術語和日常用語的使用情形。例如：

⑴道可道，非常道。（一章）

第一和第三個「道」字，是老子哲學上的術語，指的是他的哲學上「先天地生」的宇宙開始的那東西；而第二個「道」字則為日常用語，其意義是「說得出來的」。

⑵反者道之動；弱者道之用。（四十章）

兩個「道」字都是老子哲學上的術語，指的是創生萬物的道。

⑶天下有道，卻走馬以糞。天下無道，戎馬生於郊。（四十六章）

有的人把這裏的兩個「道」字解釋為老子哲學上的道㉑，有的人則把它們解釋為日常意義的「軌道」㉒。

有時候，我們會很難懂甚或根本無法懂一個語句的意義，不是因為這個語句的「內容」難懂或不可懂，而是因為句子沒有造好或有漏寫漏排，使得其意義難理解或不可理解 (unintelligible)。例如，一個初學中文的人，可能造一個如下的「語句」：

㉑ 例如，陳榮捷(Wing-tsit Chan): *A Source Book in Chinese Philosophy*（《中國哲學資料書》）, p. 162; 張鍾元(Chung-yuan Chang): *Tao: A New Way of Thinking*, p. 127。

㉒ 例如，任繼愈前書，p. 159；陳鼓應：《老子今註今譯》，p. 227。

⑷從太陽起來東方升。

顯然，這個「語句」的意義是很難，甚或不可理解的。一個其意義不可理解的語句，我們無法討論其含義或道理。為了使⑷的語句意義成為可理解，我們可以把它解釋或改寫為

⑷'太陽從東方升起來。

注意，這裏的解釋不是普通的解釋，而是或多或少的一種改寫。如果說它是一個普通的解釋，那是一種牽強附會的解釋。但是，如果說它是一種改寫或改解，則在承擔「改」的責任外，只有改得好不好的事了。

我們這裏所謂改解和普通所謂解釋不同。這裏所謂改解是把一個其語句意義難以理解或不可理解的語句，改寫為好理解或可理解的，而普通所謂解釋，則是把一個其語句意義可理解的語句，解釋得更清楚或更詳細。改解可能改變一個語句原來的語句意義，解釋則不應改變。

⑸以智治國，國之賊；不以智治國，國之福。知此兩者，亦稽式。(六十五章)

「知此兩者，亦稽式」如依其原句，則「亦稽式」很難理解。有人把這句話譯成「了解這兩者（用智和不用智)，也還是一個原則」，或譯成「了解這兩種治國方式的差別就是一個法則。」㉓在這兩個翻譯中，至少我個人不懂「也還是一個原則」或「就是一個法則」，在整個語句中的語句意義是什麼。因此，這兩個翻譯不能使我們「理解」原（文言）句的語句意義。但是，在「知此兩者，亦稽式」的下列白話的語句翻譯或英譯中：

⒜常知曉這兩者，也就知道了治國的法則㉔。

⒝ One who knows these two things also (know) the standard.（知道這兩者的人，也（知道）這楷式。）㉕

⒞ Knowing the difference between these two sets a standard.（知道

㉓ 例如，參看任繼愈前書，p. 203；陳鼓應前書，p. 289；和嚴靈峰：《老子達解》，p. 351。

㉔ 許抗生：《老子研究》，p. 48。

㉕ 陳榮捷前書，p. 170。

這兩組的不同，就設立楷式。）㉖

(d) To know these two is to know the principle of government.（知道這兩者，是知道治國原理。）㉗

為了使語句意義可理解，都在語句中間添加「知道」(know)一詞，尤其是在(b)中，為了顯示 “know” 是在原語句沒有，而是添加的，特別用括弧把 “know”圍起來。以上(a)到(d)都是「知此兩者，亦稽式」的一種改解。為了顯示是改解，不是普通的解釋，最好如(b)那樣有一個標明。正如同一個語句的普通解釋可能不只一種，一個語句的改解也可能不只一種。上面(b)、(c)、(d)的英譯，就可以視為是同一個《老子》語句的不同改解。我們要有「改解」這個觀念，主要用意在使我們在原語句與改解語句之間，不會有錯謬感，因為在改解中畢竟可能已經「變更」了些原語句的語句意義了。

在《老子》章句中，不但有許多其語句意義是很難，甚或不可理解的，而且在其語句意義可理解當中，也有不少在常理上顯然為假，沒什麼道理的。這些在常理上顯然為假或沒有道理的語句，顯然是因為造句不夠精細，或因為錯簡、衍文、脫字或誤字所致。在《老子》章句的解釋上，如果不給這種語句作常理化的改寫，也就是改寫成在常理上不會顯然為假或沒有道理，則就沒有什麼值得探討的了。我們要把一個其意義顯然為假或沒有道理的語句，改寫成常理上不會顯然為假或沒有道理的語句，稱為這個語句的語句意義的常理化。語句意義的常理化改寫也是語句改解的一種。例如，老子說：

(6)五色令人目盲；五音令人耳聾；五味令人口爽。（十二章）

如果依其原本的語句意義㉘，則顯然沒有道理，因為「事實上」許多人並不被五色目盲，五音耳聾，五味口傷。許多白話或英文的翻譯者給上述語句做了常理化的改解。例如，有的把它常理化改解為諸如：

五色（會）令人目盲；五音（會）令人耳聾；五味（會）令人口傷㉙。

㉖ 張鍾元前書，p. 174。

㉗ 范光棣(K. T. Fann): *Lao Tzu's Tao Teh Ching*.

㉘ 例如，參看陳榮捷前書，p. 145；張鍾元前書，p. 38。

其中在每個分句中添加「會」或其同義語。有的把它常理化改解為諸如：

(太多）五色令人目盲；(太多）五音令人耳聾；(太多）五味令人口傷㉚。

其中在每個分句中添加「太多」或其同義語。有的甚至同時做上面兩個添加而常理化改解為：

(太多）五色（會）令人目盲；(太多）五音（會）令人耳聾；(太多）五味（會）令人口傷㉛。

其次讓我們說明語句或文段的涉點和焦點。所謂語句或文段的涉點，是指在一個語境中，一個語句或文段可能講到或涉及到的東西和事項。例如，在通常的語境中，語句：

(7)玄奘到天竺（今印度）取經。

至少講到或涉及「玄奘」、「到」、「天竺」、「取經」、「到天竺」、「到天竺取經」和「玄奘到天竺取經」等人、物和事。這些人、物和事，就是這個語句的涉點。我們可把這些涉點用括波表示如下：

{(玄奘）(到）(天竺）(取經）(到天竺）(到天竺取經）(玄奘到天竺取經)}

略為複雜的語句如：

(8)萊因河(The Rhine)發源於瑞士阿爾卑斯山中，穿過德國東部，流入北海，長約二千五百里㉜。

至少含有這些涉點：

{(萊因河）(發源）(瑞士）(阿爾卑斯山）(穿過）(德國）(東部）(流入）(北海）(長）(二千五百里）(萊因河發源）(瑞士阿爾卑斯山）(穿過德國東部）(流入北海）(長約二千五百里）(萊因河發源於瑞士阿爾卑斯山）(萊因河穿過德國東部）……}

㉙ 例如，嚴靈峰前書，p. 59。

㉚ 例如，范光棣前書，p. 147；吳怡：《老子解義》，p. 94。

㉛ 例如，賀榮一：《道德經註譯與析解》，p. 106。

㉜ 朱自清的造句，見他的〈萊因河〉。

在一些討論場合，一個語句的重要相關預設(presuppositions)和相當直接的邏輯涵蘊 (implications)，也可以視為這個語句的涉點。

現在讓我們舉《老子》的章句為例來說明涉點。試看文段：

(9)天下皆知美之為美，斯惡已；皆知善之為善，斯不善已。(二章)

這個文段至少講到這些涉點：

{(天下)(知)(美)(惡)(善)(不善)(美之為美)(善之為善)(天下皆知……)……}

再看文段：

(10)不出戶，知天下；不闚牖，見天道。其出彌遠，其知彌少。(四十七章)

這個文段至少講到這些涉點：

{(不出戶)(知)(天下)(不闚牖)(見)(天道)(出)(彌遠)(彌少)(不出戶，知天下)(不闚牖，見天道)(其出彌遠，其知彌少)……}

一個語句或文段的涉點，一般說來，會是不少，甚至很多。但焦點，則事實上不會那麼多，也不應那麼多。所謂語句或文段的焦點，是指在個別的講話中當做講話和討論所主要關注的人、物和事。一個語句或文段的涉點雖然很多，但一般說來，在特定講話中，只有一個或少數涉點是主要關注的，即只有一個或少數焦點。例如，在前面語句(7)，即「玄奘到天竺取經」中，在某種語境裏，講話者主要關注的是玄奘這個人，即焦點是玄奘，而「到天竺取經」這個涉點，是用來講玄奘之一事而已。我們用括方「〈〉」表示焦點，則可把語句(7)的焦點和涉點表示為

{〈玄奘〉(到)(天竺)(取經)}

在講述前面語句(8)，即「萊因河發源於瑞士阿爾卑斯山中，……」時，焦點很可能是「萊因河」。要注意的，一句話的主詞未必就是它的焦點。例如，語句：

(11)許多人說打雷是雷公發威。

其主詞詞組是「許多人」，但是在一般的情況下，這個講話的焦點應該是「打

雷是雷公發威」。

焦點的辨認和決定時常很不容易，而且也是見仁見智的。一般說來，有兩種情形。一種是語句或文段裏面的自身表示。例如，在語句中出現有「我要關注的是……」的表示，或者用畫底線或用變體書式。另一種是要由讀者自己從語境中「自由心證」了。在後者，就常有見仁見智的情況了。在《老子》的章句中，似乎沒有自身表示的。而由於《老子》章句的極端簡要，語境不明，因此其焦點的辨認和決定，就格外困難和見仁見智了。這從《老子》章句諸家白話翻譯和英文翻譯的南轅北轍，可見一般。至於其「引述」和「解義」等更不用說了。這也就是我們要較嚴謹討論《老子》章句和哲學時，要提出焦點這一觀念的主要原因。

例如，前面我們舉例的語句(9)，即「天下皆知美之為美，斯惡已；皆知善之為善，斯不善已」，其焦點好像是知不知美醜善惡的問題，但是如果我們繼續看這句話接著的「有無相生，難易相成，長短相形，高下相盈，音聲相和，前後相隨」，我們應該發現，這裏老子講話的焦點是所有有兩極——諸如「美醜」、「善惡」、「有無」、「難易」等等——的觀念（當然老子尚未有「觀念」一詞，雖然他可能也有這個觀念），都是人間世人為造成的對立，而不是宇宙或自然界本來就有，或絕對的東西（這裏「絕對」這個觀念是我們替老子說的，他自己未必有）。美醜、善惡、有無、難易等，只是這個文段的例子和涉點，不是焦點。

其次讓我們看看斷言(assertions)和做言(performatives)。依現代說話做行論 (theory of speech acts)㉝，我們除了可用語句來做有真假可言的斷言或敘說(statements)以外，也可以用語句和說話來做事(doing something)，譬如用說話來做承諾、答應、勸告、勸戒、鼓勵、讚美、罵人、命令、抒

㉝ 參看奧斯丁(J. L. Austin)：《如何拿話做事》(*How to Do Things with Words*)；塞爾(J. Searle)：《說話做行》(*Speech Acts*)，第1, 2, 3章；塞爾：〈做言如何運行〉(How Performatives Work)，見 *Linguistic and Philosophy*，12卷，pp. 535–58，1989 年，此文也收到哈尼西(R. M. Harnish)編輯《語言哲學基本論題》(*Basic Topic in the Philosophy of Language*)，pp. 74–98。

情、立誓、保證、任命、宣布、命名、宣判、引導等等。在我們用語句或說話來做諸如此類的事情時，這個說話 (utterance) 就是一個做言 (performative)。例如，一個父親對他撒嬌的女兒說：

⑿我答應(promise)過年給妳一個大紅包。

在這裏，這個父親對他的女兒做了一個答應。這個說話就是一個做言。做言已有許多研究，也有許多待研究的問題，但對本文的討論，我們只需知道若干點。

當然，首先我們要知道，說話常常是一種做事，也就是我們常常在發出做言。其次是，在同一個講話中可以同時一方面做了一個斷言，另一方面也做了一個做言。再次是，在分析和了解一個講話時，我們時常不但要找出它斷言什麼，而且也要找出它做言什麼，也就是做什麼事。這不但對了解一個講話是重要的，而且對評價這個講話也是重要的，因為對斷言和做言時常要使用不同的評價。

一個顯然但似乎向來未被研究者注意到的是，《老子》諸章中，除了可看做斷言以外，幾乎大半也含有做言。而且其做言的示意 (force)，在哲學意含上，時常比其斷言的意義 (meaning) 更重要，更有價值。老子的研究者在闡釋和發揮老子的「智慧」時，其闡釋和發揮的，與其說是《老子》章句的斷言意義，不如說是其做言示意。從斷言的意義和做言的示意分別，去分析和了解《老子》的章句，相信在消極方面才不會牽強附會，在積極方面會了解廓清。

我們再舉兩個例子來說明。例如，一個在火車站臺等候車的人，對他的伙伴說：

⒀火車來了。

在這裏，他一方面告訴伙伴火車來了這個事實，也就是做了火車來了這個斷言；另一方面他很可能在警告伙伴要小心，不要給火車撞到。又如老子說：

⒁知者不言，言者不知。（五十六章）

這句話的語句意義(sentence meaning)是：

知道的人不說話，說話的人不知道。

我想這句話最好改解如下，否則它顯然為假：

知道的人不多說話，多說話的人不知道。

這顯然是一個斷言。這個斷言對一部分人可能為真，但對一部分人則未必，因為有些知道的人也常多說話，而有些多說話的也不是不知道。單從斷言來看，這個講話實在沒有多大的意義。然而，顯然這個講話還有做言的示意。這個示意就是，「勸戒」知道的人不要多說話，但不是絕對閉嘴。很多知道的人有多說話的傾向。老子在這裏就是要勸告這種人。這樣的勸告，不能說沒有用。

許多《老子》章句的研究者，已經不知不覺或沒有明說在使用以上討論的諸用語和觀念。但是如果能明白使用它們，相信會把老子的研究，說得更清楚、更明理和合理。

三、老子的「知」與「智」

首先把《老子》中含有「知」和「智」的章節分別列舉如下[34]：

含有「知」的章節有：

天下皆知美之為美，斯惡已；皆知善之為善，斯不善已。（二章）

吾不知誰之子，象帝之先。（四章）

明白四達，能無知乎？（十章）

能知古始，是謂道紀。（十四章）

知常曰明。不知常，妄作，凶。……知常容。（十六章）

太上，不知有之。（十七章）

吾何以知眾甫之狀哉！以此。（二十一章）

[34] 依嚴靈峰說，長沙馬王堆漢墓出土的《帛書老子》，甲（篆書）、乙（隸書）兩本，均不見「智」字。《說文》無「智」字，經典多以「知」為之；可見「智」字乃係後出。本處列舉的「知」「智」分別，參照嚴靈峰《老子研讀須知》，pp. 288–98。

吾不知其名，強字之曰道，強為之名曰大。（二十五章）

知其雄，守其雌，為天下谿。……

知其白，守其辱，為天下谷。（二十八章）

始制有名，名亦既有，夫亦將知止，知止可以不殆。（三十二章）

知人者智，自知者明。……

知足者富。（三十三章）

無有入無間，吾是以知無為之有益。（四十三章）

知足不辱，知止不殆，可以長久。（四十四章）

禍莫大於不知足；咎莫大於欲得。故知足之足，常足矣。（四十六章）

不出戶，知天下；不闚牖，見天道。其出彌遠，其知彌少。

是以聖人不行而知，不見而明，不為而成。（四十七章）

天下有始，以為天下母。既得其母，以知其子；既知其子，復守其母，沒身不殆。（五十二章）

使我介然有知，行於大道，唯施是畏。（五十三章）

吾何以知天下然哉？以此。（五十四章）

未知牝牡之合而朘作，精之至也。……

知和曰常，知常曰明。（五十五章）

知者不言，言者不知。（五十六章）

吾何以知其然哉？以此：（五十七章）

熟知其極？（五十八章）

重積德則無不克；無不克則莫知其極；莫知其極，可以有國。（五十九章）

知此兩者亦稽式。常知稽式，是謂玄德。（六十五章）

吾言甚易知，甚易行。天下莫能知，莫能行。

言有宗，事有君。夫唯無知，是以不我知。

知我者希，則我者貴。是以聖人被褐懷玉。（七十章）

知不知，上；不知知，病。（七十一章）

是以聖人自知不自見。（七十二章）

天之所惡，孰知其故？（七十三章）

弱之勝強，柔之勝剛，天下莫不知，莫能行。（七十八章）

知者不博，博者不知。（八十一章）

含有「智」的章節有：

常使民無智無欲。使夫智者不敢為也。（三章）

（智慧出，有大偽）。（十八章）

絕智棄辯，民利百倍。（十九章）

不貴其師，不愛其資，雖智大迷，是謂要妙。（二十七章）

知人者智，自知者明。……

民之難治，以其智多。故以智治國，國之賊；不以智治國，國之福。（六十五章）

現在我們從《老子》含有「知」「智」兩字的章句，分析和討論若干要點和問題。前面已經提過，我們認為老子沒有什麼略為嚴格成型的知識論。也提過，《老子》的許多章句，不但是斷言，而且是勸化或勸戒的做言；而且在老子的哲學意義上，當做做言的常比當做斷言的更重要。在下面討論含有「知」、「智」的章句中，我們將隨時顯示這些。在討論到含有「知」或「智」的某一章句時，如果沒有特別提到有無知識論上的意義或問題時，那就表示那些章句顯然不涉及有什麼特別的知識論的意義或問題。現在我們就下面諸要點和問題來討論。

《老子》中「知」字一詞可以分析成下面諸意義和使用來了解。當然，這些意義和使用，是我們從章句中分析歸納所得，不是老子自己有這樣明白的分辨。這些分析雖然未必明確，但相信有助有關章句和要點的了解。「知」字可以有這些意義和使用：

㈠日常所謂知不知道的「知道」(to know)

《老子》中講的雖然多半是抽象思想性的，但是許多詞語，包括「知」

字，在一些場合還是以日常意味去使用的。我們不宜把一個日常意味使用的詞語當術語或「深化」去解釋，否則那是一種曲解。下面章句中的「知」字，可以用日常所謂知不知道的「知道」來了解。

⑴太上，不知有之。（十七章）

這句話的一個解釋是，最好的統治者，沒有人知道有他（的存在）。有的版本把這裏的「不」字寫為「下」字，而為

太上，下知有之。

採用這個版本的，大半把這句話解釋為，最好的統治者，人民僅僅知道有他。在這裏，「僅僅」一詞是為呼應這句話後面的「其次，親而譽之；其次，畏之……」所做常理化改解的添加，不是原句的語句意義所有。

⑵始制有名，名亦既有，夫亦將知止，知止可以不殆。（三十二章）

這裏，「始制有名」學者間有不同的解釋。我們將採用「一旦有規章和制度，就有名稱名位」的解釋。這樣這個文段就可解釋為：

一旦有規章和制度，就有名稱名位。名稱名位既已有了，也要知道適可而止。知道適可而止，可以不危險。

在這裏，就「可以」而言，「知道適可而止，可以不危險」可以有兩種解釋。一種是，知道適可而止，可能（但不是一定）就不危險，這是適然條件(contingent conditions)的解釋。另一種是，知道適可而止，一定就不危險，這是充分條件(sufficient conditions)的解釋。這兩種解釋都是「可以」一詞的解釋。但有的學者把這句話解釋為「適可而止，才可以不危險」㉟，這是必要條件(necessary conditions)的解釋。這個解釋是一種改解，因為原語句意義中沒有「才」的意思。在《老子》章句的翻譯和解釋上，有的學者時常做這種必要條件的改解，是否適當，需要討論。凡偏離原語句意義的改解，都要做必要的辯護。

⑶……赤子……未知牝牡之合而朘作，精之至也。（五十五章）

㉟ 例如，賀榮一前書，p. 276。

這是說，嬰兒還不知道男女交合，小生殖器卻勃起，這是精氣充足。

⑷知者不言，言者不知。（五十六章）

在前面第二節，曾經討論過這句話。這句話的語句意義是「知道的人不說話，說話的人不知道」。依這個意義，在常理上顯然為假，而且沒有什麼意思。因此，我們認為應如一些解釋者，改解為「知道的人不多（不亂）說話，多（亂）說話的人不知道。」這樣改解後，這句話就比較有道理了。不但如此，我們認為老子的本意不但要有這樣改解的斷說，同時還要有這個改解可表示的勸人不要多說的做言(performative)。這個改解——一個複合語句——的前一個分句「知道的人不多說話」寫成顯式(explicit)做言，則為「知道的人，不要多說話」。但這個改解的後一個分句「多說話的人不知道」，卻不適合寫成諸如「多說話的人，不要知道」或「要多說話的人，就不知道」的做言。因為我們無法清楚了解這些做言是什麼意思，以及要人做什麼。這是怎麼一回事呢?

《老子》的研究者要注意的是，老子非常喜歡以對偶和相反的造句方式表達思想；而他的思想也深受這些表達方式的影響和牽制。尤其在既要對偶又要相反時，受影響和牽制更大。通常，在對偶中的第二句，可以說，時常是為對偶而造句的，因此這第二句的「內容」就難免牽強，甚至不很有道理。例如，我們正在討論的「知者不言，言者不知」這個文段，是典型的老子式對偶又對反的造句。就拿它常理化的改解來說吧，就斷言來說，第一個分句要比第二個分句要有道理點；而就做言來說，如同我們剛剛講的，雖然第一個分句頗有道理，但第二個分句就不知要講什麼了。我們現在要舉一個受這種對偶和對反表達方式影響和牽制的例子。試看：

⑸信言不美，美言不信。

善者不辯，辯者不善。

知者不博，博者不知。（八十一章）

首先，這個文段的語句意義應該是：

信實的言詞不華美，華美的言詞不信實。

善良者不辯解，辯解者不善良。

知道者不博學，博學者不知道。

其次，這裏第二個複句「善良者不辯解，辯解者不善良」的意義，似乎不好理解，因為這裏的「辯解」到底辯解什麼？如果不把要辯解的東西弄清楚，似乎和善不善良者談不上有什麼關係。因此，為了可理解起見，我們要把這裏的「辯解」一詞改解為「替自己的善行辯解（說那是善行）」或簡寫為「自作辯解」。這樣，可把這第二複句可理解的改解為「善良者不自作辯解，自作辯解者不善良。」這個文段的第一和第二個複句，當然是可理解的。那麼這個文段像上述那樣的解釋，它有道理嗎？顯然沒有，因為信言不一定不美，美言 不一定不信；善者不一定不自作辯解，自作辯解不一定不善；知者更不一定不博，博者更不是不知[36]。任繼愈說得好，他說：

> 世界的事物多種多樣，社會現象更是十分複雜。如果認定「信言」都是「不美」的，「美言」都是「不信」的；「辯者」一定都「不善」，「善者」一定都「不辯」，這就片面了。不能說世界上真、善、美的事物永遠不能統一而只能互相排斥。因此，我們在肯定老子說對了的地方時，也要指出老子說錯了的地方。[37]

當然，依《老子》原語句意義，上述文段應該是沒有什麼道理的。但是，如同我們提醒過的，《老子》的許多章句應予以常理化的改解。現在我們要給這個文段改解為：

信實的言詞不一定華美，華美的言詞不一定信實。

---

[36] 任繼愈前書，p. 181；張松如：《老子解說》，p. 334。至於用「專精」和「博約」來解釋這裏的「知」和「博」， 我想不會正確。有兩個理由：一、專精（於某一領域）者，不一定（對一般領域）不博約，反之亦然。二、老子恐怕還沒有現代的專精與博約這樣相對的觀念。我們認為這裏的「知」只有「知道」的意思，沒有「專精」的意思。陳鼓應就有「專精」與「博約」這樣的「引述」，見前書，p. 332。

[37] 任繼愈前書，p. 234。

善良者不多自作辯解，多自作辯解者不善良。

知道者不賣弄博學，賣弄博學者不知道。

這個改解就不那麼沒有道理了。世人常以為，信實的言詞一定華美，華美的言詞一定信實，老子告訴我們未必。這第一個複句的兩個分句一樣有道理。第二個複句的第一個分句，常做做言，即善良者不必多（為自己的善行）自作辯解，比當做斷言更有道理。但第二個分句，當做斷言不是十分有意義，當做做言更沒意思了。這就是我們在前面討論⑷時講的，在受對偶和對反造句的影響和牽制下，只是為對偶和對反造句而已，在內容和思想上未必有什麼意義。第三個複句和第二個複句的情況一樣。其第一個分句，當做做言，即知者不要賣弄博學，比當做斷言有意義得多。但其第二個分句，雖然當做斷言有點意思，但不怎麼有意思，而顯然沒有什麼好當做做言的了。

現在讓我們看看在：

知者不多說話，多說話者不知。（五十六章）

知者不賣弄博學，賣弄博學者不知。

信言不一定美，美言不一定信。（八十一章）

的語句中，有沒有涉及一些知識論意義的。我們說過，這第一和第二個複句，只有其第一分句比較有意義，第二分句沒什麼意義。而其第一分句的意義尤其要當做做言，即「知者不要多說話」和「知者不要賣弄博學」，才更能顯示出來。而在它們當做做言時，所要講的是一種修養工夫，而不是「知」或「知識」的性質本身。因此，我們可以說這兩個複句在知識論上沒有特別意義。而第三個複句中的「信言」雖可能涉及知識論的事項，但「美言」則只涉及造句、修句，和社會禮俗，不涉及知識的性質本身，因此這個複句不講到「知」或「知識」之間的問題。

⑹重積德則無不克；無不克則莫知其極；莫知其極，可以有國。（五十九章）

這個文段的意思是，重複積德，則無往不克；無往不克，則沒有人知道其究極（高深）；沒有人知道其究極，則可以治國。這裏講的雖然是德（某種精神力量）的治國力量，但是卻在日常的「知道」這一意義使用「知」字。

⑺知不知，尚；不知〔不〕知，病。（七十一章）

在帛書甲本上，第二句是「不知不知」，因此這個文段有兩個版本。一個是「知不知，尚；不知知，病。」另一個是「知不知，尚；不知不知，病。」讓我們稱前者為一般版本，後者帛書甲版本。由於這個文段有許多歧義，因此有點令人困惑。我在別的文章中已經詳細討論過它[38]，在此只列出其中比較可能的解釋。

⒜一般版本比較可能的解釋有：

(i)知道自己（有所）不知道，是好啊；

不知道，卻（無知的或糊裏糊塗的）自己以為知道，是毛病啊。

(ii)知道自己（有所）不知道，是好啊；

不知道，卻（虛假的或有意騙人的）說自己知道，是毛病啊。

(iii)知道了，但（虛心的）說自己不知道，是好啊；

不知道，卻（無知的或糊裏糊塗的）自己以為知道，是毛病啊。

(iv)知道了，但（虛心的）說自己不知道，是好啊；

不知道，卻（虛假的或有意騙人的）說自己知道，是毛病啊。

(v)知道了，但不（炫耀）說自己知道，是好啊；

不知道，卻（無知的或糊裏糊塗的）自己以為知道，是毛病啊。

(vi)知道了，但不（炫耀）說自己知道，是好啊；

不知道，卻（虛假的或有意騙人的）說自己知道，是毛病啊。

⒝帛書甲本比較可能的解釋有：

(i)知道自己（有所）不知道，是好啊；

不知道自己不知道，是毛病啊。

(ii)知道了，但（虛心的）說自己不知道，是好啊；

不知道自己不知道，是毛病啊。

---

[38] 參看本書第五章〈老子對偶造句與思考的邏輯分析與批判〉。

(iii) 知道了，但不（炫耀）說自己知道；不知道自己不知道，是毛病啊。

以上這些解釋，那一個或那些更適當呢？實在無法決定。

㈡日常和一般所謂的「知識」(knowledge)

我們認為至少在下面這些章句中的「知」字，可以當日常和一般所謂的「知識」來了解，而且在這些地方的「知識」，並不牽連到老子是否有「反智」的問題（關於老子的「反智」問題，將在後面討論）。試看：

⑻明白四達，能無知乎。（十章）

這裏的「知」字可以了解為「知識」，全句的意思是，明白四方通達，能夠沒有知識嗎[39]？

⑼使我介然有知，行於大道，唯施是畏。（五十三章）

這是說，假使我稍微有知識，我就在大道上行走，唯恐走斜路[40]。

⑽知者不言，言者不知。（五十六章）

知者不博，博者不知。（八十一章）

這裏，「知者」通常解為「知道的人」，如前面例⑷和⑸那樣。其實在這裏，「知者」也可以解為「有知識者」或「有學問者(learned persons)」。這樣，這兩句可常理化改解為：

> 有知識（學問）者不多說話，多說話者沒有知識（學問）。（五十六章）
>
> 有知識（學問）者不賣弄博學，賣弄博學者沒有知識（學問）。（八十一章）

在這裏是日常意義使用「知識」一詞，沒有什麼知識論的特別意義。

---

[39] 這裏的「能無知乎」有的版本為「能無為乎」。把這裏「無知」的「知」解釋為「知識」的，有嚴靈峰前書，p. 53；張鍾元前書，p. 33；賀榮一前書，p. 94。

[40] 把這裏的「知」解做「知識」的，有陳榮捷前書，p. 164；余培林：《新譯老子讀本》，p. 88；許抗生：《老子研究》，p. 28。

㈢當日常意義的「明知」(be aware of)，「了解」(understand)，「領會（悟）」(comprehend)，「把握（意義）」(grasp)，或「認識」(recognize)來解釋。許多章句中的「知」字，用這些來解釋，會令人更好懂。例如：

⑾知常曰明，不知常，妄作凶。知常容。（十六章）

我們準備把這裏的「知」字，當「了解」或「把握」來解釋。「常」字在《老子》中出現約三十次，其中除了一些地方當平常的「時常」、「經常」、「恆常」和「不變」以外，還有在老子思想中特別意義的「常」。這種特別意義的「常」，除了要具有「恆常」的意義，還要包含「恆常的『什麼』」。在上舉的「知常曰明，不知常，……」中的「常」，應該是特別意義，也就是老子哲學術語（這裏所謂老子哲學術語，是我們後世的研究者給老子講的，老子自己恐怕還沒有自覺性的所謂日常用語和術語之分）的「常」。學者對這段話中的「常」字有下面一些解釋（或翻譯）：

(i)常道

⒜老子術語意義的「道」的「常道」，即「道可道，非常道」的「常道」[41]。

⒝永久不變的常理[42]。

(ii)（天下）萬物的常性或道理[43]。

(iii)自然的常態或“the way of nature”[44]。

(iv)萬物運動與變化中不變的律則[45]。

(v)自然的規律（法則）[46]。

(vi) Reality（實是）[47]。

[41] 陳榮捷前書，p. 147，“the eternal (Tao)”。

[42] 嚴靈峰前書，pp. 79–80。

[43] 本書第三章〈《老子》書中的「名」〉。

[44] 許抗生前書，p. 95；范光棣前書，p. 149。

[45] 陳鼓應前書，p. 114。

[46] 賀榮一前書，p. 139；張松如前書，p. 101。

[47] 張鍾元前書，p. 47。

在這些解釋中，凡是含有「自然」(nature)或「規則」(法則，律則)(law)這些字眼或觀念的，似乎都不是太好，尤其是「自然」與「規則」(法則，律則)並用的。《老子》中雖然有下面五個地方出現「自然」一詞:

> 百姓皆謂我自然。(十七章)
> 希言自然。(二十三章)
> 道法自然。(二十五章)
> 道之尊，德之貴，夫莫之命而常自然。(五十一章)
> 以輔萬物之自然而不敢為。(六十四章)

但是沒有一個出現，可以明確的，而不牽強附會的解釋為「自然(nature)界」或「大自然」的「自然」。然而，這五個地方的「自然」，卻都可以十分順暢的解釋為「合乎自然的」(naturally)，「自然而然」，「自己如此」，或「本來就是這樣的」。總而言之，我不認為老子(本人)已經有意識地使用「自然」一詞，來表示我們現在一般所謂的宇宙萬物的自然。我也不認為在老子的哲學思想中，已有略接近科學意義的「自然的規律」的「規律」，或略為嚴格的哲學意義的「萬物變化的規律」。這樣，我們認為上面對「常」字的諸解釋中，(iv)和(v)是說過頭的解釋，而(iii)則是不很貼近的解釋。至於用英文的"reality"一詞來解釋「常」，並不適當，因為這裏的「常」應該是指某種「性質」或「道理」，而不是某種「東西」，或某種「實是」。在老子哲學中似乎沒有西方哲學中各種意義的「實是」(reality)。因此，上述的解釋(vi)並不適當。這樣，我們準備採用的是上述的解釋(i)和(ii)。簡單的說，我們要把上述的「常」字解釋為「常道」、「不變的常理」，或「萬物的常性或(不變的)道理。」

有一點要注意的，不論上面(i)到(iv)的那一個解釋，都是某種形式的改解，因為不論是日常使用上，或在《老子》上，「常」字本身或在這些系絡中，並不當然有這些解釋。

其次，讓我們看看這個例子，即例(11)中的「明」字。學者間對這裏的

「明」字有下面一些解釋：

(i) 內視之明[48]。

(ii) 對萬物的運動和變動所依循的循環往復的律則的認識和了解[49]。

(iii) 有在自然之光照耀下，洞鑑超越永恆事物的自然能力[50]。

(iv) 聰明[51]。

(v) 心徹悟而不迷[52]。

(vi) "is Enlightenment"[53].

(vii) "is called enlightenment"[54].

(viii) "is to be enlightened"[55].

這些解釋中那些比較適當呢？或者還有那些可能的適當解釋呢？回答這個問題以前，最好先把「知常曰明」這個語句的語句結構——包括語法和語意結構——做一點分析、了解和判定[56]。首先，這裏的「曰」字可以當定義上的等同(identical)詞或等值(equivalent)詞，或當諸如「是」(is)的繫詞(linking term)。在當做等同詞或等值詞時，「知常曰明」可以寫成「知常叫做明」，這在語句結構上與「解決這個大問題叫做大天才」類似。在「*A* 叫做 *B*」這種語句中，如果「叫做」是當做等同詞或等值詞，則 *A* 與 *B* 之間只有整個的 *A* (*A* as a whole)與整個的 *B* 之間的等同或等值關係，而沒有

[48] 嚴靈峰前書，p. 80。

[49] 陳鼓應前書，p. 115。

[50] 賀榮一前書，p. 144。

[51] 張松如前書，p. 101。

[52] 吳怡前書，p. 130。

[53] 林語堂英譯：《老子的智慧》上冊，p. 279。

[54] 陳榮捷前書，p. 147。

[55] 范光棣前書，p. 149。

[56] 有關《老子》中「……曰……」這種句型的討論，參看本書第三章〈《老子》書中的「名」〉。

呈現什麼 A 的內部結構與 B 的內部結構之間的關係。在「曰」字當做繫詞時,「知常曰明」可以寫成「知常是明」。在「A 是 B」這種語句中，如果「是」是當做別於等同詞或等值詞以外的繫詞（在這種語句中,「是」也時常當等同詞或等值詞的），則 A 與 B 之間的關係則有多種可能了。到底應解釋成那一種，則要看語境來決定。

我們認為，上述「知常曰明」的「曰」字在所在文段中應解釋為繫詞，不宜解釋為等同詞或等值詞，主要有四個理由。首先，在前面所舉「知常曰明，不知常，妄作凶」這個文段中,「知常曰明」與「不知常，妄作凶」顯然是一種對偶造句，雖然它是微欠的[57]。其中「知常」與「不知常」對,「明」與「妄作凶」對。在「不知常，妄作凶」這個語句中，顯然「不知常」與「妄作凶」之間不應解釋為有什麼等同或等值。這樣，「知常」與「明」之間，也最好不要解釋是等同或等值。第二個理由是，在《帛書老子》中，相應於本文採用的一般通行本的：

> 復命曰常；知常曰明。（十六章）

是：

> 復命，常也；知常，明也。（十六章）

而在《帛書老子》中，類似於「復命，常也」和「知常，明也」的「A, B 也」（其中「A」和「B」為詞組）的句型很多。例如：

> 知人者，智也；自知者，明也。勝人者，有力也；自勝者，強也。知足者，富也。……（三十三章）

---

[57] 「微欠對偶」的討論，參看本書第五章〈老子對偶造句與思考的邏輯分析與批判〉。又雖然《帛書老子》中的造句是「知常，明也；不知常，妄」，但「知常，明也」與「不知常，妄」也是一種對偶。

在這些「*A*，*B* 也」的句型中，逗號「,」或其所占位置顯然宜解釋為繫詞，而不宜解釋為等同詞或等值詞。相比之下，「知常曰明」中的「曰」字就宜解釋為繫詞，而不宜解釋為等同詞或等值詞。

其次，讓我們看看第三個理由。在《老子》中，有下面一些含有「常」或「明」字，而其語句結構又與「知常曰明」相同或類似的文段：

復命曰常，知常曰明。

知常容。（十六章）

知和曰常，知常曰明。（五十五章）

在這裏，如果「知常曰明」是一個好的造句，則「知常容」也可以寫成「知常曰容」。現在如果造句「*A* 曰 *B*」和「*B* 曰 *C*」中的「曰」字是當等同詞或等值詞，則根據等同代換或等值代換的原理，*A*，*B* 與 *C* 這三者都可以相互代換。這樣，我們可得下面諸語句（其中「曰」字都應解釋為等同詞或等值詞）：

容曰明。

知和曰復命。

知知和曰明。

這些等同或等值語句顯然不適當，因此「知常曰明」中的「曰」字不宜解釋為等同或等值詞。

第四個理由是，如果把「知常曰明」中的「曰」字解釋為繫詞，則可以找到「知常曰明」的適當解釋。現在就讓我們解釋看看。在「曰」字解釋為繫詞時，「知常」與「明」之間的關係可能有好多。在這裏，我們將只討論其中比較可能的，並判定其中最可能的。

在「知常曰明」中「知常」涉及三項東西，即「知者」（知道的人），「常」（常道，萬物的常理），和「知常」（知道常道）這個狀態。這裏的「明」必定涉及「知者」。在「知常曰明」中，「知常」與「明」的關係是

「知常」會產生「明」的效果。現在的問題是，這「明」的效果是怎樣的？這有幾種可能：

(i) 知常者明常。

(ii) 知常者明知常（這個狀態）。

(iii) 知常者明自己。

(iv) 知常者具有某種特別的明能力。

(v) 知常者明包括常在內的天下萬物的道理。

這幾種可能的解釋中那一或那些更適當呢？首先，(i)，即知常者明常，似乎是一個套套言 (tautology)，即一個平凡的真理，因此我們不採。這樣，我們也不採前面列舉的「明」的解釋 (ii)，即對萬物律則的認識和了解。其次，即 (ii) 知常者明知常（這個狀態），雖然不是一個平凡的套套言，但是我們不認為整個老子的哲學思想中會或已經涉及這種多層次的認知問題，同時這個知常者明知常的問題，也不是一個重要的問題，因此我們不採這個解釋，學者間似乎也沒有提過這種解釋。再說，(iii)，即知常者明自己，當然這是一種可能的解釋，老子也明白說過：「自知者明。」（三十三章）但是我們認為這裏的「明」不是單純的「自明」，還要包含一些其他重要的成分。再次，(iv)，即知常者具有某種特別的明能力。這裏的「明」確實含有「明能力」，但還有更多東西。不過，在表述「明」的意含時，這種能力最好不是明說的，而是隱含的。尤其，我們不認為在老子思想中有把這種能力特定為「自然能力」，如同前面 (iii) 所說的。也不贊同，用「聰明」，如同前面 (iv) 那樣，來表述這裏的「明」，因為在老子的整個思想中似乎並不怎樣正面肯定普通所謂的「聰明」，而這裏，「明」卻是「知常」的一個優越的效果。

現在，我們要對「知常曰明，不知常，妄作凶。知常容」提出一個比較適當的解釋了。我們要把它解釋為：

了解（把握）常道（或萬物人間變化的道理），就（會）不受欲望和名利的蒙蔽，而能夠明鑑通達萬物人間變化的道理。不了解（沒把握）常道（或萬物人間的道理），就（會）輕舉妄動，惹事生非。

了解（或把握）常道，就會有包容。

在這裏，我們用「了解」或「把握」來解釋「知」，尤其是「把握」在一些了解下，如後面講到的，會更貼切。用「常道」來解釋「常」，可有歧義來表示老子哲學上特定意義的「道」或一般了解的「萬物人間變化的道理」。用「不受欲望和名利的蒙蔽，而能夠明鑑通達萬物人間變化的道理」，來解釋「明」字。用較多的，甚至在字面上是外加的意涵來解釋「明」字，是因為在「知常曰明」中，「明」字應該了解為老子哲學上的一個特別觀念，唯有這麼多意念才能把它應有的意念表述出來。首先，這個「明」字要有比普通的「明」強一點的「明鑑」的意思。這裏所謂明鑑是指「明白分辨」。其次，這裏的「通達」，是指明鑑這種知識論的觀念以外，還要心胸開通、開擴這種涉及所謂修身論、修人論（這似乎是我們提出的用語）或生命論的觀念。前面所列對「明」字的英譯 (vi) 到 (viii) 中的“enlightenment”的意義，可以涵蓋在「明鑑通達」裏。再說，這裏的「不受欲望和名利的蒙蔽」，就「明」的字面意義來說是外加的，但這是使「明」具有老子哲學的特別意義不可少的。一般說來，一個人非因健康意義的「昏迷不明」，都是因受欲望和名利的蒙蔽而引起的。因此，要不「昏迷不明」，必須要不受欲望和名利的蒙蔽。戒欲望和名利是老子思想中一個重要顯著之點，到處可見。老子也認為人的爭亂妄作，是由於欲望和爭名利所致。譬如，他說：

> 不尚賢，使民不爭；不貴難得之貨，使民不為盜；不見可欲，使民不亂。（三章）

這段話的焦點意義，顯然就是要戒欲望和名利，使人不爭亂妄作。在「知常曰明」後面，接著的是「不知常，妄作凶」。為什麼不知常就會妄作凶呢？顯然是因為不知常就「不明」。因此「不明」是妄作凶的主因，不明之成為妄作凶的主因是因為人受了欲望和名利的蒙蔽。因此，要「明」也就必須不受欲望和名利的蒙蔽。我們這樣解釋的「明」也包含了前面所列舉的「明」的 (v) 的解釋，即心徹悟而不迷的「心悟而不迷」的意思。

在《老子》中，除了剛剛分析的意義以外，「明」字還有其他諸如下面這些不十分相同的意義：

明白，例如：「明白四達，能無知乎。」（十章）

彰明、明顯，例如：「不自見故明。」（二十二章）

「自見者不明。」（二十四章）

「明道若昧。」（四十一章）

能察見細微，例如：「見小曰明。」（五十二章）

（使）聰明，例如：「非以明民，將以愚之。」（六十五章）

在討論老子哲學時，為避免混淆，以便與這些意義的「明」有所區分，在必要時，我們可把諸如在「知常曰明」這個具有特別意義的「明」，叫做「淨明」。

有一點要指出的，「知常曰明，不知常，妄作凶」這個文段雖然在表面上主要關涉到「知」、「不知」和「明」，但實際上其焦點不在知識論，而在修身論、修人論或生命論。譬如，這裏以及整個《老子》中，並沒有講到「知常」的「知」（在知識論上）是什麼性質的知識；人有沒有知常的（認知）能力？「知常」的「知」可靠嗎？這裏的「明」字在某種意義上雖然有「內視」或「內省」(introspection)的意思，但不是在知識論的，而是在修身論、修人論，或生命論的。老子從未在有關「知」和「明」上講過一個人有關他自己的思想、感覺、記憶、意識、疼痛和快樂等內在經驗的知和明的問題。甚至在他講「知常曰明」時，他也沒進一步說「明」指的是什麼。也許有人會說，他在別的地方不是說了：

自知者明。（三十三章）

見小曰明。（五十二章）

但是，在「自知者明」的語境和任何其他可能相關的地方，老子對於「自知」什麼，都沒有進一步說明。在解釋上，我們一點也找不到老子的自知有直接涉及一個人自己的思想、感覺、記憶、意識、疼痛和快樂等等知識論意義的內在經驗。又這裏的「見小曰明」的「見小」的意思是「能察見細微的」。在這裏所謂能察見細微的，有沒有和一個人的內在經驗有關也不知道。又這裏的「小」是指什麼的小，也不知道。

然而，如同前面指出的，在「知常曰明」後面緊接著的是「不知常，妄作凶」。後者講的焦點，不折不扣是有關修身和修人的，因此，我們可以斷言，「知常曰明」的「明」的焦點，是有關修身和修人，不是有關知識的。不但如此，在「知常曰明，不知常，妄作凶」所在章次的頭一句，也就是一般研究者認為的章旨：

致虛極，守靜篤。（十六章）

而且在「不知常，妄作凶」後面接著的是：

知常容，容乃公，……（十六章）

這些都是講修身、修人的。又在「自知者明」所在章次中，有如下的相應語句：

勝人者有力，自勝者強。
知足者富。
強行者有志。（三十三章）

這些講的都是有關修身、修人，而沒有知識論意義的。由此可知，在「知常曰明」中的「明」，講的主要是，一個人在知常後，可以有不受欲望和名利蒙蔽而看清世界的修身、修人的效果。在這種修身、修人的意義上，把「知常曰明，不知常，妄作凶」中的「知常」解釋為「把握常」，「不知常」解釋為「沒有把握常」，似乎更傳神。

另一點也要注意的，在把「知常曰明，不知常，妄作凶」了解為主要是講修身、修人或生命論的事項後，如果把這個文段處理成做言，似乎更能表現其思想價值。例如，我們可把這個文段的第一句寫成這樣的做言：

把握常道啊！你就可以淨明。

或者寫得更明白些：

把握常道啊！你就可以不受欲望和名利的蒙蔽，而明鑑通達萬物人間變化的道理了。

這是一個鼓勵和勸化的做言。反之，第二句可寫成這樣的警告或勸戒的做言：

不把握常道啊！你就會輕舉妄動，惹是生非。

現在我們要轉到其他例子了。

⑿知其雄，守其雌，為天下谿。

……知其白，守其辱，為天下谷。（二十八章）

這裏的「知」可解釋為「明知」。這樣，這個文段可解釋為：

明知雄強，卻安守雌弱（柔），甘作天下的谿谷。

明知白亮，卻安守暗黑，甘作天下的谿谷。

這裏「甘」字有點改解。又「谿」與「谷」可看做同義詞，只是修詞變化而已。在《老子》，這種同義詞的修詞變化很多，例如：

無，名天地之始；有，名萬物之母。（一章）

「始」與「母」也是一種同義詞的修詞變化而已。這種同義詞的修詞變化，應該沒有什麼思想內容上的差別。

⒀知人者智，自知者明。（三十三章）

我們要把這一句話了解為：

了解別人是聰明的，了解自己是明達的。

學者間對這裏的「智」與「明」有種種不同、交錯，甚至相反的解釋與翻譯。後面分析「智」時還要討論。

⒁吾是以知無為之有益。（四十三章）

我們可以把它解釋為「我因此認識到無為的有益」。

⒂不出戶，知天下；不闚牖，見天道。其出彌遠，其知彌少。

是以聖人不行而知，不見而明，不為而成。（四十七章）

《老子》中，有不少文段如果依其語句意義和本義以及常理來了解，顯然為假，沒有道理的。上面這個文段就是一個例子。這個文段的語句意義似乎是：

> 不出門外，可以知道天下；不望窗外，可以看見天道。走得越遠，知道得越少。
>
> 所以，聖人不出行，可以知道；不看見，可以明瞭；不做為，可以成就。

這裏在效果上，我們用「可以」寫成適然條件。對這個文段有的學者做了批評，有更多的學者做了辯解式的解說。這些批評和辯解有可質疑。任繼愈批評說：

> 這一章集中地表達了老子抹殺實踐經驗在認識中的作用。在這條錯誤的道路上，老子更進一步宣揭經驗不但不能幫助人們取得認識，甚至對認識起著妨害作用。老子說：「聖人不必經歷就知道，不必親見就明瞭，不去做就成功。」這是一條反科學的道路。[58]

如果從《老子》這個文段的語句意義和本意，以及用我們現代的一般知識觀來評定，任繼愈這個批評顯然不錯。但是，有兩點我們得注意的。首先，老子所在時代的一般知識觀，至少在這一點上是和我們現代不同的，即我們現代一般都有很明白的所謂經驗性知識，不論是自然科學或是社會科學的。而老子所處時代，我想，一般人、思想家和學問的研究者，包括老子在內都一樣，還沒有現代所謂經驗性知識這種觀念。老子所處時代更無所謂科學不科學。因此批評老子抹殺經驗在認識中的作用，老子反科學，這是以我們現代的知識觀和世界觀為基礎，批評處在很不同的知識觀和世界

[58] 任繼愈前書，p. 161。

觀之下的老子。也許我們可以說，老子的說法還很不科學，但不適合說他反科學，因為他還沒有科學可反。

其次一點是，任繼愈是從這個文段的語句意義和本義的了解和觀點，來批評它。這個文段如果從這種了解和觀點來評定，顯然是平白的假和沒有道理的。然而，雖然《老子》諸章句的道理有不少是可爭議的，但是除非是有錯簡、衍文、脫字或誤字的地方，否則它們不應該會是那麼平白的(trivially)假或沒有道理。對這類文段，我們必須給予特別的解釋或改解。大多數《老子》的詮釋者都會這樣做。但是他們常有兩點缺失。一點是，他們改解時，時常沒有做良好的交待，這會使人在語句意義和本義與特別解釋和改解之間有邏輯的空隙。另一點是，他們的特別解釋和改解，往往不適當，甚或在哲學觀念和處理上有嚴重的不當和錯誤。例如，就拿上述文段的解釋或改解來說。賀榮一說：

> 不出戶如何能知天下？不窺牖如何能見天道？這很明顯，必須反觀內心。所謂內心，就是用吾人之「明」來知天下、見天道。[59]

他所謂「明」是指在自然之光照耀之下，人所具有的洞鑑超越永恆事物的自然能力[60]。姑且不論人在一定的條件下是否具有這種「自然能力」，但《老子》中似乎沒有明白提過這個特殊觀念。因此，利用這個觀念來說明和辯解「不出戶，不闚牖，可以知天下，見天道」，似乎不適當。

余培林的解說似乎更離譜。他認為，我們所以不出戶不闚牖，可以知天下見天道，是因為萬事萬物的總原則，存在我們的心中，我們如果能夠內觀返照，除私去欲，自然了解[61]。賀榮一的解釋還只說人有洞鑑萬物道理的能力，而余培林則更說，人心中就有了萬物的道理。老子從未講過這話。這種觀點不但反科學，而且「反形上學」。

---

[59] 賀榮一前書，p. 413。

[60] 前書，p. 144。

[61] 余培林：《新譯老子讀本》，p. 82。

在解說這個文段時，陳鼓應說：

> 老子特重內在直觀自省。他認為我們的心智活動如果向外馳求，將會使思慮紛離，精神散亂。……
>
> 老子認為我們應該透過自我修養的工夫，作內觀返照，清除心靈的蔽障，以本明的智慧，虛靜的心境，去覽照外物，去了解外物運行的規律。[62]

在《老子》的相關問題上，許多詮釋者有與陳鼓應這個解說類似之處。有關老子是否重視「經驗知識」問題，我們在前面已經討論過。陳鼓應說老子重「內在直觀自省」。許多詮釋者講過類似的話，例如所謂「內觀」、「反觀內心」、「內觀返照」等等。我不知道陳鼓應以怎樣的意義在此使用「內在直觀自省」中的「直觀」和「自省」這些詞語。他應該加以適當的說明，因為它們是他解說這個文段的關鍵字眼。他似乎認為，「直觀」一定是內在，「自省」一定是與清除心靈的蔽障有關。但是，如果他這裏所謂直觀和自省是現代哲學上一般所謂的直觀（intuition，直覺）和自省（introspection，內省），則他的使用和了解似乎並不正確。許多《老子》的詮釋者也與他有類似的錯誤。因此，對這兩詞有解釋的必要。

現代哲學上一般所謂的直觀（直覺），是指非推論的(uninferred)或直接的(immediate) 那種形式的知識。主要可分為不同的兩種：一種是命題真理的非推論知識，例如一個人看到外面下大雨時，可能有「天正在下雨」這個直觀的知識；或者一個肚子在痛的人，可能有「我的肚子痛」這個直觀知識。另一種是非命題對象 (nonpropositional object) 的直接知識。哲學上曾認為有下面四種非命題對象，即(i)偏性(universal)，(ii)概念，(iii)可感覺的對象，和(iv)難以言說的對象。所謂自省是指一個人對他自己的狀態和情況的覺知，尤其是指他心裏的和情緒的活動。例如，對自己的疼痛、快樂、憤怒、回憶、期待、焦慮、思想等的覺知。從這些說明可以知道，直

[62] 陳鼓應前書，p. 230。

觀未必是內在的，也未必是自省的。認為直觀一定是某種自省是一種哲學的錯誤，至少是一種哲學用語的錯誤。又一個人的自省未必和他的欲望或雜念有關。一個人可以自省自己的生理狀態，例如疼痛、噁心。從以上這些說明我們應該注意，在使用直觀、自省、內視、返照這些詞語來說明老子的哲學時，我們必須特別小心。

現在，我們要如何解說「不出戶，知天下；不闚牖，見天道。其出彌遠，其知彌少。是以聖人不行而知，不見而明，不為而成」這個文段呢？我們在前面說過，如果依這個文段的語句意義和本義來了解，這個文段顯然為假和沒有道理的，而老子似乎不會講這麼沒有道理的話。那麼，我們要如何解說這個文段，使它至少不會那麼顯然沒有道理呢？讓我們試看看。

首先，我們認為「不出戶」和「不闚牖」是一種比喻，並且是老子習慣的對偶造句的寫法。出不出戶和窺不闚牖，不是語句的焦點。這裏，語句的焦點，也就是說話者，即老子的意思，應該是不須走到人間社會或「周遊列國」。這裏的「知天下」和「見天道」是對偶造句的寫法，在解釋或焦點上可以了解為「看到（了解、把握）天下的道理，包括天道」。整個說起來就是，不須走入人間社會，就可以看到天下的道理。至於憑什麼這樣就可以看到天下的道理，是否如一些詮釋者所謂人的自然能力，或天下的道理都已存在人的心中，老子都沒有說。當然，我們這裏所謂的「不須走入人間社會，就可以看到天下的道理」的解說，還無法讓人了解其中的道理。因此，我們還必須做進一步的解說。首先，讓我們看看老子接著說「其出彌遠，其知彌少」。這句話的（語句）意義是說，走得更遠，知道得更少。依這個語句意義，這句話是反常理的。為了使這句話可以不反常理來了解，學者大半有這樣的解釋。那就是，一個人如果常出外到人間社會去，就會受到外界鉤心鬥角、花花世界的干擾，燃起欲念和名利的薰心，成為了解、領悟和把握天下道理和天道的障礙，因此一個人到人間外界走得愈多，他了解、領悟和把握天下道理和天道就愈少。我同意這個解釋。但是，這裏有一個重要的問題似乎從未被人質問的，那就是，難道了解日出日落、春夏秋冬四季返復，也會受人的欲念和名利心的影響嗎？

我們知道，在歐洲中世紀天主教勢力很大的時候，天主教不會允許和教義衝突的科學家發現的大自然的道理和規律的，例如，在當時天主教是無法忍受地球會動和地球不是宇宙中心的「天下的道理」或天道的。這樣，「外界」的干擾就時常成為人看到「純」大自然道理（規律）的障礙。但是在老子所處時代，相信沒有干擾人了解大自然道理的那種外界大勢力。這樣，要如何解釋老子擔心人會受外界的干擾而影響他了解天下的道理和天道呢？最好的解釋也許莫過於把老子心目中所謂天下的道理和天道，視為是常道，天道，天下道理，和人間道理混同在一起的道理。這也就是說，老子的世界觀是一種我所謂的道、天下萬物和人間宇宙的世界觀。這樣，他的天下道理和天道，不是和人間道理同一的道理，就是混在一起的道理。顯然，人對人間道理的了解和把握，會受人的欲念和名利心的干擾和影響。在上面這樣的解釋下，我們就好了解老子所謂的其出彌遠其知彌少了。但是，這樣的解釋還無法幫助我們了解為何不須走到人間社會，就可以了解把握天下的道理和天道。想來想去，一個較好的了解，也許是把「不出戶，知天下；不闚牖，見天道。其出彌遠，其知彌少」這個文段與其當做斷言，不如當做做言。這個做言的要義是：

> 不要常往外面爭權奪利花花世界跑，多靜下來自我修養，這樣才能了解和把握天下的道理。

這樣的勸化，對於喜歡周遊列國，到處遊玩的統治者來說，也許更有用。

至於我們正在討論的文段的後一段「是以聖人不行而知，不見而明，不為而成」，我想是老子無為而無不為思想在這裏的一個湊合，我們不準備在這裏討論它。

讓我們轉到另一例子。

⒃吾何以知天下然哉？以此。（五十四章）

以正治國，以奇用兵，以無事取天下。吾何以知其然？以此：（五十七章）

禍兮，福之所倚；福兮，禍之所伏。孰知其極？（五十八章）

是以聖人自知不自現。（七十二章）

弱之勝強，柔之勝剛，天下莫不知，莫能行。（七十八章）

這些文段中的「知」，都可以了解為「知道」或「了解」。這樣，我們可以把它們分別解釋為：

我何以知道（了解）天下的情況呢？就是用這種道理（要領）。（五十四章）

以正道治國，以奇術用兵，以無事取天下。我何以知道（了解）這些道理呢？是根據這些。（五十七章）

災禍啊，是幸福所依存；幸福啊，是災禍所潛伏。誰知道（了解）其究竟呢？（五十八章）

所以聖人自知（自己知道自己），不現耀。（七十二章）

弱之所以勝強，柔之所以勝剛，天下沒有人不知道，但卻沒有人實行。（七十八章）

⒄知此兩者亦稽式。常知稽式，是謂玄德。（六十五章）

在前面第二節例子⑸討論「改解」時，我們說過，「知此兩者亦稽式」一般的中文解釋或翻譯，令人難以理解。因此，我們採取了「認識（知道）這兩者（用智和不用智）也認識一個稽式」的改解。在這個改解下，接著可把「常知稽式，是謂玄德」解釋為「恆常把握這種楷式，就叫做玄德。」

⒅吾言甚易知，甚易行。天下莫能知，莫能行。

言有宗，事有君。夫唯無知，是以不我知。

知我者希，則我者貴。（七十章）

這個文段中含有許多個「知」字。我們要把這個文段解釋為：

我的言詞很容易了解，很容易實行。

（我的）言詞有宗旨，（我的）行事有根據。因人們不了解這（指言有宗，事有君），所以不了解我。

了解我的人稀少，取法我的人就（稀少）珍貴了。

對這裏的「夫唯無知」有不同的解釋。有人把它解釋為「正由於不了解這個道理」[63]，我不知道是「誰」「不了解這個道理」。有人把它解釋為「由

[63] 陳鼓應前書，p. 302。

於人們的無知」[64]。在這裏「無知什麼」不清楚。有的人把它解釋為「正因為不了解我的言論」[65]。在這裏把不了解只限於言論，不涉及行事。有的人把它和緊接的話，解釋為「我能做到無知，便不為人所知」[66]，這種解釋我也無法了解。

對「知我者希，則我者貴」也有不同的解釋。有很多人把它解釋為類似「知道我的人稀少，那我就貴重了」[67]。這種解釋對我來說很費解。

㈣「知」字最好解釋為「有……觀念（概念）。」

試看下面的文段：

⒆天下皆知美之為美，斯惡已；皆知善之為善，斯不善已。有無相生，難易相成，長短相形……。（二章）

學者對這個文段的前兩句，有兩種主要的不同解釋。就拿第一句來說，一種解釋是，天下都知道美之為美，美就變成醜了[68]；另一種是，天下都知道美之為美，就有醜了（這醜不是前述美變成的）[69]。我們認為第一種解釋並不適當。主要有兩個理由，一個是，老子似乎沒有美醜、善惡、難易等「相剋」的思想。另一個是，在前述兩句後面緊接著的「有無相生，難易相成，長短相形，……」所表示的，明白而確定的是，這些甚至所有對立相反的觀念，是對待形成和彰顯的。我們將採取上述第二種解釋。這樣，我們可把「天下皆知美之為美，斯惡已；皆知善之為善，斯不善已」，直截了當說成「天下有美的觀念，就有醜的觀念；有善的觀念，就有惡（不善）的觀念。」

㈤把「知」字解釋為「玄知」似乎更好懂。這裏所謂玄知 (speculate and know) 是我創用的，主要是指由哲學的或形上學的思考和玄思 (spec-

---

[64] 任繼愈前書，p. 213。

[65] 余培林前書，p. 107；賀榮一前書，p. 568。

[66] 吳怡前書，p. 504。

[67] 例如嚴靈峰前書，p. 373；陳榮捷前書，p. 172；張鍾元前書，p. 186。

[68] 例如嚴靈峰前書，p. 18；張松如前書，p. 20。

[69] 例如陳榮捷前書，p. 140；任繼愈前書，p. 63；陳鼓應前書，pp. 54 – 58。

ulate)而認識和把握的。在《老子》一些含有「知」字的文段，如果我們以現代知識觀下經驗性的知道或了解來解釋這些「知」字，似乎很不好了解這些文段到底要講什麼，以及怎麼可以這樣講。但是如果以我們這裏所謂的玄知來特別解釋這些「知」，相信會好了解得多，因為這會讓我們知道這些「知」是一種玄思式的認識，因而我們不會用一般的知道或了解的「知」去了解。例如：

(20)道沖，而用之或不盈。淵兮，似萬物之宗；湛兮，似或存。吾不知誰之子，象帝之先。(四章)

我們可把這個文段解釋為：

道是虛空的，然而用它（道）用不完。它這麼淵深，像似萬物的宗祖（根源）。它這麼隱沒，像似存在。我不知道它是誰的子息（它從那裏產生），好像在天帝之先就有。

這裏，「不知道道從那裏產生的（道是誰的子息）」的「知」（簡稱「道知」），和普通說的「我不知道太陽從那裏產生」的「知」（簡稱「陽知」），如果深一點追問，是有重要不同的。要知道太陽從那裏產生的知，雖然在經驗上十分困難，而且比較難想像，但是這種知在性質上並不很困難，而且容易想像的要知道這個泉水從那裏產生的知，幾乎是一樣的。但「道知」和「陽知」很不一樣。首先，依老子，道既是這麼虛空、淵深和隱沒，它到底是什麼東西，我們實在不清楚。要知道十分不清楚的道是怎麼產生，而且這個產生似乎比太陽的產生，在時空上更遙不可及的地方，這樣的知道是什麼知道呢？如果有這種知的話，其性質一定和知不知道太陽從那裏產生，或知不知道這泉水那裏產生的知，有重要的不同。這種知想必就是哲學和形上學上由玄想和推測而有的認知，也就是我們所謂的玄知。道知是一種玄知。為了讓人有所區分和好了解，我們不妨把上面「我不知道道是誰的子息」，說成「我不玄知道是誰的子息」。

(21)執古之道，以御今之有。能知古始，是謂道紀。(十四章)

我們要把這個文段解釋為：

把握太古的道，來駕御現今的萬有。能（玄）知太古的開始，就（玄）

知道的綱紀。

有的人把「執古之道」的「古」字解釋為「古來」或「亙古即存」。我們把它解釋為「太古」，而沒有明示「以來」或「已存」。理由有二，一是，在本文中「古」與「今」是對偶，「太古」與「現今」的對偶，比「古來」與「現今」的對偶強；二是，「古來」涵蘊「現今」，因此如果把這裏的「古」字解釋為「古來」，則「執古之道，以御今之有」，幾乎成為一個套套言(tautology)。

「能知古始，是謂道紀」有諸如「能夠知道原始的來歷，這就叫做道的綱紀」這種依語句意義的解釋[70]。這種把「能夠知道……，就叫做道的綱紀」的解釋，相當令人費解。為了不令人費解，在我們的解釋中做了「就知道……」的改解。在這個改解下，我們的了解是，能玄知太古道的開始，就能玄知自古至今，以至將來整個的綱紀。

(22)知常曰明。不知常，妄作凶。知常容。（十六章）

我們在前面(b)例(11)詳細討論過這個文段。這裏的「知不知常」的「知」固然可以用「了解」和「把握」來了解，但是如果用「玄知」來解釋，也許更能讓人好懂什麼是「知不知常」了。

(23)吾何以知眾甫之狀哉？以此。（二十一章）

這句話可以解釋為「我何以知道萬物開始的狀況？根據這個（道）」。這裏的「知道」以「玄知」來了解更好。

(24)吾不知其名，強字之曰道，強為之名曰大。（二十五章）

這裏「字之曰」和「為之名曰」都應是「給它名字叫做」的意思。兩者字面的不同，只是老子對偶造句的修辭變化而已。這個文段的意思是：

> 我不知道它（道）的名字，勉強給它（名字）叫做道，也勉強給它（名字）叫做大。

這裏「我不知道道的名字」的「知」最好了解為「玄知」，因為「道」這樣「混然」又先天地生的東西，知不知其名，一定不是普通的知，而是玄想

[70] 例如嚴靈峰前書，p. 70；陳榮捷前書，p. 146；任繼愈前書，p. 90；陳鼓應前書，p. 102。

的知。這裏有一個問題，老子為什麼給道取個名字叫做「道」以外，馬上又給它取另一個名字叫做「大」呢？

設「*A*」為某個人，某個物，或某個項目的名稱（名字）(name)。這樣，「*A*」或為一個記號或為某一文字（例如中文或英文等）的一個詞組 (expression)。一般說來，當「*A*」被拿來當某個項目的名稱時，或者(i)記號 *A* 本身沒有任何意義，而只是純粹拿這個記號來當這個項目的名稱；或者(ii)記號 *A* 本身有意義，但這個意義與 *A* 所要稱指的項目本身沒有關聯；或者(iii)記號 *A* 本身有意義，但只有其部分意義會與所稱指的項目關聯；(iv)記號 *A* 本身有意義，而且其核心意義會與所稱指的項目關聯。在「*A*」成為某個項目的名稱以後，這個項目的性質，或者(i)一直不會給記號 *A*「傳染」什麼意義；或者(ii)或多或少會傳染一些意義給記號 *A*；或者(iii)成為記號 *A* 的重要或基本意義。

中文的使用上，除了「音譯」其他非中文以外，大半場合都會拿與所要稱指的項目的性質或多或少有關意義的詞組，來當這個項目的名稱，尤其是要稱指、命名、取名的項目是抽象東西的場合，更是如此。這幾乎成為使用中文者不知不覺，認為非這樣不可的習慣、意識或理念。例如，拿「太陽」和「日頭」當太陽的名稱，相信在前者是拿「太」的「極」之意義和「陽」的「雄的，剛強性的，和明亮的」之意義和太陽的性質關聯起來，而在後者是拿「日」的「白天」之意義和「頭」的「頭上」之意義和太陽的性質關聯起來。

顯然，在老子以前，「道」字沒有老子的道那樣的意義，譬如道是混然一體，先天地生那種東西，而也許只有像「道理」或「道路」這類意義。當老子心中和思想中有他的道這種東西時，為了方便表述和討論它，當然有必要有個名稱來稱指它。首先，他必定想到也許表示道理和道路的「道」字，比較能和他心目中的道的性質關聯，因此就給他的道取個名字叫做「道」。但他的道有一個非常重要徵性，那就是廣袤和廣大性，例如他說：「大道廢」（十八章）、「故道大」（二十五章）、「大道氾兮」（三十四章），而這個徵性不是普通的「道」字所具有的意義。為了顯示道的廣大性，因此他也給它取另一個名稱，叫做「大」。但是有趣的是，整本《老子》中，老子從未「使用」過道的另一個名稱──「大」。

(25)不出戶，知天下；不闚牖，見天道。其出彌遠，其知彌少。（四十七章）

在前面(c)例(15)中，已經詳細討論過這個文段。用「玄知」來解釋這裏的「知」字，也許更好。

(26)天下有始，以為天下母。既得其母，以知其子；既知其子，復守其母，沒身不殆。（五十二章）

這個文段可以解釋為：

天下有個源始，當做天下之母（指道）。認得天下之母，就知道母之子息（指萬物）；知道母之子息，又堅守天下之母，終身沒有危險。

把這裏的「知道」和「認得」當「玄知」解釋，會更好了解。要注意文段中「其」字指的是什麼。

(27)天之所惡，孰知其故？（七十三章）

這是說，天所厭惡的，誰知道其原故？這裏的「知」最好了解為「玄知」。

以上，我們把「知」道和「知」天等的「知」解釋為「玄知」。這只是我們在分辨各種知之下的一種解釋。老子對這種玄知本身沒有做過任何表述，也就是他對玄知未做過任何知識論意義的表述。他像普通人一樣，未在知識論意義的反省下使用玄知的知。

(六)「知」字的意義解釋為「感受滿足」的意義

試看下面的例子：

(28)知人者智，自知者明。……

知足者富。（三十三章）

在這裏，「知足」一詞雖然和「知人」和「自知」並列，但其「知」字卻不是認知意義的「知」，而是心理意義的「感受」。

「知足」或「知道滿足」是現今的日常用語。在上引文段中，由於「知足」和「知人」和「自知」並列，因此很容易使人以為「知足」的「知」

與「知人」和「自知」的「知」，是相同意義的知，其實不然。所謂知足，是「感到滿足」的意思。你可能知道你有充足的財貨和名位，但你仍不感到滿足。你可能知道你並沒有很多財貨和很大的名位，但你感到滿足。因此，所謂知足，寧可說是一種感受，而不是一種知覺。許多《老子》的「知足者富」的英譯中，「知足」的「知」不見了。例如，很多人把「知足者富」英譯為：

He who is contented is rich.[71]

有人把它英譯為：

To be satisfied is to be wealthy.[72]

這裏的"is contented"和"be satisfied"是一種滿足的感受，沒有知與被知者，也沒有知的關係，與知沒有特別關係。下面文段中的「知足」也一樣：

(29)知足不辱，知止不殆，可以長久。（四十四章）

這裏的「知足」也是「感滿足」的意思，但「知止」的「知」卻是「知道」或「把握」的意思。這樣，可把這個文段解釋為：

感滿足的人不遭受屈辱，知道（把握）適可而止的人不遭遇危險，這樣可以長久持續。

(30)禍莫大於不知足；咎莫大於欲得。故知足之足，常足矣。（四十六章）

這個文段可解釋為：

禍患莫大於不感滿足；罪咎莫大於貪得。因此，感滿足這種滿足，是常滿足了。

(七)在《老子》中出現的「知」字，幾乎沒有知識論上「感官知覺」(sense

---

[71] 陳榮捷前書，p. 156；林語堂前書，p. 479；范光棣前書，p. 148。

[72] 張鍾元前書，p. 95。

perceiving) 的意義。不談感官知覺——不論是肯定它或否定它的，簡直無法開始談知識論。

四、老子的「智」的特別意義：智詐

要比較好了解《老子》中一些「似非而是」的文段，尤其是含有「智」字的，不但須要知道其中有或應有「知」與「智」的分別，而且須要知道「智」字在《老子》中是有特別用法和意義的，同時在不同系絡中還應有更細緻的分別。在前節，我們已探討了「知」字的各種意義和了解。在本節，我們要看看「智」字的特別意義和更細緻的不同意義。

講到「智」，我們容易想到「智慧」。尤其，後世老子的研究者都異口同聲說老子很有「智慧」。誠然，在某一意義上，老子的話語是充溢智慧的。但是我們必須知道，說老子很有智慧，那是我們後世研究者說他的，老子自己卻在「棄智」，大聲呼喊「絕智棄辯」。這似乎很古怪，很悖謬(paradoxical)。但是實際上一點都不，因為老子是以與我們現在很不一樣的意義使用「智」一詞。

什麼是我們現代所謂智慧(wisdom)呢？想必人言人殊。有一個說法很值得參考。英國哲學家羅素(B. Russell, 1872–1970)說：

> 我所謂智慧，意指對生命目的一種正確的計畫和觀念。這是一些科學本身並不提供的東西。因此，科學本身的增進不足保證任何真正的進步，雖然它提供進步需要的因素。[73]

羅素所謂智慧的講法，相信大多數人會接受。但是，要注意的，老子講的「智」是怎樣呢？老子的智可以有兩種解釋，一種是聰明才智 (intelligent)（但不是大智大慧大明的），一種是智巧、巧詐、僞詐、狡猾等（的心智）。讓我們分別舉例說明。

(a)當聰明才智解釋的「智」。例如：

---

[73] 羅素：《科學展望》(*The Scientific Outlook*)，1931年，p. 12。

⑴不貴其師，不愛其資，雖智大迷，是謂要妙。（二十七章）

我們可以這樣解釋這個文段：

不尊貴他的老師，不愛惜他的借鏡，雖然是聰明，仍是大迷糊。這是精要玄妙。

⑵知人者智，自知者明。（三十三章）

我們要把這解釋為：

了解別人的人聰明，了解自己的人明達。

對這個文段的語句結構和「智」與「明」有不同的解釋和翻譯。現在分別列舉一些，並略加評示：

(i)認識別人的是智，了解自己的才算明❼❹。

這個翻譯保留原句的「智」和「明」字，這是字詞的「原封翻譯（解釋）」，一般說來，沒有什麼正不正確的問題。但是，除非我們已經知道在原語句中「智」和「明」的特別意義，否則至少這些特別意義並未因翻譯而顯現。這個翻譯的第二句話，用「才」字來顯示「了解自己」是「明」的必要條件，這種改解似乎不必要。

(ii)認識別人的只是智者，認識自己的才算高明❼❺。

這裏似乎不必，也不應加「只」字，因為老子似乎沒有如此強調。用「高明」來解釋「明」，似乎不適當，因為在整個老子思想中似乎沒有偏好「高明」。

(iii)知人的稱為有智慧，自知的稱為有聰明❼❻。

在《老子》中沒有現在一般意味的「智慧」。因此，用「智慧」來翻譯這裏的「智」，容易令人誤解。這裏的「明」字似乎也不應使用一般所謂的「聰明」來翻譯。老子很偏好「明」，但並不偏好「聰明」。

(iv)He who knows other is learned;

He who knows himself is wise❼❼.

---

❼❹ 陳鼓應前書，p. 180；任繼愈前書，p. 132。

❼❺ 嚴靈峰前書，p. 183。

❼❻ 許抗生：《老子研究》，p. 120。

按英文"learned"的意思是「有學問」。在老子思想中對一般有學問的人是怎樣，或對怎樣的人是有學問的，似乎沒有做過特別評示。因此這裏的「智」似乎不宜譯為"learned"。英文"wise"的意思是「智慧的」（一般意味的，不是老子特別意義的）、「聰明的」、「精明的」、「有學識的」，但這裏的「明」的意思著重一個人內心的明達開通，不受情欲名利的誘惑。因此，用"wise"翻譯這裏的「明」似乎不適當⑱。

(v)He who knows other is wise;

He who knows himself is enlightened⑲.

雖然"wise"有「聰明的」的意思，但是它的「智慧的」的意義似乎更強。我們講過，老子的「智」不是我們現在所謂的「智慧」，因此不宜用"wise"翻譯這裏的「智」。在英文有一個字其意義是「聰明才智」，但沒有強調智慧的，即"intelligent"。在這裏用"intelligent"翻譯「智」，似乎比較好。有人就這樣譯⑳。至於這裏的「明」，用"is enlightened"來譯，應該是好的。

從上面(iv)和(v)，我們看到，有人拿"wise"譯「智」，有人則拿"wise"譯「明」，而「智」和「明」在一般的使用上是表示同族性質的字根，這樣會不會在「知人者智，自知者明」中，「智」和「明」不過是老子習慣的對偶造句修辭變化，沒有思想和概念上的差別呢？我們認為，老子在這裏是要用「智」和「明」表示某種概念上的差別的。

(b)「智」和「智慧」在一些文段中是要解釋做「智詐」、「巧詐」、「偽詐」或「狡猾」等的。要注意的，在日常使用上，「智」和「智慧」雖然比較常當「聰明」、「才智」或「智慧」等正面意義使用，但有些時候也當「智詐」、「巧詐」、「偽詐」或「狡猾」等負面意義使用。在解釋《老子》的反智文段時，我們要注意「智」有這些負面意義。試看下面的文段：

(3)常使民無智無欲，使夫智者不敢為也。（三章）

---

⑰ 林語堂前書上冊，p. 497。

⑱ 范光棣也把這裏的「明」英譯為"wise"，參看他的前書，p. 156。

⑲ 陳榮捷前書，p. 156。

⑳ 例如張鍾元前書，p. 95；范光棣前書，p. 156。

我們可把它解釋為：

常使人民沒有智詐、沒有欲念，而使自負聰明者不敢妄為。

首先要注意的，我們把第一個「智」解釋做「智詐」，第二個「智」解釋做「自負聰明」[81]。這種解釋不但合乎老子的思想，而且也使這個文段前後文意順暢。大部分的學者在這個文段中採取「無知無欲」的版本。他們對這裏的「無知」一詞有三種不同的解釋。第一種是把這裏的「知」字解釋為「偽詐（的心智）」[82]。這種解釋無異把「知」字看做「智」字。為什麼不直截了當把「知」字改為「智」字呢？第二種是把「無知」解釋為「天真無邪」(innocent)[83]。偏好如嬰兒之天真無邪和柔弱，的確是老子的思想。例如他說：

專氣致柔，能如嬰兒乎？（十章）

我獨泊兮其未兆，如嬰兒之未孩。（二十章）

常德不離，復歸於嬰兒。（二十八章）

但是把「無知」解釋為「天真無邪」，是一個十分偏離「無知」的詞語意義的改解。除非有不得已的必要，不要做這種改解。

第三種是把「無知」直截了當解釋為「沒有知識」[84]。這雖然是「無知」一詞最貼切的詞語意義，但是對老子哲學來說，這是一種最嚴重的解釋。因為這種解釋就揭示，在一般意義的「智」字上，老子是一個赤裸裸的反智者。老子會是這麼「無知」的反智者嗎？我們將在下一節討論老子對「智」的態度時詳細討論。

(4)絕智棄辯，民利百倍；絕巧棄利，盜賊亡有；絕偽棄詐，民復孝慈。（十九章）

[81] 參看嚴靈峰前書，p. 24。

[82] 例如陳鼓應前書，pp. 62–63。

[83] 例如林語堂前書，p. 130；范光棣前書，p. 144。

[84] 例如陳榮捷前書，p. 141；任繼愈前書，p. 67；張松如前書，p. 26。

這個文段的語句意義是：

絕棄智辯，人民會有百倍利益；絕棄巧利，會沒有盜賊；絕棄偽詐，人民會恢復孝慈[85]。

依中文字典，「智」字有聰明才智、智巧（詐）（智謀和巧詐）、知識，和知道（認識）這四個意義[86]。在前面「智」(a)的意義裏，即現在正在討論的「智」的意義裏，我們把它解釋為「智詐」或「智巧」。在老子的思想裏，智詐顯然是一種負面意義。這樣，「絕智棄辨，民利百倍」便有道理了，尤其是叫統治者不要智詐和巧辯。

老子對孝慈和忠臣是完全持肯定的。除了上述兩個文段以外，下面是《老子》中所有出「孝慈」和「忠臣」的語句：

我有三寶，持而保之。一曰慈，二曰儉，三曰不敢為天下先。
慈故能勇；儉故能廣；不敢為天下先，故能成器長。
今舍慈且廣；舍後且先；死矣。
夫慈，以戰則勝，以守則固。天將救之，以慈衛之。（六十七章）
夫禮者忠信之薄，而亂之道。（三十八章）

(5)民之難治，以其智多。故以智治國，國之賊；不以智治國，國之福。（六十五章）

把這裏的「智」解釋為「智詐」，這個文段可以一點不唐突的了解為：

人民之難治，是由於他們智詐多。因此，以智詐治國，是國家的災禍；不以智詐治國，是國家的福氣。

大部分《老子》的白話譯者，把這裏的「智」了解為「智詐」，但大部分的

[85] 在這裏我們用「會……」來連接各分句中的前後兩句，下列各書也類此，陳鼓應前書，p. 124；陳榮捷前書，p. 149；張鍾元前書，p. 54；范光棣前書，p. 150；賀榮一前書，p. 164；嚴靈峰前書，p. 93。但也有用「才……」來連接的，例如任繼愈，p. 99。

[86] 在《老子》中，「智」字出現七、八次，「智慧」只出現一次。

英譯者卻把它譯為“knowledge”（知識）。在這種英譯中，如不加智詐的附註，則非常容易令人誤解和費解，甚至錯愕。

五、老子反智和反知識嗎？

老子反智和反知識嗎？這是《老子》的詮釋者常有爭辯的一個問題。從前面三、四兩節關於「知」、「智」的詳細分析，很容易看出，我們要以及應該怎麼回答這個問題。在提出我們的看法以前，先介紹嚴靈峰對這個問題的簡潔看法。基本上，我們同意他的看法。嚴靈峰說：

> 關於老子的知識論[87]，前人有不少誤解。馮友蘭在其所著《中國哲學史》中曾說：「老子亦反對知識。」李石岑《中國哲學講話》中也說：「老子由『無為』又講到『無知』。因為知識是一切造作的源泉，也是一切虛偽欺詐的源泉；所以極力說明知識之害。」這都是因襲舊說的偏見的結果。[88]

他又說：

> 《老子》書中，「知」、「智」兩字，義各有當，不可混淆。「知」，指：知性、知覺、知識而言；「智」則指智慧、智巧而說……。六十五章明言：「民之難治，以其智多；故以智治國，國之賊；不以智治國，國之福。」痛陳「智」之為害。第十九章更公然主張：「絕聖棄智。」王弼註六十五章云：「多智巧詐，故難治也。」又云：「智，猶巧也；以智巧而治國，所以賊之；故謂之賊。」……足見老子對於「智慧」和「智巧」的否定……[89]

---

[87] 嚴靈峰：《老子研讀須知》，p. 288。

[88] 當然我們是不用「老子的知識論」一詞的，但這和我們現在正要討論的問題無關。

[89] 嚴靈峰前書，p. 291。

反之，老子卻不否定「知」，換言之，他也肯定知性和知識。

他又說：

> 《老子》全書，共用六十二個「知」字；除十個讀去聲作「智」外，其餘五十二個皆作本字的「知性」和「知識」解。老子的知識論，十分注重對客觀世界的觀察和理解。如：觀妙、觀徼、觀身、觀家、觀鄉、觀國、觀天下。知常、知和、知天下、知天下之然、知眾甫之然。這一切都足以證明老子並不否認「知識」。[90]

現在讓我們對老子是否反智和反知識的問題，做進一步的討論。首先讓我們對一些認為老子是反智和反知識的說法，做一些討論。

勞思光認為，老子否定「智」，視一切知識、技術、制度為墮落；在老子眼中，認知活動不足取，因此老子也否定「認知我」[91]。勞思光只列舉下列《老子》的文段當論據，他對這些文段也沒有做任何解說：

> 絕聖棄知，民利百倍。（十九章）
> 眾人昭昭，我獨昏昏；眾人察察，我獨悶悶。（三十章）
> 使我介然有知，行於大道，唯施是畏。（五十三章）
> 古之善為道者，非以明民，將以愚之。民之難治，以其智多。故以智治國，國之賊；不以智治國，國之福。（六十五章）
> 民多利器，國家滋昏；人多伎巧，奇物滋起。（五十七章）

在這裏，我們討論的主要是老子是否反智和反知識，對老子是否反技術和反制度，暫不討論。因此，對上引的論據「民多利器，……」，不做評論。老子在某一意義上是反「智」的，即他反「智詐」的智，而不是別的意義

[90] 嚴靈峰前書，p. 295。

[91] 勞思光：《中國哲學史》卷一，pp. 196–197。

的「智」。勞思光對老子反的「智」沒有做任何解說，這會令人誤導，以為老子是在反一般的智識。至於說老子在反認知活動，實在說過頭了。老子所說「絕智棄辯」的意思，應該是絕棄智詐和巧辯。勞思光把這裏的「絕智」當做「絕知」，恐怕是一個錯誤。至於他引用「眾人昭昭，我獨……」這個文段，可以解釋為「眾人是那麼清醒，我卻這麼迷糊；眾人是那麼仔細，我卻這麼懞憧」。這主要在表示，老子與眾人處世態度的不同，不知和反不反知識有何相干?「使我介然有知，……」這個文段的意思，可以解釋為「假使我稍微有知識，我就在大道上行走，唯恐走斜路。」這主要在表示，老子要走大道，不走斜路，這和反不反知識有何關係?

勞思光引列「古之善為道者，非以明民，將以愚之」，恐怕用來顯示老子的愚民思想，因此是反智反知識的。任繼愈就認為，這一章（六十五章）集中表述了老子的愚民主張[92]。這樣的解釋不但「看愚」了老子，而且也沒有注意到「愚」的另一個意義。老子會愚的那麼直率高喊愚民主張嗎? 老子又不是那般「御用學人」。這段話的正確解釋應該是:

> 古來善於為道的人，不是教人聰明（精明），而是使人淳樸。

在這裏不要教人的「聰明」，是使人變「智詐」的「聰明」。使人淳樸的主要意思是，使人不變成智詐。老子在這裏要說的，似乎就是這樣而已。老子曾說過:「眾人皆有餘，而我獨若遺，我愚人之心也哉！沌沌兮。」這段話的意思是：眾人都有多餘，而獨有我好像不足的樣子。我真是愚人的心腸啊，混混沌沌的。這裏的「愚人」是指「淳樸的人」，其「愚」也就是老子要「愚之」的「愚」。這麼一來，這段話也和反智、反知識無關了。

勞思光也認為老子反知識。關於這點，後面再檢討。勞思光認為老子否定「認知我」。從現在的哲學思想看來，這是勞思光用他自己「私製和粗製的哲學框架」來「整修」老子的哲學。首先，在整個老子哲學中，似乎沒有提出什麼「我（自我）(self)」當主體的觀念。在一個人的哲學中沒有提出來的項目，我們不能說哲學上他肯定它或否定它。我們不知道勞思光所謂「認知我」是什麼意思。它不是日常用語，也不是哲學上通用的觀念，

---

[92] 任繼愈前書，p. 202。

因此在哲學討論上任何人要使用它時，必須先給它一個定義、說明，甚或一個理論。但勞思光在評示老子否定「認知我」的系絡中，沒有這樣做。

總結說來，勞思光是很粗率的指認，老子否定「智」，視一切知識、技術為墮落，拒絕認知活動。

馮友蘭也很粗率指認，老子反對知識。他說：

> 為欲寡欲，故老子亦反對知識。蓋㈠知識自身即——欲之對象。㈡知識能使吾人多知欲之對象，因而使吾人「不知足」。㈢知識能助吾人努力以得欲之對象，因而使吾人「不知止」，所謂「為學日益」（四十八章）也。……又曰：「民之難治，以其智多；故以智治國，國之賊，不以智治國，國之福。」（六十五章）惟「不以智治國，國之福」，故「絕聖棄智，民利百倍」；「絕學無憂」（二十章）也。老子曰：「是以聖人欲不欲，不貴難得之貨；學不學，復眾人之所過。」（六十四章）「欲不欲」即欲達到無欲或寡欲之地步，即以「不欲」為「欲」也。「學不學」即欲達到無知之地步，即以「不學」為學也。以學為學，乃眾人之過；以不學為學，乃聖人之教也。[93]

關於老子的「知」與「智」，馮友蘭的評示主要只有老子反知識，不像勞思光評示的那麼多。同時，他也對他的評示做了少許說明，不像勞思光只列舉《老子》的文段而已。馮友蘭主要以老子的寡欲主張，說明老子為何反對知識，並分三點說明。我們認為馮友蘭的評示和說明都有錯。

幾乎所有主張老子反知識的人，包括勞思光和馮友蘭，都有一個共同的缺點。那就是，他們對所謂老子反知識的「知識」一詞，沒有做必要的分析和分辨。《老子》書中是沒有「知識」一詞的。他們沒有「示警的」使用「知識」一詞，用來總括幾乎《老子》書中的「知」與「智」，以及相關項目，譬如「學」字。但如同我們在前面第三第四節詳細分析和討論的，《老子》書中的「知」、「智」可以有種種不同的意義和了解。老子高揚某

---

[93] 馮友蘭：《中國哲學史》上冊，pp. 235–236。

些意義的「知」，例如，知常、知和、知天下、知天下之然，和知眾甫之然的「知」。接受某些意義的「知」和「智」，例如，自知、知人、知止等的「知」、「智」。但也拒絕某些意義的「智」或「知」，例如，棄智、以智治國的智詐的「知」或「智」。這麼多重意義的「知」、「智」，有高揚、有接受，但也有拒絕的「知」、「智」，怎麼可以用沒有分辨的「知識」一詞，來評斷說老子反知識呢？這樣的評斷，實在犯了許多邏輯上的論證謬誤(fallacies)，例如，語意混淆、歧義、合稱(composition)，和稻草人(straw man)等的謬誤。

馮友蘭認為，老子的反知識，主要是因為他主張寡欲。老子確實主張某種意義的寡欲。例如他說：

> 不尚賢，使民不爭。不貴難得之貨，使民不為盜。不見可欲，使民心不亂。是以聖人之治，虛其心，實其腹，弱其志，強其骨，常使民無知無欲。（三章）
>
> 見素抱樸，少私寡欲。（十九章）
>
> 化而欲作，吾將鎮之以無名之樸，夫亦將無欲。不欲以靜，天下將自定。（三十七章）
>
> 知足不辱，知止不殆，可以長久。（四十四章）
>
> 禍莫大於不知足，咎莫大於欲得。故知足之足，常足矣。（四十六章）
>
> 治人事天，莫若嗇。（五十九章）

老子雖然主張寡欲，但是他的寡欲主張不是無限制的，也就是說，他不是主張要寡一切欲，它要寡的主要是名利欲和難得之貨欲。但顯然他並沒有主張要寡求知欲——純粹的求知欲，不是為智詐，不是為名利和貴貨的求知欲，例如為知道道和天下道理的求知欲。在老子的思想中，恐怕還沒有現在的純科學知識和純數理知識這些概念，但相信他不會反對追求這些知識的求知識欲。沒有分辨，不分皂白的說老子反智和反知識，是很不對的，是非常令人混淆、困惑和誤導的。

這樣，馮友蘭的「為欲寡欲，故老子亦反對知識」的說法，是不對和令人誤解的。他的三點說明，顯然為錯。我們說過，老子絕沒有主張寡一切欲。他也沒有主張寡一切知識之欲。他高揚知「道」、知常、知和、知天下、知己、知天下之然、知眾甫之然。這些「知」之追求和欲望，當然也是「知識欲」呀！這樣的知識欲，老子當然沒有反對。因此，馮友蘭的第一點說明：知識自身即——欲之對象，因老子主張寡欲，故他反知識——是不正確的，因為老子絕對沒有主張寡一切知識欲，雖然他主張寡某種知識欲，譬如智詐之知識欲。

馮友蘭的第二點說明說，知識能使吾人多知欲之對象，因而使吾人「不知足」。的確，老子主張「知足者富」（三十三章），「知足不辱」（四十四章）（知道滿足，不會遭到屈辱）和「禍莫大於不知足」。但我們要注意的，知識固然能使我們對某些應知足的對象「不知足」，但它也能使我們對某些應知足的對象「知足」。馮友蘭的說明，只看到知識作用的一面，沒有看到另一面。馮友蘭的第三點說明說，知識能助我們獲得欲之對象，因而使我們「不知止」。但老子不是說「知止不殆」嗎？「知止」不也是知識的老子意味的正面功能嗎？

老子反智和反知識嗎？從以上的討論可知，這不是一個（其實是「反智」和「反知識」兩個）可以簡單的用「是(yes)」和「不是(no)」來回答的問題。因此，任何簡單的「是」和「不是」的回答，都不會是正確的，混淆的，令人誤導的。如同我們指出的，老子是反智詐的「智」，但並不反對「知人」的「智」——正面意義的聰明才智。老子是反對追求名利和難得之貨的「知」（或「知識」），但卻高揚知「道」、知常、知和、知天下、知天下之然，知眾甫之然的「知」（和「知識」）。至於對現代所謂的科學性的知識，如四季變化和星球運轉的物理學和天文學的知識，數學和邏輯的知識等，老子的態度如何呢？老子似乎沒有表示過，而實際上他也還沒有這種知識概念。

六、為何「為學日益，為道日損」？

老子說：「為學日益，為道日損。損之又損，以至於無為。」（四十八章）「為學」的意思，簡單的說是「求知」或「求知識」(the pursuit of knowledge (learning))。因此，在討論了《老子》有關「知」、「智」的章句後，對「為學日益，為道日損」這個表述老子一個深層思想，但乍讀起來至少表面上有點悖謬(paradoxical)的章句，做分析和討論，是有必要的。

「為學日益，為道日損」，乍讀起來，似乎有些悖謬。首先，道是「眾妙之門」，多好的東西，為什麼為學可以「有利益」，而「為道」反而「有損害」呢？但稍微注意一下，可以發現，這裏的「日益」顯然應解釋為「一天比一天增多」，而不應解釋為「有利益」；而「日損」，則應解釋為「一天比一天減少」，而不應解釋為「有損害」。其次，依老子的哲學，「為道」必定是好的，因此，為道日損，則所減損（減少）的東西或事項必定是不好的。這樣，與「日損」相對的「日益」的東西，是否一定是不好的呢(當然是依老子哲學來評定的好不好)？又日益的那些東西或事項，是否就是日損的那些東西，不一定，還是不同的？

「為學日益，為道日損」「整句」的可能解釋，要比乍看來得多，為了容易找出和選擇其中較好的解釋，讓我們從其「語詞」可能解釋的取捨開始。首先，「為學」和「為道」的「為」字，通常解釋為「求」和「從事」。但是在這裏，不論是「為」、「求」，或「從事」，都有「去知道」(to know)、「去修鍊」(to practice)、「去獲得」(to obtain)，或這三者兼有的意思。「為學」裏的「為」，雖然主要是「去知道」和「去獲得」，但相信也可以有「去修鍊」的意思。「為道」的「為」應該是這三者兼而有之。

「為道」的「道」顯然就是老子哲學上的「有物混成，先天地生」(二十五章）和「道生一」（四十二章）的「道」。「為學」的「學」，則一般解釋為一般的「知識」或「學問」，但也有特定為「流俗的學問」的[94]。我們認為這裏的「學」不必特定為「流俗的學問」，因為一個解釋，如果不必做

[94] 例如嚴靈峰前書，p. 259。

特定解釋，就應就一般來解釋。在《老子》中，除了「為學日益」以外，「學」字只在其他地方出現二次：

> 絕學無憂。（二十章）
>
> 聖人欲不欲，不貴難得之貨；學不學，復眾人之所過，以輔萬物之自然而不敢為。（六十四章）

我們在前面第五節已經講過，老子沒有反對一切知識，老子反對的是智詐和那些為名為利和為難得之貨，和違反順其自然的政教禮樂的知識。因此，所謂「絕學無憂」，決不是要絕棄一切之學，而只是要絕棄俗學，諸如政教禮樂之學而已。這樣，《老子》中的「學」字，有的要了解為學一般學問和知識，如「為學日益」的「學」，有的則要了解為特定的「俗學」，如「絕學無憂」的「學」。

上引文段中的「欲不欲」和「學不學」，學者間主要有下面兩種解釋：

⑴聖人意欲眾人所不意欲的，不珍貴難得之貨；聖人學眾人所不學的，補救眾人的過錯，以輔助萬物的自然而不加干擾[95]。

⑵聖人意欲不（去）意欲，不珍貴難得之貨；聖人學不（去）學，補救眾人過錯，以輔助萬物的自然而不加干擾[96]。

在適當的了解下，這兩種解釋似乎都可以接受。就第一種解釋來說，所謂眾人所不意欲的，可以這樣來舉例。譬如老子說：

> 聖人抱一為天下式。不自見，故明；不自是，故彰；不自伐，故有功；不自矜，故見。（二十二章）

從這個文段的反面來看，可以說眾人所不欲的有：不自見，不自是，不自伐，不自矜。因此，聖人意欲的是不自見，不自是，不自伐，不自矜。一

[95] 例如陳鼓應前書，p. 285。

[96] 例如任繼愈前書，p. 201。

個人當然不去學他不意欲的，因此，可以說聖人學不自見，不自是，不自伐，不自矜。

就第二種解釋來說，應該有強弱兩式。像上面⑵那樣的表述，就表面來了解，是強式的，即聖人意欲不去意欲一切，和不去學一切。這樣強式的斷言，顯然不會有道理。因此，這樣強式的解釋，當然不可以接受。可接受是諸如下面這樣的弱式講法：

聖人意欲不（去）意欲不好的東西，聖人學不（去）學不好的東西。譬如，依老子的哲學，名利、政教禮樂和難得之貨是不好的，因此，聖人意欲不去意欲名利、政教禮樂和難得之貨，也學不去學這些東西。

雖然這兩種解釋都可接受，但我們認為第一種比較好，至少它不像第二種解釋，不須弱化也可接受。

讓我們回到「為學日益，為道日損」的幾個重要問題。首先，為學日增和為道日減的各是什麼？它們是相同的東西嗎？它們之間有內在的關聯嗎？對頭兩個問題，學者間有下面一些講法：

⑴為學，知識日益增加；為道，知識日益減少[97]。

⑵為學，知見日益增加；為道，智巧日益減少[98]。

⑶為學，知見日益增加；為道，情欲日益減少[99]。

⑷為學，情欲文飾日益增加；為道，情欲文飾日益減少[100]。

⑸為學，有為日益增加；為道，有為日益減少[101]。

⑹為學，知欲日益增加；為道，知欲日益減少[102]。

我們將採取接近上述⑵和⑶的講法，也就是：

為學，知識日益增加；為道，情欲和智巧日益減少。

---

[97] 任繼愈前書，p. 163；嚴靈峰前書，p. 259。

[98] 陳鼓應前書，p. 232。

[99] 吳怡前書，p. 376。

[100] 張松如前書，p. 294；許抗生前書，p. 20。

[101] 賀榮一前書，p. 417。

[102] 余培林前書，p. 83。

我們這裏所謂知識，包括會使情欲增加、減少，或不增加也不減少的，因此，就老子的為學日益而言，所增加的東西，有好、有壞和不好不壞的。但為道日損所減少的一定是不好的。

以上主要是就涉點來分析「為學日益，為道日損」。但是《老子》這一章的焦點，恐怕是在勸化人多修鍊，減少情欲，以至無為和不妄為。因此，在「為學日益，為道日損」之後。接著的是「損之又損，以至於無為。無為而無不為。取天下常以無事，及其有事，不足以取天下。」(四十八章) 在這一章裏，老子之提出「為學日益」，主要用意恐怕是在和「為道日損」做個對照對比，而不在為學日益本身。又什麼是為道呢？老子在本章中沒有講。在某種理知上，我們不妨把減少情欲的修鍊本身，就看做為道本身。從以上的分析，似乎看不出「為學日益，為道日損」有什麼純知識論的特別意義。

七、《老子》書中的「觀」與「信」

當做「看(see)」的「觀」字，多少會和「知」或「知識」有關。當做「信念(belief)」和「相信(believe)」的「信」字，更和「知」和「知識」不可分離了。因此，在討論《老子》的「知」、「智」問題中，讓我們查看一下書中的「觀」字和「信」字，是有用的。

在《老子》中，「觀」字出現八、九次：

> 故常無，欲以觀其妙；常有，欲以觀其徼。(一章)
> 萬物並作，吾以觀復。(十六章)
> 雖有榮觀，燕處超然。(二十六章)
> 故以身觀身，以家觀家，以鄉觀鄉，以邦觀邦，以天下觀天下。吾何以知天下然哉？以此。(五十四章)

在上引「雖有榮觀，燕處超然」中的「觀」字，沒有我們要討論的「看」的意義，因為這句話的意思是「雖然有榮華的宮殿，卻安居泰然」。這樣，這裏「榮觀」的意思是「榮華的宮殿」[103]。其他八次出現的「觀」字，都是「看」(see) 的意思。有的學者似乎要把這八次出現的「觀」字，像「道」、「德」、「強」、「弱」等字那樣，當老子哲學的術語或半術語來了解和分析。但是，我們認為這些「觀」字，實際上是日常使用的「看」、「觀看」，或"see"，不是什麼術語或半術語，因為在《老子》中從未講到或討論到它，而只有在少數地方使用到它。「看」意義的「觀」字雖然出現八次，但只在三個場合出現。在這三個場合中，都可以用「看(see)」或「觀看(vision)」來了解。例如，我們可把：

⑴故常無，欲以觀其妙；常有，欲以觀其徼。(一章)

解釋為[104]：

因此，我們想藉常無來觀看道的奧妙；想藉常有來觀看道的邊際。

可把：

⑵萬物並作，吾以觀復。(十六章)

解釋為：

萬物一併發作，我藉以觀看返復。

可把：

⑶故以身觀身，以家……。(五十四章)

解釋為：

所以，以個人觀看個人，以家觀看家，以鄉觀看鄉，以國觀看國，以天下觀看天下。我何以知道天下的情況呢？就是以這種方式。

---

[103] 鄔昆如在他的〈老莊哲學「觀」概念之研究〉中說：「雖有榮觀，燕處超然」的「觀」字，意義為形容詞（印在《第一次世界道學會議前論文集》⑴，臺北，1987年11月，pp. 74–83)。但是嚴靈峰的注說：「榮觀的『觀』，名詞。」《爾雅．釋宮》：「觀，謂之闕。」河上公注：「榮觀，謂宮闕。」顯然，這裏的「觀」是名詞，不是形容詞。又依帛書甲本「雖有榮觀」作「唯有環宮」，乙本作「雖有環宮」，這樣「觀」字就不見了。

[104] 這兩句有不同的語句解釋，但這些不同與我們現在討論的「觀」字的解釋無關，因此在此我們不討論這些不同。

在上面⑴、⑵和⑶文段中，可以把「觀」字都翻譯或解釋為「看」、「觀看」，或英文的"see"，在這裏，我們實際用「觀看」去翻譯或解釋，是修辭的考慮。不論用「看」、「觀看」或"see"去解釋，我們當然可以進一步問：「我們如何藉常無觀看(see)道的奧妙呢?」「如何藉常有來觀看道的邊際呢?」「如何藉萬物並作觀看其返復呢?」在對這些問題要進一步回答時，我們當然而且需要，並且可以對這裏所謂觀看做更特定的解釋。但所有這些進一步的解釋都是《老子》詮釋者自己的解釋，因為老子本身似乎沒有講到這些。因此在這裏，「觀看」一詞不是老子哲學上的術語，而是日常用語。這正如同在日常談話中我們說善人死後會升天，壞人死後會下地獄那樣，「升天」和「下地獄」是日常用語，不是談話者的術語。如果有人要進一步解釋如何升天和下地獄，那是這個解釋者的解釋，不是我們談話者的解釋。

當然，從我們今天看來，「觀妙」、「觀徼」和「觀復」等多少有形上學的性格。因此，在我們對這些做進一步解釋時，勢必會引進形上學的觀念。這一點也沒關係，因為在日常使用上「看」和「觀看」，可以具有形上學的觀念。有的學者說：「這是『觀』概念在中國文字上運用的奧妙，外文不是可以完全意譯的。」[105]但是我們知道，相當於這裏「觀」和「觀看」的英文字詞"see"，可以有好幾十個意義和解釋[106]，這些意義和解釋中也一定含有老子的「觀」的意義。哲學家羅素(B. Russell)在討論柏拉圖(Plato)的觀念論(theory of idea)時，他說：「我們可以希望，在一種神祕的照明啟迪下，如同我們看到(see)感官的對象那樣，看到(see)觀念。」[107]他不是用"see"來「玄看」柏拉圖的「觀念」嗎?

在上引的「以身觀身，以家觀家，……」（五十四章）中的「觀」字，更是日常意味的「看」和「觀看」，而少有特殊意義了。至於「身」、「家」、「邦」、「天下」這種排比和層遞的寫法，乃是老子文風和思考模式的一種，在思想上不一定有特別意義[108]。其實「以身觀身，……」這個文段，是其

[105] 鄔昆如前文，p. 77。

[106] 參看1986年版*Webster's Third New International Dictionary*, pp. 2054–2055.

[107] 羅素：《哲學問題》(*The Problems of Philosophy*)，p. 53。

上一文段的一個對照寫法而已。這上一文段是：

> 修之於身，其德乃真；修之於家，其德乃餘；修之於鄉，其德乃長；修之於邦，其德乃豐；修之於天下，其德乃普。（五十四章）

《老子》書中的「信」字共出現十五次，在下列諸文段中：

> 言善信。（八章）
> 信不足焉，有不信焉。（十七章和二十三章）
> 其精甚真，其中有信。（二十一章）
> 夫禮者忠信之薄。（三十八章）
> 信者吾信之，不信者吾亦信之，德信。（四十九章）
> 夫輕諾必寡信。（六十三章）
> 信言不美，美言不信。（八十一章）

這些「信」字有下面幾種意義：

⑴東西的能信驗(verifiability)。例如，「其精甚真，其中有信」可解釋為「這精質很真實(real)，這精質有信驗。」

⑵言詞本身的真實性(truth)。但是，要注意的，在《老子》中，可解釋為言詞本身的真實的「信」，幾乎也都可以解釋為說話者人格的誠實性(honesty, sincerity)或可靠性(reliability)，更且，後者的解釋比前者似乎更適當。讓我們看看所有這些例子。

我們可把「言善信」（八章）解釋為「(上善的人）言詞，喜好真實(true)」，也可把它解釋為「言語，喜好誠信(honest, sincere)」。可能，後者比前者更好。這有幾個理由。首先，言語或語句（本身）的客觀真理(truth)問題，不是老子哲學關心的問題，（說話的）人（自身）的德性問題才是。

---

⑩⑧ 關於老子的排比和層遞造句，參看本書第五章〈老子對偶造句與思考的邏輯分析與批判〉。

「言善信」要講的主要是說話者，不是說的話。真實(true) 主要講言語，誠信則講說話者。再說，「言善信」是在如下的文段中講到「上善的人」是怎樣：

> 上善若水。……居善地，心善淵，與善仁，言善信，政善治，事善能，動善時。(八章)

其次，我們可把「信不足焉，有不信焉」(十七章) 解釋為「誠信不足的人，人不相信(trust) 他。」這裏第二個「信」字，就有「信任」的意思。

其次，我們可把「夫禮者忠信之薄」(三十八章)，解釋為「禮這個東西，是忠 (貞) (誠) 信的澆薄 (不足)。」

其次，我們可把「信者吾信之，不信者吾亦信之，德信」(四十九章)，解釋為「誠信的人，我對他誠信，不誠信的人，我也對他誠信，這樣就會得到誠信。」

其次，我們可把「夫輕諾必寡信」(六十三章)， 解釋為「輕易諾言(promises)的人，必定少誠信。」

最後，我們可把「信言不美，美言不信」(八十一章) 解釋為「真話(true words) 不華美，華美的話不真」，也可把它解釋為「信實的言詞 (sincere [honest] words)不華美，華美的話不信實。」後者可能比前者更好，因為我們講過，老子哲學沒有特別關心真理的問題，但關心修身、修人的問題。「真話」是客觀真理的問題，而「信實的言詞」是修身、修人的問題。許多客觀真理的話，例如，「一年有四季」和「2＋3＝5」，無所謂美不美。但信不信實的言詞，則幾乎都會涉及說話者的「修辭」。

從以上分析和討論，可以看出，《老子》書中涉及「觀」、「信」的文段，幾乎沒有特別關涉知識論的問題，也沒有特別突出的觀點。

第七章　《老子》書中的引言與喻言

一、引　子

《論語》書中充滿引言(directives)❶，《莊子》書中充滿喻言(figurative utterences)，而《老子》一書則充滿引言和喻言。本文主要要對《老子》中的引言和喻言做深入的現代分析。引言和喻言在講話上，並沒有什麼特別的內在關連。我們在這裏一起研究，除了要突顯《老子》同時充滿這兩種講話的特色以外，另一個考慮是，老子實際上也常拿喻言當引言，因而一起研究也有相互對照和參引的方便。這裏所謂「現代分析」，除了一般要使用有關現代的哲學觀念、要領和技術以外，特別要使用現代語言哲學，尤其是說話做行論 (theory of speech acts) 裏引言的觀念，以及新近三十年來哲學上所討論的有關喻言的觀念，來做分析。

向來老子的研究者，當然有討論到我們所謂的《老子》中的引言。但是，他們的討論似乎都不知不覺講到引言，並且沒做較深入的分析。這裏所謂不知不覺，我們的意思是，他們沒有明白指出引言和斷言的不同，以及由於這個不同，我們對它們應有不同的了解和解釋，以及不同的評價。由於沒有明白區分引言與斷言，又為了「發揚」老子哲學的「真理性」，因此，就不知不覺完全從斷言的思考來闡釋老子的章句和思想。許多牽強附會的曲解，就由此產生。如果我們能夠利用現代語言哲學對語句可能有的不同使用的了解，例如在言做行 (illocutionary acts) 的不同類型 (categories)，相信可以消除許多這種附會和曲解。本文要做的《老子》章句的斷言與引言的對照解釋和評價，就是要做這種釐清的工作。

向來老子的研究者，也偶爾會在一些段落裏提到，甚或討論到《老子》

❶ 什麼是引言，本文即將說明。要注意的，本文討論和使用的中文「引言」一詞，不是普通做先前介紹的「引言」(introduction)，或「引言人」的「引言」。

章句中的一些喻言。但是，他們幾乎都是從很直覺、很常識的喻言，來講這些。有許多幾乎是誤談。這些誤談，包括對《老子》章句的錯誤解釋，以及對《老子》章句本身的混淆，未能釐清。

東方自墨子，西方自亞里士多德兩千三百多年以前❷，對喻言有所論略。但對喻言做較詳和較深刻的哲學分析的，是三十多年來，尤其是近二十年來的事。在本文中，我們將利用經過新近討論的喻言觀念，來分析《老子》中的喻言。

在過去幾年多篇的老子研究中，我每篇都以老子哲學或《老子》章句為例，做了一些哲學方法和哲學觀念上的反省和檢討❸。這些反省和檢討相信不但有利於對老子的哲學思想做現代研究，而且也可應用於其他中華傳統哲學思想作品的研究。本文對老子的引言和喻言的研究，也是要在這種反省和檢討之下進行。

現在我們先對引言和喻言做一些本文所需的說明。

二、引言與斷言

我們的講話，除了用來做斷言(assertion)和描述世界以外，還時常用來做質問(ask)，命令 (order, command)，請求(request)，乞求(beg)，懇求(plead)，祈求(pray)，邀請(invite)，允許(permit)，規勸(advise)，挑戰(dare, challenge)，反抗 (defy)，恐嚇 (threat)，承諾 (promise)，感謝 (thank)，恭賀 (congratulate)，道歉 (apologize)，哀悼 (condole)，歡迎 (welcome)，宣佈 (declare)等等。根據說話做行論的開創者，牛津大學哲學教授奧斯丁(J. L. Austin, 1911–1960) 說，我們在講什麼的做行中 (an act in saying something)做了在言做行(illocutionary act)。上面列舉的種種講話都是在做在言做行，他把各種在言做行歸為五類❹。他的學生，著名的柏克來加州大學

❷ 根據孫詒讓(1848–1908)的《墨子閒詁》(臺灣商務印書館有印行此書) 中的墨子年表，墨子年代在468B.C.–376B.C.之間或在479B.C.–381B.C.之間。亞里士多德(Aristotle, 384–322B.C.)，古希臘大哲學家。

❸ 這裏指的是本書第一章到第六章。

哲學教授塞爾(J. R. Searle)，認為奧斯丁的歸類不很好，是很嘗試性的。因此，他把它修改為這樣的五類，即斷言(assertives)，引言(directives)，諾言(commissives)，感言(expressives)，和宣言(declarations)❺。在本文裏，我們想利用這個分類中的斷言和引言，來討論《老子》中的斷言和引言。但為了比較和了解，對其他三類在言做行，先簡單說一下。

為說明這些在言做行，塞爾提出言辭 (words) 與世界之間的對合方向 (direction of fit) 的觀念。塞爾把某一類型的在言做行的要點或目的，叫做它的在言要點 (illocutionary point) 。一個命令的要點可以特定為是，使聽者去做一些事項的企圖。一個描述的要點是，事項是如何的一種表現。一個答應(promise)的要點是，說話者從事做一些事項的義務。有的在言講話 (illocutions) 以使言辭（或命題內容）相配世界當它的在言要點的一部分，有的則以使世界相配言辭當它的在言要點的一部分。斷言屬於前一類，答應和要求屬於後一類。塞爾舉安士科(Elizabeth Anscombe)教授提供的例子來例示這兩者的區別❻。假定有一個人到超市去，帶著太太給他的購物單。單子上寫著「豆，奶油，薰肉，和麵包」。假定在他推著購物手拉車選購這些項目時，有一個偵探跟隨他，並抄下他拿的每樣東西。在他們走出店子時購物者和偵探都會有相同的清單。但是，這兩個清單的功能會十分不同。在購物者的清單這一方，清單的目的可以說是要使世界相配言辭；設想這個購物者要使他的行動對合 (fit) 清單。在偵探這一方，清單的目的是要使言辭相配世界；設想這個偵探要使清單對合購物者的行動。這兩方清單的

❹ 這五類就是：裁決（言）(verdictives)，運用（言）(exercitives)，委諾（言）(commissives)，行態（言）(behabitives)，和表明（言）(expositives)。有關奧斯丁的這些講法，參看他的《如何拿話做事》(*How to Do Things with Words*)，哈佛大學，1962年初版，1975年第二版。劉福增：《奧斯丁》，臺北三民書局，1992年。

❺ 關於塞爾的這種分類，參看他的 *Expression and Meaning*，第一章，劍橋大學出版，1979年。

❻ 參看安士科(Elizabeth Anscombe), *Intentions*, Blackwell, Oxford.

不同，可由兩方的「錯誤」的發生進一步顯現出來。如果偵探回家而忽然發覺這個人是買了豬頰而不是薰肉，他可以單單擦掉「薰肉」一詞，改寫「豬頰」。但是如果購物者回家，在他太太指出該買的是薰肉而不是豬頰時，他不能夠擦掉「薰肉」改寫「豬頰」來改正錯誤。

在這些例子裏，清單提供了在言講話的內容，而講話的示意(force)決定該內容設想如何與世界相關。塞爾把上述兩方清單例示的不同，叫做對合方向的不同。偵探的清單具有言辭對世界的對合方向（如同敘說，描述，斷言，和解說等那樣）。購物者的清單具有世界對言辭的對合方向（如同要求，命令，立誓要，答應等那樣）。對合方向恆為在言要點的一個歸結，也就是，一定的在言要點必定具有一定的對合方向。斷言的對合方向，必定是言辭對世界。命令的對合方向，必定是世界對言辭。

現在來看看前面所提塞爾的五種在言做行的分類。諾言是這樣的在言做行，其（在言）要點是使說話者承擔去做某一將來的行動。答應是一種諾言。如果一個人對他的小女兒說：「小葳妳最近很乖，我答應帶妳到迪斯奈樂園玩」，則這個爸爸就承擔將來去做帶他的女兒到迪斯奈樂園的行動。諾言與我們即將要討論的引言，譬如要求或命令不同。答應的要點是使說話者承擔去做一些什麼，而要求的要點是嘗試使聽話者去做一些什麼。

感言的在言要點是對由言辭內容特定的某一事態，表達由誠實條件特定的心理狀態。典型的感言動詞是「感謝」，「恭喜」，「抱歉」，「哀悼」，「歡迎」。要注意的，在感言裏沒有對合方向。在做感言時，說話者既沒有嘗試使世界相配言辭，也沒有嘗試使言辭相配世界。宣言的定義特徵是，一個成功的做成的宣言產生言辭內容與實是(reality)之間的符合，保證言辭與世界的符合。如果我成功的完成任命你當主席，則你是主席；如果我成功的完成宣戰，則戰爭就進行了。

現在讓我們來討論本文將要使用的斷言與引言這兩類在言做行。一個斷言的要點或目的，是使說話者（在不同變化程度上）承擔事項是如此，即所表示的命題或言辭內容為真。所有的斷言可用真(true)和假(false)予以評價。因此，一個說話或語句是否是斷言，可用它是否可用真或假本義的

(literally)予以徵定來檢試。

一個引言，例如命令，要求，質問的要點或目的，是說話者企圖使聽話者去做一些事項。它可以是非常謙虛、有節制的「企圖」，如同我邀請你去做，或建議你去做的時候的企圖。或者它可以是非常強烈的企圖，如同在我堅持你去做的時候的企圖。引言的對合方向是世界對言辭。其言辭內容或命題內容恆常是聽者做某一將來的行動。表示引言的動詞是諸如質問，命令，要求，乞求，祈求，邀請，允許，建議，勸告，挑戰等。問問題也是引言，因為一個問題是說話者企圖去使聽者回答的，即去做一個說話做行(speech act)。

這樣，引言與斷言的基本不同是，引言的對合方向是世界對言辭，而斷言的對合方向是言辭對世界。一句話或一個講話的對合方向是那個方向的辨識，在哲學研究，以及其他許多研究上，非常重要。這種辨識對哲學作品章句的適當解釋、了解和評價，是非有不可的。

《老子》章句斷言居多，至少從一般哲學著述的評定來看是如此。這樣，《老子》一書基本上才被視為是哲學著作，而不是「勸世文」，或宗教經文。在語句的徵定上，本文主要是研究《老子》中的引言。我們之也要提出斷言這個觀念來討論，主要有四個理由。一個是，對照斷言和引言，更能顯現引言的特徵，以便我們討論引言。另一個是，在《老子》中，有些章句是斷言還是引言，不容易分辨，因此在討論這些章句時，我們必須做雙可能的處理。所謂雙可能的處理，主要是指把一個章句處理做或是斷言或是引言這兩種可能，再比較那一種可能較好。這種雙可能的處理，至少可以避免一般不知斷言和引言的分辨之下，混淆的、牽強附會的解釋和評價的通病。第三個理由是，在斷言和引言的對照之下，會使我們更好了解所論章句的意義，以及更好以有關觀點去評價這些章句。第四個理由是，一些章句表面上看來雖是斷言，但依斷言來解釋，顯然為假或不合理，但如轉換成引言來解釋，則頗為甚至十分合理。這時候我們就嘗試做轉換引言的解釋。在斷言和引言的對照下，我們才能給這種轉換解釋做較好的說明。

一個斷言所要講的基本要點是，「世界或人間是怎樣怎樣」，也就是一個斷言的言辭或命題內容是在描述世界。因此，一般說來，說話者在做一個斷言時，他首要關心是，他的斷言的言辭或命題內容是否符合或對合世界或事實。如果不符合或不對合，則他可能修改言辭或命題內容使之符合。例如，在數了花園中有幾株杜鵑花後，說話者說：「花園裏有75株杜鵑花」。可是，他再次精數後發現應該是78株，也就是上述斷言的言辭內容不符事實。這時候，他可能修改言辭內容而斷言說：「花園裏有78株杜鵑花」。這樣就符合事實和世界了。聽者對一個斷言的首要關切，也是它的言辭內容是否符合世界或事實。如果符合，他會說或評價說，這個斷言是「真的」。如果不符合，他會評價說它是假的，或者改變它的言辭內容使之符合世界。

一個引言所要講的基本要點是，使受話者去做一些事項後，「世界或人間變成怎樣怎樣」。它的言辭內容不在描述「現有」的世界，而在描述「將來」的世界。例如，「請你幫我在花園裏種25株杜鵑花」，是一個要求，也是一個引言。這個引言的要點是，要受話者去做一些事項，即去種25株杜鵑花，而它的言辭內容在描述「將來」在花園裏至少增添25株杜鵑花。

有一點要注意的，引言的要點固然是要使「將來」的世界「變成」對合言辭內容，但是世界是變動的，因此有的引言的要點是要使將來的世界繼續「保持現有」的世界，使之繼續對合言辭內容，而不是改變現有的世界。例如，老師可能對一班已經非常孝順的學生說：「大家要孝順父母」。這個引言的要點與其說是要使世界「變成」對合言辭內容，不如說是要世界「繼續不變」，保持對合言辭內容。

引言的說話者對引言的首要關切是什麼的問題，比乍看起來要複雜的多。至少當做一個初步的分析，我們可以利己，利他（他人，社會，國家，民族，世界），損己，損他，無關乎己，和無關乎他等觀念來說明。這樣，說話者對引言的首要關切會是，受話者是否去做引言中的言辭內容，也就是受話者是否去使世界變成引言中言辭內容所描述的，因為這樣變成的世界有利於說話者，以及有利於他人；或者有利於說話者，但無關乎他人；或者無關乎說話者，但有利於他人；或者有利於說話者，也有損他人；或

者無關乎說話者，但有損他人（這是說話者希望的）等等。例如，

(i)一個人對停在他別墅門前別人車子的司機說：「請把車子開走」時，這個引言——要求或命令——的說話者關切的是自己或自家的出入方便，而似乎無關乎社會的什麼利益。

(ii)「反對設廠」，當一個熱心環保的大學教授走上街頭，高呼反對設廠的引言時，他關切的應該是社會大眾的利益，不是直接關乎自己的什麼。

引言的聽者應該分為兩類。一類是說話者直接對他或他們說話的人，我們可以稱這類的人為受話者。另一類是聽到（或讀到）引言但不是受話者的人，我們可以稱這類的人為聽者。在評定斷言的效能和價值時，至少在邏輯上，沒有區分受話者和旁聽者的必要。例如，一個斷言如果為真，則無論對受話者或旁聽者，應該都真；如果為假，則無論對誰都應該為假。但是，在引言情況則不一樣。例如，老師對一個學生說：「你的習題後天以前要交」，這個受話的學生就有在後天前做好習題的義務。但是，在旁邊聽到老師這個要求的另一個學生，卻未必有這個義務。相同的引言不但對是受話者還是旁聽者，會產生不同的效果，對同樣是聽話者——受話者或旁聽者——，會因個人內外情況的不同而產生不同的效果。例如「人要孝順父母」這個引言，對一個不怎麼孝順的人來說，或許能產生勸誘和警惕的作用，但對一個已經十分孝順的人，則可能是一句多餘的空話；對一個不知父母是誰的人，也可能是一句空話。

引言與斷言有以上等諸如此類的重要不同，那麼要如何區分一個語句或講話是引言還是斷言呢？一個命令句是一個引言。在英文，命令句有特別的文法形成，但在中文則沒有。不論在中文還是英文，一個問句有時候可以當請求或要求用。一個請求或要求也是一個引言。在英文，像"I promise to come tomorrow"（我答應明天來）這種第一人稱現在式的語句也是一個引言，但它在文法上是一個敘說(statement)的形成。一個顯然的事實是，不論在中文或英文，一般說來，我們無法依語法來區分引言和斷言，因此我們只好依具體使用的場合，做嘗試性而不是斷然性的區分了❼，

❼ 這裏講的斷言可視為奧斯丁(John Austin)的敘言(constatives)的一種，引言是奧

尤其像《老子》等中華古典的文言著作，其文法形式非常不清楚不明顯，更是如此了。這樣，如同我們前面提過的，就時常需做雙解釋了。

對一個斷言最基本而重要的關心和評價，應該是真假。比照之下，對一個引言最基本而重要的關心和評價，應該是奧斯丁 (John Austin) 意味的得體(happy) 和不得體(unhappy)❽。一個無資格發命令的人發出的某一個命令——一個引言，是不得體的。因此，一個命令必須由有資格的人發出，才會得體。一個答應以土地所有權的形式把月亮送給別人的答應——一個引言，是不得體的，因為迄今沒有人可以擁有月亮的土地所有權。一個無意感謝別人的感謝——一個引言，是不得體的，因為這個感謝沒有真意和真情。

斯丁的做言 (performatives)。奧斯丁曾嘗試去找區分敘言與做言的標準，但他認為失敗了。參看他的前書，pp. 90–93，以及劉福增的《奧斯丁》，pp. 69–71。

❽ 在奧斯丁 (John Austin) 的做言 (performatives) 理論中，說話者在欠切情況 (infelicities) 下的講話，叫做不得體。本文討論的引言顯然是做言的一種。他認為一個做言要得體要滿足下面六個條件：

(A1)必須存在一個被接受，而又具有一定約定效果的約定程序。這個程序要包括一定情境下，一定的人講出一定的話。

(A2)在一個設有的場合中，特定的人和特定的情況，必須適合所求特定程序的要求。

(B1)所有參與者都必須正確地實施程序。

(B2)所有參與者都必須完全地實施程序。

(C1)就如常有的情形，當一個程序是設計給具有一定思想或情感的人使用時，或者是設計給對參與者的任何一方，創導某一定相因而生的行為使用時，那末一個參與並且因而求用這個程序的人，必須事實上具有這些思想或感情，並且也必須有意去做這些行為。並且更進一步，

(C2)也必須隨後去做這些行為。

這六個條件的適當說明需要相當篇幅，而且在本文中我們不準備那麼正式使用這些條件，因此在此只列舉參考。有關做言的得體及上述條件的討論，參看奧斯丁前書，pp. 90–93以及劉福增前書，pp. 69–71。

現在讓我們舉些《老子》書中的例子，來說明本節講的一些觀念。試看：

> 絕智棄辯，民利百倍；絕巧棄利，盜賊亡有；絕偽棄詐，民復孝慈。（十九章）❾

首先讓我們把這個文段，在字面上譯為：

> 絕棄智詐和巧辯，人民會有百倍利益；絕棄巧詐和私利，會沒有盜賊；絕棄虛偽和詐欺，人民會孝慈。

仔細討論這個文段，有三個相關但不同的問題。一個是，文段中的三個複句「講到」誰：統治者（人君），人民，或這兩者？另一個是，這三個複句是「對」誰講的：統治者，人民，或這兩者？再一個問題是，這三個複句是斷言還是引言？這三個問題顯然不是可以明確回答的，因為文本本身及其直接系絡都沒有顯示。

首先說明一下所謂講到誰和對誰講的不同。當一個人說：「山姆是大笨蛋」時，它講到山姆。這時他可能是對山姆的朋友阿土說的，或是對不特定的人說的，甚至是對山姆說的。但如果是對山姆說，通常比較會說成：「山姆，你是大笨蛋」，或者指著山姆說：「你是大笨蛋」。這樣，在簡單的主詞一述詞(subject-predicate)語句的場合，通常主詞所指就是這個語句講到的項目。至於對誰講的，則一般都要看語句所在更大的系絡(contexts)了。

現在讓我們先看看上引文段中的三個複句講到誰。這個問題就是「誰」絕棄智辯、巧利、偽詐的問題。對這個問題學者向來雖然似乎沒有做過選擇的論辯，但有下面兩種回答。有的學者明白指出講到的是統治者（人君，君主）的。例如有把這個文段譯成這樣的：

⑴如果人君棄置他們的智辯，……。如果人君放棄提倡技巧……。如

❾ 本章引用的《老子》章句，主要參照陳鼓應的《老子今註今譯》(1997年1月二次修訂本)。

果人君棄絕提倡偽詐，……。[10]

(2)君主如果能超越了自以為智……。君主如果能超越了「巧」……。君主如果能超越了「偽」……。[11]

但多數學者在譯這個文段時，保持原文無明指誰的含糊。例如：

(1)拋棄了智詐和……；拋棄了奸巧……；拋棄了偽詐……。[12]

(2)拋棄了智詐和……；拋棄了巧和……；拋棄了偽詐……。[13]

(3)拋棄智詐和……；拋棄巧詐……；拋棄虛偽和……。[14]

但這些學者在闡釋這個文段時，多半都會提到統治者，甚或人民。我相信沒有人會說這裏講到的只有人民。現在假定這裏一定有講到統治者。那末要更細問的，是否也講到一般人民？也就是，老子除了要統治者絕棄智辯、巧利……，是否也一樣要人民絕棄這些？就這個文段的第一個複句，尤其是依我們解釋的，即「絕棄智詐和巧辯，人民會有百倍利益，人民會回復孝慈」來說，老子心目中會智詐和巧辯，尤其是會過分這樣到須要予以勸阻，甚至警告的，也許只有高高在上的統治者，一般人民還沒有這種智詐和巧辯的程度。因此，就這第一個複句來說，老子講到的應該只是統治者，而不怎麼適合於一般人民。但是如果對第二和第三個複句，即「絕棄巧詐和私利，會沒有盜賊；絕棄虛偽和詐欺，人民會孝慈」來說，則講到統治者和一般人民都可以。

如果上段的分析合理，那麼如果沒有分辨的說這個文段講到的是統治者「以及」一般人民，則這樣的解釋就不怎樣適當了。其次很重要，但似乎不為一般老子研究的中文著作留意到的是，這個文段的三個複句是要解釋為講述真理的斷言 (assertions)，還是當勸促 (advices) 等的引言

---

[10] 參考賀榮一的《道德經註譯與析解》，p. 164。有關《老子》第十九章的翻譯，這裏以及以下的舉例，都是依郭店簡本相應而改的，不是「原翻譯語句」。

[11] 參考吳怡的《老子解義》，p. 155。

[12] 參考嚴靈峰的《老子達解》，p. 93。

[13] 參考任繼愈的《老子新譯》，p. 99。

[14] 參考陳鼓應前書，p. 124。

(directives)。《老子》的原章句本身沒有明白顯示是那一種，而且似乎那一種解釋都可以。讓我們看看這個文斷第一個複句的一些代表性白話和英文翻譯（因為這個文段的三個複句都具有相同的語句形成，為節省篇幅，只舉第一個複句為例）：

(1)拋棄了智詐和巧辯，人民自會有百倍的利益。（參考嚴靈峰的譯文⑮）

(2)如果人君棄置他們的智詐，棄絕他們的巧辯，人民便會得到百倍的利益。（參考賀榮一的譯文⑯）

(3)Abandom wisdom and discard eloquence; then the people will benefit a hundredfold.（參考陳榮捷的譯文⑰）

(4)Let the people relinquish intellection and eloquence, then they will be many time better off.（參考張鍾元的譯文⑱）

就斷言與引言的分辨來說，上面譯文(1)與《老子》的原語句一樣，是含糊不分的。也就是，單單看這個譯文本身，我們無法清楚或更有理由偏向把它了解為斷言或引言，而在另一方面把它了解為斷言或引言也無不可。這樣，譯文(1)與原語句一樣，在斷言與引言上是有歧義的。上面譯文(2)在語句形式上是如言(conditional)的形式。設 p, q 代表語句，那麼「如果 p 則 q」(if p then q)是一個如言形式的語句。我們不是不可以使用一個如言形式的語句來做(do)一個引言，例如，一個人催促(urge)他的朋友說：

如果你想贏得阿蘭的芳心，你要每天送花給她。

這是一個引言，其語句形式是如言，其說話做行(speech act)的要點和用意是要某人每天送花。但是有兩點要注意，一點是雖然我們可以用如言來做引言，但是比起用命令句(commands)或非如言來做還是少；另一點是，如

⑮ 參考嚴靈峰前書，p. 93。

⑯ 參考賀榮一前書，p. 164。

⑰ 參考陳榮捷 (Wing-tsit Chan): *A Source Book in Chinese Philosophy*（《中國哲學資料書》）, p. 149.

⑱ 參考張鍾元(Chung-yuan Chang): *Tao: A New Way of Thinking*, p. 54.

果使用如言來做引言，其引言部分在如言的後件(consequent)，而不在其前件(antecedent)。在「如果 p 則 q」這個如言中，p 是前件，q 是後件。由對如言的這些說明看來，把這個文段的三個複句譯為像上述(2)的如言形式的人，想必是把這些語句了解為斷言，而不是引言。尤其是這些如言的後件，例如「人民會得到百倍的利益」，其內容很難理解為是一個引言。

上面英文譯文(3)和(4)，則與譯文(1)和(2)很不相同，它們在形式上是命令句。一個命令句不是斷言，而是引言。因此，這些英譯者想必很清楚的，把這個文段的三個複句了解為引言。拿第一個複句來說，引言部分是「絕棄智詐和巧辯」。至於這個複句的第二個語句「人民會有百倍利益」則是一個預測，一個因果斷言。這個斷言以「絕棄智詐和巧辯」為條件的一個因果預測。這個因果預測可以說是被這整個複句的引言所涵蘊的命題，但在這個複句被了解為引言時，這個因果預測並沒有被直接斷說。

把「絕棄智詐和巧辯，人民會有百倍利益」等三個複句解釋為斷言或引言，是很不一樣的。首先，在了解本身就很不一樣。如果是斷言，則是在描述世界，譬如在描述如果統治者絕棄智詐和巧辯，則人民會有百倍利益這個世界實況。這個斷言是要使言辭符合世界。如果是引言，則是在做催促，譬如催促統治者絕棄智詐和巧辯，以便達成百倍的民利。這個引言的要點不在描述世界，即不在使言辭符合世界，而在使世界「變成」或「更改成」符合言辭。在評價或其他的考慮上，斷言和引言更不相同。我們對斷言的第一評價，無疑是，是真還是假。也就是看看這個斷言，即這個言辭是否符合世界。雖然在主觀上每個人對同一個斷言的真假認定不一定一樣，但在客觀上一個斷言的真假不應因不同的人而不同。但對引言則有多向的評價。首先我們可以看看一個引言可否實現，也就是可否使世界符合言辭（假如它尚未符合）。譬如如果把「絕棄智詐和巧辯」解釋作催促統治者的引言，那麼我們可以評量一下被催促的統治者，有沒有絕棄智詐和巧辯的可能。如果沒有，則這個引言是一個空話，幾乎和命令一個人把地球變成扁的一樣，是空話。對一個引言一樣重要的評量是，使這個引言實現，也就是使世界符合這個引言的言辭有沒有用，譬如使統治者絕棄智詐和巧辯有沒有用。但是有沒有用和真假的問題有一個重要的不同是，有沒有用常因人，因時，因地而不同，而真假則不因這些而不同。主張為達目的而可不擇手段的馬基維尼(Niccolo Machiavelli)⓳，也許認為統治者要智詐和巧辯才有用，而老子必定與他相反的，要統治者不要智詐和巧辯。而且在這有用無用之間，可能沒有客觀的認定。

對一個引言一樣重要的評量是，如果事實上世界已經與言辭符合，則這個引言就將變成空話，除非其目的是要使世界「繼續保持不變」與言辭符合。對照之一，如果世界已經與言辭符合，則相關的斷言是一個好的真話。這樣，除非事實上統治者智詐和巧辯，否則老子的「絕智棄辯」這個引言（如果解釋為引言）就是一句空話了。

三、喻言與本義說話

這裏所謂喻言(figurative utterances)，是指與一般所謂（字面）本義說話(literal utterances)相對的一種說話。在本文的開頭我們說過，在《老子》章句中，就說話的語言性質來說，有許多與其把它解釋為斷言，不如解釋為引言會更適當。而且，有許多與本義說話相對的喻言。充滿引言和喻言，可以說是《老子》章句和思想性質的一大特徵。

雖然向來老子的研究者似乎沒有覺察到從語言的性質上，把《老子》章句中區分出引言的必要，但是一般都會覺察到《老子》章句中有許多喻言。有些也對其中一些喻言加以討論⓴，不過這些討論幾乎只在很普通的喻言觀念來進行。這也難怪，因為就西方來說，喻言的問題雖然從亞里士多德在詩學和修辭學開始討論以來，在學界有所提及，但是從哲學上對它做較深入的分析和探討的，也許要自二十世紀的三十年代才開始，而做密集討論的，恐怕要到八十年代才開始㉑。在中華傳統上，雖然在修辭的討

⓳ 馬基維尼(Niccolo Machiavelli, 1469–1527)，義大利政治家及政治理論家，《君主論》(*The Prince*)的作者，主張為了達到政治上的目的，可不擇手段。

⓴ 例如參看朱榮智的《老子探微》中的〈老子的修辭技巧〉一文，pp. 133–200。

㉑ 參看塞克斯(Sheldon Sacks)編輯：《論隱喻》(*On Metaphor*)，p. 47。1977年9月

論上，常會提到喻言㉒，但似乎尚未有過哲學性的較精密、較具理論性的分析和探討。在本文中，我們將以較有現代喻言理論的觀念，來討論《老子》章句中的一些喻言。我們希望這個討論，能給《老子》中的喻言以及其他中華傳統哲學作品中的喻言的現代哲學研究，做一些開路工作。

喻言(figurative utterance)有各種形態。在這裏將簡單討論其中最重要、最廣用的兩種，即明喻（直喻）(simile)和隱喻（暗喻）(metaphor)。在理論上，有人把隱喻當明喻的一種省略(elliptical)形式，因此在這裏我們只將討論隱喻。

我所使用的「喻言」一詞，一般中文使用中叫做「比喻」或「譬喻」。不論是「比喻」或「譬喻」都有明白的「比」或「對比」（對照）(comparison)的意思。但是把「隱喻」解釋為「對照」只是隱論的一個理論而已，有的學者反對對比的說法。這樣，用「比喻」或「譬喻」來概稱「喻言」就不適當了。因此，我們使用「喻言」來概稱喻言。

我們將在這裏簡單介紹重要的現代隱喻理論。這個介紹有兩個用意。一個是想引起尚未注意到現代喻言理論的中華傳統哲學的研究者注意這些理論，另一個是當做本文討論《老子》的喻言章句的一種準備。我個人現在的看法是，喻言是說話者因種種不同意圖或用意所做說話，因此很難用「一種」說法來說明基於種種不同意圖和用意所做喻言。不同的喻言可能要用不同的要點或理論來說明。因此，這些不同的喻言理論都可能有用。

現在先讓我們簡單說一下什麼是喻言，明喻，隱喻，借喻，和假喻。所謂喻言，粗略的說是，用另一類事物來述說某一類事物的一種講話。在中文向來的講法中，一個喻言可以由「喻體」，「喻依」和「喻詞」這三部分組成。喻體是被述說的事物主體；喻依是述說喻體的事物；喻詞是連接

在美國伊利諾大學舉辦了以「隱喻與思想」(metaphor and thought)為主題的多學際的研討會，參看歐托尼(Andrew Ortony)編輯：《隱喻與思想》(*Metaphor and Thought*)前言。1978年在美國芝加哥大學推廣部舉辦了以「隱喻：概念的跳躍」(Metaphor: The Conceptual Leap)的研討會，參看塞克斯前書前言。

㉒ 參看黃慶萱：《修辭學》第十二章〈譬喻〉，pp. 227–250。

喻體和喻依的詞語，「好像」，「像」，「彷彿」，「猶」，「若」，「如」等字詞時常（但不是一定）當喻詞使用。

喻體，喻依和喻詞三者都具備的喻言，是為明喻。例如，

⑴阿土像隻老虎，

是個明喻，其中「阿土」是喻體，「像」是喻詞，「老虎」是喻依。又如，

⑵上善若水，（八章）

也是明喻，其中「上善」是喻體，「若」是喻詞，「水」是喻依。又如，

⑶譬道之在天下，猶川谷之於江海，（三十二章）

也是明喻，其中「道之在天下」是喻體，「譬」和「若」是喻詞，「川谷之於江海」是喻依。

在喻體，喻依，和喻詞三者中缺少喻詞，或由繫詞「是」「為」「乃」等代替的喻言，是為隱喻，例如，

⑷山姆是隻豬，

是個隱喻，其中「山姆」是喻體，「豬」是喻依，但缺少喻詞，而用普通的繫詞「是」連接喻體和喻依，但這種繫詞不是非要不可。又如，

⑸大邦者下流，（六十一章）

也是隱喻，其中「大邦者」是喻體，「下流」是喻依。又如，

⑹天下有道，卻走馬以糞。天下無道，戎馬生於郊，（四十六章）

也是隱喻，其中「天下有道」和「天下無道」是喻體，「卻走馬以糞」和「戎馬生於郊」是喻依。但是要注意的，有些說話既可以本義解釋，也可以喻言解釋。這是本義和喻言的雙解。例如，上述喻言⑹也可以用本義來解釋。譬如，把它解釋為「卻走馬以糞」是天下有道的「一個」現象，而「戎馬生於郊」是天下無道的「一個」現象。

省略喻體或喻詞，只剩喻依的喻言，是為借喻。例如，

⑺歲寒，然後知松柏之後彫也。（《論語》：子罕篇）

是一個借喻，其中「借」歲寒松柏後彫，「喻」亂世君子的守正。喻體「亂世然後知君子之守正也」省略了。喻詞「猶」或是省略或是沒有。只剩下喻依「歲寒然後知松柏之後彫也」㉓。但這裏在解釋上可以恢復的喻體顯

然可能不只一個，例如也許是「貧窮然後知君子之清廉也」。又如，

⑻飄風不終朝，驟雨不終日，（二十三章）

也可視為是一個借喻。「借」飄風不終朝，驟雨不終日，「喻」暴政或強為不能持久。

有的講話表面上好像喻言，實際上不應視為喻言，這是「假喻」，因為它沒有喻體和喻依之間的關連，因此它沒有喻體和喻依。例如，

⑼數學系的楊教授很名士，譬如留一把大鬍子，常背著一個乞丐般的書包，

也許會被視為是喻言，其實不是。這裏的「譬如」一詞不是喻詞，而是當舉例性質的「例如」講。其實，這裏「譬如」引進的「留一把大鬍子，常……書包」只是名士「氣派」的一個舉例說明，不是一種喻言述說。說話不是喻言而被誤解為喻言的假喻的情況很多。《老子》章句中有不少容易被誤解為喻言的假喻，後面專門討論《老子》喻言的節次將進一步分析。

我們現在要簡單敘述和討論隱喻 (metaphor) 的種種理論了。前面使用的「喻體」，「喻依」和「喻詞」這些用語，是採自中文修辭學討論喻言時所用的。在下面討論西方的隱喻理論時，這些用語未必能直接使用。不同的作者和理論可能有不同的用語。這是要請讀者注意的。我們將討論下面幾個理論㉔：

㈠情感論(the emotive theory)

有些哲學家，包括一些傾向邏輯實證論(logical positivism)的，質疑隱喻講話可以檢真(verification)。因此，依他們的判準，這些講話沒有真正意義。情感論者認為，隱喻之還有意義不是因為它的認知或描述的意義，而是因為它具有有趣，甚至有力的情感表現性。但我們知道，隱喻事實上在

㉓ 此例參考黃慶萱前書，p. 237。

㉔ 這裏的討論主要參考比茲利(Monroe Beardsley)的〈隱喻〉(Metaphor)，在愛德華茲 (Paul Edwards)編輯：《哲學百科全書》(*The Encyclopedia of Philosophy*)，vol. 5，pp. 284–289，以及郝斯曼(Carl R. Hausman)：《隱喻與藝術》(*Metaphor and Art*)，pp. 22–45。

認知上和意義空洞的詞組不同，而情感論者沒有說明沒有認知意義的講話如何可以產生情感的意義。但我們知道，一個好的喻言確實可以表達本義講話不能，或比較沒有那麼能夠表達的意象(image)或感覺 (feeling)。例如，假如山姆是一個好吃懶做的人，我們可以本義的講他：

山姆好吃懶做。

但是，在適當語境中，可以喻言的講他：

山姆是隻豬。

使用這個喻言，不但可以表達山姆好吃懶做，而且可以表達他那好吃懶做的「豬相」和「豬感」。在這一點上，情感論可以特別提醒我們。

㈡對照論 (the comparison theory) 及肖像含意論 (iconic signification theory)

肖像含意論是對照論衍生的。這兩個理論都把隱喻解釋為隱含的 (implicit) 或省略的 (elliptical) 明喻。一個明喻無疑是主詞與修飾詞 (modifer)之間的一個對照，例如，「山姆像隻豬」這個明喻，是山姆與豬之間的對照。對照論主張說，隱喻把使主詞與修飾詞之間當做一個明顯對照的喻詞「像」，為了方便或增進興趣而隱藏起來。例如「山姆是隻豬」這個隱喻，是把喻詞「像」隱藏起來。但我們在把握這個隱喻的意義時，要去看出山姆和豬之間如何相像。

肖像含意論則以一種有趣方式更進一步認為，一個隱喻包含一個雙重的語意關係。一個關係是，要本義解釋的修飾詞引我們到一個象目，事件，或情境；這些象目，事件或情境被提做主詞項目（即喻體）的一個肖像標誌(iconic sign)。依皮亞士(C. S. Peirce, 1893–1914)，一個肖像標誌依其與所標記的東西的相似性標誌該東西。另一個關係是，這個隱喻的意義是由讀出這樣肖像的歸給喻體的性質得到。例如，在「山姆是隻豬」這個隱喻中，當修飾詞（喻依）的「豬」呈現做山姆的一個肖像標誌時，豬的某些顯著的特徵——例如好吃懶動，肥嘟嘟的——被歸於山姆。

對照論和肖像含意論涵蘊著說，每個隱喻可以譯成一個或更多詞組而不失意含。這樣，這個觀點可以說是布雷克(May Black)所謂「代換觀念」

(substitution view)[25]。一個隱喻具有一個代換詞組。這代換詞組是一個本義敘說，可表示做一個類比，一個明喻，或一個改寫。而在改寫中這代換是一系列的本義敘說，用來解說這個隱喻的充分認知意義或含義的。

這兩種理論的最大缺點是不能說明一個好的隱喻具有的張力、創意和新意。

㈢交互作用論(interactionism)

理查茲(I. A. Richards)是英美傳統上交互作用論的先驅[26]。布雷克把他自己的交互作用論當做是「理查茲的有價值洞見的一個發展和修正。」[27]理查茲把字詞在隱喻中起作用的交互激發和活潑，歸因於這些字詞間相互依靠的方式。其相互依靠程度因情況而變化。科學與技術的系絡使用具有獨立性意義的字詞，因為這些字詞具有固定的定義。反之，在詩中，字詞相互依靠最多。在隱喻中字詞的緊密關係特別強。理查茲把一個隱喻的基底觀念（主要主詞）叫做主旨(tenor)，把較少知道的項目叫做傳達工具(vehicle)。這兩者起先就呈現張力，相互作用。這個交互作用是給隱喻產生意義的條件。

布雷克認同他自己的觀點是交互作用論。他認為有理由肯定一些隱喻中的創意性。有時候隱喻創造類似性，而不是形構先前有的相似。下面摘述他對隱喻的立場和要點[28]：

⑴一個隱喻敘說具有兩個相異的主題(subject)，辨認做「主」(primary)主題和「次」(secondary)主題[29]。這雙重的稱指由隱喻敘說的焦點(focus)（非本義使用的字詞）和周圍的本義構架(frame)之間的比對標示出來。

---

[25] 布雷克(Black)在他的〈再說隱喻〉(More about Metaphor)和〈隱喻〉(Metaphor)中使用這一詞。前者收在歐托尼(Ortony)前書，pp. 19–41，後者收在布雷克：《模體與隱喻》(*Models and Metaphors*)，pp. 25–47。

[26] 參看理查茲：《修辭哲學》(*The Philosophy of Rhetoric*)。

[27] 布雷克：〈再說隱喻〉，p. 27。

[28] 參看布雷克前文，pp. 28–29。

[29] 在他的〈隱喻〉(Metaphor)中，分別用的是"principal"和"subsidiary"兩詞。

(2)次主題寧視為是一個系統，而不是個別的東西。

(3)隱喻講話給主主題「投射」一組「相聯的涵蘊」(associated implications)來運行。這涵蘊由複合體組成，並且可以述說次主題。次主題以某一方式依靠隱喻使用的系絡，它決定一組亞里士多德所謂的*endoxa*，即由某一言語社群的成員共有的通用意見。一個喻言的製造者可能引進一個新奇而不流俗的「涵蘊複合體」。

(4)一個隱喻敘說的製造者選擇，強調，隱藏和組織主主題的諸特徵，其方法是給隱喻應用與次主題的涵蘊複合體的分子同構的敘說。

(5)在一個個別隱喻敘說的系絡裏，這兩個主題以下列方式「交互作用」：(a)在場的主主題激發聽者選擇次主題的一些性質；(b)引誘他去構作一個可以適合主主題的對等的涵蘊複合體；以及(c)相互促使次主題中的對等改變。

布雷克認為以上五點是交互作用觀點的要點，也是理查兹的「字詞的激發和活潑」的一種解說。

(四)言辭對反論(verbal-opposition theory)

這是比茲利 (M. Beardsley) 提出的與理查兹的交互作用論相似的一個理論[30]。他要以兩個層面的意義之間的交互作用和影響來說明隱喻。在許多常見的字詞和詞組中，我們可以粗略區分兩種意義：中心意義 (central meaning) (字典的或一般被接受的意義)， 和邊緣意義(marginal meaning)(遙遠的相聯的意義)。在一個講話中，當其主要詞語的中心意義之間形成張力，尤其是呈現邏輯的對反時，我們就要注意到它們的邊緣意義。這種張力和對反提醒我們這一講話可能是一個隱喻，而且我們需要從其中心意義轉移到其邊緣意義。這樣，一個隱喻的解釋者就必須去找那些可以歸於，而不與其他詞語的中心意義相矛盾或使講話為假的邊緣意義。例如，當我們說：「山姆是隻豬」時，當做人的「山姆」一詞的中心意義顯然是和豬的中心意義不符的。這樣，在尋找中，我們發現，例如豬有「好吃懶做」這個邊緣意義，而山姆這個人又喜歡吃和懶做事，因此，我們可把這個隱喻講話解釋為山姆好吃懶做。

[30] 參看比茲利(Beardsley)前文。

㈤兩個「異類」的說法

上面的對照論，交互作用論或言辭對反論，似乎是向來的主要隱喻理論。在1978和1979年，美國著名的語言哲學家戴維森(Donald Davidson)和塞爾(John R. Searle)分別對這些向來的隱喻理論提出強烈的抨擊。他們，尤其是戴維森，以負面的觀點批評它們。我們在這裏要簡單介紹他們的說法，這也可當做對上述諸理論的一種檢討。由於他們的說法和向來的理論有重要的不同，而且他們並無正面對隱喻提出一個理論，因此我們把他們的觀點標示為「異類說法」。

塞爾在他自己的說話做行論(theory of speech acts)內解說隱喻㉛。他認為隱喻在這一點上與間接(indirect)說話做行類似，即由於這兩者都不履行談話準則，因此它們都是談話上所暗示或間接表示的。戴維森則從語意來處理隱喻，這與他的意義的一般理論相一致㉜。

雖然他們兩人對隱喻的說法有很重要的不同，但是他們都同意，說隱喻使用的語句裏具有一種隱喻意義(metaphorical meaning)是沒什麼意思的。他們都強調，在一個隱喻的講話中，隱喻語句保持其本義(literal)意義，而且為了了解隱喻，必須了解語句的本義意義。戴維森說：「隱喻在它的最本義解釋上，意義字詞意義的，而沒有更多什麼。」

現在分別介紹他們的說法。

㈠塞爾

塞爾的基本觀點是，有語句意義(sentence meaning)與說話者的說話意義(speaker's utterance meaning)之分，而後者要以種種不同方式依靠前者。隱喻意義恆為說話者的說話意義。

塞爾反對隱喻是對照這一觀念，但他不反對我們熟悉的知識提供隱喻

㉛ 有關塞爾(Searle)對隱喻的說法，參看他的〈隱喻〉(Metaphor)，此文收在歐托尼(Ortony)前書，pp. 83–111，以及塞爾自己的《詞組與意義》(*Expression and Meaning*)第4章。

㉜ 有關戴維森(Davidson)對隱喻的說法，參看他的〈隱喻意義什麼〉(What Metaphors Mean)，收集在塞克斯(Sacks)前書，pp. 29–45。

的意義這一觀點。他也反對交互作用論。他的攻擊交互作用論，依他所看，並不使他承納這一理論通常反對者的觀點，他並不承納對照論的觀點。他認為隱喻的問題涉及語句意義與說話者的意義之間的關係。隱喻意義要在與語句本義意義分開的說話者所說的去找。換句話說，我們想知道在聽者只被提供語句意義時，他如何去了解或把握說話意義。

塞爾認為，對照論沒有看到對照是發現語句的隱喻意義的階梯，而不是結果。類似性敘說與隱喻敘說並不相同。類似性與隱喻的製造和了解有關，但與隱喻的意義無關。塞爾認為，交互作用論沒有適當解說與參考系絡相聯的意義如何有創意的交互作用和改變意義。他認為，在隱喻裏絕沒有意義的一種改變。在一個真正的隱喻講話裏，只因為詞組沒有改變其意義，才有一個隱喻講話。

塞爾認為隱喻沒有一個單一的運行原則。但他提出了一些不同原則供我們開始思考。在此列出其中重要的三個：

⑴一個講話 (utterance) 依本義解釋會有缺點的時候，我們要去尋找一個與語句意義不同的講話意義或隱喻意義。

⑵設說話者「*S* 是 *P*」時，他意義「*S* 是 *R*」。那麼，當你聽到「*S* 是 *P*」要去發現 *R* 的可能的值時，去尋找 *S* 可以像 *P* 的方式，而且要去填寫 *S* 可以像 *P* 的層面時，去尋找東西 *P* 的突出，周知，和有特色的特徵。

在「山姆是隻豬」這個隱喻裏，聽者可能求助於事實的知識來呈現諸如豬是肥胖，貪吃，懶散，骯髒等等這些特徵。這個不確定的特徵範圍提供 *R* 可能的值。然而，許多其他的豬的特徵一樣有特色和周知的，例如，豬具有一個有特色的形狀和有特色的剛毛。因此，為了要了解這講話，聽者需要通過第三個步驟，在那裏他要限制可能的 *R* 的範圍。在這裏，聽者也可以使用種種不同的策略，最常用的一個是：

⑶回到詞語 *S*，看看對 *R* 的值的許多候選者那一個像是，甚或是 *S* 的可能性質。

這樣，如果聽者聽到的是「山姆的車子是隻豬」，他會以與講話「山姆是隻豬」不同的方式解釋該隱喻。對前者，他可能意義為山姆的車子如同豬消耗食物那般消耗汽油，或者山姆的車子形狀像豬。雖然，在某一意義上，在這兩個情況裏隱喻是相同的，都是「是隻豬」，但是在每個情況裏卻以不同方式被詞語 *S* 限制。聽者必須使用他的有關東西 *S* 和 *P* 的知識，去知道 *R* 的那一個可能的值，可為隱喻述說的候選者。

㈡ 戴維森

戴維森說，隱喻是語言的夢事。了解一個隱喻如同製作一個隱喻那樣是一種創造性的努力，很少有規則引導。設計隱喻沒有指令；沒有決定一個隱喻「意義」什麼的手冊。他堅持，隱喻意義字詞在其最本義解釋上意義的什麼，沒有再多。他不認為一個隱喻在其本義意義以外，另有什麼意義。

他同意說，隱喻不能被改寫，但這不是因為隱喻說了一些太新奇的東西而無法本義表達，而是因為沒有什麼東西要改寫的。一個隱喻沒有說什麼超出其本義意義的東西。但這不是說一個隱喻沒有要點，也不是說，該要點不可以使其他字詞顯現出來。

戴維森認為，隱喻不只在文學，而且在科學，哲學，和法律都是一種合法的設計；它在讚美和辱罵，禱告和宣傳，描述和指令上都是有效力的。他認為，字詞意義什麼和它被用來做什麼之間是不同的。隱喻單單屬於使用的領域。隱喻是由字詞和語句的想像性應用產生的東西，而且是完全依靠這些字詞的日常意義的，因而也完全依靠它們所組成的語句的意義。在解說隱喻如何運行中，設定隱喻或喻言意義，或特別種類的詩的或隱喻真理，是無濟於事的。

戴維森說，一個隱喻使我們注意到兩個或更多東西之間的某些相像性，時常是一種新奇甚或令人驚奇的相像性。不論隱喻是否依靠字詞的新的或引伸的意義，它一定以某一方式依靠字詞原有的意義。隱喻的適當處理必須允許在隱喻的環境中保持字詞原意的活動性。

戴維森也不認為隱喻是某種歧義，因為隱喻的效力不可依歧義的消除來減少。他也不認為隱喻是一種省略的明喻，因為這會使隱喻隱藏的意義太明顯和太容易接近了。

戴維森說，明喻和隱喻之間的最明顯的不同是，所有的明喻為真，而大部分的隱喻則為假。例如「地球像塊地板」這個明喻為真，因為每樣東西都像每樣東西。但是如把這個語句轉成隱喻「地球是塊地板」，則就變成假，因為地球不是地板。一般說來，只當一個語句被認做為假時我們才把它接受做一個隱喻，並且去搜尋隱藏的涵蘊。區分隱喻的不是意義，而是使用。

戴維森認為，一個隱喻叫我們注意的東西是無止境的，而大部分我們被引致去注意的在性格上不是命題的。當我們試圖去說一個隱喻意義什麼時，我們立即認識到我們想去提到的東西是無止境的。

四、《老子》書中的引言

現在我們要討論《老子》書中的引言了。讓我們先注意下面幾點：

⑴在前面第二節討論引言，以及以《老子》十九章的「絕智棄辯，……」文段為例討論《老子》書中的引言時，我們曾指出，《老子》章句中雖然有許多可以，或最好視為引言的，但我們無法從語法形式把它辨認出來。這樣，我們只得依語境把它解釋出來，並且時常需要做斷言和引言的雙解。

⑵我們知道，在《老子》章句中當述說主題(subject, topic)的，時常是道、天地、萬物、聖人、統治者（人君）或一般人民，但這些主題多半都是從我們當做讀者解釋章句甚至全書得來，而沒有明文寫在章句中。因此，一個章句到底要以上述那些項目當主題，往往有不同的解釋。

⑶《老子》章句中的引言多半是勸導、勸戒或催促。老子當然不會對道、天地、萬物和聖人勸導、勸戒或催促，因此他的引言勸導和催促的對象無非是統治者或一般人。

⑷老子勸導統治者的目的是如何治國、治民和修身，勸導一般人民的目的是如何修身（但似乎沒有儒家那樣的「忠君愛國」)。

⑸這樣，在我們分析《老子》的引言章句時，最好要指出是對誰講的，為什麼目的講的。當然，有時也要對老子的講法加以評價。

⑹在引用學者的翻譯當參考來討論《老子》原章句是斷言還是引言時，如果所舉文段平行的語句或複句有兩個以上時，為了節省篇幅，我們將只引用第一個語句或複句的翻譯，如同前面第二節我們討論《老子》第十九章的文段「絕智棄辯，……」時所做的。

現在我們就舉例討論《老子》章句中可能的引言。

㈠不尚賢，使民不爭；不貴難得之貨，使民不為盜；不見可欲，使民不亂。（三章）

先依字面把這個文段翻譯如下：

不崇尚賢能，使人民不爭功名；不珍貴難得的財貨，使人民不為盜竊；不現露可欲的東西，使人民不惑亂。

先讓我們注意兩點，即這個文段的三個複句是斷言還是引言，和這三個複句的主體是誰。請看學者的翻譯：

⑴不推崇聰明才幹的人，使百姓不會爭競；……（嚴靈峰的翻譯㉝）

⑵不標榜賢才異能，使民眾不爭功名；……（陳鼓應的翻譯㉞）

⑶（人君）如不崇禮有才能的人，就可以使人民不爭名位；……（賀榮一的翻譯㉟）

⑷治國的人，如果不崇尚賢能的名位，人民便不會產生爭奪之心；……（吳怡的翻譯㊱）

⑸ Do not exalt the worthy, so that the people shall not compete.（陳榮捷的翻譯㊲）

⑹ If no one esteems the best, men will be free from contention.（張鍾元的翻譯㊳）

㉝ 嚴靈峰前書，p. 24。

㉞ 陳鼓應前書，p. 62。

㉟ 賀榮一前書，p. 44。

㊱ 吳怡前書，p. 22。

㊲ 陳榮捷前書，p. 140。

㊳ 張鍾元前書，p. 13。

上面(1)和(2)的翻譯，似乎保持原語句的斷言或引言的在言示意(illocutionary force)上的歧義。這裏所謂在言示意上的歧義，是指一個語句是斷言，引言，諾言，感言，或宣言，或是譬如同是引言，是請求，警告還是勸告等等的歧義。(3)，(4)和(6)的翻譯，似乎解釋為斷言，而(5)的翻譯則解釋為引言。(1)，(2)和(5)對複句的主體是誰，都沒有明示；(3)和(4)則明示為統治者，而(6)則明示為任何人。

我們認為這個文段三個複句的主體解釋為統治者比任何人或一般人要好，因為這三個複句講的似乎都是「統治者不……，使人民不……」這種統治者與人民相對的事情。在《老子》中，以人君或統治者為主體（主詞或論題(topic)）的講話，幾乎沒有明文標出「人君」或其同義詞，而大半以「民」突顯其相對的主體是人君的。例如，

> 絕智棄辯，民利百倍；絕巧棄利，盜賊亡有。（十九章）
> 其政悶悶，其民淳淳；其政察察，其民缺缺。（五十八章）

而如果只談一般的人，而不是與統治者統治關係的人，則用「人」字。例如，

> 五色令人目盲；五音令人耳聾；五味令人口爽；馳騁畋獵，令人心發狂；難得之貨，令人行妨。（十二章）
> 人法地。（二十五章）

其次，我們認為上引第十九章的各複句解釋為忠告，勸喻，或催促等的引言比斷言好。胡適說，老子的「思想，完全是那個時代的產兒，完全是那個時代的反動。」又說：「老子對於那種時勢，發生激烈的反響，創為一種革命的政治哲學。」[39]在老子的政治哲學中一定有政治亂象描述的斷言，和鼓吹，忠告，和勸喻統治者應該怎麼做的引言。亂象描述的斷言，例如有：

[39] 胡適：《中國古代哲學史》，p. 44及p. 45。

民之飢，以其上食稅之多，是以飢。民之難治，以其上之有為是以難治。民之輕死，以其上求生之厚，是以輕死。(七十五章)

天下多忌諱，而民彌貧；人多利器，國家滋昏；人多伎巧，奇物滋起；法令滋彰，盜賊多有。(五十七章)

大道廢，有仁義；六親不和，有孝慈；國家昏亂，有忠臣。(十八章)

不論老子這些描述是否可靠，但它們都是斷言，而不是引言。反之，我們現在討論的這個文段，就可視為是老子鼓吹或勸喻統治者應該去做的引言了。譬如，老子要說的是：

人君呀！你不要崇尚賢能，不要珍貴難得的財貨，不要顯露可欲的東西。

但我們知道，《老子》章句如果嚴格完全依其字詞和語句意義來解釋，大半都假或會很不合理。這不會是老子講話的原意。因此，為了能夠對《老子》章句做合理而適當的解釋，我們必須給這些章句做常理化的改寫[40]。這種常理化的改寫是對《老子》原章句做一些修飾，尤其是弱式化的改寫，以便能夠做較合理的解釋。我們這裏常理化的改寫與一般《老子》章句的「闡微」研究不同。首先，我們要明白說出我們是在改寫，其次我們只就改寫了的章句做有限度的解釋，並且要為這個改寫做必要的辯護。例如，在常理化的考慮下，應該把我們正在討論文段的三個複句，尤其是每個複句的第一個語句改寫為：

(統治者)不要太崇尚賢能，……；不要太珍貴難得的財貨，……；不要太現露可欲的東西，……。

這裏，我們把「不……」做「不要……」的改寫。「要」字要突顯「引言性」，「不要太」在弱化修飾。《老子》章句，其實整個中華傳統的文言作

[40] 關於《老子》章句常理化的改寫，我在本書第六章〈老子的「知」與「智」以及「為學日益，為道日損」——兼論老子是否「反智」〉，尤其是第二節已經有討論。

品，都缺少較精密的邏輯修飾，而非常粗略斷然，這可能由於文言文本身的簡要，或傳統思考方式上沒有感到這種必要，或者沒有這種思考訓練。但是，當我們打算對中華傳統著作做精密的研究時，如果不做必要的常理化改寫，簡直無法進行，除非大而化之，但這又不是較精密的研究了。

㈡致虛極，守靜篤。（十六章）

這兩句的意思是，達到極度的虛寂，堅守深深的清靜。這兩句無疑是引言，它是叫人修身的一種工夫，應該是對每個人講的。

㈢絕智棄辯，民利百倍；絕巧棄利，盜賊亡有；絕偽棄詐，民復孝慈。（十九章）

前面在第二節已經討論過這個文段。

㈣故令有所屬：見素抱樸，少私寡欲，絕學無憂。（十九章）

這個文段的字面意義是：

> 因此令有所從屬：表現平素擁抱質樸，少寡私心和欲望，棄絕俗學沒有憂慮。

這個文段無疑是叫人修身工夫的引言。但這裏有一個問題，即誰令誰有所屬？請先看學者的翻譯：

⑴所以，要人民有所遵循：……（嚴靈峰的翻譯[41]）

⑵所以要使人有所歸屬：……（陳鼓應的翻譯[42]）

⑶因此當使人君別有所從：……（賀榮一的翻譯[43]）

⑷所以君主應該使這三者歸屬於更高的治世理則。那就是使自己和人民，……（吳怡的翻譯[44]）

⑸Therefore let people hold on to these: ...（陳榮捷的翻譯[45]）

⑹Hence we must seek something other than these.（張鍾元的翻譯[46]）

---

[41] 嚴靈峰前書，p. 93。

[42] 陳鼓應前書，p. 124。

[43] 賀榮一前書，p. 164。

[44] 吳怡前書，p. 155。

[45] 陳榮捷前書，p. 149。

細看這些翻譯，可以發現學者間對這裏的「誰令誰有所從屬」，說法五花八門。顯然，在這些翻譯中，「人民」一詞是指與統治者相對的人；「人」則指任何人。這樣，⑴和⑸是說要令人民有所屬，至於誰去令，則沒有明說。⑵是說要令人——任何人，包括你，我，他，或者一般說的「我們」——有所從屬，至於誰去令，也沒有明說。⑶是說要令統治者有所從屬，至於誰去令，也沒有明說。⑷是說統治者要令他自己和人民有所從屬。⑹是說我們要令大家——包括自己——有所從屬。一個解釋愈廣愈好。這裏令有所從屬的三個項目：見素抱樸，少私寡欲，和絕學無憂，在老子來說，對統治者和一般人民都適用。因此，這裏我們要採上面⑵或⑹的，令「人」有所從屬。至於誰令人有所從屬，這裏沒有明說的必要。但我不贊成上面⑷說的，是統治者令人有所從屬，因為要「統治者去令人去做什麼」不是老子的基本思想。

㈤天下神器，不可為也。為者敗之，執者失之。（二十九章）

這個文段的字面意義是：

> 天下是神聖的東西，不可以對它做什麼。對它做什麼，就會敗壞它。對它把持，就會失掉它。

這個文段對統治者或一般人講都可以。從在言示意來分析，可以有三種解釋。歧義的產生在於「不可為」的「可」字。這三種解釋是斷言，引言——一種警告或規勸，和斷言和引言有歧義的在一起。在做斷言解釋時，「不可」的意思是「不能夠」(cannot)；引言解釋時，它的意思「應該不」(should not)。試看學者的翻譯：

⑴打天下是了不起的事體，不能隨意瞎搞的。……（嚴靈峰的翻譯㊼）

⑵「天下」這個怪東西，是不能勉強搞的。……（任繼愈的翻譯㊽）

⑶天下像是一個神奇的器物，不可以對它做什麼。……（賀榮一的翻

㊻ 張鍾元前書，p. 54。

㊼ 嚴靈峰前書，p. 156。

㊽ 任繼愈：《老子新譯》，p. 123。

譯㊾）

(4) The empire is a spiritual thing, and should not be acted on. …（陳榮捷的翻譯㊿）

(5) For the world is a sacred vessel, which cannot be improved upon.…（范光棣的翻譯[51]）

在上述諸翻譯中，(1)，(2)和(5)可以視為是斷言解釋，(4)可以視為引言，而(3)則可視為有歧義的斷言與引言的解釋。但我不敢說，他們在做這些翻譯時，已經很明白覺察要注意這種斷言與引言的解釋問題。

(六)善有果而已，不敢以取強。果而勿矜，果而勿伐，果而勿驕，果而不得已，果而勿強。（三十章）

這個文段的字面意義可寫成：

善用兵有成果就算了，不敢用兵來逞強。有成果而不矜持，有成果而不伐功，有成果而不驕傲，有成果而只是不得已的事，有成果而不逞強。

就斷言與引言的區分以及在言示意的種類來說，「果而勿矜」與其後面的四個語句具有相同的種類。這樣，為節省篇幅，這裏我們將只處理這個文段的下列部分：

善有果而已，不敢以取強。果而勿矜，……。

這裏我們討論語句(A)「不敢以取強」和(B)「果而勿矜」是斷言還是引言。試看學者的翻譯：

(1)善用兵的人，能克敵也就夠了，不敢藉此來逞強。得勝了就不必自高自大，……（嚴靈峰的翻譯[52]）

㊾ 賀榮一前書，p. 256。

㊿ 陳榮捷前書，p. 154。

[51] 范光棣(K. T. Fann): *Lao Tzu's Tao The Ching —a new translation, Social Prax*, 8–3/4 (1981), p. 154.

(2)只要很好地達到成功就算了，不敢用兵來逞強。成功了不要自高自大，……（任繼愈的翻譯(53)）

(3)善用兵的人只求達到救濟危難的目的就是了，不藉用兵力來逞強。達到目的卻不矜恃。……（陳鼓應的翻譯(54)）

(4)善用兵的人能制勝就算了，決不以兵力來逞強啊。（以「勿以取強焉」為原文）……勝利而不自高，……（張松如的翻譯(55)）

(5) Victory is merely the outcome of a contest. One should not dare to claim superiority of power. As victory is merely an outcome, one should not boast about it.（張鍾元的翻譯(56)）

上面(1)把(A)解釋為斷言，把(B)解釋為有歧義的斷言和引言，但較偏斷言。(2)把(A)解釋為斷言，把(B)解釋為有歧義的斷言和引言，但較偏引言。(3)把(A)和(B)都解釋為斷言。(4)把(A)和(B)都有歧義的解釋為斷言和引言。(5)把(A)和(B)都解釋為引言。我傾向把(A)解釋為斷言，而(B)似乎無疑要解釋為引言。一般說來，中文的「勿」字有非常明顯而強的引言示意 (force)。

(七)兵者不祥之器，……，不得已而用之，恬淡為上。勝而不美，……。殺人之眾，以悲哀泣之，戰勝以喪禮處之。（三十一章）

這個節錄文段的字面意義是：

兵器是不祥的東西，……，不得已而使用它，最好淡然處之。勝利了也不讚美，……。殺人眾多，以悲哀哭泣它，戰勝了以喪禮處理。

這裏可以或應該解釋為引言的語句有(A)「恬淡為上」，(B)「勝而不美」，(C)「戰勝以喪禮處之」。先看學者的翻譯：

(1)兵器是不吉利的東西，……；沒有辦法的時候才用得著它。最好是淡然處之。打了勝仗，不要得意，……。殺人太多了，用悲哀的心

(52) 嚴靈峰前書，pp. 162–163。

(53) 任繼愈前書，p. 126。

(54) 陳鼓應前書，p. 172。

(55) 張松如：《老子說解》，p. 191。

(56) 張鍾元前書，p. 88。

情去悼念他們；打了勝仗，還要依照喪葬的儀式加以處理。（嚴靈峰的翻譯57）

(2)兵器乃不祥之器物，……。如果不得已而用兵作戰，最好是不尚殺戮；戰勝後也不要誇耀。……戰時要殺很多人，當以悲哀的心情蒞臨。戰勝後，也當以喪禮處理。（賀榮一的翻譯58）

(3)兵器或軍隊是不祥的東西，……。在萬不得已的時候，如果使用了它們，仍然以恬淡無欲的心情為尚。即使戰勝了，也不以為美好。……殺人之多的戰爭，應以悲哀的心情來哀傷它，在戰勝之後更應以喪禮的態度對待它。（吳怡的翻譯59）

(4) Weapon are instruments of evil, ... When he uses them unavoidably, he regards calm restraint as the best principle. Even when he is victorious, he does not regard it as praiseworthy. ...For the slaughter of the multitude, let us weep with sorrow and grief. For a victory, let us observe the occasion with funeral ceremonies.（陳榮捷的翻譯60）

上面的(1)，(2)和(3)都把語句(A)視為引言，但(4)卻明顯的把它解釋為斷言。我們認為應解釋為引言。「最好怎樣怎樣」是一種建議，規勸，或催促。(1)與(2)似乎把語句(B)解釋為引言，因為它們說「不要」，有規勸的意思，而(3)則似乎把它了解為斷言，因為它使用「也不以為」這種描述。(4)則確切把它解釋為斷言，因為它使用“he does not regard it...”這種敘述。我們認為應把它解釋為引言，因為「勝而不美」是叫人不要讚美戰勝的意思。(1)把語句(C)和(D)解釋成有歧義的斷言和引言，但偏於斷言。(2)，(3)和(4)則把它們解釋為引言。我們認為就語句意義說，它們可解釋為斷言，也可解釋為引言。但就老子的思想說，也許解釋為引言較好。

(八)名亦既有，夫亦將知止。（三十二章）

---

57 嚴靈峰前書，pp. 174–175。

58 賀榮一前書，p. 271。

59 吳怡前書，pp. 254–255。

60 陳榮捷前書，p. 155。

這個語句的字面意義是：

名既已有了，也將知道適可而止。

如同多數學者那樣，這裏的「將」字應解釋為引言意義的「要」，「該」。例如，

(1)名義既然有了，要知道適可而止。（嚴靈峰的翻譯[61]）

(2)侯王們既然已經有了名位，那麼也該知道止步，不再爭名位。（賀榮一的翻譯[62]）

(3) After names arise, one should know where to abide.（張鍾元的翻譯[63]）

但也有人把這裏的「將」字解釋為「就」的，例如，

(4)各種名稱已經制定了，就知道有個限度。（陳鼓應的翻譯[64]）

(九)將欲歙之，必固張之；將欲弱之，必固強之；將欲廢之，必固舉之；將欲取之，必固與之。（三十六章）

就斷言與引言之區分來說，這個文段的四個複句具有相同的結構。為節省篇幅，將只討論第一個複句。這樣，這個複句的字面意義是：

將要收斂它的，必先擴張它。

這句話可以有斷言和引言兩種不同的解釋。解釋為斷言時，其意思是說，將要收斂什麼的，「事實上」必定會去擴張它的。解釋為引言時，其意思是說，將要收斂什麼的，「應該」必須去擴張它的。下面的翻譯可視為解釋為斷言的：

(1)將要收斂的，必先擴張。（陳鼓應的翻譯[65]）

(2)當一件事物將要收縮時，必定會先膨脹。（吳怡的翻譯[66]）

---

[61] 嚴靈峰前書，p. 181。

[62] 賀榮一前書，p.276。

[63] 張鍾元前書，p.93。

[64] 陳鼓應前書，p. 178。

[65] 陳鼓應前書，p. 187。

[66] 吳怡前書，p. 279。

下面的翻譯則可視為解釋為引言的：

⑶將要收斂它，必須暫且擴張它。（嚴靈峰的翻譯[67]）

⑷ In order to contract, it is necessary first to expand.(陳榮捷的翻譯[68])

㈢魚不可以脫於淵，國之利器不可以示人。（三十六章）

這兩句的字面意義是：

魚不可以脫離深淵，國家的利器不可以顯示於人。

我們要注意這兩句話裏的「不可以」。「不可以」一詞至少有兩個意義。一個是事實上的不能夠，另一個是禁止意義的不該當。「魚不可以脫於淵」中的「不可以」可以用其中的任一意義來解釋。在以第一個意義解釋，即解釋為「魚不能夠脫離深淵」時，是為斷言。在以第二個意義解釋，即解釋為「魚不應脫離深淵」時，是為引言。但「國之利器不可以示人」中的「不可以」應該只有不該當意義的解釋，因為國之利器沒有不能夠示人的問題。但這兩句應有類比(analogue)的關係，即它們應解釋為：

魚不可以脫離深淵，同樣的，國家的利器不可以顯示人。

這樣，如果把「魚不可以……」中的「不可以」解釋為「不能夠」時，前後兩句就有類型的不同。因此這兩句話中的「不可以」都應解釋為「不該當」。也就是說，這兩句話都應解釋為引言，但學者間的解釋，五花八門，也很混亂。例如：

⑴魚是不能離開深淵；國家的銳利的武器，不可以出示給別人。（嚴靈峰的翻譯[69]）

似乎把第一句解釋為斷言，第二句為引言。

⑵〔正如〕魚不能離開深淵，國家的有效的武器也不能隨便拿出來給人看。（任繼愈的翻譯[70]）

---

[67] 嚴靈峰前書，p. 197。

[68] 陳榮捷前書，p. 157。

[69] 嚴靈峰前書，p. 197。

[70] 任繼愈前書，p. 138。

似乎把兩句都解釋為斷言。

⑶魚不可脫離深淵，（同樣的）國家銳利的武器也不可顯示於人。（賀榮一的翻譯(71)）

似乎沒有意識到斷言和引言的區分問題。

⑷Fish should not be taken away water. And sharp weapons of the state should not be displayed to the people.（陳榮捷的翻譯(72)）

把兩句都解釋為引言：

⑸Just as fish stay deep in the pond, the best arms in the nation are those that remain invisible.（張鍾元的翻譯(73)）

似乎把兩句都解釋為斷言。

㈡無為而無不為。（四十八章）

在《老子》重要章句中，一些其語句意義還算清楚的，如果依其語句意義來解釋和了解，幾乎全然是假的或不合理的。這裏的「無為而無不為」就是其中一個。我們知道老子的無為講到道，天地萬物，聖人，統治者，和一般人民。在「道常無為而無不為」（三十七章）中，講的是道的無為。道是老子思想中一個很玄的觀念。一個很玄的觀念，除非有矛盾或不一致的情況產生，否則我們很難判定說它是假的或非常不合理的。但這裏的「無為而無不為」（四十八章）主要是講統治者的，這是人間現象。就人間現象講的還算清楚的話，我們不難判定它的真假或有無道理。統治者無為而無不為，顯然為假或沒道理。學者間總是以很玄，很難懂，或牽強附會的講法來「圓」（辯護）這句話。我現在想用很好懂的講法來「圓」它。

我要用所謂的常理化的改寫。首先，如同一般的，把它當斷言。這樣，我們可把它常理化改寫為：統治者不用做太多，人民自己會做好。或者，我們可把它當引言，而改寫為：統治者，不要干涉，人民自己會做好。不論當斷言還是引言，都表達了現代所謂自由放任(laissez-faire)的思想。尤

(71) 賀榮一前書，p. 298。

(72) 陳榮捷前書，p. 157。

(73) 張鍾元前書，p. 102。

其是當引言解釋，似乎更能表達老子的政治革命的思想。這些改寫後，就比較合理而好懂了。而且，這很可能就是老子的本意，也就是他的講話意義(utterance meaning)。這裏的「無為」。還有一種「正面」的詮釋。那就是「自然而然」。這樣，「無為而無不為」就是「自然而然，則什麼都會『成然』」。

㈢善者，吾善之；不善者，吾亦善之；……。信者，吾信之；不信者，吾亦信之。(四十九章)

學者幾乎都把這個文段當斷言講。例如：

⑴善良的，我就認他們是善良的；不善良的，我也把他們當作善良的；……（嚴靈峰的翻譯[74]）

⑵善良的人，我善待他；不善良的，我也善待他；……（陳鼓應的翻譯[75]）

⑶ I treat those who are good with goodness; and I also treat those who are not good with goodness.（陳榮捷的翻譯[76]）

其實，這個文段也可以當勸喻（自己或他人）的引言解。也就是：

善良的，我「要」善待之；不善良的，我也要善待之。……

下面的翻譯也許有當引言解的意思：

⑷對於善良的要善待，對於不善良的也要善待，……（張松如的翻譯[77]）

㈢塞其兌，閉其門，終身不勤。開其兌，濟其事，終身不救。……用其光，復歸其明，無遺身殃。(五十二章)

這個文段的字面意義是：

塞住五官穴竅，關閉知識大門，終身不會憂患。打開五官穴竅，增添雜事，終身不會得救。……運用涵蓄的光，回復內在的明，不給

---

[74] 嚴靈峰前書，p. 264。

[75] 陳鼓應前書，p. 236。

[76] 陳榮捷前書，p. 162。

[77] 張松如前書，p. 299。

自身帶來災殃。

這個文段三個複句的前兩句都是勸告的引言，第三句都是表示一種結果的。這些是勸告的引言，學者問題相當一致，因此在此不引述他們的翻譯。

㈣故以身觀身，以家觀家，以鄉觀鄉，以邦觀邦，以天下觀天下。（五十四章）

這個文段是提出建議的引言。它要我們從 *A* 觀察 *A*。學者大半採用引言的解釋。例如：

⑴所以，要從個人去觀察個人，從家庭去觀察家庭，……（嚴靈峰的翻譯[78]）

⑵Therefore the person should be viewed as a person. The family should be viewed as a family. ...（陳榮捷的翻譯[79]）

但是有的學者似乎把它解釋為斷言的。例如：

⑴因此，我以治民者個人為對象來觀察治民者是否已修有樸德。如有，然後我再以其家為對象，來觀察其家是否植有樸德。……（賀榮一的翻譯[80]）

⑵Thus, through the self, one contemplates the self. Through the family, one contemplates the family. ....（張鍾元的翻譯[81]）

㈤以正治國，以奇用兵，以無事取天下。（五十七章）

這顯然是對治國，用兵和取天下提出建議的引言。在英譯中，都以命令式來表示。例如：

⑴Govern the state with correctness, ...（陳榮捷的翻譯[82]）

對在中文的翻譯中，沒有用諸如「要以」或「該以」來表示引言的，例如：

⑵以正道來治國，以出奇方式去用兵，……（嚴靈峰的翻譯[83]）

---

[78] 嚴靈峰前書，p. 290。

[79] 陳榮捷前書，p. 165。

[80] 賀榮一前書，p. 456。

[81] 張鍾元前書，p. 148。

[82] 陳榮捷前書，p. 166。

是斷言還是引言，不清楚。

㈥大邦者下流。（六十一章）

這句話有的學者把它解釋為提出建議的引言。例如：

(1)大國當如同江海一樣處於下流。（賀榮一的翻譯[84]）

(2)大國應該像水的往下流一樣。（吳怡的翻譯[85]）

(3)大國要像居於江河的下流。（陳鼓應的翻譯[86]）

(4) A greater nation must be humble and like a reservoir.（張鍾元的翻譯[87]）

但有的學者把它解釋為斷言。例如：

(5)大國好比水的下游。（嚴靈峰的翻譯[88]）

(6)A big country may be compared to the lower part of a river.（陳榮捷的翻譯[89]）

(7) A great country is like the lowland.（范光棣的翻譯[90]）

這個語句無疑是一個喻言(figurative utterance)，但它是一個隱喻(metaphor)。可是，幾乎所有的學者都把它譯成一個明喻(simile)，也就是都使用喻詞「像」，「好比」。也許他們都把隱喻當省略的明喻看，或者他們沒有注意到明喻和隱喻的區別。

㈦為無為，事無事，味無味。（六十三章）

這三句話無疑是引言，它叫人：去為無為，去從事無事，去品味無味。在翻譯時，應把命令語氣顯露出來。在英譯中明顯是這樣做。例如：

---

[83] 嚴靈峰前書，p. 307。

[84] 賀榮一前書，p. 510。

[85] 吳怡前書，p. 450。

[86] 陳鼓應前書，p. 276。

[87] 張鍾元前書，p. 164。

[88] 嚴靈峰前書，p. 326。

[89] 陳榮捷前書，p. 168。

[90] 范光棣前書，p. 166。

⑴ Act without action. Do without ado. Taste without tasting.（陳榮捷的翻譯[91]）

⑵ Act without acting. Manage without managing. Savour without savouring.（范光棣的翻譯[92]）

有的白話翻譯也有明顯表示為引言的，例如用「當以」來表示。例如，

⑶（有國者）當以無為當作為，以無事當事做，以無欲當欲望。（賀榮一的翻譯[93]）

有的用「把」字來表示引言，但比較不明顯點。例如，

⑷把沒有作為當是作為，把沒有事做當作事做，把沒有滋味當作滋味。（嚴靈峰的翻譯[94]）

下面的翻譯雖然也可視為是引言，但又更不明顯了：

⑸以無為的態度去作為，以不攪擾的方式去做事，以恬淡無味當作味。（陳鼓應的翻譯[95]）

⑹有為於無為之境，處事於無事之處，品味於無味之中。（吳怡的翻譯[96]）

這些講話是老子的自由放任和不干涉思想的表示。至於三件事並提，那是老子習慣的對仗和堆疊的思考模式[97]。

㈥圖難於其易，為大於其細；天下難事，必作於易，天下大事，必作於細。（六十三章）

學者對這個文段各句的語句意義有不同的解釋，而且我自己也尚未有定見，

[91] 陳榮捷前書，p. 169。

[92] 范光棣前書，p. 167。

[93] 賀榮一前書，p. 522。

[94] 嚴靈峰前書，p. 339。

[95] 陳鼓應前書，p. 282。

[96] 吳怡前書，p. 467。

[97] 關於老子的對仗和堆疊的思考模式，參看本書第二章〈老子的「對反」和「只推一步」的思想模式〉和第五章〈《老子》對偶造句與思考的邏輯分析與批判〉。

因此在此暫不寫出其字面意義。但學者對頭兩句應解釋為引言——用「要」或命令式去表示，對後兩句應解釋為斷言——用敘述式表示，則相當一致。例如，

(1)想完成艱難的事，要從容易地方入手；想作大事，要從小事入手。因為世間困難的事，必定由容易的事做起；世間重大的事，必定從細小事著手。（嚴靈峰的翻譯[98]）

(2) Prepare for the difficult while it is still easy. Deal with the big while it is still small. Difficult undertakings have always started with what is easy. And great undertakings have always started with what is small.（陳榮捷的翻譯[99]）

但有的學者對前兩句的解釋也不是明顯表示為引言的。例如，

(3)解決困難之事於其容易的地方；有所大作為始於其細微的處所。（吳怡的翻譯[100]）

(十九)為之於未有，治之於未亂。（六十四章）

這個文段的字面意義是：

在未發生的時候去處理，在未混亂的時候治理。

這是對處理事情的指示的引言，學者大都把它解釋為引言。例如，

(1)處理事情，要在還沒發生的時候；料理事件，要在還沒有紊亂的時候。（嚴靈峰的翻譯[101]）

(2) Deal with things before they appear. Put things in order before disorder arises.（陳榮捷的翻譯[102]）

(二十)言有宗，事有君。（七十章）

這個文段的字面意義是：

---

[98] 嚴靈峰前書，p. 339。

[99] 陳榮捷前書，p. 169。

[100] 吳怡前書，p. 467。

[101] 嚴靈峰前書，p. 346。

[102] 陳榮捷前書，p. 169。

言論有宗旨，做事有依據。

這兩句話可以解釋為斷言和引言。例如，

解釋為斷言的有：

⑴言論有主旨，行事有根據。（陳鼓應的翻譯[103]）

⑵My doctrines have a source (Nature); my deeds have a master (Tao).（陳榮捷的翻譯[104]）

解釋為引言的有：

⑶言論要有宗旨，做事要有主張。（嚴靈峰的翻譯[105]）

㈢無狎其所居，無厭其所生。（七十二章）

學者間對這兩句話有很紛歧的語意解釋，而我自己也未有定見，因此在此我不表述其字面意義。大部分學者把它們解釋為引言。例如，

⑴不要逼迫得人民不得安居，不要阻塞了人民謀生的道路。（任繼愈的翻譯[106]）

⑵Do not reduce the living space of their dwellings. Do not oppress their lives.（陳榮捷的翻譯[107]）

但也有似乎把它解釋為斷言的。例如，

⑶Because they are not limited by the place in which they stay. They are at peace with their lives.（張鍾元的翻譯[108]）

㈣小國寡民。使有什伯人之器而不用；……民至老死，不相往來。（八十章）

這是所謂老子的「理想國」或「小國寡民」章。如果世界上已經有這種理想國的存在，至少在老子心目中已經有它存在，而老子只是把它如此描述

[103] 陳鼓應前書，p. 302。

[104] 陳榮捷前書，p. 172。

[105] 嚴靈峰前書，p. 373。

[106] 任繼愈前書，p. 216。

[107] 陳榮捷前書，p. 173。

[108] 張鍾元前書，p. 190。

的話，則這個文段裏的諸語句應該視為斷言。但是，如果這個理想國只是老子心中「希望」有的，也就是希望世界「變成」這樣的話，則這些語句應視為表達老子的希望的引言。在這個文段的英譯中，學者似乎對是上述那一種理想國，有明白的察覺。例如，下面的翻譯就表示這是老子「希望」的理想國：

(1) Let there be a small country with few people. Let there be ten times and a hundred times as many utensils. ...（陳榮捷的翻譯[109]）

在這裏，這些英譯語句都應視為是引言。反之，也有把這個理想國視為老子心目中已經有存在的。例如：

(2) There is a kingdom which is small and sparsely populated. There are numerous implements, but no one use them. ...（張鍾元的翻譯[110]）

在這裏，這些英譯語句應視為斷言。下面的翻譯也許可視為是表示引言的：

(3)（我的理想國是）國土小，人民少。……（賀榮一的翻譯[111]）

(4)理想的社會是：國家小，人民少。……（吳怡的翻譯[112]）

(5)國家要小，人民要少。……（嚴靈峰的翻譯[113]）

下面的翻譯也許應視為是表示斷言的：

(6)國土狹小人民稀少。……（陳鼓應的翻譯[114]）

五、《老子》書中的喻言

雖然如同戴維森說的，隱喻不只在文學，而且在科學，哲學，和法律都是一種合法的設計，但是我們要指出的，隱喻，或更廣義說喻言，在文學是常態，在科學，哲學和法律是「異態」。也就是說，隱喻和喻言在文學

---

[109] 陳榮捷前書，p. 175。

[110] 張鍾元前書，p. 207。

[111] 賀榮一前書，p. 632。

[112] 吳怡前書，p. 545。

[113] 嚴靈峰前書，p. 411。

[114] 陳鼓應前書，p. 330。

是常見的事，而在科學，哲學和法律，一般都是在本義無法或無法很好表達時，才不得不用；在本義可以表達的時候，一般都盡量少用，甚或不用。蒯英 (W. V. Quine, 1908–) 說：隱喻在嬉戲的散文和深奧詩的藝術裏盛行，但是它在科學和哲學的成長邊界上也活潑有力[115]。在科學和哲學的成長邊界上，時常會找不到適當的本義表達，這時候隱喻或喻言就逼出來了。

《老子》中喻言很多，這可能有三個原因。一個是，老子的哲學非常富於創造性的思想，也就是他的哲學思想很多是屬於成長中開疆闢土的東西，有很多他無法本義表達它們，因此就有意無意使用許多喻言。另一個是，老子本身富於文學天才，因此他的思想作品不知不覺中用相當文學的形式，尤其是對偶，層遞，和押韻的形式表現出來，其中自然多用喻言。再一個是，至少在老子時代，哲學，文學和道德教導等尚未分辨，時常混在一起。在文學和宣諭教導中常有的喻言就多了。

《老子》章句的研究者，在觸及其中的喻言問題時，可能由於事先沒有對現在的喻言觀念和理論做適當準備，因此時常會有錯誤或不適當的處理。在分析和討論《老子》章句的喻言以前，先讓我們將這些可能有的錯誤或不適當處理做一些檢討。下面一些情形值得我們注意：

(i)似乎不知喻言有明喻和隱喻之分。

例如，有個研究者在論文的「道之隱喻：詩化哲學之表達」這一節裏這樣說：

> 老子也選擇了大量「隱喻」的修辭方式以表達道，故《老子》中常出現「如」、「若」、「比」、「猶」、「譬」等聯結譬喻的辭項以喻道。[116]

這樣的說法顯然不知道，一個喻言，如果以「如」、「若」等字詞聯結而成，則是明喻，不是隱喻。這個研究者在這一「道之隱喻」一節裏，既舉了「上善若水」（八章）這個明喻的例子，也舉了「大邦者下流」（六十一章）這

[115] 塞克斯(S. Sacks)編輯前書，p. 159。

[116] 參看伍至學：〈老子語言哲學研究〉第二章第三節，臺大博士論文，1995年6月。

個隱喻的例子。

《老子》的「大邦者下流」（六十一章）應該像「山姆是豬」是一個隱喻，其翻譯應該是「大國是下流」。但幾乎所有的翻譯者都錯誤的用「像」,「好比」等這些喻詞把它譯成明喻。例如,

(1)大國好比水的下流。(嚴靈峰的翻譯117)

(2)大國居于下流〔像百川歸附江海那樣〕。(任繼愈的翻譯118)

(3)大國當如同江海一樣處於下流。(賀榮一的翻譯119)

(4) A big country may be compared to the lower part of a river. (陳榮捷的翻譯120)

(5) A greater nation must be humble and like a reservoir. (張鍾元的翻譯121)

(ii)把本義的舉例說明，錯誤的或不當的解釋為喻言。

《老子》第十一章說：

> 三十輻，共一轂，當其無，有車之用。
> 埏埴以為器，當其無，有器之用。
> 鑿戶牖以為室，當其無，有室之用。
> 故有之以為利，無之以為用。

傅偉勳認為，老子在第十一章是使用三個「類比」(analogies) 以「象喻性詞」(figurative expressions)，來說明無的奇妙功能122。我們認為，老子在

117 嚴靈峰前書，p. 326。

118 任繼愈前書，p. 191。

119 賀榮一前書，p. 510。

120 陳榮捷前書，p. 168。

121 張鍾元前書，p. 164。

122 傅偉勳 (Charles Wei-hsun Fu):"Lao Tzu's Conception of Tao", *Inquiry*, 16, pp. 367–394, 1973. 以及參看本書第四章：〈老子思想奧晦的起源：「有」、「無」和

這裏是使用三個「例子」，而不是「類比」，以本義(literal)而不是以象喻方式，「舉例說明」或「舉例顯示」無的功能。傅偉勳之所以認為這三個例子是象喻，而不是本義舉例說明，恐怕是認為，這三個例子的「當其無」中的「無」，與最後一句話，即「無之以為用」中的「無」有種類上的不同，即有存況論上(ontological)的不同。他很可能以為後者的無是具有形上學上某種「深刻」意義的無，而前者的無只是普通的無，即普通的眼睛看不到什麼東西的，手摸不到什麼東西的無。由於後者的無很深刻，無法本義地去說明，只好用普通意義的無「象喻性」地去說明它。但是，我們認為，這「兩個」無都是相同意義的無，即普通意義的無。老子在這裏的哲學發現只在給普通意義的無一種「有用」的觀察，因為我們普通的人時常認為「無」就什麼也沒有，因此也沒有什麼用。

(iii)把全然本義使用的字詞，錯誤的解釋為當喻言使用。

例如，《老子》下列諸章句中含有「母」字：

> 有，名萬物之母。(一章)
>
> 我獨異於人，而貴食母。(二十章)
>
> 有物混成，先天地生。……可以為天下母。(二十五章)
>
> 天下有始，以為天下母。既得其母，以知其子；既知其子，復守其母。(五十二章)

有一個研究者，把上述章句中的「母」都解釋為以「母親」來「喻」道，尤其是道的生長萬物和道為萬物的根源[123]。把這裏的「母」解釋為生長萬物和萬物根源的道，是對的。但這個解釋是「本義的解釋」，不是「喻言的解釋」。因為，「泛指一切能滋生的東西」、「根本」或「泉源」，本來就是「母」字的重要本義之一。《老子》的造句富於修辭變化，他使用的「母」字，其實也是「始」字的一種修辭變化。又在他的哲學思想中，道是天下

「無為無不為」〉。

[123] 伍至學前文，pp. 58–60。

萬物之始和天下萬物的生成者，因此用「母」字來表示他的道，是一種修辭變化或本義指稱的方便，而不是喻言使用[124]。陳鼓應在解釋「而貴食母」時，把「母」解釋為喻道，也有同樣的不適當[125]。

又如，在下列章句中含有「門」字：

玄之又玄，眾妙之門。（一章）

玄牝之門，是謂天地根。（六章）

天門開闔，能為雌乎？（十章）

閉其門。（五十二章）

「門」字的本義有門，進口，門徑，房間等。上引文段中的「門」字，都是就這些本義或其引伸的意義來使用。但有一個研究者卻以「門」喻道來解釋[126]。

(iv)把表示不確定的「似」「像」等誤解為喻詞。

試看下面這句話：

他好像皇帝的樣子。

要注意的，這句話有本義和喻言的兩種解釋。這兩種解釋的意義是很不一樣的。在本義的解釋時，解釋者已經傾向於認為「他」是皇帝，但是還不很確定而已。但是在喻言的解釋時，則解釋者已認定「他」不是皇帝，只是他的樣子，譬如有威嚴，專斷，或擁有許多女人等等，像個皇帝。「山姆像隻豬」在一般情況下顯然是個明喻，但「山姆像個扒手」則依情況，可以是本義講話或明喻。試看：

道沖，而用之或不盈。淵兮，似萬物之宗。（四章）

---

[124] 吳怡在解釋《老子》第五十二章時，說「『母』譬喻道」，也是一種不適當的說法。參看吳怡前書，p. 404。

[125] 陳鼓應前書，p. 130。

[126] 伍至學前文，pp. 61–62。

這個文段似有不同的語意解釋。讓我們把它解釋為：

道是虛空的，但用它用不完。那樣淵深啊，它像似萬物之宗。

有人把這個文段當喻言講。認為「道」是喻體，「淵」是喻依，「似」是喻詞[127]。但我們認為這個文段是本義講話。淵深或幽深是「淵」的本義之一。這裏的「似」不是喻詞，而是表示一種不明確，即老子雖然認定道是萬物的宗主，但他在這裏不準備明確的說。

(v)老子的「正言若反」式的造句和講話不是喻言。

在《老子》章句中含有常被當做喻詞的「若」字的造句和講話很多，尤其是很特別的，「正言若反」式的造句也不少。但這些含有「若」的造句和講話，並不都是喻言的。現在我們就「若」字的使用和功能，把這些造句和講話做些分類：

(a)表示不是斷然明確的，而是好像似的。

(1)綿綿若存，用之不勤。（六章）

其意思是：（谷神）連綿好像存在著的，用它用不盡。

(2)寵辱若驚，貴大患若身。（十三章）

其意思是：得寵和受辱都好像受驚一樣，重視大患好像重視身體一樣。

(3)眾人皆有餘，而我獨若遺。（二十章）

其意思是說：眾人都有多餘，唯獨我好像不足的樣子。

(4)中士聞道，若存若亡。（四十一章）

其意思是：中士聽了道，將信將疑。

(b)「若」字，很特別的當「乃」或「就」講的。

(5)故貴以身為天下，若可寄天下；愛以身為天下，若可托天下。（十三章）

其意思是說：因此，那些重視以身奉獻為天下的人，乃可把天下寄托給他；那些珍惜以身奉獻為天下的人，乃可把天下付托給他。

(c)在「若何」中當「多少」講的。

---

[127] 參看朱榮智：《老子探微》，p. 146，以及吳怡前書，p. 31。

⑹美之與惡，相去若何？（二十章）

「若何」一詞雖然也當「如何」或「奈何」講，但這裏的「若何」應該當「多少」講。因此，這句話的意思是：美與惡相差多少？

(d)當「比」講的「若」。

⑺治人事天，莫若嗇。（五十九章）

其意思是：治理人民和事奉天，沒有比吝嗇更好。

(e)當「若是」或「如果」講的「若」字。

⑻侯王若能守之，萬物將自賓。（三十二章）

其意思是：侯王如果能守住它，萬物將自然歸從。

⑼若肖，久矣其細也夫。（六十七章）

其意義是：如果它（道）像什麼東西，它早就細小了。

⑽若使民常畏死，而為奇者，吾將得而殺之，孰敢？（七十四章）

其意思是：如果人民時常畏懼死亡，而有作奸犯科的，我就可以把他殺掉，誰還敢。

(f)當喻詞的「若」字。

⑾上善若水。（八章）

其字面意義是：上善（的人）像水那樣。

⑿治大國，若烹小鮮。（六十章）

其字面意義是：治理大國，像煎小魚那樣。

(g)表示形容的「若」字。

⒀古之善為道者，微妙玄通，深不可識。夫唯不可識，故強為之容：

> 豫兮若冬涉川；猶兮若畏四鄰；儼兮其若客；渙兮其若冰釋；敦兮其若樸；曠兮其若谷；澹兮其若海；混兮其若濁；飂兮若無止。（十五章）

這個文段「為之容」後面的諸語句，就我們現在正在討論的要點來說，都具有相同的結構。為節省篇幅，拿頭兩句為例。這樣，這個文段的字面意義是：

古時候善為道的人，微妙玄通，深而難以認識。正因為難以認識，所以勉強來形容他：

謹慎啊，像冬天涉水過河；顧慮啊，像畏懼四通八方；……。

有人把這些含「若」或「像」的語句解釋做喻言。這種解釋並不適當。因為這些「若……」的詞組是當形容詞的，不是當喻言的。首先，講話者本人——老子，已經明白說，他是要來「形容」(為之容) 善為道的人。其次，我們要注意的，這些「若……」的詞組本身已經具有本義的形容的意義，而它們在這些語句裏就以這些本義的形容詞意義使用著。例如，「像冬天涉水過河」其本義習慣上就是戰戰兢兢的樣子；在「豫兮若冬涉川」中，就是以這個本義使用著，因此它不是「豫兮」的喻依，它是「豫兮」道道地地的一般形容詞。同樣的，「若畏四鄰」的本義就是像對周遭恐懼的樣子，在「猶兮若畏四鄰」中就是以這個本義使用著。

這裏表示形容的「若」字與前面(a)所講的表示不確定的「若」字不同。前者並沒有表示不確定的意思，它表示的就是它的本義那樣。

(h)「正言若反」式中的「若」字。

老子的「正言若反」一語常被討論[128]。雖然「對反」的造句和思想模式是《老子》一書的基本特色[129]，但是「正言若反」一語恰切或比較精確是什麼意義，以及它所指出的比較具體的是《老子》書中那些項目，學者間似乎還沒有說出來。這一詞出現在這個文段中：

> 是以聖人云：「受國之垢，是謂社稷主；受國不祥，是為天下王。」正言若反。(七十八章)

這個文段的字面意義是：

所以聖人說：「承受國家的侮辱，叫做社稷主；承受國家的災禍，

[128] 例如嚴靈峰：〈老子「正言若反」的邏輯及其歷史淵源〉，收在他的《老子研讀須知》，pp. 272–287。

[129] 參看本書第二章：〈老子的「對反」和「只推一步」的思想模式〉。

是為天下王。」正面的話像似反面的。

首先，在這裏，「正言若反」或「正面的話像似反面的」本身到底是什麼意思，並不清楚。而引號裏的兩句話的字面意義雖然是可理解的，但似乎也不能幫助明確的襯出「正言若反」應該是什麼意思。在嚴靈峰的「校議」中曾表示，「正言若反」這句話疑當在《老子》四十一章：「故建言有之」句下，並在「明道若昧」句上[130]。這樣我們可寫出：

故建言有之：〔正言若反〕；明道若昧；進道若退；夷道若纇；上德若谷；建德若偷；質德若渝；大白若辱。（四十一章）

設「ant *A*」為 *A* 的反義語(antonym)。那麼，這裏「建言有之」下面的諸語句都具有「*A* 若 ant *A*」這種形式，計有八句。這裏，「正言若反」和其他七句可以有兩種值得注意的關係。一種是「並列」關係，即「正言若反」只是這八個具有「*A* 若 ant *A*」這種形式的語句之一個，與其他七個沒有特別關係。另一種是，把「正言若反」看做是講到其他七個具有「*A* 若 ant *A*」這種形式的語句，當做一種「標題」，因為「正言若反」這句話可以視為講到語句，即講到其他具有「*A* 若 ant *A*」這種形式的七個語句。而且，這種形式的語句，顯然而嚴格還包括下列諸語句：

大成若缺，……，大盈若沖，……，大直若屈，大巧若拙，大辯若訥。（四十五章）

以這種「標題」來看。「正言若反」的意義就比較明白，具體和確定了。

這樣理解的「正言若反」， 在它原出現的文段中，雖然不能說與其所在直接系絡的其他語句——即「承受國家的侮辱，叫做社稷主；承受國家的災禍，是為天下王。」——沒有關係，但看不出有特別顯著的關係。它與它們的關係也許可以這麼說。社稷主本來是應享受國家的榮譽的，但卻要

[130] 嚴靈峰：《老子達解》，p. 402。

承受國家的侮辱；天下王本來是應享受國家的幸福的，但卻要承受國家的災禍。這真是「正的，卻像似反的了」。

要注意的，這些具有「*A* 若 ant *A*」這種形式的語句雖然含有「若」字，但我們不要以為它們是一種喻言。因為 *A* 和 ant *A* 在這裏都確切以它們的本義使用著。例如，「明道若昧」中的「昧」字就依其本義「暗昧」使用，整個的意思是：明睿的道像似暗昧，但其實是明睿的。「大白若辱」中的「辱」字的本義是「黑垢」，整句的意思是：最白的像似黑垢，其實是最白的。「大成若缺」中的「缺」字的本義是「缺陷」，整句的意思是：最完成的像似有缺陷，其實是最完成的。其他以此類推。

也有一點值得注意的，雖然以上這些具有「*A* 若 ant *A*」這種形式的語句都可以解釋為斷言，但其中一些，雖然不是全部，例如「大成若缺」，「大巧若拙」，和「大辯若訥」，解釋為引言也滿好的，而且世人恐怕也常把它們當勸促的引言。例如，把這些解釋為「你最好大巧若拙」，「你最好大辯若訥」。雖然「大智若愚」不在《老子》章句中，但「你最好大智若愚」。

現在讓我們舉例討論《老子》書中的喻言。

㈠天地不仁，以萬物為芻狗；聖人不仁，以百姓為芻狗。（五章）

芻狗是用草紮成的草狗，古時巫祝祭祀時用它，祭畢即扔棄。這樣，這個文段的字面意義是：天地不仁，把萬物當草狗；聖人不仁，把百姓當草狗。這裏「狗」（草狗）顯然是當隱喻。但先讓我們注意兩個「不仁」。第二個「不仁」，即「聖人不仁」中的「不仁」，無疑當本義使用。但第一個「不仁」，即「天地不仁」中的「不仁」是當本義還是當喻言使用，並不清楚。在「聖人不仁」中的「不仁」當然是用「不仁」的本義來修飾或述說聖人，但「天地不仁」中的「不仁」則既可以解釋為本義的，也可以解釋為喻言的修飾或述說天地。到底那一個解釋比較適當，要看老子的「天地觀」而定。如果在老子的天地觀中，仁與不仁是天地之外的觀念，則「天地不仁」中的「不仁」是喻言使用。反之，如果仁與不仁是天地裏面的觀念，則「不仁」是本義使用。但不論是喻言還是本義使用，「天地不仁」中的「不仁」應解釋為「聖人不仁」中的「不仁」，因為在同一系絡中，字詞的喻言意義應受字詞的本義意義的規範和限制。

有一點要特別注意的，有的學者僅僅根據「天地不仁」來判定老子的天地觀[131]。例如，胡適說：「老子的『天地不仁』說，似乎含有天地不與人同性的意思。老子這一個觀念，打破古代天人同類的謬說，立下後來自然哲學的基礎。」[132]這是不對的。因為，第一，我們要利用老子的天地觀來解釋「天地不仁」中「不仁」是本義使用，還是喻言使用，因此我們不能利用「不仁」來判定老子的天地觀。第二，如果根據「天地不仁」就可判定天地不與人同性，我們一樣可根據「聖人不仁」來判定聖人不與人同性；這顯然是荒謬的。

現在我們要看「以萬物為芻狗」和「以百姓為芻狗」這兩個喻言是什麼意思了。如同前面講的，它們的字面意思是「把萬物當草狗」和「把百姓當草狗」。我們知道這些喻言是隱喻，一個隱喻最容易產生見仁見智不同的解釋。(當然我們也知道，老子其他許多本義使用的章句，也容易產生許多不同的解釋。) 例如，有的把它解釋為任萬物自然生長和任百姓自然發展[133]。有的把它解釋為任萬物自己生滅和任百姓自己生滅[134]。有的把它解釋為中立無偏愛的對待萬物和百姓[135]。

㈡天地之間，其猶橐籥乎！虛而不屈，動而愈出。(五章)

這裏，「橐籥」是風箱。這個文段的字面意義是：

天地之間，豈不像個風箱嗎？空虛而不窮竭，愈動風愈出。

這是一個典型的明喻。「天地之間」是喻體，「風箱」是喻依，「猶」是喻詞。此外，這裏的比喻也明示在「虛而不屈，動而愈出」。

㈢谷神不死，是謂玄牝。(六章)

---

[131] 在陳鼓應前書(pp. 66–68)引用諸家對「天地不仁」的註解或說明裏，可看到這樣的判定。

[132] 胡適：《中國古代哲學史》，p. 48。

[133] 陳鼓應前書，p. 70。

[134] 任繼愈前書，p.70；賀榮一前書，pp.62–63；吳怡前書，p. 38。

[135] 張鍾元前書，p. 18。

其字面意義是：谷神不死，這叫做玄牝。嚴靈峰依本義解釋這句話，而且解釋很特別，即把「谷神」分為「谷」和「神」，把「玄牝」分為「玄」和「牝」。他的翻譯是：

谷（空虛）和神（精氣）是不會死的，這叫做「玄、牝」（陽性和陰性）。[136]

但大部分學者把這裏的「谷神」當喻言解。谷神的本義意義是「空虛的精氣」或「山澗之神」。依此描述意義解釋為用來指稱或辨認為「道」[137]，「道之德」[138]，或「道的作用」[139]。一般把「玄牝」解釋為「產生萬物的總根源」，這是由它的本義「玄妙的雌性」引伸而來，但不是喻言。這樣，就可把「谷神不死，是謂玄牝」解釋為「道，道之德，或道的作用，叫做產生萬物的總根源」。

㈣上善若水。水善利萬物而不爭，處眾人之所惡，故幾於道。

居善地，心善淵，……，動善時。（八章）

這個文段上半段的字面意義是：

最善的像水那樣。水善於俾利萬物而不相爭，停留在眾人所厭惡的地方。所以接近於道。

這是一個典型的明喻。「上善」是喻體，「水」是喻依，「若」是喻詞。讓我們把在一個明喻系絡中，明示出來的比喻事項叫做喻例。那麼，這個喻言的喻例有三個：善利萬物，不爭，和處眾人所惡。

有的學者把這個文段下半段，即居善地，心善淵……等解釋為是有所省略的喻言，即為「居若水善地，心若水善淵，……」。或者這些是「上善若水」的喻例[140]。這樣的解釋雖然不能說是錯的，但這樣擴大水的喻意，反而會使喻意不明顯。

---

[136] 嚴靈峰前書，p. 36。

[137] 任繼愈前書，p. 72。

[138] 賀榮一前書，p. 67。

[139] 吳怡前書，pp. 44–45。

[140] 例如任繼愈前書，pp. 76–77；吳怡前書，pp. 60–64。

㈤專氣致柔，能如嬰兒乎？（十章）

其字面意義是：精充氣柔，能像嬰兒嗎？這是一個明喻。「專氣致柔」是喻體，「嬰兒」是喻依，「像」是喻詞。現在要解釋的是像嬰兒的什麼？一個套套言(tautology)的解釋是，像嬰兒的專氣致柔。設「*P* 像 *Q*」(*P* is like *Q*)是一個喻言。那麼，我們可把做「像 *Q* 的 *P*」的套套言解釋的喻言，叫做套套式喻言。

這句話的直接系絡似乎不能提供其他解釋。在整個《老子》中與這裏的嬰兒的什麼有關的章句，似乎只有下面兩段：

(i)我獨泊兮，其未兆，如嬰兒之未孩。（二十章）

(ii)含德之厚，比於赤字。……骨弱筋柔而握固。未知牝牡之合而朘作，精之至也。終日號而不嗄，和之至也。（五十五章）

這裏(i)多提供了嬰兒的「淡泊，恬靜」的意含。而(ii)提供的嬰兒的「精」與「和」，似乎沒有給「專氣致柔」增添什麼意含。當然，在喻言中我們自己可從嬰兒去尋找其他有關的重要特徵。

㈥眾人熙熙，如享太牢，如春登臺。（二十章）

這是個明喻。「眾人熙熙」是喻體，「享太牢」和「春登臺」是喻依，「如」是喻詞。「太牢」指牛、羊、豬三牲；把牛羊豬養在牢裏，備作祭祀時使用，故稱牠們為「牢」。這個文段的字面意義是：眾人和樂，像享用太牢的樣子，像春天登臺的樣子。當做喻言，可解釋為：眾人和樂，像享用豐餐的樣子，像春天登臺眺望的樣子。這可以說是一種套套式喻言。

㈦我獨泊兮，其未兆，如嬰兒之未孩。（二十章）

這裏，泊為淡泊，其暗指情欲，未兆為未有徵兆，孩指嬰兒的笑。這個文段的字面意思是：

唯獨我淡泊，尚未有情欲的徵兆，好像嬰兒的未笑。

這是一個明喻，「我獨泊兮，其未兆」是喻體，「嬰兒之未孩」是喻依，「如」是喻詞。用嬰兒的未笑來比喻並且形容我的淡泊無欲。這也是一個套套式喻言。

㈧我獨異於人，而貴食母。（二十章）

這個文段可視為一個隱喻。「我獨異於人」是喻體，「貴食母」是喻依。這個文段的字面意義是：我偏與別人不同，我珍貴乳母。這裏的「乳母」是孳養萬物的道的喻稱。《老子》五十二章說：「天下有始，以為天下母。既得其母，以知其子。」因此，把「食母」喻為「孳養萬物的道」，是很適當的。但學者間對這裏的「貴食母」有不同的字面和喻言解釋。例如，試看一些學者的翻譯：

(1)我偏要跟別人不同，把守道奉為根本。（嚴靈峰的翻譯[141]）

(2)我偏要跟人家不同，關鍵在於得到了「道」（母）。（任繼愈的翻譯[142]）

(3)我情願獨與人不同，只著重修養為人的根本。（張松如的翻譯[143]）

(4)I alone differ from others, and value drawing sustenance from Mother (Tao).（陳榮捷的翻譯[144]）

(5)I am not like the others. I am nourished by the Mother.（張鍾元的翻譯[145]）

(6)I... . Alone and different from others. I prefer to be like an infant still nursing at the breast.（范光棣的翻譯[146]）

翻譯(1)把「食母」直接喻為道，遺漏「食」字的解釋。(2)把「食」字當「德」即「得」解。(3)把「食母」當「修養為人的根本」解。(4)「食母」當「從道汲取供養」講。(5)把「貴食母」當「由母孳養」講。(6)把「食母」喻為「嬰兒吸取母奶」講。

(九)飄風不終朝，驟雨不終日。孰為此者？天地。天地尚不能久，而況於人乎？（二十三章）

---

[141] 嚴靈峰前書，p. 101。

[142] 任繼愈前書，p. 103。

[143] 張松如：《老子說解》，p. 125。

[144] 陳榮捷前書，p. 150。

[145] 張鍾元前書，p. 57。

[146] 范光棣前書，p. 150。

這個文段的字面意義是：

狂風刮不到一早晨，暴雨下不了一整天。誰使它這樣的？是天地。

天地（的狂暴）尚不能持久，何況人呢？

有人把這裏的「飄風不終朝，驟雨不終日。」解釋做借喻，即將喻體和喻詞省略，只剩喻依，即這兩句話[147]。我們認為上述文段是一個隱喻。把這兩句話看做借喻，是忘了把這兩句話後面的一些語句，尤其是「天地尚不能久，而況於人乎?」看在一起。這個隱喻是拿天地的狂風暴雨不能持久，來喻人間的暴政和狂暴也不能持久。「而況於人乎」一句本身雖然有所省略，但卻相當清楚表示喻體所在，即人間的暴政和狂暴。

㈡善行無轍跡；善言無瑕讁；善數不用籌策；善閉無關楗而不可開；善結無繩約而不可解。

是以聖人常善救人，故無棄人；常善救物，故無棄物。（二十七章）

這個文段的字面意義是：

善於行走的，不留痕跡；善於言談的，沒有過錯；善於計數的，不用籌碼；善於關閉的，不用門閂而使人不能開；善於打結的，不用繩索而使人不能解。

所以聖人常善於救助人，因此沒有被遺棄的人；常善於救助事物，因此沒有遺棄的事物。

這個文段每個語句的字面意義還算清楚，但我們有幾個問題和質疑：

(i)這個文段上半段每個語句依其本義的重要意含在那裏，並不清楚。因此，這些語句很可能要當喻言使用。如果當喻言使用，它們必定是借喻的喻依。如果它們是借喻的喻依，那麼它們各自的喻體應該是什麼也不清楚。

(ii) 但這些語句各自本身似乎不應有它們各自的喻體。它們如果有喻體，應該共有一個。但是它們似乎不可能共有喻體，因為它們各自的語句意義不同固不必說，它們似乎沒有一個共同的要點意含。

(iii) 它們與直接下面的下半段文段，即「是以聖人常善救人，故無棄

[147] 朱榮智：《老子探微》，pp. 149–150。

人；常善救物，故無棄物」，似乎也沒有什麼特別的要點意含的關係。賀榮一認為，老子所舉的「善行」、「善言」、「善數」、「善閉」、「善結」五事，

> 旨在說明最會做事的人，必然把事情做得盡善盡美，以做為下文所當承接的論點。……。「是以」句表示是承接上文的論點而做出的結論。但此句所承接者並非是上文，而是上文中所蘊藏著的思想，其思想為「最會做事的人，必然把事做得盡善盡美，圓滿無缺。」[148]

對這個解說，我們有幾點質問和疑點：

(a)首先，姑且假定從這五個善什麼可以推廣為「最會做事的人」，但除了「無瑕讁」也許可以勉強解釋為「把事情做得盡善盡美（姑且不計強式的『必然』)」，其他的「無轍跡」、「不用籌策」等詞組的本義意義，似乎解釋不了這樣。本義意義解釋不了時，也許可求助於喻言意義的解釋。但由於這些詞組沒有共同的要點意含，因此無法找到一個共同的喻言解釋，更不用說是解釋為「把事情做得盡善盡美了。」

(b)這位研究者顯然看到這個文段上半段的五句與下半段的兩句之間，沒有明白的承接關係。但他所謂的下半段兩句所承接的是上半段五句所蘊藏的思想，即「最會做事的人，必然把事做得盡善盡美，圓滿無缺」，似乎很附會，因為一則上半段五句並不蘊藏這思想，二則下半段兩句也沒表達或蘊藏這個思想。下半段兩句表達的就是如其語句意義表達的，即聖人常善救人，故無棄人，以及常善救物，故無棄物。

㈢知其雄，守其雌，為天下谿。為天下谿，常德不離，復歸於嬰兒。知其白，守其辱，為天下谷。為天下谷，常德乃足，復歸於樸。樸散則為器。(二十八章)

這個文段的字面意義可以寫成：

> 知道雄，卻安守雌，願為天下的溪溝。為天下的溪溝，常德不離失，而復歸於嬰兒。知道清白，卻安守卑辱，願為天下的川谷，常德充

[148] 賀榮一前書，pp. 239–240。

足，而復歸於質樸。質樸擴散，則成為器物。

在這裏，復歸於嬰兒的「嬰兒」明顯是喻言。但是在這裏，它要喻意什麼則不明顯。從第十章的「專氣致柔，能如嬰兒乎?」第二十章的「我獨泊兮，其未兆，如嬰兒之未孩」，和第五十五章的「含德之厚，比於赤子。……骨弱筋柔……。精之至也。……，和之至也」，是指嬰兒的精充氣柔，無欲的徵兆。有人把這裏的嬰兒喻為嬰兒的單純。其次也一樣明顯的，這裏的「雄」、「雌」、「谿」、「谷」、「樸」、和「器」等字，不是要依其本義本身來解釋，因為例如，如果依其本義本身，相對的「雄」和「雌」應該解釋為生物或動物上的雄雌，但如果是這樣的本義解釋，則「知其雄，守其雌」沒有什麼意思，尤其沒有什麼老子思想上的意義，因為老子似乎沒有討論過生物或動物上的雄雌問題。同樣的，如果這裏的「谿」是本義的解釋為「溪溝」，也沒有什麼意思。這樣，有人就把這裏的「雄」和「雌」解釋做喻言為「雄強」和「雌柔」，「谿」和「谷」喻言為「謙下涵容」[149]。我們認為，在這裏，與其把它們解釋為喻言，不如解釋為本義的引伸。喻言意義是字詞的語意 (semantic) 以外的東西，而引伸意義則是語意以內的東西。但在具體的使用上，這兩者有不易分清的情形。此外，這裏的「谿」「谷」兩詞，可以說只是修辭上的變體(variants)。在《老子》這種修辭變體很多。

這裏的「器」的意思是「器物」，並引伸為「萬物」。「樸」字在《老子》中有兩個不同的意義。一個是其本義的「真樸」或「質樸」，另一個是特指老子哲學中的「道」，尤其是指要顯示道的重要質性的「質樸的道」。前者如：

> 敦兮其若樸。（十五章）
> 見素抱樸。（十九章）
> 我無欲而民自樸。（五十七章）

後者如：

---

[149] 例如陳鼓應前書，pp. 161–165。

復歸於樸。……樸散則為器。（二十八章）

樸雖小。（三十二章）

吾將鎮之以無名之樸。（三十七章）

在討論老子的哲學思想時，對表示「質樸的道」中的「樸」字，最好把它解釋為現在所謂規約性定義 (stipulative definition) 或理論性定義 (theoretical definition) 使用[150]，即使在《老子》中沒有明白給它做規約性定義，而不要把它解釋為喻言使用。給一個字詞以任意指定的意義的定義，是為規約性定義。給一個字詞適用的象目形構一個理論上適當的描述或科學上有用的描述的定義，是為理論性定義。不論是規約性或理論性定義，我們常選用在本義上有直覺相關意義的字詞來做。例如，「樸」字的本義有「質樸」的意思，而在老子的心目中，道有很重要的質樸質性，因此他就用「樸」來表示「質樸的道」。

㈡師之所處，荊棘生焉。（三十章）

其字面意義是：軍隊駐處的地方，荊棘叢生。荊棘是一種帶刺的小灌木。這句話可以解釋為喻言戰爭會使土地荒蕪，民生困難。

㈢譬道之在天下，猶川谷之於江海。（三十二章）

這句話應該是個倒文，正文當是「道之在天下，譬猶江海之與川谷。」[151]其字面意義是：道在天下，好像江海在川谷，也就是，道與天下的關係，好像江海與川谷的關係。這是一種類比(analogy)說話，不用解釋為喻言。

㈣柔弱勝剛強。魚不可脫於淵，國之利器不可以示人。（三十六章）

這個文段含有一個隱喻。「國之利器不可以示人」是喻體，「魚不可以脫於淵」是喻依。我們可把這個喻言解釋為：國家的武力不可以耀示於人以逞強，而要柔藏，否則會自取滅亡或遭受外力的侵襲；這正如同，魚不可以

[150] 關於這兩種意義的討論，可參看柯比(Irving M. Copi)：《邏輯導論》(*Introduction to Logic*)，pp. 169–176。

[151] 參看陳鼓應前書，pp. 177–178。

脫離深淵以逞強，而要柔藏，否則逞強跳脫深淵，不是自取滅亡，就是遭外力的侵襲。這裏，要柔藏，不要逞強的講法取自第一句話：「柔弱勝剛強」。

㈤天下有道，卻走馬以糞。天下無道，戎馬生於郊。（四十六章）

其字面意義是：

天下有道的時候，遣退戰馬去運糞肥田。天下無道的時候，戰馬都在郊野生育。

有人把這個文段當喻言。天下有道和無道是喻體，卻走馬以糞和戎馬生於郊是喻依[152]。但我們寧可把卻走馬以糞和戎馬生於郊，解釋為天下有道和無道時所產生的人間現象的舉例說明。

㈥不出戶，知天下；不窺牖，見天道。（四十七章）

其字面意義是：不出大門，知道天下；不望窗外，看見天道。幾乎所有的解釋者都沒有覺察到這裏的「不出戶」和「不窺牖」應當引伸或喻言解釋，即把它解釋為不走出世界，而不是本義的解釋為不出大門和不望窗外，否則不管怎麼解釋，這兩句都是假話，或沒有道理的引言。

㈦治大國，若烹小鮮。（六十章）

其字面意義是：治理大國，好像煎小魚。這是一個典型的明喻，這句話可以當斷言解，也可當引言解。在當引言解時，第二句要寫成「要好像煎小魚」。要像煎小魚可以解釋為不要翻滾，任其自然；要安靜，不擾民。或其他解釋。

㈧大邦者下流，天下之牝，天下之交也。牝常以靜勝牡，以靜為下。（六十一章）

這個文段的字面意義是：

大國為下流，為天下的雌性，為天下的交匯。雌性常以靜勝雄性，以靜居下。

如同前面講過的，幾乎所有的學者都把這個文段的第一句譯成明喻，即把它譯成諸如：大國好像江河的下流。但這句話的原句是隱喻，不是明喻，

---

[152] 朱榮智前書，p. 149。

因為它沒有諸如「若」或「好像」。因此，應譯成諸如「大國是江河的下流」。但還有一個重要問題，即這句話應解釋為斷言還是引言。學者間兩種解釋都有⓯³。我認為引言較好。其次，我要把這裏的第一個「牝」或「雌性」解釋為「雌靜」。「雌靜」中的「靜」解自「牝常以靜勝牡」的「靜」。這樣，我要把這個文段的前三句解釋為：

大國要為江河的下流，當做天下的雌靜，和天下的交匯。

要注意的，這裏「當做……交匯」是「為江河的下流」的舉例說明。

㈩合抱之木，生於毫末；九層之臺，起於累土；千里之行，始於足下。（六十四章）

其字面意義是：

合抱的樹木，生自細芽；九層的高臺，起自堆土；千里的遠行，始自腳下。

這三句話顯然分別為大生於小，高基於低，和遠始於近的借喻。後三者可視為是大事物皆由細小積漸而成的舉例說明。

㈡天之道，不爭而善勝，不言而善應，不召而自來，繟然而善謀。天網恢恢，疏而不失。（七十三章）

這裏，「天網恢恢，疏而不失」是一個喻言。它可以說是它前面「天之道」怎樣怎樣的總結的借喻。這個總結是：天之道是廣大無邊的，萬事萬物都隨時隨地受它的支配和監視。「天網恢恢，疏而不失」的字面意義是：天的張網廣大無邊，稀疏但不漏失什麼。「天網」是「廣大無邊的天之道」的喻言。後人常聯想的「法網難逃」，不是「天網恢恢，疏而不失」原來的意思。

㈢常有司殺者殺。夫代司殺者殺，是謂代大匠斲。夫代大匠斲者，希有不傷其手矣。（七十四章）

其字面意義是：

常有專管殺人的去殺。那代替專管殺人的，是謂代替大木匠去砍木頭。那代替大木匠去砍木頭的，少有不砍傷自己的手的。

153 解釋為斷言的，例如，嚴靈峰前書，p. 326；任繼愈前書，p. 191。解釋為引言的，陳鼓應前書，p. 276；賀榮一前書，p. 510。

這裏,「夫代司殺者殺,是謂代大匠」是一個隱喻。但翻譯者多半把它譯為明喻,例如,「那代替專管殺人的,就如同代替大木匠去砍木頭。」[154]在這個隱喻裏,代替專管殺人的人是喻體,代替大木匠去砍木頭是喻依。代替大木匠去砍木頭的,少有不砍傷自己的手的,可以說是喻例。

㈢人之生也柔弱,其死也堅強。草木之生也柔脆,其死也枯槁。故堅強者死之徒,柔弱者生之徒。(七十六章)

其字面意義是:

人活著的時候是柔弱的,死了的時候就僵硬了。草木活著的時候是柔脆的,死了的時候就乾枯了。所以堅強的是死類,柔弱的是生類。

有的學者把這個文段的前兩個複句,看做喻言(如果是喻言,則應是隱喻),「人之生也柔弱,其死也堅強」是喻體,「草木之生也柔弱,其死也枯槁」是喻依[155]。就一般來說,這種判定也許是適當的。但是在《老子》裏則要依觀點而定了。如果把老子的強弱、堅柔和生死觀念,解釋為不可同時和無區分的適用於人和草木兩類,則這可以視為喻言。但是,如果解釋為可以同時和無區分的適用於這兩類,則把這兩個複句所說當做是它們後面一個複句「堅強者死之徒,柔弱者生之徒」所說的兩個前提例證,也許更好。

㈢天之道,其猶張弓與?高者抑之,下者舉之;有餘者損之,不足者補之。天之道,損有餘而補不足。(七十七章)

其字面意義是:

天之道,不是像拉弓嗎?高了就壓低,低了就提舉;有餘的減損它,不足的補充它。天之道,減損有餘的,補充不足的。

這個文段顯現有趣的喻言結構。在「天之道,其猶張弓與?」這個明喻中,「天之道」是喻體,「其張弓」是喻依,「猶」是喻詞。而「高者抑之,下者……;……;不足者補之」可以說是這個喻言的喻例。其次,我們也可把這整個文段看成一個喻言——隱喻,其中,「天之道,損有餘而補不足」是

[154] 張松如則把它譯為隱喻;他的前書,p. 415。

[155] 朱榮智前書,p. 149。

喻體，「天之道，其猶張弓與」是喻依，「高者抑之，……；……不足者補之」是喻例。

㈢小國寡民。使有什伯之器而不用；使民重死而不遠徙。雖有舟輿，無所乘之。雖有甲兵，無所陳之。使民復結繩而用之。

甘其食，美其服，安其居，樂其俗。鄰國相望，雞犬聲相聞，民至老死，不相往來。（八十章）

這是老子的「理想國」或「小國寡民」章。在前面第三節討論《老子》的引言時，我們曾提出《老子》這一章的章句應解釋為斷言或引言的問題。在這裏，我們要提出另一個有趣，甚或更重要的問題。那就是，《老子》這一章的章句應解釋為「小國寡民」的本義的舉例說明，還是喻言說明？顯然，老子心目中的小國寡民一定還有許多重要內容或要點，沒有寫出來。因此，如果這一章的章句是在描寫小國寡民，這些少許的語句只能說是小國寡民世界的舉例說明。然而，如果它們是當做本義的舉例說明，則其說明會明顯的和老子小國寡民的「理念」不合。例如，如果舟輿不需乘用，那麼何必去製造舟輿呢？如果甲兵無所陳現，何必製造甲兵？又在一個理想國裏何必製造甲兵。老子一直主張見素抱樸，少私寡欲，為何在理想國裏要甘其食和美其服呢？

這樣，小國寡民章的章句當做舉例說明，就不是好的、適當的解釋。本義的解釋不好，只好尋求喻言的解釋了。在喻言的解釋中，前面的不合情形可以做某種化解。例如在「雖有舟輿，無所乘之」中，我們可以忽略製造舟輿的事情，而只著眼無所乘之那種「徒步的逍遙世界」。在「雖有甲兵，無所陳之」中，我們也可以忽略製造甲兵的事情，而享受無所陳之的那種「安康和平的社會」。至於甘其食，美其服，我們可以喻言的解釋為人民少私寡欲，因此素食素服都會使他們甘美。

第八章　老子的「柔弱勝剛強」

一、引　子

我們知道，「對反造句」和「對反的思考模式」，是老子和《老子》一書最基本、最遍在、最顯著的思想形式和思想內容❶。老子的這個思想形式和內容尤其顯現在這三個特色上，即有無的對反，剛（堅）強與柔弱的對反，以及為與無為的對反。關於這第一個和第三個特色，我們已經仔細討論過❷。本文將對老子的剛強與柔弱的對反，尤其是柔弱勝剛強，做仔細的分析和批判。我要對老子的柔弱勝剛強的講法和思想，提出若干基本的看法，並把這些基本看法寫成若干命題。希望這些命題能夠幫助對老子的柔弱勝剛強的講法和思想，有較清楚和適當的了解。

在老子的對反兩極的思想模式和內容中，有一個顯著的特異之點是，他強力鼓吹，偏愛，讚促，和勸誘的是和正統社會一般人相反那一極。例如，在有無，有為和無為，堅強和柔弱兩極中，一般人鼓吹，偏愛，讚促，和勸誘的是有，有為和堅強，但是老子的卻是無，無為和柔弱，至少就其講法的字面意義而言是如此。老子的言論充滿這種「反社會」的講法。本文要探討的「柔弱勝剛強」就是其中最顯著的一例。老子不但露骨的強調柔弱勝剛強，而且在他的其他對反兩極的思想概念中，有許多在某一意義上都可以說是屬於強弱對反兩極的視面 (perspective) 或維度(dimension)。因此，我們可把強弱對反兩極的思想和概念，視為是老子對反兩極思想和概念的指標、綱網或總覽。尤其是，柔弱勝剛強更可以視為是老子哲學思想的第一要旨，不論是人間哲學還是天地萬物宇宙哲學。因此，本文的探討在某種意義上可視為是老子哲學思想第一要旨的探討。

---

❶ 參看本書第二章〈老子的「對反」和「只推一步」的思想模式〉。

❷ 參看本書第四章〈老子思想奧晦的起源：「有」、「無」和「無為無不為」〉。

為了討論方便，先把《老子》中，出現有「柔弱勝剛（堅）強」這六個字眼的章句列舉如下：

弱其志，強其骨。（三章）

專氣致柔，能如嬰兒乎？（十章）

夫唯不可識，故強為之容。（十五章）

吾不知其名，強字之曰道，強為之名曰大。（二十五章）

夫物，……或強或羸。（二十九章）

以道佐人主者，不以兵強天下。

善有果而已，不以取強。……果而勿強。（三十章）

勝而不美，而美之者，是樂殺人。……戰勝以喪禮處之。（三十一章）

勝人者有力，自勝者強。

強行者有志。（三十三章）

將欲弱之，必固強之。

柔弱勝剛強。（三十六章）

反者道之動，弱者道之用。（四十章）

強梁者不得其死。（四十二章）

天下之至柔，馳騁天下之至堅。（四十三章）

躁勝寒，靜勝熱。（四十五章）

守柔曰強。（五十二章）

骨弱筋柔而握固。

心使氣曰強。（五十五章）

牝常以靜勝牡，以靜為下。（六十一章）

夫慈，以戰則勝。（六十七章）

善勝敵者，不與。（六十八章）

抗兵相若，哀者勝矣。（六十九章）

天之道，不爭而善勝。（七十三章）

人之生也柔弱，其死也堅強。

草木之生也柔脆，其死也枯槁。

故堅強者死之徒，柔弱者生之徒。

是以兵強則滅，木強則折。

強大處下，柔弱處上。（七十六章）

天下莫柔弱於水，而攻堅強者莫之能勝。

弱之勝強，柔之勝剛，天下莫不知，莫能行。（七十八章）

對上面列舉的，有兩點要先講一下。一點是，有兩個地方的「強」字是普通所謂「勉強」，與本文討論的「強」無關。一個地方是，「古之善為道者，微妙玄通，深不可識。夫唯不可識，故強為之容。」（十五章）這個文段是說，古時善於為道的人，微妙、深遠而通達，深不可識。正因為不可識，所以勉強來形容它。另一個地方是，「有物混成，先天地生。……吾不知其名，強字之曰道，強為之名曰大。」（二十五章）這個文段是說，混然形成的東西，先於天地產生。……我不知道它的名字，勉強叫它做道，勉強給它名字為大。另一點是，在這裏，也就是在《老子》裏，「剛」和「堅」兩字可以說是同義字，它們只是修辭上的變體(variants)、變化而已。它們在下面幾處出現：「柔弱勝剛強」（三十六章）；「人之生也柔弱，其死也堅強。……故堅強者死之徒」（七十六章）；「天下莫柔弱於水，而攻堅強者莫之能勝。……弱之勝強，柔之勝剛，天下莫不知。」（七十八章）。雖然在我們現在的語感上，「堅強」和「剛強」可能有些差異，例如，堅強給人的第一感覺是不屈服，不受外力而動搖，好像總是給人正面的意思，而剛強給人的第一感覺是剛硬，硬而不圓潤，有時候給人負面的意思，但是在《老子》中，這兩詞可以說是完全同義的。在老子哲學中，與「柔弱」對照的「堅強」和「剛強」，都是負面的，都是老子要戒拒的。我們要給老子的「柔弱勝剛（堅）強」的第一個命題（但不是最重要，甚或次重要）是：

【命題一】：「剛強」與「堅強」或「剛」與「堅」，幾乎是完全同義詞，只是修辭的變體、變化而已。

這樣，在以下以及老子的研究中，我們要把它們當同義詞和修辭變體來使用。

二、「柔弱勝剛強」的先行了解

一般說來，我們認為有道理的講話我們比較好了解，認為沒道理的比較不好了解。《老子》章句不好了解，除了錯簡、衍文、脫字及誤字，以及言簡意多以外，一個很重要的理由是，老子肯斷的言論許多幾乎和一般世間的相反。至少就言辭表面意義來說是如此。舉一些顯著的例子。老子說：

> 不出戶，知天下；不闚牖，見天道。其出彌遠，其知彌少。（四十七章）

我曾經對老子的對反思想的這種「反社會」肯斷，提出一個了解模式，那就是把老子的言論，尤其是那些反社會的，當做「半個真理」或「部分真理」來了解，而不要當做「整個真理」或「全部真理」❸。

老子的言論不論是就邏輯用詞或語氣，都是以強勢和全真的方式提出。這裏所謂強勢是指用斷然肯定式，事物一定是怎樣來表示，而沒有用可能式，例如或許是怎樣來表示。所謂全真方式，是指任何時間，任何人或任何事都是怎樣，而沒有用有時候，有些人或有些事是怎樣。例如老子說：

> 企者不立；跨者不行；自見者不明；自是者不彰；自伐者無功；自矜者不長。（二十四章）

這個文段的每個命題和判斷，都是直截了斷的判斷，沒有任何概然性和程度性的修飾，也沒有時間，人數的限制。一般哲學思想性的命題、判斷或造句，如果沒有這些修飾和限制，都應解釋為強勢全真式的。例如就

❸ 參看注❶該文。

上引「企者不立；跨者不行」這兩個判斷和造句而言，沒有這些修飾和限制，因此我們應把它解釋為「所有企者肯定總是不立；所有跨者肯定總是不行」。在這樣強勢和全真的解釋下，這些命題和判斷顯然不會真。但是，如果我們以弱勢或半個真方式解釋，例如把它解釋為「企者有時不立；跨者有時不行」，或「有的企者不立；有的跨者不行」，則這些命題和判斷就未必沒有道理了。不但未必沒有道理，而且很有道理。老子的智慧也許就在這裏。怎麼說呢？因為一般人堅信的是「企者一定立；跨者一定行」這個假話。但「企者一定不立；跨者一定不行」也是假話。用假話拒絕假話一樣沒有道理。但「企者有時不立；跨者有時不行」卻是真理，而這些真理一般人卻沒有看到，現在如果以半個真理方式解釋老子講話，那就突顯許多一般人沒有看到的真理了。

老子的「柔弱勝剛強」總給人豈有此理的感覺，甚或費解，其理由恐怕是一方面我們用全真方式解釋它，即把它解釋為諸如「柔弱總是（或一定）勝剛強的」(從語句意義或語句的字面意義看，這種解釋無不可)，另一方面我們平常的信念和感覺，強總是贏的，弱總是輸的，這幾乎是直覺上「強弱」的定義或意義。怎麼會柔弱勝剛強呢？現在，如果不那麼強勢或不用全真方式而用半個真理方式解釋它，例如把它解釋為「柔弱有時候(或或可）勝剛強」，則只要我們細想一下，恐怕不會沒有道理的。這樣，柔弱勝剛強就好理解多了。那麼，老子這句話的「智慧」如果有的話在那裏呢？我們認為在告訴和提醒世人，你們不要總以為強一定勝弱，弱有時候甚至往往會勝強的。這樣，就很有警世作用了。這樣，也就好了解了。雖然這樣，但是老子實際上時常以強勢和全真方式造句斷言，這樣就難免令人突頓懸疑了。

再說，老子的講話和斷言，大半只是單純直陳，少有說明，更少辯護，即使做了些辯護，也只是片面辯護(special pleading)，即只顧有利他的觀點的說明、證據和理由，不利的證據和理由不去檢討。例如，剛強勝柔弱的事例不是沒有的，可是老子從未檢討這種事例。

在探究老子的「柔弱勝剛強」的講法和思想時，一個很必要的初步工作是，要對這個語句的語意做些初步分析。前面第一節已經指出，在《老子》裏，「剛」和「堅」兩字以及「剛強」和「堅強」兩詞幾乎是同義詞，因此可以互用。「柔弱勝剛強」這個語句的語意 (semantics)首先可以分成「柔弱」，「勝」，「剛強」和「柔弱勝剛強」這四個部分。再次，「柔弱」可以分成「柔」和「弱」，「剛強」可以分成「剛」和「強」。為討論方便，我們可把老子的「柔弱勝剛強」的哲學思想，簡稱為「弱強哲學」。這樣，我們可以說，在《老子》中與「弱強哲學」無關的「柔弱」「勝」「剛強」這些字眼，如果有的話，似乎與本文的討論無關。那麼，在前面第一節引列的章句中，有沒有這些無關的字眼呢?

首先，我們認為「堅」、「剛」、「柔」、「堅強」、「剛強」、「柔弱」和「勝」等這些字詞都有關。這樣，似乎只有「強」和「弱」字有無關的。前面已經指出，有當「勉強」講的「強」字。例如，「夫唯不可識，故強為之容」（十五章)，「吾不知其名，強字之曰道，強為之名曰大」（二十五章)。在「弱其志，強其骨」（三章）中「強其骨」的「強」字應該與「弱強哲學」的「強」無關，因為這裏「強其骨」的意思是「強健人民的筋骨體魄」。這種「強健」的意思與「弱勝強」的「強」無關。又在「夫物，……或強或羸」中的「強」字也應與「弱強哲學」無關，因為這句話的意思是「一切事物（或人)，……有的強健，有的羸弱」，但是這裏的強健與羸弱雖然強弱對反，卻無羸弱勝強健的觀念。又在「強行者有志」中，「強行」的意思，一般解釋為「勤勉力行」，這樣這個「強」字也和「弱勝強」無關了。

在上段講過的「夫物，……或強或羸」（二十九章）中，表面上雖然沒有「弱」，但是一與「或強」對照，「或羸」中的「羸」就要解釋為「羸弱」或「瘦弱」，這樣就馬上要出現「弱」字了。因此，在語意上我們很可以把「或強或羸」改寫為「或強或弱」。但是，正如同這裏的「強」與「弱強哲學」無關，這裏的「羸」或「弱」也與「弱強哲學」無關。

在「將欲弱之，必固強之」（三十六章）中的「強」字雖然與弱強哲學相關，但是「弱」字卻似乎無關。這句話的意思是：想要削弱它，必先增強它。在這裏,「削弱」的意思顯然沒有勝堅強的意思,但有負面的意思,而「增強」卻有產生負面的削弱的效能。也就是說,這裏的「弱」是普通意義的有缺失的意思。而沒有老子的弱勝強的弱的意思。

在這裏我們要提出第二個命題:

【命題二】:在《老子》中,有與老子的弱勝強哲學無關的「強弱」對反的字眼。例如,「弱其志,強其骨」(三章)中的「強」字,「夫物,……或強或羸」(二十九章)中的「強」和「羸」兩字,「將欲弱之,必固強之」(三十六章)中的「弱」字。

三、「柔弱勝剛強」中的「實強」

從前節的討論我們知道,在老子的強弱對反概念中,有弱勝強和沒有那一勝那一的兩種強弱對反。老子的弱勝強哲學當然是前者,這也是本文要探究的。這種弱勝強哲學,可用老子本身的造句「柔弱勝剛強」來表示。

我們說過,「柔弱勝剛強」可分為四個基本部分,即柔弱,勝,剛強,和柔弱勝剛強,而柔弱可再分為柔和弱,剛強可再分為剛和強。

很重要須要知道的,老子弱勝強哲學中的「強」有兩種。一種是普通意義的強,另一種是使弱勝強的強。老子貶抑前者,讚揚後者。有的學者把前者叫做假強,後者叫做質強,真強❹。在本文的討論中,我們就把普通的強叫做強,而把所謂的質強或真強叫做實強。也就是把老子思想中或心目中那個會產生弱勝強的力量或是什麼的,叫做實強。用現代方法學術語來說,所謂老子的實強,可以視為是老子哲學上的理論性觀念,這一觀念要依老子的整個弱勝強哲學來說明和理解,而無法以一兩句話來定義或解釋它。老子似乎在下面兩個地方直接而明顯的講到它。老子說:

❹ 賀榮一:《道德經註譯與析解》,p. 364。

見小曰明，守柔曰強。（五十二章）

這個文段的語句意義應該是：

察見細小的叫做明，持守柔弱叫做強。

這個文段前一句和本文討論無關，但因前後兩句的結構一樣，因此也列出參考。在這裏，很可以把「守柔曰強」的「強」了解做老子心目中的實強。但這句話要怎樣做進一步和細一點解釋，費點心思。首先是「守柔曰強」裏的「曰」字。在《老子》裏有許多「*A* 曰 *B*」的句型❺。在這裏，我們要把它當做是「徵定連繫」(characterizing tie)詞，也就是把「守柔曰強」了解為用持守柔弱來徵定實強。這樣，我們要提出的第三個命題是：

【命題三】：老子的「守柔曰強」的「強」是「實強」。

但故事才開始。我們要進一步問的是：持守柔弱是怎樣來徵定實強？老子本身似乎沒有進一步說。因此任何進一步的說明，都是我們替老子做的。我們認為，至少可以有下面幾種有意義的徵定。

(a)持守柔弱的這個持守行為本身就是實強。

這個徵定似乎最接近原句「守柔曰強」的語句意義。舉個例子來說明。當別人對你粗暴時，你如果持守溫柔，你就是實強。你如果沒有持守柔弱，譬如也以牙還牙對別人粗暴或自己動氣，你就不是實強。在這種徵定下，柔弱如何勝剛強，譬如勝粗暴呢？一個很自然的解說是，你一直守柔，別人的粗暴不可能持續下去。在別人的粗暴斷續了，你的柔不就剋勝了別人的粗暴了嗎？但這種解說似乎沒有明顯指出那實強是什麼。當然，你也許可以說，當別人動粗時，你能夠不動氣而持續守柔，這種能力就是實強。這麼一來，我們似乎在做另一種徵定了。這種徵定是：

(b)能夠持守柔弱的就是實強。

在這裏明白的把實強徵定為一種能力(capacity)，就是守柔的能力。在

❺ 參看本書第三章〈《老子》書中的「名」〉。

現在的哲學分析上，常把能力這個觀念或性質分成顯能和潛能（潛質）(disposition)。顯能是顯現出來的能力，潛能是潛在而未顯現出來的能力。例如，汽油在燃燒就在顯現汽油的顯能，沒燃燒時有燃燒的潛能。這樣，有顯能必有潛能，反之未必然，因為潛能可能沒有或尚未有顯現。這樣，在把這裏的「能夠」了解為能力，而能力又有顯能和潛能之分後，老子的實強也就有顯實強和潛實強之分了。現在，要把實強了解成顯實強好還是潛實強好，還是依情況而了解為其中之一？我們認為這最好依怎麼了解「柔弱勝剛強」中的「勝」來決定。這裏「勝」也應分為「顯勝」和「潛勝」。如果這裏的勝要了解為顯勝，則實強要了解為顯實強。如果要了解為潛勝，則要了解為潛實強。所謂顯勝是說，柔弱實際在顯現克勝剛強的顯能，而潛勝是說，柔弱沒實際在克勝剛強，但有克勝剛強的潛能。

大部分《老子》的白話翻譯似乎不自覺的都以「能夠」來譯「守柔曰強」。例如：

(1)能夠秉守柔弱，才算是「強」。（余培林的翻譯❻）

(2)能保持柔弱，才是「強」。（任繼愈的翻譯❼）

(3)能保持柔弱的，叫做堅強。（嚴靈峰的翻譯❽）

(4)能保守柔弱的道體的，才叫做「強」。（張默生的翻譯❾）

(5)能持守柔弱的叫做「強」。（陳鼓應的翻譯❿）

(6)能保持柔弱的叫做強。（張松如的翻譯⓫）

(7)能把握柔弱之道，才是真正的「強」。（吳怡的翻譯⓬）

但也有少數這樣的《老子》英譯。例如，

---

❻ 余培林：《新譯老子讀本》，p. 87。

❼ 任繼愈：《老子新譯》，p. 173。

❽ 嚴靈峰：《老子達解》，p. 280。

❾ 張默生：《老子新釋》，p. 105。

❿ 陳鼓應：《老子今註今譯》，p. 248。

⓫ 張松如：《老子說解》，p. 313 。

⓬ 吳怡：《新譯老子解義》，p. 403。

(8)To *be able* to abide by the gentle is to possess true strength.（范光棣的翻譯⓭）

但多數的英譯則沒有添加能力的觀念，直接依「守柔」的詞意翻譯。例如，

(i)Keeping to weakness is called strength.（陳榮捷的翻譯⓮）

(ii)To remain gentle is to be strong.（張鍾元的翻譯⓯）

有少數的白話翻譯也是這樣，例如，

(iii)守住柔弱謂之強。（許抗生的翻譯⓰）

(iv)遵守柔順自然的人，謂之「強」者。（賀榮一的翻譯⓱）

讓我們對這些翻譯做點討論。首先，要知道的，翻譯和解釋並不相同。翻譯固然是一種解釋，但解釋並不就是翻譯。一個語句的翻譯應盡量做到與原語句在語意和邏輯上等值。一個檢驗翻譯與原語句是否等值的實用方式是「回譯」或「寫回」。也就是，把翻譯譯回或寫回原語句。例如把白話翻譯回文言，或把英文翻譯譯回中文。如果原語句是文言，則譯回文言。如果譯回的結果非常接近原語句或與原語句的意義非常接近，則這個翻譯可以視為是好的翻譯。以這種回譯方式，一般說來，很容易檢驗出，一個語句是否是原語句的一個翻譯或良好的翻譯。一個翻譯或良好的翻譯不應增加或減少原語句的意義。一個不是翻譯的解釋，時常不是增加就是減少原語句的意義。一般說來，一個解釋如果增加的是原語句所涵蘊或提示的意義，或減少的不是原語句的核心意義，是可以接受的。

「守柔曰強」的上面(1)到(8)的翻譯中，都含有「能」或「能夠」。這些表示能力的東西似乎不在，至少沒有明白在「守柔曰強」的語句意義裏面；它至多只可以說是涵蘊在或提示在這個語句裏。因此，至少由於「能

⓭ 范光棣(K. T. Fann): *Lao T'zu's Tao Teh Ching*, p. 163.

⓮ 陳榮捷(Wing-tsit Chan)：《中國哲學資料書》(*A Source Book in Chinese Philosophy*), p. 164.

⓯ 張鍾元(Chung-yuan Chang): *Tao: A New Way of Thinking*, p. 143.

⓰ 許抗生：《老子研究》，p. 27。

⓱ 賀榮一前書，p. 444。

夠」的關係，我們不認為上面(1)到(8)是「守柔曰強」的恰切翻譯。其次，在上面(1)、(2)、(7)的翻譯中使用了「才」字。這的意思是把持守柔弱當做實強的必要條件來解釋。把什麼當什麼的必要、充分、必要又充分，還是只是適要(contingent)條件，在邏輯上是很重要和必須分辨的事項。如果沒有明文表示或有充分證據顯示，否則只宜保留模糊，不宜明文定奪。在「守柔曰強」中，一點也沒有說守柔是強的必要條件。因此在翻譯和解釋時，不宜使用表示必要條件的「才」字。「*A* 才 *B*」的意思是 *A* 是 *B* 的必要條件。

在上面(3)，即嚴靈峰的翻譯中，把「守柔曰強」的「強」譯成「堅強」，這是很不適當的，除非他把這裏的「強」了解為普通的強，即「柔弱勝剛強」的「剛強」。但他顯然不會做這種了解。如同第一節講過的，在《老子》中，「堅」和「剛」兩字幾乎是同義詞，而這兩字只在下面這些章句中出現：

> 柔弱勝剛強。（三十六章）
> 天下之至柔，馳騁天下之至堅。（四十三章）
> 人之生也柔弱，其死也堅強。
> 故堅強者死之徒，柔弱者生之徒。（七十六章）
> 天下莫柔弱於水，而攻堅強者莫之能勝。
> 弱之勝強，柔之勝剛，天下莫不知。（七十八章）

在這些章句中，「剛」「堅」都是明顯的當負面意義「剛（堅）強」。也就是說，「剛（堅）強」在整個《老子》中一定當老子心目中普通的強，而不是真強或實強。因此，決不適合把「守柔曰強」的「強」叫做「堅強」。嚴靈峰把它叫做「堅強」，可能是筆誤或一時的疏忽。

在上面翻譯(4)裏，特定表示保守柔弱的道體。雖然在「守柔曰強」的章次裏講到了「天下有始，以為天下母」（五十二章）的道，以及老子又說：「弱者道之用」（四十章），因此把「守柔」的「柔」解釋為「柔弱的道體」，並無不可，尤其是參照老子的基本思想中，一切正面的東西，追根究底都本於道，但是基於兩個考慮我們不應做這種解釋和翻譯。一個是，一個翻譯或解釋如果依語句意義就可以做的很適切，就不必甚至不應求助於語句意義以外的東西。另一個考慮是，就老子的解說而言，如果不必求助於他的道，盡量不求助，這樣的解說才有其特定性，避免不必要的泛道解說。

其次，對「守柔曰強」我們可以再有下面一種徵定其實強：

(c)持守柔弱產生（或形成）實強。

「*A* 曰 *B*」的語句意義通常是「*A* 稱為 *B*」或「*A* 叫做 *B*」。但當 *A* 和 *B* 都是一般名詞、形容詞或動詞，而不是專名(proper name)時，有時候把這裏的「曰」字解釋為有「產生」或「形成」，可能更適當。《老子》下列章句中的「曰」字很可以做這樣的解釋（每句右邊括號內的是白話解釋）：

歸根曰靜。（十六章）（回歸本根就形成寧靜。）

復命曰常。（十六章）（回復命本就（產生）永常。）

知常曰明。（十六章）（知道永常就產生洞明。）

大曰逝。（二十五章）（廣大無邊就（形成）流逝不息。）

逝曰遠。（二十五章）（流逝不息就（形成）無盡遙遠。）

遠曰反。（二十五章）（無盡遙遠就（產生）返回本原。）

見小曰明。（五十二章）（察見微小就產生洞明。）

守柔曰強。（五十二章）（持守柔弱就產生實強。）

知和曰常。（五十五章）（知道淳和就產生永常。）

益生曰祥。（五十五章）（貪生就產生災殃。）

心使氣曰強。（五十五章）（心動氣就產生粗強。）

以上把「曰」字解釋或了解為「產生」或「形成」，會使我們把「*A* 曰 *B*」語句中的 *A* 與 *B* 的關連，比只更抽象的解釋為「稱為」或「叫做」，講的更特定。把「守柔曰強」解釋為「持守柔弱會產生實強」，會把守柔和實強之間的關連講得更清楚。在這種解釋裏，把實強了解做是由守柔產生的。

這樣，我們就可以更好了解「柔弱勝剛強」了。那就是，持守柔弱會產生實強，而實強就可以克勝剛強——暴強，粗強，硬強，逞強。這樣，就比以柔弱「直接」去克勝剛強好懂了。

這樣，在實強的以上(a)，(b)和(c)三種徵定中，(c)是比較好的。

在《老子》中，直接而明白講到實強的「強」，除了「守柔曰強」，也許只有下面的文段：

勝人者有力，自勝者強。（三十三章）

這個文段中的「強」應該是老子心目中的實強、真強或質強[18]。這可以從這樣看出來。首先，讓我們寫出相關文脈：

知人者智，自知者明。
勝人者有力，自勝者強。
知足者富。
強行者有志。（三十三章）

這個文段的諸語句都具有「*A* 者 *B*」這種形式。老子對這裏的「*B*」的評價，雖有高低之分，但都正面，沒有負面，至少有老子不會給它負面評價的日常意味的正面意義。在「知人者智」中的「智」是一般知識，不是老子極力給予負面評價的「智詐」。在「自知者明」中的「明」的「洞明」和「明達」，老子則予以高度評價[19]。「知足者富」的「富」字，除了在此出現，還在兩個地方出現，即：

富貴而驕，自遺其咎。（九章）

[18] 下面兩位學者也明白做這種解釋。見賀榮一前書，p. 284；吳怡前書，p. 267。

[19] 關於老子的「智」與「明」的討論，參看本書第六章〈老子的「知」與「智」以及「為學日益，為道日損」——兼論老子是否「反智」〉。

我無事，而民自富。（五十七章）

在這三個地方，老子對在「知足者富」和「我無事，而民自富」兩個地方的「富」，顯然給予正面意義。「富貴而驕，自遺其咎」的意思是「富貴而驕，自取其禍」。這句話裏的「富貴」本身不應有負面意義。這句話的正確解釋和了解需做點分析。這句話裏的「富貴而驕」有歧義，有三種可能解釋：

⑴富貴而驕傲。

⑵以富貴而驕傲。

⑶富貴並且因而驕傲。

在解釋⑴裏，把「富貴」和「驕傲」當做自取其禍的兩個並列因素，而沒有涉及驕傲是因富貴的。這個解釋有兩個缺點。一個是把「富貴而驕」的「而」字當不涉因由的邏輯連詞，但我們認為在「富貴而驕」中，「而」字要當表示這裏的「驕」是因「富貴」而引起的因由。另一個是把富貴與驕傲並列，會使得好像老子一定給驕傲負面意義那樣，也一定給富貴負面意義。老子給負面意義的是由富貴而驕傲，不是富貴本身。在「知足者富」和「我無事，而民自富」中，老子顯然給富貴正面意義。解釋⑵，即以富貴而驕傲，固然為「富貴而驕」所涵蘊，但其缺點是沒有把富貴獨立起來，因而會使人感到富貴必定和驕傲連在一起，但「富貴而不驕」的也大有人在。

我們認為「富貴而驕」的較好解釋是⑶，即富貴並且因而驕傲。這個解釋提示著富貴並不和驕傲必定連在一起，並斷定因富貴而驕才會自取其禍。再說，在「富貴而驕，自遺其咎」後面的文句是「功遂身退，天之道也」。這後一句的意思是「功成身退，是天的道理」。「功成身退」一語也完全可以寫成「功成而身退」，其意思是「功成並且因而身退」。老子的意思是功成而身退是好事，反之功成而身不退就是壞事了，而「功成」本身並非壞事，重要的是要看功成之後你怎樣。如果你功成之後身退，這是天的道理，也就是，是好事，但如果不退，那就「逆天」了，那是壞事。一樣的，富貴本身並非壞事。如果你富貴了，但不驕傲，那就有福，是好事。但是，如果你富貴之後變成驕傲，那就「自遺其咎」，是壞事了。

我們在前面已經講過，「強行者有志」（三十三章）是按普通意義來解釋，即應解釋為「勤勉力行的人有志」。在這種解釋中，有志顯然不會有負面意義的。

從以上這些討論，以及對「勝人者有力，自勝者強」的了解，我們很可以說，老子對這裏勝人的「力」和自勝的「強」都給與正面的意義。但有程度之別。顯然「強」高於「力」，這可以從與前句「知人者智，自知者明」的對照得知，因為老子對「明」比對「智」（知識，不是智詐）有更高的評價。在整個《老子》中，對「自什麼」有明白正負不同的評價。自勝顯然屬於正面的。為參考起見，把《老子》中「自什麼」的正負評價表列如下：

㈲正面意義和評價的

百姓皆謂：我自然。（十七章）
道法自然。（二十五章）
萬物將自賓。（萬物將自然歸順。）
民莫之令而自均。（三十二章）（人們沒有命令它，而它自然均平。）
自知者明。
自勝者強。（三十三章）
萬物將自化。
天下將自定。（三十七章）
我無為而民自化。
我好靜而民自正。
我無事而民自富。
我無欲而民自樸。（五十七章）
以輔萬物之自然而不敢為。（六十四章）

(乙)負面意義和評價的

以其不自生。(七章)(是因為它不為自己營生。)

不自見故明。(不自我顯現，所以明亮。)

不自是故彰。(不自以為是，所以彰顯。)

不自伐故有功。(不自我誇耀，所以有功勞。)

不自矜故能長。(二十二章)(不自我矜恃，所以能夠長進。)

以其終不自為大。(三十四章)

是以聖人自知不自見。

自愛不自貴。(七十二章)

讓我們回來看看「勝人者有力，自勝者強」(三十三章)。在《老子》裏「力」字只有在這裏出現一次[20]。因此，其意義和功用主要要在這個語句及其所在系絡去找。值得問的是，依我們一般觀念，勝人者也強呀，為什麼老子不說強，要說「有力」呢？這雖然可以說是為了和後面的「強」做修辭變化，但是老子可能有更多的考慮。勝人和自勝雖然都是正面意義的，但是勝人只有普通的正面意義，而自勝則有更高的正面意義，因老子使用普通正面意義的「有力」來述說勝人，而使用他心目中實強的「強」來述說自勝。也許我們要問，老子一直在貶強，在「自勝者強」中使用「強」字豈不會讓人誤解以為它是負面的「強」嗎？我們認為，如果使用「強」來述說勝人，譬如說成「勝人者強」，則可能會，因為在整個老子思想中對勝人的事比較沒有鼓勵，因此如果使用「強」來述說勝人，容易令人誤解為勝人是不好的。這也是為什麼老子要使用「有力」來述說勝人，因為老子從未給「有力」負面意義，而一般的觀念中「有力」是好事。但是對像自知和自勝(自己克勝自己)這種自制和自省的事情，老子一直都給與正面意義，因此使用「強」來述說自勝時，這個「強」一定是實強，而不是

[20] 參看陳鼓應前書，pp. 296–297 的討論，認為第六十八章中的「是謂用人之力」，應為「是謂用人」。

普通的粗強或逞強，尤其是「自勝者強」與「自知者明」相對偶，它是正面意義的，更不用說了。

現在有一個很重要的問題：守柔和自勝如何可以產生或形成實強呢？這是老子的弱勝強哲學最核心的問題。將在下面各節逐次討論。下面一節先讓我們討論「柔弱勝剛強」中柔弱、勝、和剛強的意義。

四、「柔弱」，「勝」和「剛強」的意義

在本節開始，要提出第四個命題，即

【命題四】：在《老子》中，「柔」和「柔弱」都是正面意義的，而「弱」雖然主要為正面的，似乎也有負面的；反之，「剛（堅）」和「剛強」都是負面的，而「強」雖然主要為負面的，但也重要的有正面的，即實強。

下面是《老子》中所有「柔」和「柔弱」以及所有「剛（堅）」和「剛強」出現的章句：

專氣致柔，能如嬰兒乎。（十章）
柔弱勝剛強。（三十六章）
天下之至柔，馳騁天下之至堅。（四十三章）
守柔曰強。（五十二章）
骨弱筋柔而握固。（五十五章）
人之生也柔弱，其死也堅強。
草木之生也柔脆，其死也枯槁。
故堅強者死之徒，柔弱者生之徒。
強大處下，柔弱處上。（七十六章）
天下莫柔弱於水，而攻堅強者莫之能勝。
柔之勝剛，天下莫不知，莫能行。（七十八章）

從這些章句的閱讀，尤其是與其所在章次和系絡一起閱讀，不難看出所有「柔」和「柔弱」是正面意義的，反之所有「剛（堅）」和「剛強」是負面的。至於「強」除了有老子所強調的負面意義外，上節已詳細討論了也有正面的實強的意義。「弱」的正面意義是老子強調的，而「弱」可能有負面意義，將在後面的討論指出。

我們知道，老子的弱勝強哲學褒揚弱、貶抑強，並且堅持弱勝強。那末，他所褒揚的弱和貶抑的強是怎樣的弱和強呢？他所堅持的弱勝強，如同前節末尾問的，是弱如何勝強呢？

我們知道老子所謂強，有普通的強和實強。其實，任何人只要對強的事或強的觀念做點檢討和反省，就很容易產生類似於老子兩種強的觀念，只是老子比我們做了更多的思考，並且明顯的提出弱勝強和兩種強的思想而已。在探究老子的弱勝強哲學時，有一個重要但似乎沒有，至少很少被人注意和提出的問題是，老子的普通的強和弱，到底有那些種或那些意義。這是我們現在要討論的。

首先，老子的弱勝強的弱和強，即他所褒揚的弱和貶抑的強，尤其是強，想必沒有超出我們一般所說的弱和強，至少在初步的了解時是沒有超出的。但是得注意的，一般所說的弱和強，如同人間具有的許許多多重要的觀念那樣，是十分含混和有歧義的。老子雖然實際上以種種不同意義使用「弱」和「強」，但從未明文指出這些不同的意義。現在就讓我們分析一下，弱和強有那些重要的意義和用法，並且初步檢查一下老子實際上已使用到那些意義。

一般所說的強弱，至少有下面幾種意義：

㈠物理動力大小的強弱

例如風、水、地震、機械動力、動物力量等大小的強弱。雖然老子似乎並未明白講到物理動力大小的強弱觀念，但是當他說「飄風不終朝，驟雨不終日」的飄風和驟雨時（二十三章），顯然感受到物理動力的強弱。當他說「專氣致柔，能如嬰兒乎？」（十章）的「專氣」，「心使氣曰強」（五十五章）的「心使氣」，和「天之道，其猶張弓與？高者抑之，下者舉之」（七十七章）的「張弓」（拉開弓）時，似乎也感受到物理動力的強弱。

㈡物質的柔軟與堅硬

在老子說的「骨弱筋柔而握固」（五十五章）的「骨弱筋柔」（筋骨柔弱），「草木之生也柔脆，其死也枯槁」（七十六章）的「柔脆」（柔軟）和「枯槁」（乾槁），「木強則折」（樹木強硬，就會折斷）（七十六章），和「天下莫柔弱於水」（七十八章）的「柔弱」中，他講的應該是關涉物質的柔軟和堅硬。物理或物質動力的大小雖然可能與物質的柔軟和堅硬有某種關連，但是不會是相同的東西。但是，在老子的弱勝強哲學裏，卻把它們混在一起講。在我們分析老子的弱勝強哲學時，有必要把它們分開。

㈢個人的心理、情感、意志或精神的剛柔和強弱

在《老子》裏，直接使用「心」字的章句有：

> 虛其心。（三章）（空虛人民的心。）
> 心善淵。（八章）（心〔像水那樣〕善於沉靜。）
> 令人心發狂。（十二章）
> 我愚人之心也哉，沌沌兮。（二十章）（我真是愚人的心啊，渾渾沌沌的。）
> 聖人常無心，以百姓心為心。（四十九章）
> 聖人在天下，歙歙焉，為天下渾其心。（四十九章）（聖人在天下，諧和的樣子，為天下渾樸其心。）
> 心使氣曰強。（五十五章）（心動氣就逞強。）

《老子》直接使用「心」字的文句雖然只有這些，但是在老子的「寡欲」、「貴柔」、「不爭」、「主靜」、「無為」、和「棄智詐」的人生哲學、生命哲學和政治哲學裏，幾乎都講到和心的某些層面的作用有關的東西，尤其講到心理、情感、意志或精神的剛柔或強弱。但是有幾點應知道的。首先，這裏所謂心理、情感、意志或精神等這些不同的心作用的剛柔或強弱

的畫分，是利用現代的觀念所做的。老子本身沒有這樣的細分。心作用當然可能還有其他層面的，我們這裏提出的這些層面，是考慮到這些作用也重要的表現剛柔或強弱的特徵。其次，這些不同作用之間的剛柔或強弱未必是一致的。也就是說，例如，心理上柔弱的，在情感、意志或精神上未必是柔弱的；心理上剛強的，在情感、意志或精神上未必是剛強的。其他類推。但在本文中，我們不準備對這種一致性的問題做更多更細的分析，因為心的心理、情感、意志或精神等不同重要作用，雖然老子並未細分，但至少我們可以認定老子可以感受到這些不同的心作用，但是這種一致性的問題，相信不是老子的思想觸及的，甚至老子的現代研究者也未察覺的。因此，在本文以下的討論中，我們恐怕要籠籠統統，但勢必有錯的用「心思」的強弱或剛柔，來概括這些不同心作用的強弱或剛柔了。

㈣社會群體的心理、情感、意志或精神的剛柔和強弱

老子的剛柔強弱，明顯的是講到個人，聖人和統治者這些個人的，但當老子講到「夫慈，以戰則勝，以守則固」（慈愛，用以征戰則勝利，用以守衛則鞏固）（六十七章），「抗兵相若，哀者勝矣」（對抗的兵力相當時，哀矜一方勝利）（六十九章），「兵強則滅」（兵逞強則滅亡）（七十六章），和「牝常以靜勝牡，以靜為下，故大邦以下小邦，則取小邦；小邦以下大邦，則取大邦」（雌常以靜勝過雄，以靜居下。所以大國對小國居下，則取悅小國；小國對大國居下，則取悅大國）（六十一章）時，重要的關連到社會群體的心理、情感、意志或精神的剛柔或強弱。

㈤社會動力的剛柔和強弱

上面第四種的剛柔和強弱，即社會群體的心理、情感、意志或精神的剛柔和強弱，側重心理或心直接作用的層面來講，但人類的社會發展，會從心理層面逐漸累積並形成思想、文化、機制和體制層面。這些層面會產生可用剛柔和強弱的觀念來觀察、評量和了解的社會動力。例如輿論和語言的力量，政治運動和社會運動的力量，法律的寬容和嚴峻，公權力的大小，兵力的強弱。在前面講述第四種剛柔強弱所引述的老子的講話中，也重要的關連到社會動力的剛柔強弱。

㈥以上各種剛柔強弱結合而產生的剛柔強弱

以上五種的剛柔強弱中，也許第一種的物理動力的大小和第二種的物質的柔軟與堅硬，在某一意義上可以用其本身分立來了解，但在講到第三第四種的個人和社會群體的心理、情感、意志或精神的剛柔強弱，和第五種的社會動力的剛柔強弱時，勢必要和其他種的剛柔強弱關連結合了。例如兵力的強弱應該是許多種強弱結合產生的，例如領兵者個人意志和精神的強弱，士兵們意志和精神的強弱，武器動力的強弱，指揮系統運作的強弱等等。國與國間國力交往的強弱更是多元強弱的結合。

在繼續討論以前，讓我們根據以上六種意義的剛柔強弱，提出本文的第五個命題：

【命題五】：老子思想中的剛柔強弱，至少有物理動力的大小，物質的柔軟堅硬，個人和社會群體的心理、情感、意志或精神的剛柔強弱，社會動力的大小，以及以上兩種以上結合起來的剛柔強弱等六種。

有幾點要注意的。首先，這六種剛柔強弱也許除了第一種物理動力的大小和第二種物質柔軟堅硬的強強（或剛剛）結合，強弱（或剛柔）結合，和弱弱（或柔柔）結合會產生的強弱（或剛柔）結合，可由物理科學提供一些確定的分析或答案，其他要由個人或社會的心理、情感、意志或精神的剛柔強弱來顯示的強弱剛柔的結合，會產生怎樣的結果，迄今為止的人文和社會科學恐怕還無法提供良好的分析，更不用說是確定的答案了。但老子的弱勝強哲學本身恐怕沒有觸及這種結合的效果問題，因此對這種結合效果的較精細的分析和探討，恐怕已超出老子的哲學，而為別的「強弱哲學」了。

但是，老子的弱勝強哲學應該觸及這兩點的。一點是，雖然上述六種強弱剛柔結合的效果如何（即變成大小如何）的問題老子不會觸及到㉑，

㉑ 其實也不是當時的老子所能夠處理的問題。即使在今天恐怕還只能夠處理其中

但是在他講述弱勝強哲學時，他事實上關連到兩種以上強弱剛柔的結合，雖然兩種以上的結合不是他明白要去處理的。例如，當他說「專氣致柔，能如嬰兒乎」（十章）時，關連到物理的、生理的氣息的柔弱與精神的、心理的柔弱，因為嬰兒呼吸的強弱與這些相關。又如他說「以道佐人主者，不以兵強天下」（三十章）時，關連到個人或社會精神的強弱（以道佐人主與這些相關）與社會的和物理的強弱（以兵強天下與這些相關，兵之中包含兵器的強弱）。又如他說「兵強則滅，木強則折」（七十六章）時，也關連到社會精神和物理的強弱。

老子的強弱剛柔顯然要觸及和關連到的另一點是，剛強與柔弱這兩端的對應，是絕對的還是相對的？這裏所謂絕對，簡單的說是指一個剛強一定有一個對應的柔弱，並且反之亦然，而且在這對應的剛強與柔弱之間只有這兩端，沒有中間程度的剛強或柔弱，也就是沒有「較剛強」或「較柔弱」。反之，所謂剛強與柔弱的對應是相對的，是指一個剛強（或柔弱）不但有一個對應的柔弱（或剛強），而且這兩端之間有不同的程度，因此有「較剛強」或「較柔弱」，同時一個剛強（或柔弱）可以有一個對應的「更剛強」（或更柔弱），而這一個剛強（或柔弱）與該更剛強（或更柔弱）相對之下可以視為是「柔弱」（或剛強）了。在《老子》中顯然沒有明言講到它的剛強柔弱，是諸如剛剛所講的絕對的還是相對的。但是我們必須對它做明白的決定，因為對老子弱勝強哲學的較細分析和任何評價，都需假定或認定它是絕對的還是相對的，才能講的更清楚和較少混攪。

老子雖然沒有明言他的剛強與柔弱的相應或相對，是絕對的還是相對的，但我們認為它應該是相對的。我們知道，對反的思想模式和思想內容是老子哲學思想的基本而重要的特徵。就前段所講的絕對或相對的意義來說，老子的對反思想模式和內容可分為兩種。一種是似乎只可視為絕對兩極對反的，一種是可視為絕對兩極或相對兩極對反的。前者的例子，如「有無相生」（二章）中的「有」「無」，「知者不言，言者不知」（五十五章）中的「知」「不知」。後者的例子則多的是，如「重為輕根」（二十五章）

一部分結合效果的問題。

中的「重」「輕」，「明道若昧」（四十一章）中的「明」「昧」，「難易相成」（二章）中的「難」「易」。當然，「柔弱勝剛強」（三十六章）中的「柔弱」「剛強」是屬於後者。要注意的，這裏絕對還是相對的問題，不是老子自己曾明白問的。

在「柔弱勝剛強」中另一個關鍵字眼是「勝」字。在老子的弱勝強哲學的研究中，似乎很少人，甚或沒有人特別注意這個字。老子之揚弱貶強，是因為弱「勝」強。因此，了解弱勝強的「勝」是什麼意義，以及弱「如何」勝強，是了解弱勝強哲學的一個關鍵地方。一般研究者之沒有注意「勝」的意義，恐怕以為勝的意義已經很明確清楚，而沒加檢討就以普通常識的意義去了解它。在討論柔弱勝剛強時，一般都會而且喜歡講到老子的「天下莫柔弱於水，而攻堅強者莫之能勝。」（七十八章）因「勝」及相關問題需一節來討論，下面就以「『勝』與『天下莫柔弱於水』」當節名。

五、「勝」與「天下莫柔弱於水」

如同前節末指出的，我們現在要討論「柔弱勝剛強」中的「勝」是什麼意義，以及弱如何勝強。有兩點要注意的。如同對許多重要字眼和概念的意義沒有做過直接解說，老子對「勝」字也沒有。因此，我們就得從其使用的脈絡，甚至老子哲學的有關部分去找。老子的「*A* 勝 *B*」或「柔弱勝剛強」可以有強式、弱式和強弱有歧義的三種解釋，或者可以把這說成是全面真理、半面（半個）真理和全面半面有歧義真理的三種解釋。把「柔弱勝剛強」解釋為無論在何時、何地以及對任何人柔弱都勝剛強，或簡單的說柔弱必定勝剛強，是強式或全面真理的解釋[22]。反之把它解釋為有時候，有些地方或對有些人柔弱勝剛強，或簡單的說柔弱能夠勝剛強，是弱式或半面真理的解釋[23]。沒有明示強式還是弱式的，例把它譯為「柔弱勝剛強」

---

[22] 任繼愈把這句話譯為「柔弱必定剛強」，參看他的前書，p. 138，可視為強式解釋。但他在解釋「躁勝寒」（四十五章）時，卻把它譯為「急走能戰勝寒冷」，這可視為弱式解釋；參看前書，p. 157。

[23] 嚴靈峰把這句話譯為「柔弱能夠勝過剛強」（前書，p. 197），可視為弱式解釋。

或英譯"The weak and the tender overcome the hard and the strong"的[24]，可視為強弱有歧義的解釋。學者間對可以有這三種解釋似乎沒有注意到。他們似乎很直覺的，沒做辯護的就採取其中一種解釋。實際上《老子》的大半語句都可有這三種解釋。在我強調的老子半面真理的研究中，我一直傾向把它解釋為弱式的，柔弱勝剛強的解釋也不例外。

「柔弱勝剛強」的「勝」可有另一種值得注意的三種解釋，即克勝或克服(overcome)，直接對照比較之下的優於或勝過(superior to)，以及當做方法、手段或原因而產生的結果的優於或勝過。當 A 和 B 兩個力量或表現直接對抗而 A 克勝或摧毀 B 時，「A 勝 B」的意思是 A 克勝、克服 B。舉些好說明但不是或未必是老子的例子。例如，A 和 B 拳擊對打，A 擊敗 B 時的「A 勝 B」，由於是 A 的力量直接壓服或打敗 B 的力量，這是 A 克勝或克服 B。反之，在 A 和 B 跳遠比賽，A 跳得比 B 遠時的「A 勝 B」，雖然是就跳遠直接比較而得勝負，但不是由跳遠本身直接對打，因此不是由 A 的力量直接去克勝 B 的力量，而是跳遠比較所得，因此這裏是 A 和 B 直接對照之下的優於或勝過 B。又如 A 和 B 辯論比賽 A 勝 B 時，這裏的「A 勝 B」是直接由 A 的辯論力和辯論表現克勝 B 的。反之，在 A 和 B 做演講比賽而 A 勝 B 時，雖然是 A 的演講表現與 B 的直接比較而 A 勝，但不是兩者直接對抗、對打所得，因此這裏不是 A 克勝或克服 B，而是 A 優於 B。現在假定以時間的快慢論勝負，快者勝慢者負，那麼，從臺北到東京搭飛機勝搭船。這裏的勝是以搭飛機和船當工具和手段，計算時間來論優劣的。為了討論方便，讓我們把勝的上述三種意義和解釋分別叫做克勝、比較勝和手段勝。

我們認為「柔弱勝剛強」的「勝」可以有克勝和手段勝兩種意義，但似乎沒有比較勝的意義[25]。一般的，柔弱克勝剛強，似乎是老子弱勝強哲學的第一要義。他的「躁勝寒，靜勝熱」(躁動克服寒冷，安靜克服炎熱)

[24] 中譯的參看陳鼓應前書，p. 187；英譯的參看陳榮捷前書，p. 157。

[25] 賀榮一認為這裏的「勝」應解釋為手段勝，不應解釋為克勝。他似乎沒有我們這裏所謂「比較勝」的觀念。他的前書，pp. 308–309。

的「勝」似乎只有克勝，而無比較勝和手段勝的意義。用柔術去制服人勝過用強暴去壓制人，這應是老子的柔弱勝剛強的一個重要例示。「牝常以靜勝牡」（六十一章）（雌牝常以柔靜克勝雄牡的剛強）的「勝」是克勝。「抗兵相若，哀者勝矣」（六十九章）（對勢相當的兩軍，哀矜者克勝驕殘者）的「勝」是克勝。在「天下莫柔弱於水，而攻堅強者莫之能勝」（七十八章）中的「勝」則應解釋為「手段勝」，不是「克勝」，因為這句話的意思是「天下沒有比水更柔弱的，而攻擊堅強的東西沒有勝過它的」。這裏的「勝」是指水比其他任何東西更能攻擊堅強的東西，因而勝過任何其他東西，不是指水克勝堅強的東西。

現在讓我們看看沒有「勝」字但顯然可以解釋為弱勝強的語句。在「天下之至柔，馳騁天下之至堅」（四十三章）（天下最柔的東西奔馳於最堅的東西）的「馳騁」可以解釋為「克勝」，因為「馳騁」的原意是「奔馳」，這可轉意為「駕御」，再轉意為「克勝」。《老子》第七十六章說：

> 人之生也柔弱，其死也堅強。
> 草木之生也柔脆，其死也枯槁。
> 故堅強者死之徒，柔弱者生之徒。
> 是以兵強則滅，木強則折。
> 強大處下，柔弱處上。

這些話是說：

> 人活著的時候是柔軟的，死去的時候就僵硬了。
> 草木活著的時候是柔脆的，死去的時候就乾枯了。
> 所以堅強的類屬死，柔弱的類屬生。
> 因此兵強就破滅，木強就折斷。
> 強大的居劣勢，柔弱的居優勢。

在這裏老子藉人和草木的活與柔軟連在一起，死與剛硬連在一起，用以顯示堅強屬死，柔弱屬活，因而兵強則滅，木強則折。由於柔弱生，剛強死，所以柔弱勝過（不是克勝）剛強。

從以上的分析和討論，我們可以說：

【命題六】：老子講的「*A* 勝 *B*」，例如「柔弱勝剛強」，如果就「勝」的意義講，首先可有弱式的「*A* 能夠勝 *B*」、強式的「*A* 必定勝 *B*」，以及強弱有歧義的「*A* 勝 *B*」三種解釋。其次，更要注意的，有 *A*「克勝（克服）」*B*，*A* 直接「勝過」*B*，以及在方法、手段或原因上 *A*「優於」*B* 三種解釋。這樣，「柔弱勝剛強」就有十分多義的解釋了。

現在我們要討論柔弱如何勝剛強，以及柔弱為何勝剛強的問題了。在討論老子的弱勝強哲學上這是必須要問的問題，因為一般的「常理」認為強勝弱，因此「弱勝強」是「反常理」的。對反常理的事情，至少必須探出其如何講法。

老子的弱勝強的主張是一個普遍性(general)道理和命題，而不是個別性命題。這樣，首先要問的，老子如何獲得柔弱勝剛強這一道理。老子自己並沒有明白告訴我們。那麼，我們要問的，老子的這一道理是他觀察、體驗，甚至探究許多個別的、具體的事例「歸納」得到呢——一種歸納推廣(inductive generalization)，還是他依粗鬆的想像，想當然爾的一種近似「不徵經驗的」(*a priori*)普遍性道理？從《老子》一書，似乎無法知道是那一種。如果「柔弱勝剛強」是老子的一種歸納推廣，則《老子》書中有關這一推廣的事例，應視為這一推廣的根據事例或應用。如果它是老子想像的一種普遍性道理，則這些事例是這個道理的一個適用事例。要注意的，從前面的分析和討論，我們知道強弱有許多層面的意義，「勝」又可有許多解釋。這樣，老子的「柔弱勝剛強」這一普遍道理是十分有歧義的。因此，那一事例是這一道理的一個個例，以及是那一個意義的個例，就十分不好決定。

現在讓我們來討論柔弱是否勝剛強，以及如果柔弱勝剛強，是如何勝的。由於如同我們剛剛指出的，老子講的「柔弱勝剛強」的道理具有十分多的意義和解釋，對這些問題如果要有不十分模糊或牽強附會的討論和回答，必須要就這一道理的每一可能和有意義的解釋，分別去討論。老子本身顯然沒有做這樣略為精細的思考，而且我也懷疑，如果做這麼精細的思考，會不會還是老子的哲學。在《老子》書中直接用到「柔弱」、「剛強」和「勝」等這些字眼來講到「柔弱勝剛強」的道理的，也許只有「天下莫柔弱於水，而攻堅強者莫之能勝。……弱之勝強，柔之勝剛，天下莫不知，莫能行。」（七十八章）這裏「天下莫不知，莫能行」的語句意義是「天下沒有人不知道，但是沒有人能夠實行（以弱去勝強，以柔去勝剛）」，但我們可把它弱化和合理化為「天下很容易知道，但是很少能夠實行」。現在要特別注意的是「天下莫柔弱於水，而攻堅強者莫之能勝」，因為這是老子唯一明白講出的「柔弱勝剛強」的例證或應用。這句話的語句意義是「天下沒有比水更柔弱的，而攻擊堅強的東西沒有能夠勝過它的。」這句話有幾點要注意：

⑴這裏講的是水的柔弱剛強，因此講的，包括被水攻擊的，應該只及於物理現象的柔弱剛強。

⑵水真的是天下最柔弱的東西嗎？

⑶這裏所謂水攻擊（物理現象的）堅強的東西是什麼意思？也就是水如何攻擊堅強的東西？

⑷沒有比水更能攻擊堅強的東西嗎？

老子講的水的柔弱應該是指水物理性或物質性的柔軟。他講的，應該沒有超出我們普通所了解的物理性或物質性柔軟。在這樣的柔軟觀念下，顯然空氣(air)或一般氣體(gas)是比水柔軟的。老子在下面三個地方講到氣：

> 專氣致柔，能如嬰兒乎？（十章）
>
> 萬物負陰而抱陽，沖氣以為和。（四十二章）
>
> 心使氣曰強。（五十五章）

這些地方的「氣」雖然不全然是物理上的氣，但也有關連。無論如何，在常識上我們應想到空氣是比水柔軟的。

水如何攻堅強者呢？一般很自然會把它解釋為水「摧毀」、「衝激」、「攻破」堅強的東西。例如，嚴靈峰把它解釋為水摧毀堅強的東西，例如能使山崩陵圮，磨鐵穿石㉖。陳鼓應把它解釋為水衝激堅強的東西。例如洪水泛濫時淹沒田舍，沖毀橋樑，任何堅固的東西都抵擋不了㉗。在解說老子的「天下之至柔，馳騁天下之至堅，無有入無間」（四十三章）時，他們當然沒有忘記老子說的「天下莫柔弱於水」，而把這裏的「至柔」解釋為水，並利用「馳騁」的「往來自如」，和水的「不定形」，因而「無形無有」「入」「細得」「無間」「沒有間隙」的東西，因而把這一段話解釋為「水是最柔不過的東西，卻能穿山透地」㉘；或至柔者水，至堅者金石，無孔不入，無所不通㉙。我們要注意的是，在解釋水攻堅強時，這些學者把至柔的水解釋為具有排山倒海的巨大力量，但在解釋馳騁天下之至堅時，卻把至柔的水解釋柔細得無孔不入。排山倒海的巨力和無孔不入的微力，似乎不相容。如果把這兩者都解釋為是水的「實強」，似乎是牽強附會的。

進一步分析，還會發現許多問題。水本身具有這些巨力和微力嗎？一滴水也是水，具有排山倒海的力量嗎？水如果沒有位差或外加的壓力，它本身有什麼力量。這些位差和外力的壓力顯然不是水本身的力量，而當水具有巨大的壓力（水壓）時，它還是柔嗎？當然，在老子時代所能看到和體會到的排山倒海的巨力，也許只有洪水。即使看到或體會到地震，但由於當時還沒有高樓大廈和大城鎮，和地震一般沒有摧毀土地和樹木，因此好像天下沒有比洪水更大的摧毀力量了；即使是軍隊，在當時軍火威力還不大的時候，也比不上洪水的力量。但是，和現代的核子武器相較，以及

㉖ 嚴靈峰前書，p. 403和p. 400。

㉗ 陳鼓應前書，p. 322。

㉘ 陳鼓應前書，p. 221。

㉙ 嚴靈峰前書，p. 238。

被防洪後的洪水比較，洪水的威力也許是小巫見大巫了。顯然，在與水的攻堅力量相比時，是不計較其力量是來自柔還是剛的。再說，如同剛才提到的，水的攻堅和馳騁要靠位差，尤其是從高向低的位差。水除非藉助外力，否則沒有從低到高的作用力量。這樣，就沒有從低到高的摧毀或入孔的力量。從以上這些討論，我們可以得到：

【命題七】：本義的(literal)講，水未必是最柔的；所謂水攻堅或馳騁堅強，其意義並不明確；攻堅的力量，水未必是最強的。因此，以水攻堅強和馳騁堅強為最有力當例子，來說明或證明柔弱勝堅強，並不如一般學者以為的那麼有道理；這種說明或證明甚至沒道理。

多數學者把老子講的水攻堅強和馳騁堅強，解釋為以水為「喻」或「比喻」說明柔勝剛的道理。不知道他們在這裏所謂喻或比喻，是指舉例說明或證明，類比(analogy)說明或證明，還是道地的比喻(metaphor)。當然老子的本文更沒有明示是那一個。

依我們的了解，老子基本的天地觀和宇宙觀是，道、天地、萬物和人間是一宇宙的。也就是，道、天地、萬物和人間都依或應依相同的道理或原理運行[30]。這樣，有關水的原理，例如水攻堅強和馳騁堅強，當然可視為是柔弱勝剛強這個更一般性原理的一個例子。這樣，前者可視為是後者的一種舉例說明或證明或類比說明或證明。但從我們前面的討論可知，老子形構的這一水攻堅強和馳騁堅強的原理並不真確[31]。因此，雖然它可視為是柔弱勝剛強的舉例或類比說明或證明，但由於它並不真確，因此有的學者傾向於把它當做一種喻言(figurative words)，尤其是隱喻(metaphor)；

---

[30] 在講述老子的哲學時，我們避免使用「法則」(law)一詞，因「法則」要比「道理」或「原理」更明確形構。在老子哲學中似乎尚未有這種法則。

[31] 任繼愈說：「認為一切柔弱的東西都可以勝過剛強的東西，這就成問題了。」他的前書，p. 148。

因為，一個隱喻語句，就其本義言，幾乎為假，但並不因其為假就不具說明功能。但再好的隱喻，在邏輯上只具說明或提示證明的功能，而不具證明（本身）的功能。這樣，我們認為：

【命題八】：老子的水攻堅強和馳騁堅強的說法，對他的柔弱勝剛強的主張，最多只有說明或喻言說明的作用，沒有證明作用。

六、「弱者道之用」與貴柔、不爭、主靜、無為

在討論老子的弱勝強哲學時，論者不會忘記要討論到他的「弱者道之用」的說法。老子雖然沒有進一步明白解說這一說法，但好像整本《老子》都散發他這一觀點。他說：

反者道之動，弱者道之用。（四十章）

這句話的表面文法語意雖然是：

反是道的運動，柔弱是道的作用；

但是在解釋上最好把它改為：

道的運動是反，道的作用在柔弱[32]；

因為老子在這裏想講的應該是道的運動和作用是怎樣的，而不是反和柔弱是什麼。

讓我們看看這裏的「反」字是什麼意思。在《老子》，「反」還在下面三個地方出現：

大曰逝，逝曰遠，遠曰反。（二十五章）（其意思是，道廣大則遍在

[32] 陳鼓應就把它譯為「道的運動是循環的；道的作用是柔弱的」。他的前書，p. 207。

流逝；遍在流逝則無遠弗屆；無遠弗屆則往返回轉。）

玄德深矣，遠矣，與物反矣。（六十五章）

正言若反。（七十八章）

從這些地方可以看出，「反」字有兩個意義。一個是相反，如「正言若反」的「反」，「與物反矣」的「反」也可解釋為相反，即「與事物相反」。另一個意義是「往返」、「回轉」、「運行」，如「遠曰反」、「反者道之動」的反，「與物反矣」的「反」也可解釋為「回轉」，即「與萬物一起回轉」。

學者對「遠曰反」和「反者道之動」的「反」的兩個解釋我不贊成。一個是把它解釋為「返回原點」㉝。我不認為老子有明確的、一定返回「原點」的意思。道在周行運轉時，可以返回原點，也可以不返回原點。另一個是把「反者道之動」的「反」解釋為具有黑格爾(Hegel)式辯證法的「事物相反對立」㉞。我不認為老子的道是在事物相反對立中運行。道的運行是「獨立而不改，周行而不殆」(二十五章)，「沖氣以為和」(四十二章)，而不是正、反，合。

我要把「反者道之動」的「反」解釋為「不斷的周行運轉」。「反」除了有「回轉」以外，也有「反複」，即「不斷的」意思。這樣，我們要把「反者道之動」解釋為「道的運動是不斷周行運轉的」。

在「反者道之動，弱者道之用」中重要的是「弱者道之用」，不是「反者道之動」，因為道之動老子早已說過是「獨立而不改，周行而不殆」，而這裏是《老子》全書唯一明白講述道與柔弱關係的地方。依老子的對反對偶造句習慣㉟，如果以「弱者道之用」的造句為主，則與它對反對偶的第

㉝ 例如，陳榮捷把「遠曰反」英譯為“Being far-reaching means returning to the original point.”他的前書，p. 152。賀榮一也明白做這樣的解釋，他的前書，p. 226和pp. 362–363。

㉞ 例如陳鼓應前書，p. 208；張松如前書，pp. 251–257。

㉟ 參看本書第二章〈老子的「對反」和「只推一步」的思想模式〉和第五章〈老子對偶造句與思考的邏輯分析與批判〉。

一考慮應該是「強者道之──」。但恐怕是由於與老子偏愛的「弱」相對的「強」，很不好與道相連造句，因此老子也許就找一個適合與道相連，以及又能與「道之用」押韻的「道之動」相連的「反」字。在老子，「反」字可當「反複或不斷運行」解釋，這很符合道的「獨立而不改，周行而不殆」，以及與「弱」的「靜」相對的「動」的意味，因此「反者道之動」，也許在老子看來，便成為「弱者道之用」的很好的對反對偶造句了。

「反者道之動」可以說是老子對道運行的客觀描述，而「弱者道之用」則是對道做客觀描述外，還對道做了偏好性的陳述，因為柔弱是老子偏愛的。老子除了講了「弱者道之用」以外，再沒有對道與弱的關連做明白的說明。老子的一個基本思想方式是，在舉例顯示天地萬物人間應怎樣怎樣後，有意無意以道是怎樣怎樣來佐證和辯護。道是怎樣怎樣，雖然可能有些是老子從觀察天下人間事理推廣而來，但很大一部份恐怕是來自他自己的玄想。如果說弱者道之用是老子從觀察世界推廣得到的，則雖然增加這一道理的經驗性，但卻減損它的玄妙崇高性。如果說弱者道之用是老子依他的直覺洞察所得，則這一道理雖然很玄奧，但似乎缺少經驗性。

道不但是老子的宇宙生成原理，而且同等的是他的價值和理念偏好的原理。弱者道之用即是他的偏好原理之一。在老子思想的探討上，你可以這樣論辯。柔弱勝剛強的，因為弱是道的作用，因為道中有精，其精甚真，其中有信（二十一章）；又因為道是萬物之宗（四章），人法地，地法天，天法道（二十五章）。這似乎是一種不徵經驗的理性(*a priori*)論證。總之，老子的弱者道之用，可以視為是他的柔弱勝剛強的一個保證。

老子的弱者道之用和柔弱勝剛強的道理和思想，在人生和政治事務上產生學者喜歡標舉的所謂貴柔、不爭、主靜和無為的人生和政治哲學思想。關於貴柔我們以上已經直接討論了很多。在心理和態度上，不爭、主靜和無為應可視為是柔弱的層，但在邏輯上要釐出其中的關連，則是不容易的事，因為不但柔弱勝剛強這個道理本身是多義和十分含糊的，不爭、主靜和無為這些概念本身也是多義和含糊。而且，真的去釐出其中較精確的關連時，恐怕已超出老子哲學了。現在我們只列舉與不爭、主靜和無為在語詞上直接相關的文句，以供讀者參考：

㈠不爭

不尚賢，使民不爭。（三章）

上善若水。水善利萬物而不爭。

夫唯不爭，故無尤。（八章）

夫唯不爭，故天下莫能與之爭。（二十二章）

以其不爭，故天下莫能與之爭。（六十六章）

是謂不爭之德。（六十八章）

天之道，不爭而善勝。（七十三章）

聖人之道，為而不爭。（八十一章）

㈡主靜

孰能濁以靜之徐清。（十五章）

致虛極，守靜篤。

歸根曰靜，靜曰復命。（十六章）

重為輕根，靜為躁君。（二十六章）

不欲以靜，天下將自正。（三十七章）

靜勝躁，寒勝熱。清靜為天下正。（四十五章）

我好靜，而民自正。（五十七章）

牝常以靜勝牡，以靜為下。（六十一章）

㈢無為

聖人處無為之事。（二章）

為無為，則無不治。（三章）

愛民治國，能無為乎？（十章）

道常無為而無不為。（三十七章）

上德無為而無以為。（三十八章）

無有入無間，吾是以知無為之有益。不言之教，無為之益，天下希及之。（四十三章）

損之又損，以至無為。

無為而無不為。（四十八章）

為無為。（六十三章）

聖人無為故無敗。（六十四章）

從以上討論可得：

【命題九】：老子的「弱者道之用」可以說既是對道的客觀描述，又是對道的價值偏好的陳述；它可以視為是辯護老子的柔弱勝剛強的更高，甚或最高原理。

七、孔子講的強與老子講的弱強的比較

在《中庸》第十章〈子路問強〉中，孔子對強發表了一些觀點。在這裏對孔子的強和老子講的弱強做個比較，也是有趣的。這個比較，就我所知，似乎還沒有人做過。在這個比較中更可顯出老子的弱強哲學的特點。《中庸》第十章說：

子路問強。子曰：「南方之強與？北方之強與？抑而強與？寬柔以教，不報無道，南方之強也。君子居之。衽金革，死而不厭，北方之強也。而強者居之。故君子和而不流，強哉矯！中立而不倚，強哉矯！國有道，不變塞焉，強哉矯！國無道，至死不變，強哉矯！

這一章的語句意義是：

子路問什麼是強。孔子說：「你問的是南方人的強呢？還是北方人的強呢？或是你自己的強呢？以寬大柔和來教人，不報復不講道理的，這是南方人的強，君子的人懷有這種強。持兵器，穿盔甲，戰死也不厭恨，這是北方人的強，強悍的人懷有這種強。因此君子的人和氣而不同流合污，真強啊！守中庸而不偏倚，真強啊！國家有道，不改變未顯達前的操守，真強啊！國家無道，至死不改變操守，真強啊！

孔子的講話直接觸及「強」的，應該不只這個地方，但就記憶聽及，這是最突顯並且是專章講強的地方。不像禮、仁義、德、忠信等那樣，強不是孔子思想的焦點；孔子恐怕很少，甚至沒有觸及弱。反之，如同我們已十分清楚的，柔弱，尤其是柔弱勝剛強，是老子思想的一個中心要點。現在就主要以《中庸》這一章所呈現的孔子講強來比較吧。

我們知道，老子哲學，尤其是柔弱勝剛強，講得非常一般。這裏所謂非常一般，是指這一觀念和道理無區分的、無限制的適用於任何人，不論是聖人、統治者還是一般人民，不分階級和地域；以及適用於道、天地、萬物、人間和個人。「弱者道之用」，故適用於道，「天之道，不爭而善勝」（七十三章），「飄風不終朝，驟雨不終日」（二十三章），「天無以清，將恐裂；地無以寧，將恐廢」（三十九章），故適用於天地。「草木之生也柔脆，其死也枯槁」，「天下莫柔弱於水，而攻堅強者莫之能勝」，故適用於萬物。至於適用於人，不必再說。但是，其於因材施教，孔子講什麼常常因講話對象──主要是不同的學生，而有不同的觀念。孔子幾乎只講人間和個人，因此他的講強也只涉及人間和個人。在《中庸》這一講強專章，也只講人間和個人的強，一點也沒觸及天地和萬物的。首先，孔子認為有南方人的強，即君子懷有的強，和北方人的強，即強者懷有的強。南方人的強，即君子的強，是寬柔以教，不報無道。北方人的強，即強者的強，是勇敢善戰，死而不厭。孔子對這兩種強本身並沒有表示什麼偏愛，但仔細分析，這兩種強恐有不相容。至少，從老子的觀點來看，南方人的寬柔以教，不報無道，是「柔弱」「不爭」；而北方人的衽金革（勇敢善戰），死而不厭，是老子的「兵者，不祥之器」（三十一章），「勇於敢則殺」（七十三章），和「兵強則滅」（七十六章）。在這裏，孔子的想以不同的心理和行為表現呈現相同的強的概念，似乎在邏輯上會遇到困難。在講到寬柔為強時，孔子似乎也體驗到老子的柔弱為「實強」的觀點。但他的衽金革，死而不厭，如果也是一種「實強」的話，是老子無法同意的。

孔子一向鼓勵人當君子，他在這裏當然會把希望他的學生子路當有的強，叫做君子的強。由於子路血氣剛強，而孔子講中庸之道，因材施教，因此依朱熹的《四書章句集注》，孔子要子路當為君子的強，即南方人的寬柔的強。但是，孔子又另加了四個君子的強的徵性，即「和而不流」，「中立而不倚」，「國有道，不變塞」，和「國無道，至死不變」。這四個人的心理和行為徵性，與其說是人的客觀的強性，不如說是諸如忠君愛國和不同流合污的道德上的強性。實際上，以「寬柔以教，不報無道」來徵定南方人的強，即君子的強，其性格也是相當道德的。反之，老子的弱勝強哲學，則一般說來，其性格不是道德的，即使是主靜和不爭，也不是道德的。一般說來，靜動和爭不爭與道德觀念無關。

第九章　老子的「小國寡民」

正如同讀《禮記》的人都知道有個〈禮運大同篇〉，讀《老子》的人都知道有個〈小國寡民〉章。這一章之給人印象深刻，也許是因它給人十分優游閒暇的感受和嚮往，以及節潔有趣的自然與文明的對比。但是它的解釋仍然是眾說紛云的。本文要去論證，這一章所說是老子的一個「遐想的優游閒暇的小世界」，不是他的理想國。

一般都是在討論老子政治哲學章次的一節或一段裏，討論他的〈小國寡民〉❶。本文則要以〈小國寡民〉章當主題，以其他章有關的講述做比對佐證。我們也要拿〈禮運大同篇〉以及陶淵明的〈桃花源記〉和它做比較。在這些討論中，我們也要檢討一些學者的講法。

一、〈小國寡民〉章的語句意義和說話者意義

《老子》第八十章〈小國寡民〉向來有四或五種不同的基本解讀：

⑴（老子對他心目中的）古代社會的一個描述。

⑵復古式的烏托邦理想國。

⑶未來式的烏托邦理想國。

⑷無歷史時間性的道盛行時的理想國。

⑸「桃花源記」式的遐想優游閒暇的小世界。

不論那一種解讀，學者的說明似乎不夠清楚，辯護不夠充分。我要把它解

---

❶ 例如，吳康在他的《老莊哲學》第四章〈政治哲學〉的第八節〈小國寡民〉，pp. 45–46；張起鈞在他的《智慧的老子》第四章〈政治原理〉中的一小段，p. 63；古棣和周英在他們的《老子通》（中）第十八章〈老子的政治哲學〉第七節〈老子的理想國〉，pp. 567–578；王邦雄在他的《老子的哲學》第五章〈生命精神與政治智慧〉第二節〈政治智慧〉（三）小節〈小國寡民的桃花源〉，pp. 173–179。甚至如劉笑敢在他的《老子》中只提到兩行，p. 99。

讀為上述第五種「桃花源記」式的。為了說明和辯護這一解讀，我們需要語句意義和說話者意義❷，或叫做本義語句意義(literal sentence meaning)和說話者說話意義(speaker utterance)。引用塞爾(J. R. Searle)的話來說：

> 語句具有本義意義(literal meanings)。一個語句的本義意義完全由它的成分字詞（或詞素），以及這些元素依以結合的語法規則決定。一個語句可能有一個以上的本義意義（歧義），或是它的本義意義可能有缺點或不可解釋（無意義）。
>
> 一個語句的本義意義須與一個說話者說出它去做一個說話做行(speech act)時，他以該語句去意義的東西清楚區別，因為說話者的說話意義可能以種種方式違離本義語句意義。例如，在說一個語句時一個說話者可能意義一些與這個語句去意義的不同東西，如同在隱喻的情形；或者他甚至可能意義這個語句意義的相反的東西，如同在反諷的情形；或者他可能意義這個語句意義，但也意義更多一些東西，如同在談話涵蘊和間接說話做行的情形。在極界的情形，語句意義的和說話者意義的可能恰切相同；例如，說話者在某一系絡裏說出語句「那貓在墊子上」，而恰切和本義地意義那貓在墊子上。嚴格的說，在詞語「語句的本義意義」裏的「本義」一詞是多餘的，因為所有那些其他種的意義——反諷意義，隱喻意義，間接說話做行和談話涵蘊——都不是語句的性質，而寧是說話者的，語句說出的性質。
>
> 對直敘裏的語句來說，語句的意義決定一組真值條件；也就是，它決定一組條件，使得做一個敘說(statement)的這個語句的本義說話會是做一個真敘說，恰好如果這些條件滿足。根據某些說法，知道這種語句的意義恰好就是知道它的真值條件。有時候一個語句的意義是這樣的，它的真值條件會隨它的本義說話的系絡而有系統地變

❷ 在本書第五章〈《老子》對偶造句與思考的邏輯分析與批判〉中，曾介紹語句意義和說話者意義等觀念。

改。這樣，語句「我餓了」可能被某一個人在某一場合去做一個假敘說。這種「索指」(indexical)或「樣例自反」(token reflexive)的語句與諸如「雪是白的」這種語句是不同的，後者的真值條件並不隨說話系統而變改。然而很重要要注意的，一個語句的意義這個概念是絕對系絡自由的，……語句的本義意義是它獨立於任何系絡而具有的意義；並且，除去歷時的改變，它在說它的任何系絡裏都保持該意義。❸

其次讓我們介紹說話做行論 (theory of speech acts) 上所謂的在言做行 (illocutionary acts)和在言示意(illocutionary force)❹。所謂在言做行，簡單的說，是指在說話(in uttering)裏面說話者所做的（有意義的）行為。例如，在說話裏面說話者可能在做敘說 (stating)，質問 (questing)，命令 (commanding)，答應(promising)，要求(requesting)，或渴望(wishing)等的行為。這些行為是藉說話做的，而且是在說話裏面做的，因此叫做在言做行。在在言做行裏說話者藉該說話表達他的某一或某些用意 (intentions)，譬如他要做敘說，質問，命令，……等的用意，這些用意就是說話者的在言示意。

說話者的在言示意未必和他說的語句的本義意義相同。舉個明顯的例子。女兒向她的爸爸說：「爸！我這次數學考試又得 *A* 了。」她這句話的語句（本義）意義，無疑是她這次數學考試得 *A*，但她的說話(utterance)意義可能是要她爸爸買一雙新皮鞋給她，因為她爸爸最近說過如果她數學考試得 *A*，他就要買一雙給她。

《老子》第八十章說：

小國寡民。使有什伯之器而不用；使民重死而不遠徙。雖有舟輿，

❸ 塞爾(John R. Searle)：《詞組與意義》(*Expression and Meaning*), pp. 117–119。

❹ 參考劉福增的《奧斯丁》第四、五及八章。以及下列三書的有關章節和頁次：奧斯丁(J. L. Austin)的《如何拿話做事》(*How To Do Thing With Words*)，塞爾的《說話做行》(*Speech Acts*)和《詞組與意義》。

無所乘之；雖有甲兵，無所陳之。使民復結繩而用之。

甘其食，美其服，安其居，樂其俗。鄰國相望，雞犬之聲相聞，民至老死，不相往來。

比起《老子》的其他許多章節，這一章的語句意義要簡單和清楚的多，但有一個字，其本身的意義以及在語句間可能產生需要注意的作用，學者間沒有給與應有的注意和檢討。這個字就是在這裏有三個出現的「使」字。我們認為這三個「使」字都是表示有因果或目的關係「使得」的意思，即「怎樣怎樣使得怎樣怎樣」。雖然前後兩句之間沒有表示因果或目的關係的字眼的，也可以解釋為有這種關係，但是有表示這種關係字眼的，在解釋上一定要把這種關係明白顯示出來。我們認為，〈小國寡民〉章第一句「小國寡民」以下到「使民復結繩而用之」之間諸複句，都分別和「小國寡民」句發生因果關係。也就是，「小國寡民」這種事態或狀況，使得雖有各種器具但不使用；……使人民恢復結繩而使用它。「使」字表示這種因果或目的的，在《老子》下列文段中最明顯：

不尚賢，使民不爭；不貴難得之貨，使民不為盜；不見可欲，使民不亂。（三章）❺

其語句意義是：

不崇尚賢能，使人民不爭功名；不珍貴難得之貨，使人民不竊盜；不顯現可欲之物，使人民不擾亂。

這裏「使」字顯現在複句裏面，因此表示因果或目的關係十分明顯。陳榮捷用"so that"來翻譯這裏的「使」，表現因果或目的關係格外明顯。他的英譯是：

Do not exalt the worthy, so that the people shall not compete.

❺ 本文所引《老子》文本主要參照陳鼓應：《老子今註今譯》（二次修訂本）。

Do not value rare treasures, so that the people shall not steal.

Do not display objects of desire, so that the people's hearts shall not be disturbed.❻

在〈小國寡民〉第一段的「雖有舟輿」和「雖有甲兵」兩個複句中雖然沒有「使」字，但這是由於有語句連詞「雖」而在修辭上省略的。實際上這兩句可添加「使」字而寫成：

使雖有舟輿，……；使雖有甲兵，……。

或添加「使」但去掉「雖」而寫成：

使有舟輿，……；使有甲兵，……。

這樣，我們可把〈小國寡民〉整章的語句意義寫成：

小國寡民，使得：雖有各種器具，也不用；人民重視生死，而不遠方遷徙；雖有船車，也無從乘坐；雖有甲兵，無從陳列；人民恢復結繩使用。人民甘甜其食物，美麗其服裝，安適其居住，歡樂其習俗。鄰國相望，雞犬之聲相聞，人民到老死，不相往來。

似乎只有少數學者，把「小國寡民」與「結繩而用之」各複句間的因果關係比較明顯表示出來❼。大部分學者在解釋「使有什伯……」句時，把「使」隱沒起來。這是不好的。

顯然，〈小國寡民〉章的語句意義相當簡單和清楚。一段敘說，在時間上沒有明白表示是過去的或未來的事情，又不是講恆常真理的，則應了解為是講現實社會和現世界的事情的。〈小國寡民〉的語句意義最接近講述老子講述時的現實社會。但老子當時所在時空，似乎沒有記載過有這種小國。再說，在《老子》除了〈小國寡民〉章以外，從未提過有類似這種小國。在第六十一章中雖有「大邦以下小邦，則取小邦；小邦以下大邦，則取大邦。……大邦不過欲兼蓄人，小邦不過欲入事人」，但是只是講到小國

❻ 陳榮捷(Wing-tsit Chan)：《中國哲學資料書》(*A Source Book in Chinese Philosophy*)，pp. 140–141。

❼ 在我看到的好像只有張松如，參看他的《老子說解》，p. 443。

（邦）而已，這種小國的內容如何，沒有細說。因此，我們可以說，老子沒有親身見過或聽過小國寡民的小國。再說，在老子當時應該沒有各種器具而不用，有船車無從乘坐，民結繩而使用，雞犬之聲相聞，老死不相往來的小國和社會。如果〈小國寡民〉不在描述老子所在時代的某一小國，那麼我們就要去追問，它打算要說什麼呢？也就是老子要說的是什麼呢？

假如這樣的小國寡民不是或不會是老子所在時代的，會不會是在他之前的古代某一小國？張鍾元首先就說這一章是講到古代的❽。但我們似乎也可以用剛才對老子講到他所在時代的小國的相同質疑，來質疑是否講到他的古代的小國。不過，有一點不同的是，在講到當代的事情的時候，比較要有憑有據；而在講到古代的事情的時候，尤其是像老子的時代，似乎就較為猜測和想像的了。因此，即使那不是古代的史實，尤其是不合情的事情，但可能那是老子要講的。但老子似乎不會單純去講古代的小國寡民──因為他似乎對人類本身的歷史並未特別感興趣──，尤其是不很合情的小國。也就是他恐怕有言外之意。老子描繪的這種〈小國寡民〉的內容雖然不很合情，但它所顯露的小世界的單純樸質，是老子的清心寡欲的哲學所追求的。因此，這種小國寡民會不會是老子復古式的烏托邦理想國呢？賀榮一似乎持這種看法。他對這一章的白話翻譯劈頭寫道：

> （我的理想國是）國土小，人民少。❾

他又說：「原來周代之封建社會，實行莊園制度。諸侯之卿大夫皆有封土，名為采邑。很可能老子以卿大夫中封有的最小采邑，為其理想國疆域大小的標準。」❿

我不認為〈小國寡民〉章是老子復古式理想國的表達，因為我認為老子沒有理想國的觀念和想法，這一章只是老子的「桃花源記」式的遐想優

❽ 張鍾元(Chung-yuan Chang): *Tao: A New Way of Thinking*, p. 207.

❾ 賀榮一：《道德經註譯與析解》，p. 632。

❿ 賀榮一前書，p. 633。

游閒暇的小世界而已。很重要的是，我不認為老子有一般所謂的復古思想。在老子的道，天地，萬物，人間一宇宙的宇宙觀裏，他擁有的生成發展思想是宇宙的，很少，甚至沒有人間歷史（發展）的。也就是，老子有的是宇宙的形成觀，沒有人間歷史觀。老子的哲學思想是崇尚自然，貶抑人為的人間；他思想不是崇尚古代，貶抑現今。他如果有貶抑現今，那是現今的人為那部分。他貶抑人為的，不分古今。這是我們研究老子的思想特別要注意的。一般所謂復古、尚古，是就（人間）歷史觀來說的，不是就宇宙發展的前後來說的。

與孔子等儒家的頌古讚古，尚古和復古思想相較，老子之沒有復古或尚古思想，更明顯看出來。例如，孔子弟子有子說：

> 禮之用，和為貴；先王之道，斯為美，小大由之。（《論語・學而第一》）

其意思是說：禮的運用，以和為貴；古代聖王之道，其美好就在這裏，小事、大事都由此而行。這是有子的頌讚「先王」。孔子說：

> 周監於三代，郁郁乎文哉！吾從周。（《論語・八佾第三》）

其意思是：周禮是依據夏、商兩代的，文采郁郁呀！我遵從周的。孔子在此盛讚古代的禮。孔子又說：

> 甚矣吾衰也！久矣吾不復夢見周公！（《論語・述而第七》）

其意思是：我甚至衰老了！很久了，我不再夢見周公了。孔子在此感嘆不能行周公之道，故不復夢見周公。孔子把周公當夢中偶像。孔子又說：

> 如有周公之才之美，使驕且吝，其餘不足觀也已。（《論語・泰伯第

八》）

其意思是：就如有周公的美好的才能，設使驕傲且吝嗇，那麼，其他的才能也不足觀了。孔子把周公當才高的榜樣。

> 巍巍乎！舜、禹之有天下也，而不與焉。（《論語・泰伯第八》）

其意思是：巍巍崇高呀！舜、禹雖有天下，但是不擁為已有。孔子又在歌讚古人舜、禹了。

> 大哉堯之為君也！巍巍乎，唯天為大，唯堯則之。蕩蕩乎，民無能名焉。巍巍乎，其有成功也。煥乎，其有文章。（《論語・泰伯第八》）

其意思是：偉大呀，堯這樣的君主！巍巍崇高呀，唯有天最大，唯有堯以天為準。廣蕩蕩呀，人們無法言語形容他！巍巍崇高呀，他的功業成就！光煥四射，他的文采典章。孔子簡直把堯讚為天。孔子又說：

> 禹，吾無閒然矣！菲飲食，而致孝乎鬼神；惡衣服，而致美乎黻冕；卑宮室，而盡力乎溝洫。禹，吾無閒然矣！（《論語・泰伯第八》）

其意思是：夏禹，我沒什麼好嫌隙的。飲食菲薄，但盡孝鬼神；衣服粗劣，但祭服華美；宮室卑陋，但盡修溝渠。夏禹，我沒什麼好嫌隙的。孔子在這裏稱讚夏禹不已。

孔子等頌古讚古之情，再裸露也沒有了。在《老子》中沒有提過任何人，任何特定歷史時代的名字。它唯一可能講到人類歷史的古代的是「古」字。現在讓我們看看這些「古」字出現的地方，有沒有顯露「復古」的意思。試看：

執古之道，以御今之有。能知古始，是謂道紀。（十四章）

其意思是：秉執古來的道，以駕御現今之萬有。能知道太初的開始，叫做道的綱紀。在這裏「古」字的意義不論怎樣解釋，都是講宇宙觀的，與人間歷史沒有特別關連。因此不涉及復不復古的事。再看：

古之善為道者，微妙玄通，深不可識。（十五章）

在詞語意義上，這裏的「古」字可以有「古來」和「古代」兩種解釋。如果解釋為古來，則古來善為道者並沒有特別尚古的意思。不但如此，而且所謂古來實際上推廣為在時間上非常一般的，即任何時間上善為道者怎樣怎樣。甚至於把時間量詞去掉，說成是「善為道者怎樣怎樣」。如果解釋為古代，則似乎有尚古的意思，但實際上也不是特別有。首先，泛稱古代而沒有像孔子明講的是堯、禹、周公那個特定的歷史時代或朝代，這樣，即使有尚古的意思，也是非常模糊和淡薄。更重要的，依老子的道的性格，只要善為道者，不論是古代，現在或將來的，一樣會是微妙玄通，深不可識。這樣，至少就善為道而言，在歷史邏輯上，復不復古都無關緊要。再看：

自古及今，其名不去，以閱眾甫。（二十一章）

其意思是：（道）自古至今，其名字沒有廢去，以此閱覽眾生萬物之始。在這裏「古」字與尚古無關。再看：

古之所謂曲則全者，豈虛言哉！（二十二章）

其意思是：古人（古語）所謂委曲則保全，豈是虛假之言！所謂曲則全或委曲求全，實際是一句普通的俗語。這裏的「古人（古語）所謂」只是講話的一個習慣方式，與尚不尚古沒有特別關連。再看：

> 古之所以貴此道者何？不曰求以得，有罪以免邪？故為天下貴。（六十二章）

其意思是：自古以來所以珍貴這個道，是為何呢？不就是有求就可以得，有罪就可以免嗎？所以為天下珍貴。這裏的「古」字只是「古來」的意思，沒有尚古的意思。再看：

> 古之善為道者，非以明民，將以愚之。（六十五章）

其意思是：古來善為道者，不是叫人聰明，而是教人愚樸。這與前面講過的第十五章的相同，這裏的「古」是指「古來」或「一般的說」，沒有尚古的意思。再看：

> 是謂不爭之德，是謂用人，是謂配天，古之極也。（六十八章）

其意思是說：這叫做不爭的品德，叫做善用人，叫做配合天，這是古來的準則。這裏的「古」是「古來」或「一般的說」的意思，沒有尚古的意思。

以上我們對含有「古」字，最可能表達尚古意思的文段做了一番檢視，沒有發現老子有什麼尚古的意思，更談不上有「復古」的思想了。因此，我們不認為〈小國寡民〉章是講復古式的烏托邦理想國的。

不是復古式的，會不會是未來式烏托邦理想國呢？所謂未來式的是指老子「希望」未來有的理想國。吳怡把〈小國寡民〉譯為：

> 理想的社會是：國家小，人民少。……⓫

⓫ 吳怡前書，p. 545。

他說：

> 「小國寡民」的理想社會卻是表達了老子無為自然的思想。許多學者把這種社會推溯到堯舜禹湯之前，認為老子是讚美太古的社會，是復古的思想。其實老子的思想並不是向後看的，而是向前看的。……老子卻要在「大國眾民」中，談「小國寡民」。就今天的社會結構來看，「小國寡民」是理想的，但正因為是理想的，才是未來的，才對今天的社會有啟發的作用。⓬

我們在前面講過，老子的小國寡民即使就模糊的「古時」也不是復古的，更不會是讚美什麼特指的堯舜禹湯以前的太古的社會了。但我們也不贊成「小國寡民」是理想的，所以是未來式理想社會的說法。理想的世界可以是，但未必一定是未來式的。柏拉圖的理念世界是一個理想的世界，但和過去或未來沒有關係，因為它是永恆的，也是沒有時間性的。但說老子要在「大國眾民」中談「小國寡民」，似乎說出了一個要點，那就是，老子心目中的小國寡民是現實「大國眾民」的大世界中的小世界。它不是復古的，也不是未來的，而是，借用王邦雄有點玄的說法，「『小國寡民』的桃花源，是哲人的超越理境，也是詩人的心靈意境，是精神飛越之理境的開顯，是生命自在之人格的投射。」⓭馮友蘭講的比較實在一點。他說：「有人可以說，……，《老子》第八十章所說的並不是一個社會，而是一種人的精神境界。是的，是一種人的精神境界，《老子》所需求的就是這種精神境界。」⓮

嚴靈峰把〈小國寡民〉譯為：

> 國家要小，人民要少。……⓯

⓬ 前書，p. 546。

⓭ 王邦雄：《老子的哲學》，p. 178。

⓮ 馮友蘭：《中國哲學史新編》第二冊，p. 63。

⓯ 嚴靈峰前書，p. 411。

注意這裏的「要」字。這是一種期待式的語句，因此是未來理想的。也就是一個引言(directive)，而不是斷言[16]。

陳榮捷也把它當期待式引言，譯為：

> Let there be a small country with few people.
>
> Let there be ten times and a hundred times as many utensils. ...[17]

注意，這裏是用命令式英文語句。

張鍾元把〈小國寡民〉章解釋為我們可以稱之為無歷史時間的道盛行時的理想國。他說：

> 這一章談到結繩使用的古代。邦國小，孤立，人口稀少。不同邦國人民互不來往。老子的教義可能被批評為在文明應向前進步時退溯遠古。然而，老子心目中具有的是一個大道盛行(great *Tao* prevails)的理想社會，在大道盛行時，人民享受其生活。他們滿足他們的飲食，衣服，居住，以及文化傳統。在人民真正能夠享受他們的生活時，他們的存在和思想完全等同。就是經由這種深沉的、根本的和協，人民沒有戰爭的意圖。因此，他們的武器被棄置。在人民內在的和協得到統一時，他們不用遠徙而快樂。因此，他們的船車無用。……雖然他們居住不同地方，他們不需要來往，因為他們的精神生活是和協的。這個觀念在《莊子》的〈馬蹄〉章得到支持。如同莊子說：「至德之世，其行填填，其視顛顛。當是時也，山無蹊隧，澤無舟梁；萬物群生，連屬其鄉。……夫至德之世，同與禽獸居，族與萬物並，惡乎知君子小人哉！同乎無知，其德不離。同乎無欲，是謂素樸，素樸而民性得矣。」[18]

---

[16] 參看本書第七章〈《老子》書中的引言與喻言〉。

[17] 陳榮捷前書，p. 175。

莊子這些話的語句意義是，在至德之世，人民行路莊重，目視專注。在那個時候，山間沒有小徑、通道，水澤沒有舟船、橋樑；萬物群生，鄉土連屬。……至德之世，人民與禽獸同居，與萬物並聚，那裏知道什麼君子小人呢！同樣都是無知的話，其本德就不離失。同樣都是無欲的話，是叫做素樸，素樸就得到人民的本性了。

張鍾元認為老子的小國寡民是老子心目中的一個大道盛行的理想社會。如果他所謂大道盛行的理想社會，是指無歷史時間性的老子喜歡的一個小世界，而這裏所謂無歷史時間性是指老子喜歡的這種小世界可能出現在過去、現在或未來的任何時候，因而沒有歷史時間的先後性的，則我贊成這一觀點。但是，我不認為老子心目中有特別強調這種小國寡民的小世界以大道盛行為條件。首先，凡是要訴求大道的地方，老子莫不明白提出道來，但在〈小國寡民〉中卻未提到隻字的道。老子在〈小國寡民〉中所呈現的偏好應該是「國之小」和「民之少」，而和道無關。張鍾元之要強調小國寡民中的大道盛行，恐怕是想借道來消除老子在〈小國寡民〉中許多對人間社會來說，是不合情、不合理的事情。例如，「有什伯之器而不用」，「有舟輿，無所乘之」，「有甲兵，無所陳之」，「民復結繩而用之」，「鄰國相望，雞犬之聲相聞，民至老死，不相往來」等等。這些事情，不合情、不合理到甚至不可能。但依張鍾元，在大道盛行的社會，這些事情變成十分可能。用道來合理化這些十分不合理的人間社會的事情，是沒有解說力的，也就是沒有解說什麼。

泛泛的說《莊子》〈馬蹄〉章的「至德之世」支持老子的「小國寡民」是一種大道盛行的理想社會，極易誤導人。莊子的至德之世固然也呈現某種我們所謂的「桃花源記」式的遐想優游閒暇的世界，但至少有三點基本的不同。首先，老子的小國寡民明確標出他講的是「國小民少」的世界，但莊子的至德之世沒有表白所講的國多大、民多少。其次，在張鍾元的解釋中，基本而重要的把大道盛行的觀念引進來辯護老子在〈小國寡民〉所

⓲ 張鍾元前書，pp. 207–208。

講的是可能事實，但在莊子的至德之世中應該與道沒有什麼關連。再說，很明顯的，莊子的至德之世是一種十分原始的自然狀態，其原始和自然到連山間的小徑和水澤的舟船、橋梁都沒有。但在老子的小國寡民中卻有舟輿，只是不用而已。不但此也，而且還有「鄰國」，至少有一個「社群」的小世界；但在莊子的至德之世中，恐怕沒有「社群」，只有活生生的「個人」、萬物和禽獸。這樣，我們也不同意把老子的「小國寡民」解釋為是一種無歷史時間性的道盛行時的理想國。

以上我們已從某些角度論辯說，老子的〈小國寡民〉不是老子對古代社會的一個描述，不是復古式的烏托邦理想國，不是未來式的理想國，也不是無歷史時間性的道盛行時的理想國。如同指出的，我們要把它了解和解釋為是老子的一種「桃花源記」式的遐想優游閒暇的小世界。我們必須立即指出的，在這種了解和解釋中，並不是說在老子的小國寡民中真的有「有什伯之器而不用」，「民重死而不遠徙」，「有舟輿，無所乘之」，「有甲兵，無所陳之」，「民復結繩而用之」，「鄰國相望，雞犬之聲相聞，民至老死，不相往來」的「實情」。也就是說，我們並不以這些講話的「語句意義」如其實的來解釋這些講話，而要看老子的「講話（說話）意義」，甚或「言外之意」是什麼。講到講話者的意義或言外之意，要很小心。在做文本的解釋時，對其中一些語句，在有某種重要和可靠的根據下，我們要相當偏離其語句意義，去呈現其講話者，即老子的意義或本意。我們知道，老子或《老子》書中一個基本而常用的造句或思考方式是對偶、對反或對比⓳。

讓我們用

〈*A*〉〈*B*〉

表示詞組——字，詞或語句——*A* 和 *B* 之間有某種對偶、對反或對比。那麼，〈小國寡民〉章可有下面的造句或思考：

⑴〈小國〉〈寡民〉

⑵〈有什伯之器〉〈而不用〉

⓳ 參看本書第二章：〈老子的「對反」和「只推一步」的思想模式〉和第五章〈老子對偶造句與思考的邏輯分析與批判〉。

⑶〈民重死〉〈而不遠徙〉

⑷〈使有什伯之器而不用〉〈使民重死而不遠徙〉

⑸〈雖有舟輿〉〈無所乘之〉

⑹〈雖有甲兵〉〈無所乘之〉

⑺〈甘其食〉〈美其服〉〈安其居〉〈樂其俗〉

在這些對偶、對比中，⑵，⑶，⑸，和⑹可以說也是對反的。在老子的對反造句和思考中如果緊密依其語句意義來了解，絕大部分幾乎是沒道理的。例如，有什伯之器不用，有舟輿而不乘，是沒道理的；因為，如果不用什伯之器，不乘舟輿，那有那麼呆的人，那麼呆的「寡民」還要製造它、擁有它。因此，我必須適當的「取捨」語句的部分。一般取捨語句對反的一端，而把取的一端看做是說話者的，在此即老子的意義，而把捨的一端看做是為了增加、增強取那端的意思力所做的修辭上的對比而已。至於要取捨對反的那一端，則要依整段、整節、整篇或說話者整個思想的要點來定了。

在前面列舉的對反造句中，我們認為老子要取的是：

⑵不用什伯之器。

⑶不遠徙。

⑸不乘舟輿。

⑹不陳甲兵。

這些都是用來表示人民生活的簡單、樸素、寧靜和平和的情景。至於在小國寡民中有沒有什伯之器、舟輿和甲兵，以及人民是否重死，不是這些講話關注之點。在這種「取捨」的解釋下，上述對反造句可能產生的不合理，可以消除，至少可以緩和。

在我們這種解釋下，〈小國寡民〉呈現的，與其說是什麼一種理想社會或理想國，不如說是一種老子遐想的優游閒散的「桃花源記」式的小世界。

二、從《老子》其他章看〈小國寡民〉

在前節，我們主要是從〈小國寡民〉章本身的文本討論小國寡民，尤其是辯護小國寡民只是老子遐想的桃花源記式的小世界，不是所謂他的理想社會或理想國。現在我們要從《老子》其他有關章節來討論這個問題。有兩點要注意的。一點是，「小國」一詞只在第六十一章另外出現[20]。「寡民」一詞未在其他章出現。這樣，那些章節是講到小國寡民的，就不是可以明確確定。另一點是，〈小國寡民〉章的語句意義，可以說是《老子》所有章節中最清楚的，不論所講的東西有沒有道理，但一點也不玄；也不含有任何難解的語意。這樣，至少就語句意義，或我們做過的「取捨」後的解釋，在道理上應該較容易看出那些章節的說法是支持或沒支持〈小國寡民〉是老子的理想國，還是他遐想的桃花源記式的小世界。

現在讓我們看看老子有沒有把小國寡民當理想國的偏愛，以及如果有的話，提出什麼偏愛的理由。老子有沒有拒斥大國，以及如果有的話，提出什麼拒斥的理由。

讓我們看第六十一章：

> 故大邦以下小邦，則取小邦；小邦以下大邦，則取大邦。……。大邦不過欲兼畜人，小邦不過欲入事人。夫兩者各得所欲，大者宜為下。

其意思是：因此大國對小國謙下，則取得小國的信賴。小國對大國謙下，取得大國的信任。……。大國不過希望聚養小國，小國不過希望奉承大國。大國小國各得到願望。大國尤應謙下。

從這裏，我們看不出老子有對小國的任何偏好，對大國的任何拒斥。不但沒有拒斥大國，他在同章開頭說：

[20] 今本的「國」字帛書甲本作「邦」。在本文討論中可把這兩字看做同義詞。

大邦者下流，天下之牝，天下之交也。

其意思是：做大國的要居下流，處在天下的凹處，是天下的交匯。這麼說來，老子對大國還滿有期許呢，那有把小國寡民當理想國？老子又說：

治大國，若烹小鮮。（六十章）

其意思是：治理大國，像煎小魚。老子在此對大國也有期許。

王弼注〈小國寡民〉說：

國雖小，民又寡，尚可使反古，況國大民眾乎？故舉小國為言也。

以人民的簡單樸素、寧靜、平和為圭臬，一般說來，小國寡民比大國眾民容易達成。因此，合理的推論方向剛好和王弼講的相反。不過，王弼的話顯示一點，即在老子，小國寡民並未比大國眾民更為理想國。

有的學者拿《老子》第十七章來支持「小國寡民」，「鄰國相望，雞犬之聲相聞，民至老死不相往來」，是老子思想的理想國[21]。這一章說：

太上，不知有之；其次，親而譽之；其次，畏之；其次，侮之。信不足焉，有不信焉。

悠兮，其貴言，功成事遂，百姓皆謂：「我自然。」

其意思是：最好的君主，人民不知道有他；其次的，人民親近而讚譽他；其次的，人民畏懼他；其次的，人民輕侮他。君主不足信任的，人民有不信任他的。君主悠然，珍惜言令，功成事遂了，百姓都說「我本來自然如此」。這章的用意是要君主無為而治，與小國寡民要為理想國，看不出有什麼特別關係。尤其是，這章一直講到君主，及統治者，但在〈小國寡民〉

[21] 胡楚生：《老莊研究》，p. 35。

中根本沒有提到統治者，其內容也不需牽連。因此，這一章也沒有支持「小國寡民」是老子的理想國。

老子說：

> 國之利器不可以示人。（三十六章）

其意思是：國家的利器不可以耀示於人。這與〈小國寡民〉的「有甲兵，無所陳之」沒有什麼特別關係。後者是說，國家雖有甲兵，沒有地方陳列，也就是沒有或不需要使用甲兵的機會。國家的利器不可以耀示於人，和不需使用利器沒有什麼關連。老子也說：

> 以正治國，以奇用兵，以無事取天下。（五十七章）

老子在治國中還要用兵，但在小國寡民中「雖有甲兵，無所陳之」，因此，小國寡民不是他的理想國。

《老子》的第五十四章說：

> 修之於身，其德乃真；修之於家，其德乃餘；修之於鄉，其德乃長；修之於邦，其德乃豐；修之於天下，其德乃普。
>
> 故以身觀身，以家觀家，以鄉觀鄉，以邦觀邦，以天下觀天下。

這是老子從己身、家、鄉、邦到天下的一種觀察。他的「小國寡民」最大不過這裏的「鄉」，就算「邦」好了，但他對這裏的鄉或邦並沒有表示任何特別的理想性。

從以上《老子》中講到或可能講到邦國的文段，看不出有支持〈小國寡民〉是老子的理想國的。在一個哲學思想家理想國是一個重要的政治思想。〈小國寡民〉章本身沒有表明它是講理想國的，《老子》其他章也沒有講到這一章是講理想國的。因此，我們不認為它是講老子的理想國的。

三、〈小國寡民〉與《禮記》〈禮運〉篇的比較

本節要比較〈小國寡民〉和《禮記》〈禮運大同篇〉，我們有兩個主要目的。一個是突顯〈小國寡民〉章的特色，一個是顯示不應把「小國寡民」了解為老子的理想國㉒。〈大同篇〉說：

> 孔子曰：「大道之行也，與三代之英，丘未之逮也，而有志焉。大道之行也，天下為公，選賢與能，講信修睦。故人不獨親其親，不獨子其子；使老有所終，壯有所用，幼有所長，鰥、寡、孤、獨、廢、疾者皆有所養。男有分，女有歸。貨惡其棄於地也，不必藏於己；力惡其不出於身也，不必為己。是故謀閉而不興，盜竊亂賊而不作；故外戶而不閉。是謂大同。」

其意思是：

> 孔子說：「大道實行的時候，和夏、商、周英君執政的三代，我孔丘未能及逮，而卻有嚮往之心。大道實行的時候，天下為公，選賢與能，講信修睦。因此人們不只親愛其父母，不只愛護其子女；使老年人有安養晚年，壯年人有發揮運用，幼年人有養護長進；鰥夫、寡婦、孤兒、獨老、殘廢和疾病者，都有安養地方。男人有職業，女人有婚配。不願見財貨棄置在地，也不必收藏在自己；不願見力量發揮不出己身，也不必為自己。因此陰謀消閉而不興起，盜竊亂賊不作起；因此外門不關閉。這就是大同。」

《禮記》是孔子弟子所記。這個〈大同篇〉寫的雖說是孔子說的，但未必真的是孔子親自說的。但無論如何是孔門思想。它開宗明義說，它講的是「大道之行」、「天下為公」，孔丘志向的「大同」之世。很清楚的，這是〈禮運〉作者明白展示的一種理想社會或理想國。我們也知道，在講

㉒ 古棣和周英也曾比較這兩者，但他們的目的和我們的不一樣。參看他們的《老子通》(中)，pp. 575–577。

述理想性的理念和事物時，孔子和孔門一向喜歡或習慣性的拿他們的古代夏、商、周各代的英君當楷模或典範。〈大同篇〉也不例外。這種講述方式和習慣雖然會令人覺得他們有復古的思想，但未必如此。因為以過去的某某為典範，未必就是希望「回到」過去，而可能只是希望參考過去怎樣怎樣，實際上是希望「未來」怎樣怎樣。讓我們看看老子的〈小國寡民〉。它本身沒有明白講，它是誰要志向的什麼理想的社會。它也沒有說它講的小國寡民是什麼時代，過去、現在或未來的。〈大同篇〉雖然沒有直接說在大同之世裏有個英明的君主，但既然以三代之英為典範，很自然在大同之世裏要有英君。但在〈小國寡民〉中一點也沒有提到君主或統治者。有人或許因此要把老子的「小國寡民」解釋為老子或道家的無政府主義 (anarchism)㉓。但是，我們認為在〈小國寡民〉中，老子沒有想到在小國寡民中有沒有統治者的問題，更沒有想到怎樣是好的統治者了，因為他的小國寡民只是他遐想的優游閒暇的小世界而已，根本不必想到什麼統治者。

在〈大同篇〉中，作者嚮往的是「天下為公」，「選賢與能」，「講信修睦」，「親其親，子其子」，「老有所終，壯有所用，幼有所長」，「鰥、寡、孤、獨、廢、疾者皆有所養」，「人盡其財，貨盡其利」，「謀閉而不興，盜竊亂賊而不作」。這些嚮往的人間社會景象，都是需要人群「努力」才可能達成的。因為它是努力的目標，所以是理想性的。有一點也要注意的，〈禮運〉作者沒有講到大同之世國多大民多少。反之，老子的〈小國寡民〉講的是「小國寡民」，「使有什伯之器而不用」，「有舟輿，無所乘之」，「有甲兵，無所陳之」，「使民復結繩而用之」，「雞犬之聲相聞，老死不相往來」。這樣的「小國寡民」，我們很難說是老子或一些人嚮往的。因為，譬如，如果不用什伯之器、不乘舟輿，何必製造它們，如有方便的文字了，何必用極不方便的結繩？這簡直是荒唐嘛，還有什麼理想性可言？還有，這些是要「努力」才能達成的嗎？如果不是，它們怎麼是理想性的呢？此外很重要的，如果「小國寡民」是理想國，那麼「天下」有無數這種小國寡民，

㉓ 有關老子或道家無政府主義 (anarchism) 的討論，可參看 *Journal of Chinese Philosophy*, vo1. 10, no. 1, March 1983。

應該是「理想天下」。這樣的有無數其人民互不來往的天下是理想天下嗎?把老子的「小國寡民」解釋為是老子的理想社會或理想國的人，必須接受這樣的天下是老子的理想天下。不但是老子的理想天下，而且還應是他自己心目中的理想天下。

四、「小國寡民」與「桃花源」

《禮記》〈大同篇〉所講的大同之世，是孔子、孔門或《禮記》作者所嚮往的理想社會或理想國。這是很明確的。在前節我們把老子的〈小國寡民〉和它做比較，主要在顯示〈小國寡民〉所講的小國寡民，不是老子嚮往和要努力去達成的一種理想社會或理想國，而是老子遐想的一種優游閒散的小世界，這正如同我們不能說晉代田園詩人陶淵明（公元365–427）在他的〈桃花源記〉所寫的是他的一種理想社會或理想國，而寧可說是他遐想的優游閒暇的小世界——桃花源。在本文一開始的時候我們就指出的，老子的〈小國寡民〉是老子的遐想的一種桃花源記式的優游閒暇的小世界。現在我們就要從和〈桃花源記〉的比較中觀照這一點。

陶淵明的〈桃花源記〉說：

> 晉太元中，武陵人，捕魚為業。緣溪行，忘路之遠近。忽逢桃花林，夾岸數百步，中無雜樹，芳草鮮美，落英繽紛。漁人甚異之，復前行，欲窮其林。林盡水源，便得一山。山有小口，彷彿若有光。便捨船，從口入。
>
> 初極狹，才通人，復行數十步，豁然開朗。土地平曠，屋舍儼然，有良田、美池、桑、竹之屬，阡陌交通，雞犬相聞。其中往來種作，男女衣著，悉如外人；黃髮、垂髫，並怡然自樂。見漁人，乃大驚，問所從來。具答之。便要還家，設酒、殺雞、作食。林中聞有此人，咸來問訊。自云先世避秦時亂，率妻子邑人來此絕境，不復出焉，遂與外人間隔。問今是何世。乃不知有漢，無論魏、晉。此人一一為具言所聞，皆歎惋。餘人各復延至其家，皆出酒食。停數日，辭

去。此中人語云：「不足為外人道也。」

首先要問的，這個〈桃花源記〉要寫的是什麼？顯然我們不會認為這個「桃花源」是一個哲學家或政治社會思想家心目中的理想社會或理想國。因為做一個理想社會或理想國必然要面對的重要而基本的事項，譬如〈大同篇〉中講到人與人間相互對待是否講信修睦，家庭是否和樂，人們是否有工作，和鰥、寡、孤、獨、廢、疾者是否有所養，而這些事項在〈桃花源記〉裏都沒有提到。細讀這個記，我們會覺得桃花源是一個值得休閒渡假兩三天或一個星期的地方，但再多時間我們會覺得單調，尤其是生活上許多無法克服的問題。

〈桃花源記〉似乎明確說，桃花源這個地方如果存在的話，它是在作者所在晉代武陵某個地方。我們也很難想像作者會看到在「那個地方」，有一個理想社會或理想國。

從比較正面來看，讀者應會看出，桃花源是一個詩人一個文人寫作時「編造」的地方。這個地方不但時時可以安頓作者自己的心靈，而且也可以安頓喜歡讀這篇文章的讀者。因此，我們可以把這個桃花源看做是一個遐想的優游閒散的小世界。我們認為老子的「小國寡民」也是這種小世界，雖然桃花源的世界更具情調，譬如有「設酒、殺雞、作食」和「美池、桑、竹之屬」。

把老子的「小國寡民」解釋為是老子遐想的一個優游閒暇的小世界，不是他的一種理想社會或理想國，不但對該章本身比較好解釋和好了解，而且使我們在處理老子在其他章節所表述的政治思想時，適度與這一章分開，以避免不必要的牽連，和牽強附會的解說。因為老子在其他章節中並沒有提到「小國寡民」是理想社會或理想國的觀念，而〈小國寡民〉章本身也沒有明白表述「小國寡民」是一種理想社會或理想國，以及它是理想社會或理想國的道理，因此如果硬要從別的章節「擠出」這道理，就很難不牽強附會了。

第十章　道、天地、萬物、人間一宇宙

一、引　子

在本文，我主要希望以較好懂、較客觀的方式講述和呈現老子基本的道觀、天地觀、萬物觀和人間觀。我將把他這些綜合在一起，簡稱為他的道的宇宙觀或他的宇宙觀 (view of cosmos)❶。我將以道、天地、萬物、人間一宇宙來觀看老子這個宇宙觀。在本文中，雖然我主要在講述和呈現，而不在批判老子的宇宙觀本身，但是我還是要細心注意老子自己的講述有十分或關鍵性混淆，以及有十分明顯的邏輯錯誤的地方，並予以釐清和可能的改正。此外，我也要檢討一些學者有關的講法和討論。這些檢討一則希望能警惕一些不適當的講法；二則希望能夠增加對老子宇宙觀比較正確的了解；三則也希望對老子哲學思想的研究，在方法上做一些檢討和反省。

哲學和哲學思想的研究，釐清是很重要的工作。維根斯坦(Wittgenstein, 1889–1951)說：「哲學的目的在思想的邏輯釐清。」❷他也說：「所有哲學是一種『語言的批判』」❸。

---

❶ 注意，這裏用的是「宇宙觀」(view of cosmos)，不是「宇宙論」(cosmology)。我們認為，在《老子》中老子是直接和直覺的提出他「看到」和「想到」的宇宙和世界是如何，而不是企圖提出一個宇宙的「理論」。大部分論者似乎都不自覺的喜歡用「宇宙論」來討論老子的宇宙觀。馮友蘭在他的《中國哲學史新編》第二冊第十一章第六節標題為〈《老子》中的宇宙觀〉。在這裏，使用「宇宙觀」，在用詞和思想上應該是比較精微熟慮的。

❷ 維根斯坦(L. Wittgenstein)：《邏輯哲學論說》(*Tractatus Logico-Philosophicus*), 4.112。

❸ 前書，4.0031。

學者間對老子的宇宙觀已經討論很多，可以說是有關老子的議題中最多的。從眾多的討論，我發現在我的討論中需要格外警覺和注意幾點。在這裏只先簡單說明幾點，後面將進一步舉例說明。

⑴要審慎依據《老子》的文本和文本的語句意義 (sentence meanings) 來講述和呈現老子或《老子》的宇宙觀，因為在這裏我們在講述和呈現老子「心目中」的宇宙，而不是要從諸如亞里士多德(Aristotle, 384–322 BC) 或海德格 (Heidegger, 1889–1976) 的宇宙觀或宇宙論來講述或呈現老子的宇宙觀，也不是要從今天我們有或解釋者有的宇宙觀或宇宙論，甚或宇宙實際要為如何來講述和呈現老子的宇宙觀。一個人可以經由老子的宇宙觀的提示或激發而形成或建造自己的宇宙觀，但那是他自己的，而不是老子的宇宙觀。因此，我們最好而且應該以《老子》解《老子》，因為老子的宇宙觀由而且只由《老子》呈現出來。有的學者，最明顯的如同我們後面要指出的牟宗三的「境界形態」的解釋，從幾句《老子》就講述老子的宇宙觀。這種「主觀主義」的講法，不是目的在呈現老子或任何古代哲學家的宇宙觀所應採取的。

⑵我們在給《老子》的文本和思想做解釋時，為了邏輯的清楚和合理，有時難免超出《老子》的文本和文本的語句意義去做。這種超出只要適當而不過多，是可「忍受」和接受的。但是由於《老子》文本的錯簡和言簡，學者的解釋過多，因而顯得牽強附會。我將把在文本和思想的解釋上，缺少邏輯的清楚和邏輯的相連的關節叫做理隙。這樣，理隙可以是理解上的問題，也可以是邏輯理由和根據上的問題，或者兩者。我們的解釋通常都會努力去減少理隙。但是，理隙減少愈多，牽強附會可能愈多，因為我們要添加的東西愈多。由於《老子》文本的錯簡和言簡，以及缺少邏輯的鋪陳，因此在解釋上理隙很多。當然有的理隙我們可以適當予以消除。但是，在本文以及在其他地方《老子》的研究中，對於非有重要添加否則不能消除的理隙，我不勉強去消除。我的做法是，指出這種理隙所在，並留置它們。我將把這種做法叫做指出和留置理隙法。我認為這樣的做法，會比牽強附會去消除理隙，更能幫助我們對《老子》文本和思想的正確了解。

(3)有的人要重建老子哲學或重建他的形上思想❹。一般說來，除非是我們原本的照抄一個哲學家的哲學思想，否則我們給它的任何較有條理的解釋，都可以說是該哲學思想的一種重建。但是，當我們特別強調要「重建」某一哲學家的哲學思想時，恐怕有幾種較明顯的意義。一種是，這一哲學家的思想雖然很有內容或特色，但其鋪陳不是很有條理。現在我們努力很有條理、很有邏輯連貫予以解釋和陳現，這是一種重建。再一種是這一思想原本已很有條理陳現出來，現在為了一些理由，我們重新安排其中一些要點的位置或次序，這是一種重建。或者再一種是，我們給予這個思想一種重要的新解釋，這是一種重建。

我們都知道，《老子》的文本並沒有以有條理的方式陳現其頗為豐富的思想的。有的現代學者企圖以有體系的方式講述老子的哲學❺。這種企圖就其所做的「體系」而言，恐怕就沒有成功，因為沒有真正形成體系。即使真正形成體系，恐怕也沒有成功。因為，如同我們說過的，《老子》的文本和思想理隙很多。因此，如果要把它陳現為一個體系，一定要添加許多東西。我們很懷疑，添加了許多東西以後的東西還是「老子的東西或思想」。

這樣，在老子的研究中我不強調「體系」。我注意的是一個個問題，一個個觀念和思想的特點。但我不是一概忽視哲學家的「思想體系」。但像老子的，其思想涉及的東西那麼雜多，理隙又那麼多，加之，他講的東西又離我們現在那麼久，和我們現在的「知差」，尤其是大受西方知識影響而產生的知差——不論是哲學性的還是科學性的——是那麼大，我們根本很難相信，我們可以給老子的哲學思想重建一個真正屬於「老子的哲學思想體系」，而又具有現代知識意義的什麼體系。

(4)有的學者喜歡從《老子》的一二章句，非常自由的根據自己的意思，而沒有至少一定程度內謹愼的根據《老子》的文本，做許多「發揚」的「詮釋」❻。基本上，這種發揮、發揚的詮釋，只是學者自己的思想的借題或

❹ 參看袁保新：《老子哲學之詮釋與重建》。

❺ 例如參看吳康：《老莊哲學》。

「借句」──借用《老子》的章句──發揮而已。由於和老子的知差以及根據的有關章句的稀少和缺少分析和論證，這樣詮釋的東西，很難會是老子的。又由於缺少分析和論證，我們也很難給予這種詮釋的東西本身較高的現代評價。我們這樣說，並不意味我們不能借題、借句發揮。但在借題、借句發揮和對原著做較嚴格的闡釋之間，要有分辨。我的老子研究，主要在分析、闡釋，而在必要的時候做一些批判；我不準備發揮。

在特別注意以上幾點之下，我們要講述所謂道、天地、萬物、人間一宇宙的老子宇宙觀。首先簡單說明三點：

⑴正如同「世界」一詞在《老子》中沒有出現，「宇宙」一詞也沒有。但是，在老子哲學中無疑的有它具特色的，內容豐富的世界觀和宇宙觀的。

⑵老子的世界觀和宇宙觀可以說是由他的道觀、天地觀、萬物觀和人間觀合成或組成的。因此，講述他的宇宙觀最好從這些諸觀講起。

⑶我的一個重要的看法是，老子的道、天地、萬物、人間是一宇宙的。也就是這些都是在同一個宇宙，而不是分屬不同的宇宙。所謂一宇宙，不但指道、天地、萬物、人間是同屬一個宇宙，而且更重要是這些，基本的，都受相同的原理支配，依相同的原理生成，即基本的是依道的原理在生成。

讓我們從常識上、經驗上和邏輯上較簡單的萬物觀講起。在講述老子的諸觀時，我們將不可避免的在諸觀之間互做說明。這在邏輯上雖有缺失，但老子的哲學本身就是這樣呈現，而且老子的思想本身就沒有計較這樣的呈現。如果我們勉強的非常邏輯的避免諸觀之間的循環說明，所呈現的恐怕不是老子的諸觀。在本研究中，我們注意的是諸觀之「通觀」(general view)，而不是諸觀裏的特殊觀點。

二、萬物觀

老子的萬物觀是怎樣的呢？在《老子》裏，直接提到萬物的句子有❼：

---

❻ 王邦雄有關老子的許多寫作就是如此。牟宗三的「境界形態」的老子的宇宙觀的解釋，是典型的一個例子。

❼ 本文引用的《老子》章句，主要參考陳鼓應：《老子今註今譯》。

有，名萬物之母。（一章）

萬物作而不為始。（二章）

淵兮，似萬物之宗。（四章）

天地不仁，以萬物為芻狗。（五章）

水善利萬物而不爭。（八章）

萬物並作，吾以觀復。（十六章）

侯王若能守之，萬物將自賓。（三十二章）

大道氾兮，……。萬物恃之以生而不辭，……。衣養萬物而不為主，……；萬物歸焉而不為主。（三十四章）

侯王若能守之，萬物將自化。（三十七章）

萬物無以生，將恐滅。（三十九章）

天下萬物生於有。（四十章）

道生一，一生二，二生三，三生萬物。萬物負陰而抱陽。（四十二章）

萬物莫不尊道而貴德。（五十一章）

道者萬物之奧。（六十二章）

萬物草木之生也柔脆。（七十六章）

從上面所引，我們可以知道，老子提到和講到萬物的地方不少。那麼，老子所謂萬物指的是什麼呢？老子的研究者都知道的，除了道、象帝、天、地這四者以及「我」（可能指老子自己）是指單一一個東西(thing, object)以外，老子從不講某一個個別的東西的。也就是說，在《老子》裏，除了道、天、地、天地和「我」這些字眼可能用做專名 (proper name)——指而且只指一個東西的詞語——以外，恐怕再也沒有其他專名。老子使用的稱指詞(referring term)大半是通詞(general terms)或類詞(class terms)。「萬物」可以說是通詞。

老子在使用「萬物」一詞時，幾乎認定大家知道它是什麼意思。因此，他既沒有說明它，也沒有舉例什麼是萬物。在「萬物草木之生也柔脆」中，草木可以視為是萬物之一例。在稱指上，也就是在萬物一詞所指的東西上，老子是以普通日常的意義使用萬物一詞。在《老子》裏講到的「貨」（三章），「芻狗」（五章），「水」（八章），「金玉」（九章），「車」（十一章），「室」（十一章），「川」（十五章），「臺」（二十章），「飄風」，「驟雨」（二十三章），「轍迹」，「籌策」，「關楗」，「繩約」，「棄物」（二十七章），「器」（二十八章），「兵」，「師」，「荊棘」（三十章），「甘露」，「川谷」，「江海」（三十二章），「魚」，「淵」，「利器」（三十六章），「玉」，「石」（三十九章），「馬」，「糞」，「郊」（四十六章），「戶」，「牖」（四十七章），「陸」，「兕虎」，「甲兵」，「角」，「爪」，「刃」（五十章），「徑」，「田」，「倉」，「利劍」，「飲食」，「財貨」（五十三章），「蜂蠆」，「虺蛇」，「鳥」，「獸」（五十五章），「鮮」（六十章），「大邦」，「小邦」（六十一章），「木」，「臺」，「土」，「足」（六十四章），「江海」（六十六章），「草木」（七十六章），「水」（七十八章），「舟輿」，「甲兵」，「結繩」（八十章）。以上這些種東西，是老子所提到的萬物。這些大半都是舉例說明的例子，並不是萬物中特別重要的部分。

在老子的萬物觀中，萬物包括那些東西，一般說來，和我們平常所講的萬物沒有什麼不同。舉凡我們所看到的東西，泥土花草樹木，汽車馬車飛機，小鳥老虎海豚，等等不用說，星星月亮太陽雲彩等都是萬物。老子萬物觀的特徵不在從稱指觀點來看萬物指的是那些東西，因為在這裏它和一般所謂萬物並沒有什麼重要的不同，而在從宇宙論看萬物是如何生成的，以及萬物如何運行，在這些方面老子有他獨特的講法。

萬物如何生成，老子的講法是：

> 天下萬物生於有，有生於無。（四十章）
>
> 道生一，一生二，二生三，三生萬物。（四十二章）

這樣，依老子，萬物是從道生成的。對萬物的生成過程，老子講到的有而且只有兩點。一點是，萬物生於有，而有生於無。這裏的「有」和「無」，我採用「有形的東西」和「無形的東西」的解釋。也就是，萬物從有形的東西生成，而有形的東西則從無形的東西生成。這裏所謂的無形的東西和有形的東西，是什麼呢？《老子》第一章劈頭就說：

> 道可道，非常道；名可名，非常名。
> 無，名天地之始；有，名萬物之母。

這裏的「無」也就是剛剛所謂的無形的東西，它也就是道。這裏的「有」也就是剛剛所謂的有形的東西。它是道生成的東西，也就是萬物。這樣，所謂萬物生於有，有生於無，其意思也就是，萬物生於道，而萬物也會生成萬物。也就是，有的萬物直接生於道，有的萬物則生於萬物，這樣這些萬物只間接生於道而已。

現在要問的是，道如何生成萬物呢？如同前面所引的，「道生一，一生二，二生三，三生萬物」。這裏的「一」「二」「三」指的是什麼呢？我認為這裏的一、二、三，只是泛稱道生成萬物的過程是由簡至繁。這裏所謂由簡至繁，是指道一生成萬物，這些萬物在質上由簡單到複雜，以及在量上和種類上由少至多。我們知道學者間有比這更複雜的解釋❽，但我們不贊同它們，因為基本上我們不認為老子的萬物生成有講到那麼複雜，再說，《老子》文本本身根本找不到根據。萬物是由道直接或間接生成的這一說法，已足夠顯現老子萬物觀的特徵。

其次，道直接或間接生成萬物以後，道與萬物之間的對待關係怎樣呢？《老子》第五十一章說：

> 道生之，德畜之，物形之，勢成之。是以萬物莫不尊道而貴德。道之尊，德之貴，夫莫之命而常自然。故道生之，德畜之；長之育之；亭之毒之；養之覆之。生而不有，為而不恃，長而不宰，是謂玄德。

❽ 例如參看陳鼓應前書，pp. 214–219和馮友蘭：《中國哲學史新編》（二），pp. 52–54。

依這一章以及其他相關章句，我要把道與萬物之間的對待關係，叫做「成養一不宰一尊崇觀」。我要從檢討馮友蘭對這一章的解說，來說明老子的這一觀點。馮友蘭說：

> 老子認為，萬物的形成和發展，有四個階段。首先，萬物都由道所構成，依靠道才能生出來（「道生之」）。其次，生出來以後，萬物各得到自己的本性，依靠自己的本性以維持自己的存在（「德畜之」）。有了自己的本性以後，再有一定的形體，才能成為物（「物形之」）。最後，物的形成和發展還要受周圍環境的培養和限制（「勢成之」）。在這些階段中，道和德是基本的。沒有道，萬物無所從出；沒有德，萬物就沒有了自己的本性；所以說：「萬物莫不尊道而貴德」。但是，道生長萬物，是自然而然如此；萬物依靠道長生和變化，也是自然如此的；這就是說並沒有什麼主宰它們如此，所以說：「莫之命而常自然」。❾

他又說：

> 因為道並不是有意識，有目的地創造萬物，所以老子又說：「生而不有，為而不恃，長而不宰」。就是說，道生長了萬物，卻不以萬物為己有；道使萬物形成，卻不自己以為有功；道是萬物的首長，卻不以自己為萬物的主宰。這些論點表明，萬物的形成和變化不是受超自然的意志支配的。

這些解說，有的我贊同，有的不贊同。贊同的部分，似乎也是多數學者所採取的解說。

首先，我認為老子「道生之，德畜之，物形之，勢成之」的說法，就

❾ 馮友蘭：《中國哲學史新編》（上冊）。

老子思想做深一點的邏輯分析，老子說的與其說是應了解做，萬物的形成和發展，有四個階段，不如說是萬物的生成和發展，可以從三個層面 (aspects) 來看。老子這一講話的文本本身，表面上雖然是四個對等並列的語句，但它們所講的東西在邏輯上並不對等。首先，「道生之，德畜之」乍看起來是對偶對等的，但在老子思想的邏輯上並不對等。在這裏「德」可以說是道的性質或功用顯現在物，或物獲得的道的性質或功用。因此，在邏輯層次上道高於德；因此，道生成萬物和德畜養萬物，在位階上並不對等。實際上，在道生成某一萬物時，德也可能同時在畜養該萬物。這樣，我們就不能一般的說，道生萬物和德畜萬物是萬物生成和發展的兩個不同的「階段」。我們或可以說，它們是兩個不同的生成變化的層面。不同層面的生成變化可以同時發生。

再說，「物形之，勢成之」，在表面看來，它們像是萬物不同的生成變化。但是，我們認為這兩個語句只是同一邏輯語句的不同的修辭說法而已。在《老子》章句中，有許多只是為修辭的對偶而做的並列或推疊造句，而邏輯上實際只是同一個語句⑩。我們認為，物形之和勢成之這兩句講的都是萬物在物理上和生物或生命上的生成變化。在老子萬物觀上，道生萬物、德畜萬物和萬物在物理上、生物上的生成變化，對同一個萬物都可能同時發生。而在位階上，道生萬物比德畜萬物高，而德畜萬物又比萬物在物理上、生物上的生成變化高，因此這些或可視為是萬物生成發展的三種不同層面，但不會是三個或四個階段。

在馮友蘭的解說中，好像萬物都是道「直接」生成的。例如，我眼前這張桌子也是直接從道生成的。顯然這不會真，也不會是老子的說法。也就是，許多萬物是從其他萬物生成，而只是間接從道生成的。又在萬物的生成中，道固然是基本的。但是說，德也是基本的，似乎值得釐清。德是萬物的生成中道的功能和性質顯現在萬物者。在講述萬物從道生成和發展中，提出德一詞來稱指道的這種顯現固然不是不可以，但我們不可因此而誤解說德是與道對等並列的基本東西。在老子《道德經》的「道德」並提

⑩ 參看本書第五章〈老子對偶造句與思考的邏輯分析與批判〉。

中，很容易令人產生這種誤解。

依老子，雖然道生成、長育、畜養萬物，但它並不主宰萬物。這裏所謂主宰，可以有兩種了解。一種是道雖然有意志，但它沒有意志的去支配萬物。另一種是道不但沒有意志，而且道也沒有經由它的力量強制萬物去做什麼。我們可以發現的一個重要事實是，在《老子》中老子十分注意不去使用會使道具有意志力的字眼。但是我們知道的，老子的「生而不有，為而不恃，長而不宰」的玄德，其思想的重要性，主要在鼓吹具有欲念意志力的人，要清靜無為。現在如果把道的不主宰萬物了解為道不但沒有意志，而且道也沒有經由它的力量強制萬物去做什麼，則有兩個疑點。一個是，道本身既然沒有意志力，因此它沒有或不會去主宰萬物的生成發展，是很自然的事。這樣，我們由道的不主宰萬物，來提示人也應該生而不有，為而不恃和長而不宰，有什麼重要的提示意義呢？另一個疑慮是，老子明白說，萬物莫不尊道而貴德。這裏的尊道而貴德，就是尊崇道而珍貴德的意思。所謂尊崇什麼和珍貴什麼，明白含有意思意志力在裏面，沒有意思意志力，就沒有尊崇什麼和珍貴什麼的意義。這樣，萬物就有意思意志力了。這樣的話，就會變成十分不好了解和解說的，無意思意志力的道會生成有意思意志力的萬物。儘管十分不好了解和解說，我們的解釋應該是老子所說的。一個人想說或所說的，未必在事理上或邏輯上是合理的。

這樣，在老子所說的萬物觀裏，道的生成萬物像是果樹生成果子那樣，是自然而然生、沒有意志力在作用的。道在生成萬物和萬物生成以後的發展中，道既沒有有意志力的或非意志力的其他強制力主宰支配萬物。但是，萬物對道和德而言，似乎以某種意思或意志力尊崇道、珍貴德，因為在我們的了解裏，尊崇和珍貴什麼一定要涉及某種意思或意志力，否則無所謂尊崇和珍貴。這是我們把老子的萬物觀稱為為「成養—不宰—尊崇觀」的解說。

道在生成萬物以後，並不主宰它們。那麼，以後萬物如何發展呢？有的學者的解釋是，萬物的生成發展「必定」會回歸到它的根源，即道。我的解釋則不同，我認為，依老子，生成發展的萬物，是在不斷變化運轉；

其運轉可能但不必定回歸到道。老子在第十六章說：

> 致虛極，守靜篤。萬物並作，吾以觀復。夫物芸芸，各復歸其根。歸根曰靜，靜曰復命。復命曰常，知常曰明。不知常，妄作凶。

在這裏，我們的爭議在「根」字的解釋。如果把它解釋為道，則依老子，萬物終究會回歸到道。因為萬物是由道直接或間接生成的。因此，如果萬物生成發展到又變成道，則它是「回歸」到道。如果把「根」解釋為每個萬物的「根本」或「根性」，而這根本或根性不一定是道，而可以是各物的德，或也未必是各物的德，而是各物的某種根本或根性。我們之採取後一解釋，有兩個主要理由。一個是，如果解釋成萬物終究必定都會回歸到道，則這個宇宙會是一個封閉的宇宙。我們不認為老子把宇宙想成在邏輯上這麼素樸、簡陋的宇宙。反之，把萬物的生成變化想成可以，但未必一定回歸到道，則相對於道而言，這是一個開放的宇宙觀。另一個理由是，《老子》的章句也可以做這種解釋。

首先，我們可把上引文本的語句意義寫成：

> 致虛和守靜，做到極篤。萬物一起生成興作，我以此觀看它又如何。萬物紛紛芸芸，各又回歸它的根本。回歸根本就是靜，靜就是復命。復命就是永常。知道永常就是清明。不知道永常，而輕舉妄作，就凶險。

仔細解讀這個文段我們可以看到，它的要點在講修身功夫，而不在萬物如何生成變化。裏面講到的萬物如何主要是為講修身功夫。因此，在這裏解釋萬物如何時，只要和其他有關章句講的相一致，而且可以當修身功夫的根據，則愈寬鬆的解釋愈好。老子認為，致虛守靜的重要功夫是要從紛芸的萬物中觀看到各物常恆的根本。在這裏，把各物常恆的根本解釋為道也可以，解釋為道或德或其他可能的根本也可以。由於後一解釋比較寬廣，因此我們採用。

以上是我們了解的老子萬物觀的要點。下面討論他的天地觀。

三、天地觀

在老子的天地觀中，有「天」、「地」和「天地」這些主要觀念。在討論這些觀念之前，先讓我們看看一個在名詞和內含上，與這些有牽連的「天下」一詞。在《老子》中，「天下」一詞出現的章句有：

天下皆知美之為美，斯惡已。（二章）

故貴以身為天下，若可寄天下；愛以身為天下，若可託天下。（十三章）

是以聖人抱一為天下式。……夫唯不爭，故天下莫能與之爭。（二十二章）

奈何萬乘之主，而以身輕天下。（二十六章）

知其雄，守其雌，為天下谿。……知其白，守其辱，為天下谷。（二十八章）

將欲取天下而為之，吾見其不得已。天下神器，不可為也。（二十九章）

以道佐人主者，不以兵強天下。（三十章）

夫樂殺人者，則不可得志於天下矣。（三十一章）

道常無名樸，雖小，天下莫能臣。（三十二章）

譬道之在天下，猶川谷之於江海。（三十二章）

不欲以靜，天下將自正。（三十七章）

天下萬物生於有，有生於無。（四十章）

天下之至柔，馳騁天下之至堅。……不言之教，無為之益，天下希及之。（四十三章）

清靜為天下正。（四十五章）

天下有道，卻走馬以糞。天下無道，戎馬生於郊。（四十六章）

不出戶，知天下。（四十七章）

取天下常以無事，及其有事，不足以取天下。（四十八章）

聖人在天下，歙歙焉，為天下渾其心。（四十九章）

天下有始，以為天下母。（五十二章）

修之於天下，其德乃普。……以天下觀天下。吾何以知天下然哉？以此。（五十四章）

故為天下貴。（五十六章）

以無事取天下。……天下多忌諱，而民彌貧。（五十七章）

以道莅天下，其鬼不神。（六十章）

大邦者下流，天下之牝，天下之交。（六十一章）

故為天下貴。（六十二章）

天下難事，必作於易；天下大事，必作於細。（六十三章）

是以天下樂推而不厭。以其不爭，故天下莫能與之爭。（六十六章）

三曰不敢為天下先。（六十七章）

天下莫能知，莫能行。（七十章）

天下莫柔弱於水。……天下莫不知。……是為天下主。（七十八章）

從以上這些章句，顯然可知，在《老子》中，「天下」一詞就是我們現在一般所謂的天下或世界 (the world)。我們現在一般所謂世界，有宇宙 (universe)，我們所在以及人的思想和感情所及的事事物物的世界，人間世，世人，或所統治或要統治的邦國等等。在需要做區分比較的時候，讓我們依次用宇宙、世界、人間世、世人、和天下這些詞語來表示這些。在上下文不會混淆的場合，讓我們用「世界」(the world)有歧義地通稱這些。

我們的講話，通常是就我們意想中的某一「世界」裏的事事物物來講的。這一我們要就其中的事事物物來講的世界，在現在的邏輯和方法論上，叫做論域 (universe of discourse)。在我們的講話和寫作上，如果不用明講知道我們的論域是什麼，為了講話和寫作的簡潔，通常是不明講論域的。但為了讓人知道我們的論域是什麼，我們也時常會明講論域。或者，有的人只因「口頭禪」，就講了或寫了論域。

我們要知道的，在《老子》中，「天下」一詞有的表示論域，有的則

表示討論的對象。在當論域時有兩點要注意的。一點是,「天下」一詞有的章句可有可無,有的似乎是多餘的。例如,在

天下皆知美之為美,斯惡已。(二章)

中,「天下」是論域,指世人或世界裏的人的意思。在這裏,「天下」一詞可有可無。因此,這句話也可寫成:

皆知美之為美,斯惡已。

在下列諸句中,「天下」一詞可有可無。「夫唯不爭,故天下莫能與之爭。」(二十二章)「以道佐人主者,不以兵強天下。」(三十章)「夫樂殺人者,則不可得志於天下矣。」(三十一章)「道常無名樸,雖小,天下莫能臣。」(三十二章)「不欲以靜,天下將自正。」(三十七章)「天下之至柔,馳騁天下之至堅。……天下希及之。」(四十三章)「天下有道,……。天下無道,……。」(四十六章)「天下難事,必作於易;天下大事,必作於細。」(六十三章)「是以天下樂推而不厭。以其不爭,故天下莫能與之爭。」(六十六章)「三曰不敢為天下先。」(六十七章)「天下莫能知,莫能行。」(七十章)「天下莫柔弱於水。……天下莫不知。」(七十八章)

在「天下萬物生於有,有生於無」(四十章)中,除非是為了加強語氣,否則「天下」一詞似乎是多餘的,因為萬物一定是在天下(宇宙)的。

另一點要注意的是,當論域的「天下」,有的要了解為有歧義的意指宇宙、世界、人間世、世人或邦域,這時候可用「天下」或「世界」來表示。有的則依章句的脈絡,最好了解為這些論域特定的某一個,並且用該個名詞來表示。例如,在「天下皆知美之為美,斯惡已。」和「是以聖人抱一為天下式。……天下莫能與之爭。」中「天下」可以特定了解為「人間世」或「世人」。在「故貴以身為天下,若可寄天下;……」和「奈何萬乘之主,而以身輕天下。」中,「天下」可特定了解為「邦域」。在「道常無名樸,雖小,天下莫能臣」,「天下之至柔,馳騁天下之至堅。……」中,「天下」可以有歧義的了解為宇宙、世界、人間世、世人或邦域。在「天下萬物生

於有，有生於無」中，「天下」可以特定了解為宇宙。

「天下」有的當論域，如剛剛例示的；有的則當討論的對象，如下面即將討論。在當論域中，天下表明所講的事事物物是在什麼範圍之內的。在當討論對象的場合，天下是當一個整體(as a whole)具有什麼性質。要注意的是，如同在當論域時那樣，在當討論的對象時，「天下」的意義，也是或是有歧義的指宇宙、世界、人間世、世人或邦域，或是特指其中的某一個或某些個。例如，在「將欲取天下而為之，吾見其不得已。天下神器，不可為也」中，「天下」可特定了解為邦國或邦域。它是說，想治理邦國而對它作為，我看是達不到的。邦國是神聖的東西，不可對它作為。在「不出戶，知天下」中的「天下」，既可了解為當論域的天下，也可了解為當討論對象的天下。在前一了解中是指，不出門戶，可以知道天下的事事物物。在後一了解中是指，不出門戶，可以知道宇宙、世界、人間世等。在「天下有始，以為天下母」中，「天下」應了解為宇宙。它是說，宇宙有個開始，這個開始作為宇宙的生者（母親）。

在《老子》中，天和天地的觀念有非常密切的關係，這兩者最好放在一起討論。先分別列舉含有這兩詞的章句：

> 功遂身退，天之道也。（九章）
>
> 全乃天，天乃道，道乃久，沒身不殆。（十六章）
>
> 道大，天大，地大，人亦大。（二十五章）
>
> 人法地，地法天，天法道，道法自然。（二十五章）
>
> 天得一以清。……天無以清，將恐裂。（三十九章）
>
> 不闚牖，見天道。（四十七章）
>
> 治人事天，莫若嗇。（五十九章）
>
> 天將救之，以慈衛之。（六十七章）
>
> 是謂配天。（六十八章）
>
> 天之所惡，孰知其故？天之道，不爭而善勝。……天網恢恢，疏而不失。（七十三章）

天之道，其猶張弓與？……天之道，損有餘而補不足。……（七十七章）

天道無親，常與善人。（七十九章）

天之道，利而不害。（八十一章）

無，名天地之始。（一章）

天地不仁，以萬物為芻狗。……天地之間，其猶橐籥乎？（五章）

玄牝之門，是謂天地根。（六章）

天長地久。天地所以能長且久者，以其不自生。（七章）

居善地。（八章）

孰為此者？天地。天地尚不能久，而況於人乎？（二十三章）

有物混成，先天地生。……地大。……（二十五章）

人法地，地法天，天法道，道法自然。（二十五章）

天地相合，以降甘露。（三十二章）

天得一以清，地得一以寧。（三十九章）

天無以清，將恐裂；地無以寧，將恐廢。（三十九章）

人之生（生），動之於死地。……以其無死地。（五十章）

（此最後一句裏的「地」字，似與天地觀無關）。

從這些章句及其所在系絡，以及前面對「天下」的討論，我們可以知道，老子對「天下」，「天」和「天地」這些詞語和概念雖然講了很多話，但對它們所指是什麼 (what they denote or refer to) 並沒有明白講過。相信老子這些用詞所指和老子當時一般人使用這些用詞所指，基本上並沒有什麼不同。不但如此，和現在一般使用中文的人日常使用這些詞語所指，基本上也似乎沒有不同的。所謂日常使用這些詞語，是指不特別利用現代物理學，天文學，和地球科學等有關的科學知識，來使用這些詞語和概念。注意到這點很重要，因為老子所講的「天下」、「天」和「天地」這些詞語和概念，其特別之處不在其所指，而在其內含或在天下、天和天地的性格。

在討論老子的天的性格時，最受人注目的一個問題是：天具不具有意志，能喜能怒，能作威作福的？向來有有和沒有兩種解釋。主張沒有的，可以用胡適和徐復觀為例，胡適說：

老子哲學的根本觀念是他的天道觀念。老子以前的天道觀念，都把天看作一個有意志，有智識，能喜能怒，能作威作福的主宰。試看《詩經》中說：「有命自天，命此文王」（「大明」）；又屢說：「帝謂文王」（「皇矣」），是天有意志。「天監在下」「上帝臨汝」（「大明」）「皇矣上帝，臨下有赫，監觀四方，求民之莫」（「皇矣」），是天有知識。「有皇上帝，伊誰云憎?」（「正月」）「敬天之怒，無敢戲豫；敬天之渝，無敢馳驅」（「板」），是天能喜怒。「昊天不傭，降此鞠凶；昊天不惠，降此大戾」（「節南山」）「天降喪亂，降此蟊賊」（「桑柔」）「天降喪亂，饑饉薦臻」（「雲漢」），是天能作威作福。老子生在那種紛爭大戰的時代，眼見殺人，破家，滅國等等慘禍，以為若有一個有意志知覺的天帝，決不致有這種慘禍。⓫

徐復觀說：

由宗教的墜落，而使天成為一自然的存在，這更與人智覺醒後的一般常識相符。在《詩經》、《春秋》時代中，已露出了自然之天的端倪。老子思想最大貢獻之一，在於對此自然性的天的生成、創造，提供了新地、有系統的解釋。在這一解釋之下，才把古代原始宗教的殘渣，滌蕩得一乾二淨；中國才出現了由合理思維所構成的形上學的宇宙論。⓬

賀榮一則認為老子的天，乃冥冥中的司賞罰者。在解說《老子》第七

⓫ 胡適：《中國古代哲學史》，pp. 47–48。

⓬ 徐復觀：《中國人性論史》，p. 325。

十三章「勇於敢則殺，勇於不敢則活。此兩者，或利或害，天之所惡，孰知其故？……天網恢恢，疏而不失」時，他說⓭，天喜弱惡強。勇於堅強的人，必定遭受天之懲罰，無可倖免；天乃冥冥中的司賞罰者，有善必賞，有惡必罰，並且天網恢恢，疏而不失。

對這一章，嚴靈峰也用帶有有意志的詞語「老天」，來解釋這裏的「天」。他說⓮，老天所厭惡的，誰知道它的原故？老天佈下的羅網極為廣闊，眼孔雖然稀疏，卻從不會漏失的。

老子的天，有沒有諸如能喜能怒，能作威作福，能作賞罰的意志，其認定和講法很重要，因為不但會影響我們對老子的天的適切了解和講述，而且也會影響對老子的萬物觀、天地觀、人間觀、道觀，以及這些諸觀所形成一宇宙觀的適切了解和講述。我們認為，對老子的天有沒有意志的問題，做「有」或「沒有」的簡單回答，都是不適當的。在我們前面引舉的胡適講法中，胡適引用《詩經》一些句子來例證老子以前把天看作一個有意志者。我們一樣可以拿老子的話來例證老子的天是有意志的。

老子說：「天法道」。天如果沒有意志，怎麼會「取法」道⓯，「以道為法則」呢⓰？老子又說：「治人事天，莫若嗇」。如果天沒有意志，「事奉天」幹什麼⓱？老子又說：「天將救之，以慈衛之」。這是說，天要救助誰，就用慈愛來衛護他。天如果沒有意志，那有「救助誰」的事？老子又說：「天之所惡，孰知其故？天之道，不爭而善勝。」如果天沒有意志，它怎麼會有所厭惡？如果天沒有意志，它怎麼會有所謂爭不爭？老子又說：「天道無親，常與善人。」如果天沒有意志，怎麼有所謂偏愛（無親）不偏愛？怎麼會選擇和善人在一起？由以上這些，我們可以說，說老子的天沒

⓭ 賀榮一：《道德經註譯與析解》，p. 588 及 p. 592。

⓮ 嚴靈峰：《老子達解》，p. 384。

⓯ 陳鼓應前書，p. 152。

⓰ 嚴靈峰前書，p. 132；任繼愈：《老子新譯》，p. 114。

⓱ 「治人事天」的「天」可有「身」和「天」(Heaven)兩種解釋。在解釋為「天」時，「事天」就是「事奉天」。我採「天」的解釋。

有意志，顯然是不對的。胡適和徐復觀為什麼會有這麼明顯的差錯呢？恐怕幾個理由。首先，也許是他們沒有仔細查閱含有「天」的章句，並做適當的解讀。其次，特別重要的，相信他們像許多人那樣，沒有特別察覺到老子的天的明顯的雙重性格。這雙重性格就是天有有意志的性格，和無意志的性格。無意志的性格就是自然性的性格。把老子的天解釋為單只有意志性格的或單只有自然性性格的，都只看到天的雙重性格之一面。

老子之前的天，譬如《詩經》中講的天，也許只有有意志的性格。老子在講天時，從哲學觀點看，他的貢獻在給天一種明顯的自然式性格，以及略為減少其有意志的性格。老子並沒有如徐復觀所講的，「把古代原始宗教的殘渣，滌蕩得一乾二淨。」老子雖然沒有把古代原始宗教上天主宰賞罰的單一性格完全滌蕩，但他確實有這種意圖和努力。他沒有十分成功，恐怕有兩個理由。一個是傳習以來天的主宰賞罰的單一性格，已根深蒂固深植人心，包括老子的心中，因此在天這一詞或概念的稱指(denotation)沒有基本改變中，要完全滌除天有意志的賞罰性格，似乎是很難的。即使在今天所謂科學昌明的時代，在每個使用中文的人心中，天仍然或多或少具有賞罰的意志。「天啊！」這是對天的呼喊，我們不會對一個沒有意志者呼喊。另一個理由是，老子提出了他的道來取代原始宗教中天下萬物創生者天的地位。他把完全自然性的、不具意志的天下萬物創生者的性格賦給了他的道，而且十分成功。他的成功有幾個理由。首先是，他具有相當清楚而強的自然性的、不具意志的天下萬物創生者的想法。其次是，「道」一詞的傳習意義，不論是指道路還是指道理或原理，都不具或少具意志性。因此，用「道」一詞來稱指自然性的天下萬物創生者，不會或較少把意志性的意含帶進這個創生者中。再說，在老子的天下或宇宙生成和變化運轉的高低階層中，僅次於道的天，如同前面剛剛講過的，具有賞罰主宰的意志，因此，需用意志去賞罰的事可由天去做，而不必訴諸道。這樣，就不必給道有意志。

有一點要注意的，天的有意志和無意志的雙重性格，都是由同一個天具有和表現出來的。在中文裏只有天一詞或概念可以稱指具有這種雙重性格的天。因此，老子的「天」一詞，幾乎是一個專名 (proper name)，不能用其他的詞語，尤其是其他可視為當做專名使用的詞語來取代使用。在《老子》中，也沒有和「天」同義的專名。「天地」和「自然」都不是它的同義詞或同義專名。因此，不論講天的有意志或無意志的那一層面的性格或原理，或者有歧義者講這兩者更不必說，都要使用「天」一詞，而不可使用「自然」或「天地」。例如，在解釋老子的「功遂身退，天之道」時，有的人把這裏的「天之道」解釋為「自然的道理」⓲。這是不對的。雖然這裏「天之道」的「道」可以解釋為自然性的道或原理，但老子講的是天的道或原理，而不是自然的道或原理，雖然自然可能遵循同一個道或原理。又如有的人把「天道」或「天之道」的「天」解釋為「天地間」⓳。這也是不適當的，因為在老子的思想中，天和天地，如同下面即將講的，雖然相關密切，但並不稱指相同的東西或項目。

老子的天雖然具有有意志和無意志的雙重性格，但我們知道，所謂意志，是我們人反省自己甚或想像別人所獲得的人具有的性格。至於所謂天具有意志，那是我們把人的意志性格投射給天的，或是我們猜測天也具有的，而不是我們人實際觀察或體會得到的。至於天所具有的非意志的性格，譬如一年四季的周轉，天體之間的運行等的自然性性格，比較可做客觀性的觀察和了解。加之，在老子的哲學思想中，對天下萬物要做自然性解釋的意圖遠多於原始宗教性的。這樣，在解釋老子的天的性格時，除非語句意義上有非以有意志無法合理處理，否則最好盡量以無意志來解釋和了解。

在解釋老子的「天」、「天道」和「天之道」時，除了如前面所講的，這裏的「天」就解釋為天，而不必，也不應解釋為自然以外，要麼就把「天道」和「天之道」原樣的解釋為天道和天之道，要麼就把這裏的「道」解釋為「道理」或「原理」(the way, the principle)，而不要解釋為「規律」(the law, the rule)⓴，或「真理」㉑。因為在《老子》書中，還沒有如後代

⓲ 例如陳鼓應前書，p. 80。又如張鍾元(Chung-yuan Chang)把它解釋為“the way of Nature”，參看他的*Tao: A New Way of Thinking*, p. 30。

⓳ 例如嚴靈峰前書，p. 256，p. 384，p. 399，p. 407 和 p. 415。

和現在那樣比較嚴格意義的「規律」和「法則」的觀念，也還沒有較嚴格的「真理」的觀念，而只有比較粗鬆的（一般意義的）道、理、道理或原理的觀念。

在《老子》中，除了前面提過的例示有意志的作為以外，對天或天之道，也例示的講了些其表現和徵性。例如，「全乃天，天乃道」（周徧就合乎天，天就合乎道）；「天之道，不爭而善勝。」「天之道，……高者抑之，下者舉之。……損有餘而補不足。」「天道無親，常與善人。」「天之道，利而不害。」

正如同《老子》書中的「天下」和「天」之所指 (denotation)，和我們今天一般人所謂的「天下」和「天」之所指，沒有什麼基本的不同，《老子》書中的「天地」，和我們今天一般人所謂的「天地」，也沒有基本的不同。當然，這裏所謂我們今天一般人所謂，是指不特別利用現代的物理學、天文學和地球科學等有關知識來講的天地。所謂老子講的天地與一般講的，其所指沒有基本的不同，我們的意思並不是說，老子講的始終都是完全同一個，而一般講的也始終都是該同一個。實際上，老子講的，在不同的章句中或多或少有所不同；而一般講的，也有對應的不同。也就是說，老子講的天地和一般講的，其所指，有某種歧義。

在「無，名天地之始；有，名萬物之母」中，「天地」是概括的、比較抽象的指宇宙，而「萬物」則是指在這宇宙裏出現的所有各個東西。在「天地不仁，以萬物為芻狗；聖人不仁，以百姓為芻狗」中，多少把天地看做像聖人那樣具有活性、靈性的，而且在宇宙階層上具有比萬物和人間較高的地位，但它對萬物不偏私。在「天地之間，其猶橐籥乎？虛而不屈……」中的「天地」可有兩種理解。一種是天地是由天和地兩個不同的項目合成的，兩者之間有很大的空虛。另一種理由是天地是由天和地渾然結成一體成天地，但這個渾然一體的天地裏面存有空虛。在「玄牝之門，是謂天地根」中，天地包括萬物在內的宇宙。

---

⑳ 如陳鼓應前書，p. 229。

㉑ 如嚴靈峰前書，p. 256。

在《老子》中，老子像一般使用那樣，有「天」「地」兩者並列或層遞使用的，有兩者連成一詞使用的。在上一段中，已討論一些連成一詞使用的。在「天長地久。天地所以能長且久者，以其不自生」的「天長地久」中的「天」和「地」是對偶並列的㉒。而此句中的「天地」可有兩種了解。一種是連成一詞的，整個講的「天地」。另一種是分開講的「天」與「地」。我採後一講法。在「天大，地大。」「天地相合，以降甘露。」「天得一以清，地得一以寧。」和「天無以清，將恐裂；地無以寧，將恐廢」中，「天」和「地」也是對偶並列的。在「人法地，地法天，天法道。」中，「天」與「地」是對偶並層遞的。

現在讓我們來看看，在《老子》中，「天」和「地」單獨出現，並列出現和連成一詞出現所顯出的特徵，關連和差異。首先，「天」似乎只有在單獨出現，高高在上時，才有意志。而在「天」與較低的「地」並列或連在一起為「天地」時，天的高高在上的意味似乎有所降低，因而其意志淡化，甚至沒有了。因此，我們可以看到，在老子，天地是沒有意志的；與地並列的天也是沒有意志的。因此，單獨出現的天的稱指，與和地並列出現時的天的稱指，似乎並不完全相同。即使不是不完全相同，也有一些重要性格的不同，譬如如同剛剛講的，與地並列出現的天，沒有意志可言。在《老子》中單獨出現「地」的只有「居善地」，和「人之生（生），動之於死地。……以其無死地」中出現。但這裏的「地」只是普通的「地方」的意思，而沒有天地觀中「地觀」的地的意思。

其次要問的是，當成一個詞的「天地」所指(denotation)，是否只是天和地兩者所指的純合成，還是比這個合成更多或更少的東西？這個問題在《老子》中似乎找不到較明確的答案。但要注意的，這裏所講的是天地、天和地的稱指，而不是它們的性格。如同前面講的，在性格上，天在有些場合具有意志，但天地似乎沒有意志，地更沒有。天的地位似乎比天地更高。

㉒ 有關《老子》中的對偶造句，參看本書第五章〈老子對偶造句與思考的邏輯分析與批判〉。

再說，天地是否包含萬物？在這點上，老子的說法顯得有悖謬(paradoxical)。依老子，道先天地生，可以為天地母（一章和二十五章）。因此天地是道直接生的。又依老子，無（即道），是天地之始；有，是萬物之母。道生一，一生二，二生三，三生萬物。因此，如果萬物不是從天地生，而存在天地中的，就是從道直接間接生出，而存在天地中的。如果是這樣，則萬物應視為天地的一部分。但依老子，天地是長久的（七章），而萬物是不斷變化的（十六章）。在長且久的天地中，怎麼可以含有不斷變化的萬物呢？如果天地不包含萬物，則天地似乎就成為一個「大空殼」。但天地不會是一個大空殼，因為天地至少含有「甘露」（三十二章），和含有飄風和驟雨（二十三章）。我們也很難想像天地不含有草木。

最後我們要問的，老子的天包含雲彩、星星、月亮和太陽嗎？老子的地除了指地球以外，還可能指什麼？這些似乎都不能從《老子》文本得到答案。

四、人間觀

在本節裏，我們要從老子的宇宙觀的思考，來一般的觀看他的人間觀。老子並沒有使用「人間」一詞，但無疑的，他對人間講了許多話。他對人間講的話，比對道、天下、天、地、天地和萬物講的還要多。這裏所謂人間，如同一般意味的，主要是指人及其所形成或構作的社會。我們所謂一般的來觀看老子的人間觀，主要是指在找出老子對人和社會的一般觀點(general view)，尤其是和他對道、天地和萬物的一般觀點有關係的。

有一點首先要注意的，所謂人間雖然必須由社會構成，但是明白的把社會當反省和思考對象的，是很晚近的事。老子的講話在我們今天的了解上，有許多會泛泛的涉及一般社會的，但被他明白指出，而且對它講了比較多重要的話的社群，似乎只有「國」(國家或邦)。因此，在講述老子的人間觀時，我們可以從老子怎樣講人和國家著手[23]。

---

[23] 在《老子》中，表示社團、社區或社群的觀念和用詞，除了「國」(國家或邦)以外，似乎只有「家」、「鄉」、「朝」、「軍」、「師」等這些。「家」除了和「國」

在討論老子的宇宙觀和人間觀時，有一個很重要，但似乎從未被人提出的問題是，在《老子》中沒有明文講人和人間社會——即國家——從何而來，是否由道直接或間接產生的。也許有人會說，既然老子明白說天地萬物是由道直接間接生成的，而我們可以把人和國家視為萬物之一種，因此當然人和國家可視為是道直接間接生成的。但這種推斷有兩個問題。一個是，老子從未說過人或國家是「物」或「萬物」。另一個是，老子思想中的重要思考對象是道、天、天地、萬物、人和國家。老子明白講天地萬物是由道生成的。如果人和國家是道直接間接生成的，他也應該明白講。這樣，在這裏我們認為老子的宇宙觀和人間觀之間有兩大邏輯空隙，也就是有兩大理隙。一個是，道與人和國家之間有沒有生成關係？如果沒有，人和國家是怎麼來的？這些在老子哲學思想中，都沒交代，都不清楚。另一個是，依老子，「人法地，地法天，天法道。」又依他，天地是道生成的。因而，說天、地或天地取法道是較好說明的。但老子既沒有說，人是道生成的，更沒有說，人是天地生成的。這樣，說人取法天、地或道，就比較不好說明，甚至很難說明了。

在討論老子的道觀、天地觀、萬物觀和人間觀時，有一點非常重要，但顯然未被向來的研究者注意到的是，老子在講道、天地和萬物或其性格時，其講話可視為都是斷言(assertions)或敘說(statements)，但在講人或國家（或人君）或其性格時，其講話有的是斷言或敘說，有的則為引言

連用成「國家」以外，只有在第五十四章「修之於身，其德乃真；修之於家，其德乃餘；修之於鄉，其餘乃長；修之於邦，其德乃豐；修之於天下，其德乃普。故以身觀身，以家觀家，以鄉觀鄉，以邦觀邦，以天下觀天下」出現。「鄉」也只有在這裏出現。在這裏，家和鄉其實只是老子習慣使用的層遞對偶造句和思考中的一個「層」而已。在這裏，老子對家和鄉並沒有比對像身和邦這些層說些什麼特別的。社團或社群意義的「朝」，只在「朝甚除，田甚蕪」（五十三章）中出現。在這裏，「朝甚除」的意思是朝廷很整潔或很敗壞的意思。社群意義的「軍」和「師」只在「師之所處，荊棘生焉。大軍之後，必有凶年。（三十章）

(directives)㉔。一個斷言的要點是說話者表示命題或言辭的內容為真，而一個引言，例如一個要求、希望、勸諭和建議的要點是說話者企圖使聽話者——可能包括說話者自己——去做一些事項。在講人間時，老子除了講有關人、人君和國家的基本現象以外，他還時時勸諭人和人君要如何去修身和治國。因此，他對人和人君的許多講話是勸諭的引言，而不是描述。但在中文和老子的文言造句中，一個講話是斷言還是引言，時常很難從造句本身看出來，因而必須從上下文的解讀中去探求。無論如何，在解讀老子對人和人君或國家的講話，我們要注意其中可能有的引言。一個講話是斷言還是引言的區分是非常重要的，因為兩者評價標準不一樣。

老子的講話有斷言和引言，但他的斷言，尤其是講人間的，大部分是為準備勸諭人，尤其是統治者，而講的。他講這些的基本方式是，⑴道是 F（怎樣怎樣），（所以）人，尤其是聖人——理想的人或理想的統治者——「應該」是 F（怎樣怎樣）；⑵人（一般）是 F（怎樣怎樣）（老子心目中不好的性格），（所以）人，尤其是聖人，「應該」不 F（不去怎樣怎樣）或「應該」G（對 F 的一種改正）。現在讓我們討論老子的人觀和國家觀。

㈠人觀

老子在講人間時，講到誰和對誰講，有的有明指，有的則沒有。在有明指的地方，老子有區別的明指「人」、「聖人」、「人主」、「君子」、「侯王」、「眾人」、「民」、「百姓」、「俗人」和「我」。在沒有明指的地方，大都可以解釋是對或講到人一般或聖人（理想的人或理想的統治者）及其相對的民（被統治者）。

在《老子》中，「人」一詞是通指人或指人一般(man in general)。「者」一詞也出現很多，大部分要當「人」講。「聖人」一詞不但出現很多，而且這一概念在老子人間思想中十分重要。他的理想的人和理想的統治者的性格和條件，大都藉講聖人表達出來。「上善」（八章）、「善為道者」（十五章）、「君子」（二十六章，三十一章）、「善人」（二十七章）和「上士」（四

㉔ 在本書第七章〈《老子》書中的引言與喻言〉中，對這裏講的引言與斷言有詳細的討論。

十一章）等，可解釋為是聖人。「人主」、「君子」和「太上」（十七章），都是指國邦的統治者。「侯王」是指國邦之下的較小地方的統治者。「民」、「百姓」和「眾人」（八章）是和統治者相對之下的被統治者。「眾人」（二十章）是和「我」相對之下的眾人、大家或別人。「俗人」是和「我」相對的世人或一般人。和「眾人」或「俗人」相對的「我」，可有兩個解釋。一個是指老子本人。另一個是指從眾人或別人獨立出來的任一自我。

我們都知道，老子有關人間的基本主張是返樸、寡欲、貴柔、不爭、主靜、無為和棄智。在講述這些觀念，尤其是涉及人間的觀念時，我們必須注意幾點。首先，如同前面講過的，老子是用斷言還是引言講出。其次是，對誰和講到誰。也就是，是對或講到人一般、聖人（理想的人或理想的統治者）、侯王（統治者）、人民（被統治者）、眾人（一般人）或和我（老子自己或從眾人或別人獨立出來的任何個人）相對的眾人或別人。再次是，在講到聖人怎樣怎樣時，是指聖人事實上是怎樣怎樣，還是應該怎樣怎樣才是聖人。再次是，老子有沒有希望人人成為聖人？他認為每個人「可能」成為聖人嗎？

現在讓我們看看老子怎麼說。

㈠返樸

老子的返樸思想當然不只用「樸」字表達。但在他用「樸」字表達的地方，似乎都只講到聖人。例如，

⑴「古之善為道者，⋯⋯敦兮其若樸。」（十五章）這裏的「善為道者」應指聖人。

⑵「絕智棄辯，民利百倍。⋯⋯故令有所屬：見素抱樸，少私寡欲，絕學無憂。」（十九章）這裏的「絕智棄辯」，講的是統治者，因為與「民」相對的是統治者。這裏的「令有所屬」，大部分學者解釋為「使人民有所遵循」；如果是這樣，則老子就講到人民要返樸。但賀榮一則把「令有所屬」解釋為「使人君別有所從」㉕；如果是這樣，則老子講的是統治者「自己」要怎樣。我個人採賀氏的解釋；因為在本章中，老子講的主要是統治者「那

㉕ 賀榮一前書，p. 164。

邊」怎樣怎樣。

⑶「常德乃足，復歸於樸。樸散則為器，聖人用之，則為官長。」（二十八章）這裏講的是聖人用樸。

⑷「道常無為而無不為。侯王若能守之，萬物將自化。化而欲作，吾將鎮之以無名之樸。」（三十七章）這裏首先講到侯王若能守住道，則萬物將自化。但如果在自化中欲望發作，則我老子將用道的質樸來鎮定它。這裏的「我」，是一種修辭講法，意思是假如是「我」，我就怎樣。其實際意思是要侯王用道的質樸來鎮定欲望的發作。

⑸「故聖人云：『我無欲，而民自樸。』」（五十七章）這裏雖提到人民自樸，但主要講的是聖人無欲。

㈡寡欲

老子對聖人、人民和人一般都講寡欲和不欲。

⑴「不見可欲，使民不亂。……聖人之治，……常使民無知無欲。」（三章）這是要人民不欲。

⑵「令有所屬：見素抱樸，少私寡欲。」（十九章）這是要統治者寡欲。

⑶「道常無為……。侯王若能守之，萬物將自化。……不欲以靜，天下將自正。」（三十七章）這是要侯王不欲。

⑷「咎莫大於欲得。」（四十六章）這是要人一般不欲。

⑸「聖人云：『……我無欲，而民自樸。』」（五十七章）這是講聖人的無欲。

㈢貴柔

老子貴柔弱的思想，講得非常普遍，從道和萬物到人。

⑴「柔弱勝剛強。」（三十六章）在這裏沒有限制的講到任何人和物。

⑵「天下之至柔，馳騁天下之至堅。」（四十三章）

⑶「守柔曰強。」（五十二章）

⑷「人之生也柔弱，其死也堅強。（萬物）草木之生也柔脆，其死也枯槁。故堅強者死之徒，柔弱者生之徒。是以兵強則滅，木強則折。強大處下，柔弱處上。」（七十六章）

⑸「天下莫柔弱於水，而攻堅強者莫之能勝。」（七十八章）

㈣不爭

老子的不爭思想，雖略有涉及人民，但主要要統治者自己不爭和使人民不爭。

⑴「不尚賢，使民不爭。」（三章）要統治者不尚賢，使人民不爭。

⑵「上善若水。水善利萬物而不爭。……夫唯不爭，故無尤。」（八章）這裏「上善」應指聖人。

⑶「聖人抱一為天下式。……夫唯不爭，故天下莫能與之爭。」（二十二章）

⑷「天之道，不爭而善勝。」（七十三章）老子在此，也把不爭當天道的重要性格。

⑸「聖人之道，為而不爭。」（八十一章）所以，不爭也是聖人的重要性格。

㈤主靜

老子不但講人的虛靜，聖人的好靜，而且講國邦的牝靜，和萬物的根靜。

⑴「致虛極，守靜篤。」（十六章）這是老子叫人要虛靜。

⑵「夫物芸芸，各復歸其根。歸根曰靜，靜曰復命。」（十六章）這裏是講萬物的根靜。

⑶「道常無為而無不為。侯王若能守之，萬物將自化。……不欲以靜，天下將自正。」（三十七章）這是老子叫統治者侯王不欲以靜，天下自然上正軌。

⑷「聖人云：『我好靜，而民自正。』」（五十七章）

⑸「大邦者下流，天下之牝，……。牝常以靜勝牡，以靜為下。」（六十一章）老子說，大國居下游，居天下雌性地方，就可取小國，因雌性常以靜以居下勝雄性。

㈥無為

無為是老子的一個中心思想。他有一個地方明白講道無為而無不為的。

其他有六七個地方，都是講聖人或統治者無為的。

⑴「聖人處無為之事，行不言之教。」(二章)

⑵「聖人之治，……。為無為，則無不治。」(三章)

⑶「愛民治國，能無為乎?」(十章) 這裏講愛民治國，當然是指統治者。

⑷「道常無為而無不為。」(三十七章)

⑸「上德無為而無以為。」(三十八章) 這裏「上德」應指上德之人，實際上與聖人相當。

⑹「無為而無不為。取天下常以無事。」(四十八章) 這裏講取天下的無為，當然是講統治者的。

⑺「以正治國，……，以無事取天下。……聖人云：『我無為，而民自化。』」(五十七章)

㈦棄智

「絕智棄辯」是老子的一個令人驚奇的思想。但是如果把這裏的「智」了解為「智詐」，「辯」了解為「巧辯」或「詭辯」，就不足為奇了。因為老子講的是「絕智棄辯，民利百倍。」(十九章) 他是要統治者絕棄智詐和巧辯。這有什麼不好? 老子又說：「古之善為道者，非以明民，將以愚之。民之難治，以其智多。故以智治國，國之賊；不以智治國，國之福。」(六十五章) 老子在這裏明白叫統治者不要以智詐治國。老子並沒有直接叫人民棄智。這裏「古之善為道者」宜指「古來理想的統治者」。「明民」宜解釋為「使人民有小聰明」，「愚民」宜解釋為「使人民質樸」。在「我愚人之心也哉！沌沌兮!」(二十章) 中的「愚」也應解釋為「質樸」。

從以上的例示和討論，可以看到，在講人間中，老子的返樸、寡欲、貴柔、不爭、主靜、無為和棄智思想或主張，主要和大部分是直接對聖人，即理想的人或理想的統治者講的，只有少部分是對一般人講的。注意這一點在了解和評價老子的思想上很重要。但是如果老子也希望人人成為聖人（理想的人)，而且他也認為人人「可以」成為聖人的話，他對聖人講的話，可視為實際上也適用於一般人。但老子並沒有明示他希望人人成為聖人，更沒有講人人可以成為聖人。因此，老子講的人間觀勿寧是聖人觀。

我們要舉例進一步說明幾點。首先，老子講的聖人的種種性格，是老子心目中已有的聖人性格的描述和斷言，還是他期望成為聖人的人應去建造的性格，他的講話時常可以做兩者之一解讀。這兩種講法的了解和評價是有不同的。如果是聖人性格的描述，則是斷言，我們要做的評價是這個斷言是否為真。如果是期望成為聖人的人應具有的性格，則這是引言，我們要做的評價是被期望成為聖人的人能否完成這個性格。試看下面的例子：

> 絕智棄辯，民利百倍。（十九章）

讓我們認定，這裏絕智棄辯的是統治者。即首先把這句話認定為「統治者絕智棄辯，民利百倍。」這句話可解釋並寫成如下的斷言㉖：

> 如果統治者絕智聖辯，則人民利益百倍。

另一方面，它也可解釋並寫成如下的引言㉗：

> 統治者（你們）絕智聖辯，人民就會利益百倍。

我們說過的，老子的返樸、寡欲等勸諭和主張，主要是對聖人講的。試看下面的例子：

> 五色令人目盲；……難得之貨，令人行妨。是以聖人為腹不為目，故去彼取此。（十二章）

老子在這裏雖然講過多的官能刺激和物欲，會使人（一般）激擾不安，但他勸諭寡欲的是聖人。

從以上的討論可以看到，在聖人和人一般的相對上，老子對人間的返

㉖ 這兩位也解釋成類似的斷言：賀榮一前書，p. 164；吳怡：《老子解義》，p. 155。

㉗ 這兩位的英譯，就是引言的形式：陳榮捷 (Wing-tsit Chan): *A Source Book in Chinese Philosophy*（《中國哲學資料書》），p. 149；范光棣 (K. T. Fann): *Lao Tzu's Tao Teh Ching — a new translation, Social Prax*, 8–3/4 (1981), p. 150。

樸、寡欲、貴柔、不爭、主靜、無為和棄智的勸諭主張，主要是對聖人講的。現在我們可以看到，在「我」與眾人或俗人的相對上，老子上述諸主張，是對「我」講的。試看：

> 眾人熙熙，如享太牢，如春登臺。我獨泊兮，其未兆，如嬰兒之未孩；儽儽兮，若無所歸。
>
> 眾人皆有餘，而我獨若遺；我愚人之心也哉，沌沌兮！
>
> 俗人昭昭，我獨昏昏。
>
> 俗人察察，我獨悶悶。
>
> 眾人皆有以，而我獨頑似鄙。
>
> 我獨異於人，而貴食母。（二十章）

這個文段的語句意義可寫成：

> 眾人歡天喜地，好像享受太牢筵席，也好像春天登臺眺望。我唯獨淡泊，沒有情欲朕兆，好像嬰兒之還未嘻笑；落落不群，像似無處可歸。
>
> 眾人都有多餘，而我唯獨像似不足。我真是愚人的心腸啊，混混沌沌的。
>
> 世人光耀自炫，我唯獨昏昏暗暗的。
>
> 世人嚴苛，我唯獨寬悶。
>
> 眾人都有本領，而我唯獨愚頑拙訥。
>
> 我唯獨異於別人，而貴重生養之母（道）。

從老子這些講話可以看到，眾人或別人與「我」的對比是：歡天喜地與淡泊；有餘與不足；光耀自炫與昏暗；嚴苛與寬悶；有本領與愚拙；不貴食母與貴食母。這個對比與前面講的人與聖人的對比相近，因為老子的人(一般）與聖人的對比可以視為是：奢華與返樸；縱欲與寡欲；剛強與柔弱；爭鬥與不爭；躁動與根靜；有為與無為；智詐與棄智。這樣的比對也許會使人以為老子把自己比做聖人。在一種了解下，確實會意味老子把自己比做聖人。前面我們講過，在老子的眾人或俗人和「我」的對比講話中,「我」可了解為老子自己或任何希望從眾人或別人獨立出來的人。如果了解為老子自己，則就意味老子把自己比做聖人。但在老子思想中，看不出老子把自己比做聖人。這樣，為了做更合適的了解，我們要把這裏的「我」做更精細的了解。那就是，把這裏的「我」了解為「自我期許的理想我」而不是「原本的我」(I as such)，或了解為任何希望從眾人或別人獨立出來，並且期許自己成為理想的人。在這種更精細的了解下，不但不會老子把自己比做聖人，而且對上引老子對眾人與我的對比講話，會有更好的了解。

㈡國家觀

在老子講人，聖人與一般人，和眾人與我時，並沒有預設或假定有國家。人們和國家的關係，並沒有現在那麼密切。因此，在講人間時，不一定要涉及或考慮到國家。但老子在講統治者與人民的相對問題時，雖然不一定提到國家，尤其是明白講到「國家」，但至少在某種意義上預設或假定是講國家之內的問題。實際上，老子也明白講到國家。現在讓我們看看老子怎樣講國家。

首先，老子對國家的勸諭幾乎和對聖人的勸諭一樣，要寡欲、貴柔、不爭、根靜、無為和棄智。試看他怎麼說：

⑴「愛民治國，能無為乎?」(十章）明顯的講，要無為治國。

⑵「柔弱勝剛強。……國之利器不可以示人。」(三十六章）這可以說是要國家柔弱和不爭。

⑶「以正治國，以奇用兵，以無事取天下。」(五十七章)「不欲以靜，天下將自正。」(三十七章）所謂以正治國，一般解釋為以正道治國。那麼，這裏所謂正道是什麼意思呢? 從上述引文，所謂正道可解釋為無為，寡欲和根靜。

⑷「治大國若烹小鮮。」（六十章）這是說，治理大國，好像煎小魚。其意思是，治理大國要像煎小魚，要安靜無擾，也就是無為根靜。

⑸「大邦者下流，天下之牝。……牝常以靜勝牡，以靜為下。故大邦以下小邦，則取小邦；小邦以下大邦，則取大邦。」(六十一章）這個文段

的意思是，大國要居下流，處在天下雌柔的地方。……雌柔常以根靜勝過雄強，以靜居下。所以，大國對小國謙下，則取得小國的信賴。小國對大國謙下，則取得大國的信任。從這裏可以看到，老子要大國不要逞強，要雌柔根靜。大小國之間要謙下不爭。

⑹「以智治國，國之賊；不以智治國，國之福。」（六十五章）顯然是要統治者棄智，不以智詐治國。

我們講過的，老子的人間觀主要講人、聖人、統治者、人民和眾人與我，以及國家。老子明白的說，天地萬物是由道生成的。但人和國家是否由道生成的，以及人和國家是怎樣來的，他沒有說。這是他的宇宙觀的一大空隙。他的另一大空隙是，人生的目的是什麼，人死後怎麼樣，以及國家的目的和理想是什麼，他沒有說，至少沒有相當明白說。老子雖然講聖人或理想的人要返樸、貴柔、不爭、根靜、無為和棄智，但這主要講修身的工夫，或如何營生，而不是人生的目標。這些工夫要達成的人生目標是什麼？他沒有說。我這裏所謂人生的目標，譬如有人說是追求快樂，為社會獻身，立地成佛，或身後能進天堂等等的。老子是講了一些有關死的，例如，他說：「民不畏死，奈何以死懼之？若使民常畏死，而為奇者，吾將得而殺之，孰敢？」（七十四章）「民之輕死，以其上求生之厚，是以輕死。」（七十五章）這些講話主要是講統治者與人民畏死或輕死之某種關連，而不是講人一般的死的問題，尤其是死後的問題。老子也說：「堅強者死之徒，柔弱者生之徒。」（七十六章）這裏老子強調的是堅強和柔弱的後果，而不是談生死的問題。也許有人會說，老子不是說「死而不亡者壽」（三十三章）嗎？這不是講到身後的問題嗎？問題是，我們不知道這裏的「不亡」確切是什麼意思。

講到國家，大部分的研究者都把《老子》第八十章的「小國寡民」，解釋為是老子的烏托邦理想國。如果確實是這樣的話，則老子的國家觀中就有一種理想境界。但是，我不認為〈小國寡民〉章是講理想國的。我認為，它是一種「桃花源記」式的遐想優游閒暇的小世界而已。我已經在討論老子的「小國寡民」中，詳細討論這了㉘。

五、道觀

在《論語・里仁》上，有一則大家熟悉的對話：

子曰：「參乎，吾道一以貫之。」曾子曰：「唯。」子出，門人問曰：「何謂也?」曾子曰：「夫子之道，忠恕而已矣!」

這一段是說：

孔子說：「參（曾子之名）啊！我的道理（思想），可以用一個東西貫通它。」曾子說：「是的。」孔子出去，子弟們問曾子：「是什麼意思?」曾子說：「夫子的道理，忠恕而已。」

現在如果老子說：

吾道一以貫之，道而已。

相信會比曾子對孔子的說法更恰當，因為我們不大容易看出，孔子的道或思想如何用忠恕去貫通，可是在老子的思想中，我們卻可以處處看到他用道去貫通，不論他是否真的貫通了。

在老子思想的研究中，討論他的道的最多。在這些研究中，對老子的道該講的話，有的講的很好㉙；有的則講的過多；有的則講的很扭曲或牽強附會。在本節中，我們將要以老解老的方法和考慮，以及道、天地、萬物、人間一宇宙的觀點，來講述老子的道。所謂以老解老，是要盡量依老子講過話，也就是依《老子》章句，來講述老子的道。一般人的宇宙觀、天地觀、萬物觀和人間觀，我們或多或少可以經由一般知識和經驗，加上

㉘ 參看本書第九章〈老子的「小國寡民」〉。

㉙ 下面這些對道的講法值得參考：Chung-hwan Chen （陳康）："What does Lao-Tzu mean by the Term 'Tao'? ",《清華學報》，新4卷2期，pp. 150–161，1964年2月；唐君毅：《中國哲學原論：導論篇》，第十一和十二章，pp. 368–418；Charles Wei-husn Fu（傅偉勳）："Lao-Tzu's Conception of Tao", *Inquiry* 16, 1973, pp. 367–94。

合理的玄思和想像，加以理解和把握。但老子的道，卻十分具有老子自己獨特的想法。他的道可以說完全決定於他自己怎麼講。因此為能夠比較正確理解和把握老子的道，我們必須相當緊貼《老子》的章句。除非相當明顯，否則不要做過多的解讀和「發揮」。不然，那些解讀和發揮，很可能就不是老子的道，而是別人的了。

㈠《老子》書中「道」字的四個意義

了解《老子》書中諸「道」字的若干不同用法和意義，以及其中一些用法和意義的牽連、糾纏和混淆，是要能正確了解《老子》章句和老子思想的必要途徑。「道」字在《老子》中出現七十多次。如有必要我們是可以給它們的不同用法和意義，一一予以初步釐清的。但是也要知道，在許多「道」字沒有實際出現的章句和段落，在解讀上研究者也時常要說它是講到道的。這時候這個道是什麼用法和意義的道呢，實際上我們就不容易在一個有限的篇幅裏給予釐清了。因為，一個沒有「道」字出現的章句或段落，是否講到道，時常是見仁見智的。再說，這樣的釐清工作，幾乎是要在整個研究《老子》中做的。不論如何，在解讀和闡釋《老子》中，記住和分別「道」字在《老子》中可有的不同用法和意義，是非常必要的。

現在就讓我們看看《老子》中「道」字可有的不同用法和意義。首先要指出的是，《老子》的「道」字，「好像」有許多不同的用法和意義，而且很糾纏。實際上，基本的只有四個用法和意義，而且如果能正確把握「道」字出現的章句，並不難避免被纏繞。

首先，「道」字的一個意義是「說」(say)。在「道可道，非常道。」(一章）中的第二個「道」字，就是「說」的意思。這也是「道」當「說」唯一出現的地方。

「道」字的另一個意義是「馬路」(road, way)。在「使我介然有知，行於大道，唯施是畏。大道甚夷，而人好徑。……非道也哉!」(五十三章）中的三個「道」字，應解釋為「馬路」、「道路」。這些話的意思是，假使我稍微有認識，就要在大馬路行走，唯恐走入邪路。大馬路甚為平坦，但人卻喜歡捷徑。……不是走馬路呀!「道」字的這個意義，也只有在這裏出現。

在《老子》中使用最多，而且是「道」字最重要的意義是「老子之道」。任何研究老子哲學的人必須注意到的是，老子之道的「道」字應該是一個專名(proper name)。一個字或詞是一個專名，如果它僅僅稱指(denote)一個東西。大部分《老子》的英譯，都把老子之「道」「音譯」並且「大寫」為“Tao”。這種譯法是對的。首先，老子之道是一個專名，所以最好用大寫來表示。再說，在英文裏沒有一個字眼，其字義略近老子之道，因此最好的翻譯就是音譯。可是，就個人所知，似乎研究者都沒有明白說過，老子之道的「道」字應視為是一個專名。當然，更沒有從現代語言哲學對專名的認識，來幫助理解和處理老子之道。

在《老子》中，老子雖然使用「道」字表示諸如上述「說」和「馬路」、「道路」，以及如同後面要講的「道理」、「準則」(principle)或「路徑」(way)等，但是他也使用「道」字來稱指他心目中重要的道這個東西。他說：

> 有物混成，先天地生。寂兮寥兮，獨立而不改，周行而不殆，可以為天下母。吾不知其名，強字之曰「道」，強為之名曰「大」。(二十五章)

這段話是說：

> 有一個混然所成的東西，在天地之前就生成。無聲又無形啊，獨立而不受其他東西影響而改變，不斷運行不息，可以為天地萬物之母。我不知道它的名字，勉強叫它做「道」，也勉強給它取名做「大」。

在這裏，老子把他心中認為的那個在天地之前就生成的混然所成的東西，勉強叫做道或大。在這裏有些東西老子可能沒弄清楚的。首先，他也許認為道和天下每樣東西一生成，就有它自已的名字，只是你我知不知道它而已。如果道不是一生成就有它自已的名字，老子實在不必說他不知道它的名字。但我們知道，每樣東西的名字不是一生成本來就有的，而是人給的。人可能根據不同的理由和用意給東西取名字。在此，我們不準備討論這些理由和用意。但人給一個東西取專名(proper name)時，通常是相當任意的，尤其是名字和東西的性質之間，不必有什麼特定關係。老子也許以為道的名字的字詞意義與道的基本性格之間，要有關連，而他找不到字義與道的基本性格有密切關連的字，如果有，也許是像「道」或「大」這些字眼，因此當他拿「道」或「大」給道或那個在天地之前就生成的混然所成的東西取名字時，是「勉強」的。但我們知道，只要你心目中有個東，你可自由給它取個名字，不必任何勉強。

我們知道，老子給道取名為「道」或「大」。但在《老子》中，當道之名的「大」或與道之名有關的「大」，只有下列地方：

> 大道廢，有仁義。（十八章）
>
> 大道氾兮，其可左右。……萬物歸焉而不為主，可名為大。以其終不自為大，故能成其大。（三十四章）

在上引「大道廢」的「大道」裏的「大」字，可以了解為普通大小的「大」，道的名字的「大」，或有歧義的這兩者。在中文的造詞、造句上，為了對偶或聲韻，時常要增減字。在不變更語意下，可以增減的字是虛字、同義字或不影響語意的修飾字。大小的「大」加在「道」上，不影響道的意義，因老子的道本來就是廣大的。老子把他的道也叫做「大」，因此「大」和「道」加在一起，也沒改變道的意義。「大道氾兮」中的「大」也可了解為大小的「大」或道的名字的「大」。「可名為大」的「大」，是藉用大小的「大」的語意當道的名字。「不自為大，故能成其大」的「大」字，是大小的「大」。

老子也說「道常無名」（三十二章）和「道隱無名」（四十一章）。這裏的「無名」可有三個相關但不同的了解。一個是沒有名字，另一個是沒有名聲，再一個是沒有形蹟。就語句意義來說，沒有名字的了解似乎比較適當。但老子明明給道取名為「道」或「大」，怎麼說沒有名字呢?

老子說：「道可道，非常道；名可名，非常名。」（一章）這第一句話是說，道，說得出的，不是恆常的道。這裏所謂說得出的，不是指一點都不能說的，因為老子已經對它說得很多東西，而應是指可以「明確」說得出的，或可以「完全」辨認的。也就是說，道，可以明確說得出的，或可以完全辨認的，不是常道。「名可名，非常名」這句話，不論怎樣解釋，似乎都沒道理。如果與對偶的前一句，即「道可道，非常道」相同語法或邏輯結構來解釋——應該如此才合理——則這句話的解釋是，名字，可以給它的名字，不是常名。當然，在這樣的解釋之下，並沒有說我們不可以給名字取名字。但是，我們給名字取的名字和給其他東西取的名字一樣，都是東西的名字。我們給一個東西取了名字以後，除非我們取消這個名字，否則它永遠是這個東西的名字。因此，在這個解釋下，所謂「名可名，非常名」是沒有道理的。但幾乎所有研究者沒有看到在語意和前後的語法結構的呼應上所應做的解釋。當然，在這裏老子自己可能為對偶而有造句上的混淆。一般研究者幾乎遠離語句意義把這句話解釋為可給道取的名，就不是常名。這樣的解釋，也是沒道理的，因為我們一給道取名為「道」，除非以後取消這個名字，否則「道」就是道的常名。

在《老子》中，「道」字可有的第四個意義是「道理」、「準則」或「路徑」，一般英譯者把它譯為"way"。這是一個通名(general noun)，不是專名。我將用「準則」來表示「道」的這一意義。在下列的「天之道」、「天道」、「人之道」和「聖人之道」中的「道」，就是這一意義的道，就是「準則」的意義。這裏的「準則」是通名。也就是天和人的許多「個別準則」的通稱。老子之道的「道」字則是專名，它僅僅稱指老子哲學和老子心目中的那個而且僅只一個的道。下列各章句中的「道」字，就是「準則」的意思：

> 不闚牖，見天道。（四十七章）
>
> 深根固柢，長生久視之道。（五十九章）
>
> 天之道，不爭而善應。（七十三章）
>
> 天之道，其猶張弓與？……天之道，損有餘而補不足。人之道，則不然，損不足以奉有餘。（七十七章）

天道無親，常與善人。（七十九章）

天之道，利而不害；聖人之道，為而不爭。（八十一章）

在《老子》中除了前面所講以及所列舉的「說」、「馬路」和「準則」意義的「道」字以外，幾乎所有其他章句中的「道」字，都是指老子之道。

㈢「道」字的諸意義，老子之道的諸性格，以及我們對老子之道的諸解釋和諸觀點

這個標題有點長，但為了提請注意，只好這樣。許多研究者，由於沒能把《老子》中的「道」字諸意義，老子之道的諸性格，以及我們對老子之道的諸解釋和諸觀點分清楚，因而造成對老子之道的許多混淆、誤解、錯解和莫測高深的難解。

首先要知道的，所謂「道」的諸意義或歧義性，是指「道」字的諸意義或歧義性。老子的道本身無所謂有諸意義或歧義。老子的道實際上只有一個。因此，我們就說，老子的道的「道」字是專名。老子的道雖然只有一個，但它的重要性格可以很多。然而這些諸性格不是道的歧義，也不是道的諸意義，而是道的諸性格。至於研究者對老子的道的諸解釋和諸觀點，則是對這個道有什麼諸性格，這些諸性格之間的關係，這個道與天地萬物人間之關係，以及它在宇宙中的地位等等的解說。這些可能的種種解說，都是對相同的一個道所做的解說，不是對「不同的」道所做的解說。

大部分的研究者把對老子的道的稱指(denote)和對它（道）的述說或講述混在一起。對道的稱指是稱指道那個東西，由於道只有一個，因此「道」的稱目或所指(denotatum)只有一個，但我們對這個道可以有種種述說和講述。這些不同述說和講述都是對同一個道做的，它們不是「道」字的不同意義，而是同一個道的種種性格的講述。試看下面三句話：

⑴玉山是一座高山。

⑵玉山高3950公尺。

⑶玉山下雪了。

這三句話中的「玉山」一詞都是稱指玉山這座山，由於只有一座玉山，因

此「玉山」一詞只有一個意義，沒有歧義。語句⑴講述玉山是山，不是別的東西；⑵講述玉山的高度；⑶講述玉山的天候狀況。這三者所講的都是同一座山，即玉山。

同樣的，試看《老子》下列章句：

⑴道生一，一生二，二生三，三生萬物。（四十二章）

⑵道者萬物之奧。（六十二章）

⑶人法地，地法天，天法道，道法自然。（二十五章）

這三句話裏的「道」字都稱指相同的一個道，它們分別講了這個道是萬物的本源，貯藏所和楷式。這些是同一個道的三個基本而重要的性格。這些不是「道」一詞的三個意義。「道」一詞只有一個意義，即它稱指的是唯一的老子的道。但陳康教授卻說這三者是「道」一詞的三個意義，這是不對的㉚。

在討論老子的道時，一般研究者喜歡用「道體」來稱呼它。《老子》中沒有「體」字。這裏的「體」字應該是現代中文哲學上常用的「實體」或「本體」(substance)。實體或本體的觀念是西方傳統存況論(ontology)的產物或觀念。在老子哲學中並沒有類似的觀念。因此，我們不用「道體」來稱呼老子的道。在必要的時候我們用最一般、最沒有特指的「東西」一詞，而說「道這個東西」。普通我們單單說「道」或「老子的道」。

㈣道觀

這裏的道觀，是指老子的道所展示的世界景象。當然這種世界景象是要完全依老子的描寫來觀看的，不論它是老子看到的、想到的、推測到的，或體驗到的。維根斯坦(Wittgenstein, 1889–1951)說：「我們必須拋棄一切解說，而僅僅以描述取代其地位。」㉛姑且借重這句話的表面意義，依老子所說，我們來描述道所展示的世景。

㉚ 參看陳康前文。

㉛ 維根斯坦：《哲學探究》(*Philosophical Investigations*), § 109。

首先，道是在天地之先生成的一個混然的東西。他說：

有物混成，先天地生。寂兮寥兮，獨立而不改，周行而不殆，可以為天地母。（二十五章）

這個混然的道，無聲無形，獨立不受其他東西的影響而改變，不斷運行不息，可以當天地母親。因此，萬物是由道生成的。老子說：

道生一，一生二，二生三，三生萬物。（四十二章）

但道是怎麼來的呢？道由什麼生成的呢？這些問題老子沒有提過。

道不但是萬物的本源，而且也是萬物的貯藏庇蔭所。老子說：

道者萬物之奧。（六十二章）

道也是人、天和地的楷式。老子說：

人法地，地法天，天法道。（二十五章）

關於道這個東西本身，老子說：

道之為物，惟恍惟惚。惚兮恍兮，其中有象；恍兮惚兮，其中有物。窈兮冥兮，其中有精；冥兮窈兮，其中有信。（二十一章）

也就是說，道這個東西，是恍恍惚惚的。雖然是恍恍惚惚，但有形象，有東西。它是深遠暗昧的，但有精質，有信實。老子說：

反者道之動；弱者道之用。（四十章）

這是說，道是不斷在運動、運行的，道的作用是柔弱的。他又說：

> 道常無為而無不為。（三十七章）
>
> 大道氾兮，其可左右。萬物恃之以生而不辭，功成而不有。衣養萬物而不為主，……，萬物歸焉而不為主。（三十四章）
>
> 道生之，……長之育之。……生而不有，為而不恃，長而不宰。（五十一章）

道也無名、無聲，而質樸。他說：

> 道常無名，樸。（三十二章）

六、道、天地、萬物、人間一宇宙

雖然在前面「道觀」的小節裏，我們對老子的道觀只做描述，不做解說，但在這裏講老子的道、天地、萬物、人間一宇宙的時候，我們要做解說了。因為在這裏我們就是要解說老子的宇宙觀或世界觀。

在《老子》裏，沒有「宇宙」(cosmos, universe)或相當的「世界」(world)這些字眼或概念。《老子》中的「天下」、「天地」，甚或「萬物」，尤其是「天下」一詞，在某些場合，解釋為老子心目中的宇宙或世界，也可以。不過，我們還是用現在習用的「宇宙」或「世界」來講述老子的宇宙觀或世界觀。

我們所謂道、天地、萬物、人間一宇宙，其主要意義是說，這宇宙或這世界是由而且僅僅就由道、天地、萬物和人間構成的，除這些以外，沒有別的什麼，譬如沒有天堂或地獄，而且基本上道、天地、萬物和人間都依循或「應該」依循道的道理或準則運行或行為。這樣的宇宙就是老子心目中或思想中的宇宙。除了這樣的宇宙，老子心目中或思想中沒有別的宇宙。換句話說，老子的宇宙是由道、天地、萬物和人間這些部分或成分構成的，而這個宇宙基本上是依道的原理或應該依道的原理運行或行為。

老子的宇宙觀的基本特色是，宇宙中除了有普通都會認定的天地、萬物和人間這些界域以外，還有他自己獨特認定（的界域）；其次是，不論是道，還是天地、萬物和人間都依循、會依循或應該依循道來運行和行為。我們講過的，道是如何來的，什麼生成道的，老子沒有說。這是老子宇宙觀中的一個邏輯空隙或理隙。至於道這個東西，老子是如何獲得的呢？首先，我們不認為它是老子的一個有自覺的假設㉜，因為老子和老子的時代，大家都還沒有理論上的「假設」的觀念。那麼是怎麼獲得的呢？唐君毅說：「老子之道，既不同於說明萬物之假設，又非人之宗教信仰之所對，復非依理性上之原則所建立；則老子之知有此形上道體，唯餘一可能，即由老子之直覺此道體之存在。」㉝唐君毅這個消去法的說法，基本上是可接受的，但對這裏所謂「老子之直覺」，我們必須添加一些必要的說明。

在《老子》中，老子雖然講到很多「知」，但從未講到「直覺」。然而在一二地方，很突出的講到與「知」有關的「觀」。老子說：

> 常無，欲以觀其妙；常有，欲以觀其徼。（一章）
>
> 以身觀身，以家觀家，以鄉觀鄉，以邦觀邦，以天下觀天下。吾何以知天下然哉？以此。（五十四章）

這裏的「觀」，尤其是後一段文段中的，應了解為「統觀」或「通觀」。我們認為老子的天地觀、萬物觀和人間觀，是老子的統觀取得的。同樣，他的道觀也是他的統觀取得的。因此，老子的道觀和他的天地觀、萬物觀和人間觀，都是他看到的，統觀取得的。我們要把上面唐君毅所謂老子之直

㉜ 唐君毅也不認它是一個理論上的假設，見他的前書，p. 388。陳鼓應說，「道」的問題只是一個虛擬的問題；「道」的特性和作用，是老子預設的。這裏「虛擬」和「預設」的說法，容易誤導。參看他的前書，p. 1。

㉝ 唐君毅前書，p. 389。

覺，了解為這種統觀。也正因為這些諸觀都是由老子的統觀取得的，因此它們構成了一個老子的宇宙觀，它們都同在老子的一個宇宙裏。老子認為宇宙就是他統觀取得那樣。在老子的統觀和理解中，沒有我們從西方哲學傳來的所謂形上學的和非形上學之分的觀念。老子從統觀取得的宇宙觀，既是哲學的，也是科學的，因為在老子時代，至少就老子本身來說，根本沒有哲學科學之分。老子所有的，都是他從統觀取得的道觀、天地觀、萬物觀和人間觀所形成的世界觀或宇宙觀。因此，我十分不贊同用形上學來標題和標籤老子的道觀，因為老子自己根本沒有所謂形上學。他認為他的道觀就是他看到的，正如同他的萬物觀是他看到那樣。把老子的道觀標籤為形上學的，是我們用我們現在自己有的哲學認識，來框架老子的哲學，而不是從老子的統觀來講述和了解老子的哲學。

我們知道，在老子的宇宙裏，道是在天地之先獨立就有的混然的東西。天地和萬物都是道生成出來的。但人間，尤其是人和國家，從那裏來的以及往那裏去的，老子都沒有說。依老子，天、天地和人都取法道。現在有幾個問題：

⑴天、天地和人取法道「的什麼」？又道有沒有取法什麼？

⑵天、天地和人「為什麼」取法道？又其取得的效果有沒有不同？

⑶大道為什麼會在人間廢弛的情形？老子對此有什麼補救之道？

研究者都知道，老子的天、天地和人是取法道的，但很少人問取法道的什麼？老子也沒有明文說出取法道的什麼，但我們不難回答這個問題。老子說：

> 人法地，地法天，天法道，道法自然。（二十五章）

首先，這裏的「法」是「取法」或「依循」的意思，而且這裏的「取法」應了解為是可傳遞的 (transitive)。這樣，不但人、地、天取法道，而且最後都取法自然。這裏要問的是「道法自然」是什麼意思。這裏所謂「自然」，向來有「大自然」和「自然而然」或「自己如此」兩種解釋。如果只就「道法自然」這句話本身而言，雖然這兩種解釋在語句的表面意義上不盡相同，但在邏輯意義上是一致，甚至可視為是等值的。因為如果我們進一步問：「取法大自然的什麼?」最好的回答無非是：「大自然的自然而然」。然而，就整個老子哲學來說，我們不應有「大自然」這個東西。因為在老子的宇宙裏，道是至上的，因此道之外，道沒有什麼要取法的東西。如果把天地萬物當這裏的大自然，也不行，因為天地萬物是道生成的，它們取法道，沒有道反過來要取法它們的。這裏所謂「自然而然」是指道自身的自然而然。道的自然而然是宇宙裏至高的自然而然。因此，這裏的「道法自然」是指道依循自己的自然而然。

在老子的世界或宇宙裏，有的東西是：道，天，天地，萬物和人間，沒有自然（界域）。《老子》裏，「自然」一詞出現在下列地方：

> 功成事遂，百姓皆謂：「我自然。」（十七章）
> 希言自然。飄風不終朝，……。（二十三章）
> 道法自然。（二十五章）
> 道之尊，德之貴，夫莫之命而常自然。（五十一章）
> 以輔萬物之自然而不敢為。（六十四章）

我們可把上面各句分別解釋為：

> 功成事遂了，百姓都說：「我們本來就是這樣的。」
> 少說話，自然而然的。狂風刮不到一早晨，……
> 道依循（自己的）自然而然的。
> 道的尊崇，德的珍貴，莫須命令而總是自然而然的。
> 用以輔助萬物的自然而然，不敢妄為。

在這些章句中，「自然」一詞都可以解釋為「自然而然」，而不必解釋為「大自然」。依奧康之刀(Ockham's razor)不必要的項目不要堆上去的原則，我們不把「自然」解釋為「大自然」。

在道依循道自己的自然而然中，有沒有「具體」的自然而然的指標呢?

答案應該是很明顯的。我們認為這些指標就是：質樸，無欲，柔弱，不爭，虛靜和無為。

現在我們也要問的，在人法地，地法天，天法道中，要取法地、天和道的什麼？無疑的，是要取法地、天和道的自然而然，也就是地、天和道的質樸、無欲、柔弱、不爭、虛靜和無為。其實在這取法的順序中，依「無，名天地之始；有，名萬物之母」和「天下萬物生於有，有生於無」的生成順序，我們應添加萬物取法天地的。但人與萬物之間有什麼取法的，老子似乎沒有明說。「萬物莫不尊道而貴德」（五十一章），但在老子的講話裏，人一般並沒有尊道而貴德，因此在老子的思想裏，人一般恐怕不如萬物。

在老子的宇宙裏生成位階最高的是道，其次依序為天、地、萬物。道生成天、地和萬物，但人（和國家）是否由道生成的，老子沒有說。諸界域的取法位階和自然而然的高低，基本上是依生成的位階。因此，老子就有很明確的「人法地，地法天，天法道，道法自然」的說法。我們在前面講過，這裏所謂「法」或「取法」是取法「什麼」的「自然而然」。但這裏有兩個相關的問題。一個是，在生成上，老子沒有說人是由什麼生成的，也沒有說人為什麼會出現在這個取法的層級上。人的取法是否和道、天、天地和萬物的取法完全一樣？

仔細的了解，我們會發現，天、天地和萬物的運行和行為雖然沒有道的那麼自然而然、那麼完好，但總是偏向好的，但是人的行為卻不然，大部分是不完好的。例如老子說：

> 功遂身退，天之道。（九章）
> 萬物莫不尊道而貴德。（五十一章）
> 天將救之，以慈衛之。（六十七章）
> 天之道，不爭而善勝，不言而善應，不召而自來，繟然而善謀。（七十三章）
> 天之道，損有餘而補不足。人之道，……，損不足以奉有餘。（七十七章）

天之道，利而不害。（八十一章）

同時，從前面講人間觀可得而知，人（一般）是奢華、多欲、好強、好爭、躁動、有為和智詐的。人的行為和天、天地和萬物的運行有這種好壞的差別，似乎在人不是道生成的，而天、天地和萬物則是。這樣，在「法」或「取法」上，兩者似乎有「質」的不同；因為如果僅只有「量」的不同，不會產生那麼大的差別。地、天地和天的「向上」取法，是事實的，也就是宇宙的事實就是如此。但人的向上取法，不是事實如此的，而是人，尤其是有些人，自己的一種努力或被期待或規諭，去取法的。因此，人的向上取法，有的成功，有的沒有。或是說，人的取法是規範性的，天、天地和萬物的取法是存況性的㉞。

人之沒有事實上自然而然取法道，一則恐怕因為人不是道生成的，因而沒有或較少自然而然取法道的本性，二則道雖然泛濫，周流左右（「大道氾兮，其可左右。」（三十四章）），但由於人間不是道生成的，因而道在人間周流比較稀少，因而使人沒有事實上自然而然取法道。不但如此，道還可能在人間廢弛。老子說：

大道廢，安有仁義。（十八章）

失道而後德，失德而後仁，失仁而後義，失義而後禮。（三十八章）

我們要把這些話了解為㉟：

㉞ 這裏的「規範性」和「存況性」的講法，參看陳康前文。在講老子的哲學中，我個人不喜歡用「存況性」這個觀念。

㉟ 這種了解須做一些解說。主要在「須有」的「須」字。在原句「大道廢，安有仁義」或「失道而後德，……」中，是沒有「須」字的。因此，如果依原句直接解釋，應為「大道廢弛後，於是有仁義。」這種解釋如果和通行本（王弼本）的「智慧出，有大偽；六親不和，有孝慈；國家昏亂，有忠臣」並立，則因「大偽」無論如何是不好的，因而也大大要貶仁義、孝慈、和忠臣。但我們知道，

大道（被）廢弛後，於是須有仁義。

失落道後，須有德；失落德後，須有仁；失落仁後，須有義；失落義後，須有禮。

在老子這些話裏有一個重要的斷定，即道是會廢弛或失落的。首先我們要問的是，這裏所謂道廢弛的「廢弛」，是什麼意思。我們要把它解釋為道運行的弛緩甚或停止，而不是道的消滅。其次要問的是，道會在那裏或那個界域裏弛緩。老子沒有明白講。但我們相信，老子關心的是道在人間的廢弛。再次要問的是，道為什麼會在人間廢弛。也許有兩個理由。一個是，人不是道生成的，因此，即使道會氾濫流到人間，但由於道不是內在或內存於人或人間，因此它在人間容易廢弛。另一個理由是，人取法道沒有成功或沒有十分成功。

前面講人間時我們講過的，老子在人中突顯聖人。但我們不知道老子講聖人時，是提出他心目中聖人——理想的人或理想的統治者——的標準，並期待和規諭一般人努力去取法道，去成為聖人，還是他心目中已有聖人的典範，他只是把這些典範的特徵寫出來，還是他心目中已有聖人的典範，他把他們寫出來，並期待和規諭一般人去成為聖人。如果是第一者，則他講聖人的講話是規範性的引言。如果是第二者，則他的這些講話是斷言。如果是第三者，則他的這些講話是一種有歧義的斷言和引言。

由於老子的道氾濫周流到天、天地、萬物和人間，因此老子的宇宙是由道、天、天地、萬物和人間所形成的一宇宙。但我們也知道，在生成上道和人有怎樣的關係，老子沒有說。但在運行取法上，他至少說了人取法或應該取法道、天和天地。

老子決不貶孝慈，尤其是慈。但有人會說，當老子說「絕仁棄義，民復孝慈」（十九章）（王弼本）時，不是在貶仁義嗎？但依《郭店楚墓竹簡》（甲組）第十九章的文本「絕智棄辯，民利百倍；絕巧棄利，盜賊亡有；絕偽棄詐，民復孝慈。」沒有貶仁義。這樣，我們的「大道廢弛後，於是須有仁義」的解釋，一方面肯定仁義，二方面更推崇道，因為這個解釋意味著說，大道沒廢弛，就不須仁義。

七、諸家論道的檢討與批評

學者對老子哲學的講述中對老子的道的討論最多。在本節，我要拿其中一些具代表的討論，做一些檢討和批評。這些檢討和批評，一方面可以幫助顯示我怎樣了解和處理老子的道及有關的東西，二方面指出我認為的不適當，甚或錯誤的了解和處理。

㈠不適當的「形而上（學）的」的標籤，以吳康為例。

不管首創「形上學」(metaphyics)一詞的古希臘哲學家亞里士多德怎樣使用這一詞，我們今天總是在和科學或「形而下」研究相對意義使用形上學一詞。因此，在今天使用「形而上（學）的」來標題或標籤老子的道的哲學，是會誤導的。因為在老子的思想中或心目中沒有所謂形上學。他的道觀和他的天地觀、萬物觀或人間觀一樣，都是他所看到的世界。如果我們用「形上學」來標籤老子的道觀，很容易令人以為在老子的心目中，早就有哲學上形上學和非形上學之分，而且他的道觀是屬於形上學的。實際上，我們根本看不出老子有這種想法。整個老子哲學顯示的是，不論是道觀，還是天地觀、萬物觀或人間觀，都是老子看到的，統觀到的。

吳康教授在1955年出版的《老莊哲學》第一篇老子哲學第一章，就標題「形上思想」㊱。我不知道在這之前有沒有人這樣標題。但我相信吳康的標題對後來的研究者影響很大。胡適在1919年出版的《中國古代哲學史》講老子的地方㊲，沒有這種標題。馮友蘭的《中國哲學史》的老子章上也沒有這種標題。在他的《中國哲學史新編》第二冊第十一章第六節有「《老子》中的宇宙觀」的標題㊳。他不標「宇宙論」(cosmology)，而標「宇宙觀」。這是正確的。勞思光在他的《中國哲學史》講老子的道的地方，也沒有什麼「形上（學）」的字眼㊴。

㊱ 吳康：《老莊哲學》，p. 6。

㊲ 胡適：《中國古代哲學史》第三篇〈老子〉。

㊳ 馮友蘭：《中國哲學史新編》第二冊，p. 46。

㊴ 勞思光：《中國哲學史》卷一，pp. 184–187。

㈡不適當的拿西方形上學家特有的形上學觀念解釋道及相關觀念，以沈清松為例。

如果僅僅拿「形上（學）的」來標示老子的道觀，而仍然依《老子》文本和老子「原樣」思想和觀念，來詮釋老子哲學，則這種標示有誤導我們正確了解老子道觀的「可能」。如果不但這樣標示，而且還進一步使用形上學的觀念和用語，尤其是西方形上學家的，則很可能就實際在誤導人了。因為這種詮釋不是講老子的道觀，而是在利用老子的文句，在不適當的解釋下講他自己或一個第三者的道觀。沈清松在他的〈老子的形上思想〉一文中，就做了許多這樣的解釋㊵。

例如，沈清松把老子的「無，名天地之始；有，名萬物之母。」裏的「無」和「有」分別解釋為亞里士多德式的「可能性，潛能」(potentiality)和「實在性，實現」(actuality)㊶。這是非常錯誤的。首先，在老子哲學思想中似乎沒有任何潛能和實現相對的觀念。因此，這種解釋一開始就曲解老子。再說，亞里士多德的潛能和實現觀念有很特定的含義。它們和物質、觀念、動作力和動作原因，以及目的或動機等這四者在邏輯上不可分。這些相牽連的關係，根本不是老子哲學中曾觸及的。在老子的宇宙中氾濫的大道，絕無潛能和實現之分。如果把老子的「視之不見，聽之不聞，用之不既」的道了解為只是潛能的，不但是錯解老子的道的意義，而且在貶老子之道的最高楷式的地位。

㈢把老子的道觀解釋為唯心主義或唯物主義的錯誤，參看任繼愈的評論。

在中國受馬克斯唯物史觀支配時期，許多哲學思想的研究者，總要把一個哲學家或其哲學，標籤或判定為唯心主義的或唯物主義的。老子的道觀也沒有幸免。任繼愈在他的《老子新譯・緒論》中，對這些標籤或判定有扼要的舉例介紹㊷。這類標籤或判定是錯誤的，因為所謂唯心主義或唯

㊵ 沈清松：〈老子的形上思想〉，《哲學與文化》，15卷12期，pp. 22–30，1988年12月。

㊶ 陳鼓應也這樣，他的前書，p. 53。

物主義的「物」和「心」，概念本身十分模糊和有歧義，再說老子自己以及他那時代，根本沒有現代意義的心物區分的觀念。

在把主張老子是唯心主義和唯物主義分別稱為甲、乙兩派後，任繼愈說：

> 雙方都把老子的思想說過了頭，超出了老子時代（春秋）的人們的認識水平。……
>
> 甲派方法有錯誤，錯在把老子的唯心主義體系與近代唯心主義哲學相類比，把老子的道比做黑格爾的絕對精神。這樣的類比是不科學的。……因為，按照人類思維發展規律，老子的時代，不能達到像黑格爾的那樣高度抽象的程度。而乙派把老子的「道」解釋為「物質一般」，「物質一般」的概念也是近代科學以前不可能有的。甲、乙兩派同樣犯了把古人現代化的錯誤。
>
> 甲、乙兩派都把老子的哲學體系說得太系統化了，其實許多問題老子自己還不甚清楚。古人無力說明白的問題，由我們後來人講明白，這是科學工作者的責任。……可惜的是：我們對老子的研究，沒有……還其本來的面貌，明其本來的價值；而是採取了代替老子立論的方法。甲、乙兩派都把老子自己還不曾想到的一些問題，替它填平補齊；把老子自己不能自圓其說的地方替它說得圓滿無缺，這就使老子原來的面貌走了樣。……
>
> 我們的任務之一就是要把古人（老子也在內）確實不清楚的哲學思想，清清楚楚地解說明白，指出不清楚的所在和原因，這是研究古代哲學家思想的必要的前提。[43]

(四)把「道」字的種種意義和老子的道的種種性格的講述混在一起的錯誤，以唐君毅和陳鼓應為例。

---

[42] 任繼愈：《老子新譯》，pp. 26–46。

[43] 前書，pp. 32–34。

前面第六節講道觀的時候，曾經指出，有許多研究者，我們舉了陳康為例，把《老子》中「道」字的不同意義和老子的道的諸性格的講述混淆的錯誤。本來老子的道觀不是那麼難講述和理解的。這種混淆本身就是一種理解的錯誤。依據這種混淆而做的其他闡述和「發揮」，更是糾纏而令人困頓、難解了。釐清這種混淆，成為良好講述老子哲學的首要工作。唐君毅和陳鼓應就有這種嚴重的混淆和錯誤[44]。

我們講過的，《老子》書中的「道」字，只有四種不同的意義，即「說」、「馬路」、「準則」和「老子的道」。在討論《老子》「道」字的意義時，雖然「說」和「馬路」兩義不重要，但一定要先明白提出來，再把它放在一邊，這樣人家才知道「道」字一共有幾個意義，而不遺漏。但唐君毅和陳鼓應都沒有這樣做。

唐君毅認為，《老子》書中，「道」字略有六個意義。第一義為通貫異理之用的道，略同於所謂自然律則，宇宙原理，或萬物共同之理。「天之道」的道就是這個。第二義為形上道體，即實有的存在者，或形上存在的實體或實理。「有物混成，先天地生」的道就是這個。第三義為道相之道。以實體義之道的相為道。「反者道之動，弱者道之用」裏的「反」和「弱」就是道之相。「天下萬物生於有，有生於無」的「有」「無」也是道之相。第四義為同於德之道。「道生之，德畜之」的「德」就是這個。第五義為修德之道及其他生活之道。「上士聞道，勤而行之」的道就是這個。第六義為事物及心境人格狀態之道。「上善若水，水善利萬物而不爭，處眾人之所惡，故幾於道」的道就是這個。

不管拿所謂自然律則，宇宙原理，或萬物共同之理，來解釋「天之理」，是否適當，把「天之道」的道和「有物混成」的道，並列為「道」字具有的不同意義，是對的。但唐君毅把這兩個意義與他所謂的道的第三到第六義並列，就很錯了。因為他所謂的道的第三到第六義，只是他所謂道的第二義，即道體的道的一些重要性格而已，它們不是「道」字的其他意義。

我們講過的，老子的道——即唐君毅所謂的道體——的「道」字是一

[44] 參看唐君毅前書，pp. 368–418；陳鼓應前書，pp. 1–25。

個專名，它是用來稱指而且只稱指老子所謂的「有物混成，先天地生」的道。在《老子》中，所有這個意義的「道」字，都稱指這個道。例如，在「道沖，而用之或不盈」，「故幾於道」，「反者道之動」，「中士聞道」，「古之善為道」等等的道，都是這個老子的道。但在「見天道」、「天之道不爭而善勝」、「天道無親」的道，則不是，它只是普通的通名(general noun)，意思是「準則」。

在「反者道之動，弱者道之用」裏的「反」和「弱」，不是「道」字的一個意義，它只是講述老子的道的一種性格。也就是，它在講，老子的道的運行是反復不斷的，和道的作用是柔弱的這些性格。在「天下萬物生於有，有生於無」中的「有」和「無」，不是「道」字的意義，它只是道這個東西的兩種形象或形態，也就是唐君毅所謂的道相。但正如同「地球的圓形」這個「地球的相」，不是「地球」一詞的「意義」，任何道的相只是道的性格，不是「道」一詞的意義。在「道生之，德畜之」的「德」，也只是道的一個形態，不是「道」字的意義。在「上士聞道，勤而行之」的「道」字是稱指而且僅僅稱指道的，因為它在這句話中的作用在「指出」道來，以便對道講述一些東西。但在道被指出以後，在這句話的解釋和了解上，如果要追問——較精確一點的解釋，應這樣追問——這裏所謂「上士聞道，勤而行之」，是聞和行「道」的什麼，則在解釋中，我們可能會說是聞和行道的「自然而然」或道的「質樸」、「虛靜」和「無為」等等。這些解釋是這句話的語句解釋，不是「道」一詞的意義。在「幾於道」的「道」字，也應一樣處理。

陳鼓應對《老子》中「道」字的意義的了解和處理，也十分混淆，而且有錯誤。首先，他說：「《老子》書上所有的『道』字，……有不同的義涵；有些地方，『道』是指形而上的實存者；有些地方，『道』是指一種規律；有些地方，『道』是指人生的一種準則、指標或典範。」在這裏，如同前面講過的，把老子的道標示為形而上的，會誤導我們了解老子自己的世界觀，因為在老子和他那時代，老子和他在思想上可能互動的人，都還沒有所謂形而上和形而下之分。把老子的道說成是「實存者」(existence)，也是會令人誤導的。實存或實存者是西方形上學觀念。在老子哲學中沒有談到西方形上學上的實存或存在的問題。老子的道，決非西方形上學上的實存者。實存者決非寂兮寥兮，獨立而不改，周行而不殆，生成天地萬物，無為而無不為，衣養萬物而不為主，萬物所尊的，那先天地生的混成之物。許多研究者，包括唐君毅，都把老子的道，錯誤的解釋為西方形上學上的實存者。這種解釋還有一個重要的缺失。老子的道在宇宙中有而且只有一個，但實存者可能有許多。這種解釋會令人認為老子的道可能有許多個，甚至無限多個。

在把「道」字解釋為是一種規律或一種準則時，陳鼓應和唐君毅一樣，錯誤的把道的一些性格解釋為是「道」字的意義。

在解說「道」字的不同意義時，陳鼓應又把「道」分為：實存意義的「道」，規律性的「道」，和生活準則的「道」。在做解說時，他說：「『道』是真實存在的東西。」，也說：「『道』，乃是意指規律性的『道』。」和「『道』所顯現的基本特性是可為我們人類的準則。」在這裏陳鼓應很錯亂使用引號，把「道」字與它所稱指或表示的東西混淆在一起，使得我們無法弄清楚，到底是「道」字有多少個意義，還是宇宙間有多少個道。

我們講過的，在《老子》中，老子的道和道的種種性格，是不同的東西和不同的概念。但陳鼓應把它們混淆在一起。老子的道和天之道的道也是不同的東西和不同的概念。老子的「道」是一個專名，它稱指那個而且僅僅那個在天地之先就有的混然之物，而天之道的「道」則是一個通名，它的意思是「準則」，可以稱指許多個別的準則。但陳鼓應把老子的道和意義為準則的道混在一起。現在從他的解說中舉出一些例子。例如，就其語句意義為「水善於裨利萬物，而水善利萬物，處在眾人所厭惡的地方，所以如此接近道」的章句，

> 水善利萬物而不爭，處眾人之所惡，故幾於道，（八章）

他說：「這個『道』表現了『不爭』的特性。這個『不爭』之『道』，不同

於形而上的實存之『道』。……老子認為我們應取法於它的『不爭』的精神。」這個解說中的所有引號都是多餘的，容易混淆詞與詞的稱指或表示。「幾於道」的道是老子的道。在《老子》中，沒有「不爭之道」，更沒有與老子的道並立的不爭之道，只有老子的道的不爭的性格。「幾於道」的「道」字稱指的有而且只有老子的道。當然在解釋上，當我們問接近於道的什麼時，可回答為接近於道的不爭。但「道的不爭」不是這裏「道」字的稱指或表示，而是這個語句解釋的一部分。就其語句意義為「秉執古來的道，以駕御現今之事事物物。能夠知道古來的始末，這就叫做道的綱紀」的章句，

執古之道，以御今之有。能知古始，是謂道紀，（十四章）

陳鼓應說，這裏兩個「道」字都是規律性的道。我們講過的，在《老子》中，沒有「規律性的道」，有的是老子的道的規律，即道的自然而然。這裏的兩個「道」字，都稱指而且只稱指老子的道。如果要把含第一個「道」字的語句，即「執古之道」，解釋為秉執古來「道的規律」，則這裏的「規律」只是道的一種性格，它本身並不是什麼道。「道紀」裏的「道」字是稱指老子的道的，這個道是用來徵定「紀」或「綱紀」的。就章句，

不闚牖，見天道。（四十七章）

陳鼓應說，「天道」指自然的規律，這個「道」指規律性的「道」。姑不論把這裏「天道」的「天」解釋為「自然」是否適當，這裏的「道」字是規律或準則的意思，它是一個通名，稱指或表示任何準則或規律，但並不稱指什麼規律性的道。因此，這裏「天道」可解釋為「天的準則」。至於天的準則與老子的道或其性格有什麼關係，這是老子哲學的解說問題，不是當然有關係。就章句，

天之道，不爭而善勝，不言而善應。（七十三章）

天之道，損有餘而補不足；人之道，……損不足以奉有餘，（七十七章）

陳鼓應認為，其中的「道」字都是指規律性的道。我們認為這裏的「道」和前面「天道」的「道」一樣，都是「準則」的意思。因此，「天之道」就是「天之準則」，「人之道」是「人之準則」。

㈥過度強調動機和目的，和以主觀、客觀解釋老子的道觀的不適當，以徐復觀和牟宗三為例。

一個人的哲學思想，顯然會受他所在時代的政治、社會、經濟、文化、宗教和知識背景的影響。但這只就一般觀見(vision)而言，而且影響的程度也有不同，尤其是其中特殊的影響，則非有相當證據，不可以隨意斷定。了解一個人的哲學思想起造和發展的動機和目的，對了解該哲學思想，有所幫助。但是如果動機與目的不明，我們不可隨意揣測，尤其不可拿揣測的動機與目的，當做解說該哲學思想的邏輯根據。

徐復觀說：

老學的動機與目的，並不在於宇宙論的建立，而依然是由人生的要求，逐步向上面推求，推求到作為宇宙根源的處所，以作為人生安頓之地。因此，道家的宇宙觀，可以說是他的人生哲學的副產物。他不僅是要在宇宙根源的地方來發現人的根源；並且是要在宇宙根源的地方來決定人生與自己根源相應的生活態度，以取得人生的安全立足點。所以道家的宇宙論，實即道家的人性論。因為他把人之所以為人的本質，安放在宇宙根源的處所，而要求與其一致。㊺

徐復觀說的，老子思想的動機和目的，在求人生的恆常，他的宇宙觀是人間觀推求到的副產物㊻。這種說法有什麼根據？我們知道，在《老子》裏，

㊺ 徐復觀：《中國人性論史》，pp. 325–326。

老子自己沒有說他的動機和目的是什麼。他那時候的知識背景，還沒有達到能自己說出從什麼「推求」到什麼。徐復觀說，殷周之際的人文精神以憂患意識為基本動機。在社會劇變中，人要找到恆常為人生的立足點。老子思想的動機就在此。徐復觀說的這個理由非常一般，其證據力薄弱。徐復觀說，老子的思想是從人間觀推求到宇宙觀的。他的這個「推求」，也是他自己推求的。其實，從我們前面講的，老子的道、天地、萬物、人間一宇宙中，我們也可以說，老子的人間觀是從他的道觀或天地萬物觀推求出來的，或者也可說，「諸觀」交互並求得到的。

如果我們仔細閱讀《老子》，我們會發現，徐復觀說的，老子要在宇宙根源的地方發現人的根源，是沒有根據的。因為，老子雖然明白說了天地萬物生自道，但並沒有說人來自何方。在《老子》中，我們也沒有明顯看到老子講人的本質，這樣那來有安放在宇宙根源的問題?

再說，以客觀和主觀之分來講述老子的道觀或宇宙觀是客觀的還是主觀的，一般的說，也是不適當的。因為在老子那時候的思想知識背景中，包括老子，正如同還沒有所謂唯物和唯心的觀念，也還沒有所謂客觀和主觀的觀念。世界和人間，在老子看來，就是如他所看到的。在他那時，他還沒有自覺的想到所謂客觀和主觀的問題，也就是還沒有客主之分。

牟宗三只基於他所謂的「周文疲弊」的特殊機緣(particular occasion)，對老子的思想和道觀做所謂「主觀境界形態」的解釋[47]。

牟宗三認為，周公製作的禮樂典章制度，到了春秋戰國，貴族生命的墮落，只成了沒有真生命的、造作的、外在的、形式化的空架，成為窒息我們生命的桎梏。為了使生命從這些造作中解放，老子要我們回歸「自由自在、自己如此，無所依靠。」也就是我們所謂的「自然而然」。因此老子原來直接提出的是「無為」，「無為」是對著「有為」而發，老子反對有為。

他說，老子從「無為」再普遍化、抽象化，提鍊成「無」。無，首先當動詞否定有依恃、虛偽、造作、外在、形式的東西，往上反而顯出一

[46] 前書，p. 327。

[47] 牟宗三：《中國哲學十九講》第五、六和七講；《才性與玄理》，p. 162。

個無為的境界，這要高一層。因此，在開始，「無」不是存有論 (ontological)概念，而是實踐、生活上的概念。這是人生問題，不是知解的形上學問題。「無」沒有存有論的意味。但當「無」的智慧徹底發展出來時，可以涵有一個存有論，但不是西方式的存有論，而是實踐的(practical)，叫做實踐存有論，這是境界形態的。所謂境界形態，可以勉強定義為實踐達到的主觀心境（心靈狀態）。我們依實踐而有觀看(vision)。依這觀看，我們對世界有一個看法或說明。由這看法或說明所看或所說的世界，不是普通既成的事實世界，而是依我們的實踐所觀看的世界。這樣所看的世界有昇進，依實踐路段的不同有異趣。所謂有昇進有異趣的世界，都屬精神價值的。這樣，我們可以替牟宗三說，老子講的道、天地、萬物，甚至人間，都是人依實踐所看到的世界，裏面有不同的精神價值。

牟宗三的老子解釋很特別。除了上述要點以外，還有其他次要之點。他的解釋需要檢討和批判。這並不是因為他的解釋特別值得參考，而是因為他的非常令人誤導的解釋和「發揮」，對一些人影響很大，而不贊同他的解釋的人，似乎提不出好的理由來批評它。我們在此只做若干簡要的批評。

首先要指出的，牟宗三只根據非常一般的「周文疲弊」的理由，並且也只依據少數《老子》文句，而且遠離文句的語句意義，對老子的「無為」和「無」做出非常異常和偏離的解釋。這種解釋的根據是薄弱的。他的解釋在從人間觀推求到宇宙觀上，和徐復觀的類似，但有一點不一樣。徐復觀雖然說老子的宇宙觀是人生觀的副產品，但並沒有說它只是一種境界形態而已。

在《老子》中，「無」字有四種不同的用法㊽，即

⑴當一般語句或述詞的否定詞，或表示東西、狀態、性質、功能的有無的。例如「夫唯不爭，故無尤」（正因為與世不爭，因此沒有怨尤）中的「無」。

⑵一般有無相對的「無」。例如「三十輻共一轂，當其無，有車之用」中的「無」。

㊽ 參看本書第四章：〈老子思想奧晦的起源：「有」、「無」和「無為無不為」〉。

⑶與老子的道本身或道的名稱相關的「無」。例如「無，名天地之始」中的「無」。

⑷「道常無為」中的「無」。

在《老子》書中，「無」字的這四種意義和用法是不同的，不可混淆在一起。牟宗三的從「無為」到「無」的境界形態的解釋中，嚴重把它們混在一起。老子的「無為」的意思是「自然而然」，也就是牟宗三自己講的「自由自在、自己如此」。「自然而然、自由自在、自己如此」的意思是非常根本的，我們雖然可以舉例來說明它，但我們只能直接去領會它的根本意義，不能去定義，更不能用「無」去定義它。

和老子的道本身或道的名稱相關的「無」和「無為」的「無」不相干。前者是表示道的無形狀態，而後者是「自然而然」。牟宗三卻把這些牽連在一起，並從「無為」提鍊到「無」。這實在是大混淆。

牟宗三的境界形態的解釋的用意之一，可能是要提升道家玄理的更崇高的哲學思想地位。如果是這樣，在我看來，其效果剛好相反，會降低其地位。柏拉圖的觀念論至今仍然是西方哲學的基本觀念之一，是因為在哲學主流上沒有把它解釋為是「主觀境界形態」的。如果是主觀境界形態，那幾乎會是個人的，而較少可能是世界的一個可能的描述。在我們了解的老子哲學思想中，道、天地、萬物和人間都是在同一個宇宙裏。雖然在《老子》中，我們找不到人間和道的生成關係，但無疑的，老子是把人間、天地、萬物和道放在同一個宇宙裏。老子無疑希望他的理想人格和理想統治者，要像道生成的萬物那樣，莫不去尊道貴德，而常自然，並與道、天地、萬物融會在一起。在這一意義上，老子的哲學比天人合一更合一，因為它講的是人和道、天地、萬物的合一，即同在一個宇宙裏，因尊道貴德，同道一樣，自然而然。

附　錄:《老子》校定文

《老子》書，錯簡、衍文、脫字及誤字不少。今依王弼本為藍本，參看帛書、郭店簡本及傅奕本等古本，根據歷代校詁學者可取的見解，加以訂正。下面為校定全文。

⑴道可道，非常道；名可名，非常名。無，名天地之始；有，名萬物之母。故常無，欲以觀其妙；常有，欲以觀其徼。此兩者，同出而異名，同謂之玄。玄之又玄，眾妙之門。

⑵天下皆知美之為美，斯惡已；皆知善之為善，斯不善已。有無相生，難易相成，長短相形，高下相盈，音聲相和，前後相隨，恒也。是以聖人處無為之事，行不言之教；萬物作焉而不辭，生而不有，為而不恃，功成而弗居。夫唯弗居，是以不去。

⑶不尚賢，使民不爭；不貴難得之貨，使民不為盜；不見可欲，使民不亂。是以聖人之治，虛其心，實其腹，弱其志，強其骨。常使民無知無欲。使夫智者不敢為也。為無為，則無不治。

⑷道沖，而用之或不盈。淵兮，似萬物之宗；湛兮，似或存。吾不知誰之子，象帝之先。

⑸天地不仁，以萬物為芻狗；聖人不仁，以百姓為芻狗。天地之間，其猶橐籥乎？虛而不屈，動而愈出。多言數窮，不如守沖。

⑹谷神不死，是謂玄牝。玄牝之門，是謂天地根。綿綿若存，用之不勤。

⑺天長地久。天地所以能長且久者，以其不自生，故能長生。是以聖人後其身而身先；外其身而身存。非以其無私邪？故能成其私。

⑻上善若水。水善利萬物而不爭，處眾人之所惡，故幾於道。居善地，心善淵，與善仁，言善信，政善治，事善能，動善時。夫唯不爭，故無尤。

⑼持而盈之，不如其已；揣而銳之，不可長保；金玉滿堂，莫之能守；富貴而驕，自遺其咎。功遂身退，天之道也。

⑽載營魄抱一，能無離乎？專氣致柔，能如嬰兒乎？滌除玄覽，能無疵乎？愛國治民，能無為乎？天門開闔，能為雌乎？明白四達，能無知乎？

⑾三十輻，共一轂，當其無，有車之用。埏埴以為器，當其無，有器之用。鑿戶牖以為室，當其無，有室之用。故有之以為利，無之以為用。

⑿五色令人目盲；五音令人耳聾；五味令人口爽；馳騁畋獵，令人心發狂；難得之貨，令人行妨。是以聖人為腹不為目，故去彼取此。

⒀寵辱若驚，貴大患若身。何謂寵辱若驚？寵為下，得之若驚，失之若驚，是謂寵辱若驚。何謂貴大患若身？吾所以有大患者，為吾有身，及吾無身，吾有何患？故貴以身為天下，若可寄天下；愛以身為天下，若可託天下。

⒁視之不見，名曰夷；聽之不聞，名曰希；搏之不得，名曰微。此三者不可致詰，故混而為一。其上不皦，其下不昧。繩繩不可名，復歸於無物。是謂無狀之狀，無物之象，是謂惚恍。迎之不見其首，隨之不見其後。執古之道，以御今之有。能知古始，是謂道紀。

⒂古之善為士者，微妙玄通，深不可識。夫唯不可識，故強為之容：豫兮若冬涉川；猶兮若畏四鄰；儼兮其若客；渙兮若冰釋；敦兮其若樸；曠兮其若谷；混兮其若濁；〔澹兮其若海；飂兮若無止。〕孰能濁以靜之徐清；孰能安以動之徐生。保此道者，不欲盈。夫唯不盈，故能蔽而新成。

⒃致虛極，守靜篤。萬物並作，吾以觀復。夫物芸芸，各復歸其根。歸根曰靜，靜曰復命。復命曰常，知常曰明。不知常，妄作凶。知常容，容乃公，公乃全，全乃天，天乃道，道乃久，沒身不殆。

⒄太上，不知有之；其次，親而譽之；其次，畏之；其次，侮之。信不足焉，有不信焉。悠兮其貴言。功成事遂，百姓皆謂：我自然。

⒅大道廢，有仁義；智慧出，有大偽；六親不和，有孝慈；國家昏亂，有忠臣。(郭店簡本丙組：大道廢，安有仁義；六親不和，安有孝慈；邦家昏，有正臣。)

⒆絕聖棄智，民利百倍；絕仁棄義，民復孝慈；絕巧棄利，盜賊無有。（郭店簡本甲組：絕智棄辯，民利百倍；絕巧棄利，盜賊亡有。絕偽棄詐，民復孝慈。） 此三者以為文，不足。故令有所屬：見素抱樸，少私寡欲，絕學無憂。

⒇唯之與阿，相去幾何？善之與惡，相去若何？人之所畏，不可不畏。荒兮，其未央哉！眾人熙熙，如享太牢，如春登臺。我獨泊兮，其未兆；如嬰兒之未孩；儽儽兮，若無所歸。眾人皆有餘，而我獨若遺。我愚人之心也哉！沌沌兮。俗人昭昭，我獨昏

昏。俗人察察，我獨悶悶。眾人皆有以，而我獨頑似鄙。我獨異於人，而貴食母。

⑵孔德之容，惟道是從。道之為物，惟恍惟惚。惚兮恍兮，其中有象；恍兮惚兮，其中有物。窈兮冥兮，其中有精；其精甚真，其中有信。自古及今，其名不去，以閱眾甫。吾何以知眾甫之狀哉？以此。

⑵曲則全，枉則直，窪則盈，敝則新，少則得，多則惑。是以聖人抱一為天下式。不自見，故明；不自是，故彰；不自伐，故有功；不自矜，故長。夫唯不爭，故天下莫能與之爭。古之所謂曲則全者，豈虛言哉！誠全而歸之。

⑵希言自然。故飄風不終朝，驟雨不終日。孰為此者？天地。天地尚不能久，而況於人乎？故從事於道者，同於道；德者，同於德；失者，同於失。同於道者，道亦樂得之；同於德者，德亦樂得之；同於失者，失亦樂得之。信不足焉，有不信焉。

⑵企者不立；跨者不行；自見者不明；自是者不彰；自伐者無功；自矜者不長。其在道也，曰：餘食贅形。物或惡之，故有道者不處。

⑵有物混成，先天地生。寂兮寥兮，獨立而不改，周行而不殆，可以為天下母。吾不知其名，強字之曰道，強為之名曰大。大曰逝，逝曰遠，遠曰反。故道大，天大，地大，人亦大。域中有四大，而人居其一焉。人法地，地法天，天法道，道法自然。

⑵重為輕根，靜為躁君。是以君子終日行不離輜重。雖有榮觀，燕處超然。奈何萬乘之主，而以身輕天下？輕則失根，躁則失君。

⑵善行無轍迹；善言無瑕讁；善數不用籌策；善閉無關楗而不可開；善結無繩約而不可解。是以聖人常善救人，故無棄人；常善救物，故無棄物。是謂襲明。故善人者，不善人之師；不善人者，善人之資。不貴其師，不愛其資，雖智大迷，是謂要妙。

⑵知其雄，守其雌，為天下谿。為天下谿，常德不離，復歸於嬰兒。知其白，守其辱，為天下谷。為天下谷，常德乃足，復歸於樸。樸散則為器，聖人用之，則為官長，故大制不割。

⑵將欲取天下而為之，吾見其不得已。天下神器，不可為也，不可執也。為者敗之，執者失之。是以聖人無為，故無敗；無執，故無失。夫物或行或隨；或噓或吹；或強或羸；或培或墮。是以聖人去甚，去奢，去泰。

⑶以道佐人主者，不以兵強天下。其事好還。師之所處，荊棘生焉〔；大軍之後，必有凶年〕。善有果而已，不以取強。果而勿矜，果而勿伐，果而勿驕，果而不得已，

果而勿強。物壯則老，是謂不道，不道早已。

⑶1)夫兵者，不祥之器，物或惡之，故有道者不處。君子居則貴左，用兵則貴右。兵者不祥之器，非君子之器，不得已而用之，恬淡為上。勝而不美，而美之者，是樂殺人。夫樂殺人者，則不可得志於天下矣。吉事尚左，凶事尚右。偏將軍居左，上將軍居右，言以喪禮處之。殺人之眾，以悲哀泣之，戰勝以喪禮處之。

⑶2)道常無名樸。雖小，天下莫能臣。侯王若能守之，萬物將自賓。天地相合，以降甘露，民莫之令而自均。始制有名，名亦既有，夫亦將知止，知止可以不殆。譬道之在天下，猶川谷之於江海。

⑶3)知人者智，自知者明。勝人者有力，自勝者強。知足者富。強行者有志。不失其所者久。死而不亡者壽。

⑶4)大道氾兮，其可左右。萬物恃之以生而不辭，功成而不有。衣養萬物而不為主，可名於小；萬物歸焉而不為主，可名為大。以其終不自為大，故能成其大。

⑶5)執大象，天下往。往而不害，安平泰。樂與餌，過客止。道之出口，淡乎其無味，視之不足見，聽之不足聞，用之不足既。

⑶6)將欲歙之，必固張之；將欲弱之，必固強之；將欲廢之，必固興之；將欲取之，必固與之。是謂微明。柔弱勝剛強。魚不可脫於淵，國之利器不可以示人。

⑶7)道常無為而無不為。侯王若能守之，萬物將自化。化而欲作，吾將鎮之以無名之樸。鎮之以無名之樸，夫將無欲。不欲以靜，天下將自定。

⑶8)上德不德，是以有德；下德不失德，是以無德。上德無為而無以為；〔下德無為而有以為。〕上仁為之而無以為；上義為之而有以為。上禮為之而莫之應，則攘臂而扔之。故失道而後德，失德而後仁，失仁而後義，失義而後禮。夫禮者，忠信之薄，而亂之首。前識者，道之華，而愚之始。是以大丈夫處其厚，不居其薄；處其實，不居其華。故去彼取此。

⑶9)昔之得一者：天得一以清；地得一以寧；神得一以靈；谷得一以生；〔萬物得一以生；〕侯王得一以為天下正。其致之也，謂天無以清，將恐裂；地無以寧，將恐廢；神無以靈，將恐歇；谷無以盈，將恐竭；萬物無以生，將恐滅；侯王無以正，將恐蹶。故貴以賤為本，高以下為基。是以侯王自稱孤、寡、不穀。此非以賤為本邪？非乎？故至譽無譽。是故不欲琭琭如玉，珞珞如石。

⑽反者道之動；弱者道之用。天下萬物生於有，有生於無。

⑾上士聞道，勤而行之；中士聞道，若存若亡；下士聞道，大笑之。不笑不足以為道。故建言有之：明道若昧；進道若退；夷道若纇；上德若谷；廣德若不足；建德若偷；質德若渝；大白若辱；大方無隅；大器晚成；大音希聲；大象無形；道隱無名。夫唯道，善貸且成。

⑿道生一，一生二，二生三，三生萬物。萬物負陰而抱陽，沖氣以為和。

⒀天下之至柔，馳騁天下之至堅。無有入無間，吾是以知無為之有益。不言之教，無為之益，天下希及之。

⒁名與身孰親？身與貨孰多？得與亡孰病？甚愛必大費；多藏必厚亡。知足不辱，知止不殆，可以長久。

⒂大成若缺，其用不弊。大盈若沖，其用不窮。大直若屈，大巧若拙，大辯若訥。靜勝躁，寒勝熱。清靜可以為天下正。

⒃天下有道，卻走馬以糞。天下無道，戎馬生於郊。禍莫大於不知足；咎莫大於欲得。故知足之足，常足矣。

⒄不出戶，知天下；不闚牖，見天道。其出彌遠，其知彌少。是以聖人不行而知，不見而明，不為而成。

⒅為學日益，為道日損。損之又損，以至於無為。無為而無不為。取天下常以無事，及其有事，不足以取天下。

⒆聖人無常心，以百姓心為心。善者，吾善之，不善者，吾亦善之，德善。信者，吾信之，不信者，吾亦信之，德信。聖人在天下，歙歙焉，為天下渾其心，百姓皆注其耳目，聖人皆孩之。

⒇出生入死。生之徒，十有三；死之徒，十有三；人之生（生），動之於死地，亦十有三。夫何故？以其生生之厚。蓋聞善攝生者，陸行不遇兕虎，入軍不被甲兵；兕無所投其角，虎無所用其爪，兵無所容其刃。夫何故？以其無死地。

(51)道生之，而德畜之；物形之，勢成之。是以萬物莫不尊道而貴德。道之尊，德之貴，夫莫之爵而常自然。故道生之，德畜之；長之育之；成之熟之；養之覆之。生而不有，為而不恃，長而不宰。是謂玄德。

(52)天下有始，以為天下母。既得其母，以知其子；既知其子，復守其母，沒身不殆。

塞其兌，閉其門，終身不勤。開其兌，濟其事，終身不救。見小曰明，守柔曰強。用其光，復歸其明，無遺身殃；是為襲常。

(53)使我介然有知，行於大道，唯施是畏。大道甚夷，而人好徑；朝甚除，田甚蕪，倉甚虛；服文采，帶利劍，厭飲食，財貨有餘；是謂盜夸。非道也哉！

(54)善建者不拔，善抱者不脫，子孫以祭祀不輟。修之於身，其德乃真；修之於家，其德乃餘；修之於鄉，其德乃長；修之於邦，其德乃豐；修之於天下，其德乃普。故以身觀身，以家觀家，以鄉觀鄉，以邦觀邦，以天下觀天下。吾何以知天下然哉？以此。

(55)含德之厚，比於赤子。蜂蠆虺蛇不螫，攫鳥猛獸不搏。骨弱筋柔而握固。未知牝牡之合而朘作，精之至也。終日號而不嗄，和之至也。知和曰常。知常曰明。益生曰祥。心使氣曰強。物壯則老，謂之不道，不道早已。

(56)知者不言，言者不知。挫其銳，解其紛，和其光，同其塵，是謂玄同。故不可得而親，不可得而疏；不可得而利，不可得而害；不可得而貴，不可得而賤。故為天下貴。

(57)以正治國，以奇用兵，以無事取天下。吾何以知其然哉？以此：天下多忌諱，而民彌貧；人多利器，國家滋昏；人多伎巧，奇物滋起；法令滋彰，盜賊多有。故聖人云：「我無為，而民自化；我好靜，而民自正；我無事，而民自富；我無欲，而民自樸。」

(58)其政悶悶，其民淳淳；其政察察，其民缺缺。禍兮，福之所倚，福兮，禍之所伏。孰知其極？其無正也。正復為奇，善復為妖。人之迷，其日固久。是以聖人方而不割，廉而不劌，直而不肆，光而不燿。

(59)治人事天，莫若嗇。夫唯嗇，是以早服；早服謂之重積德；重積德則無不克；無不克則莫知其極；莫知其極，可以有國；有國之母，可以長久；是謂深根固柢，長生久視之道。

(60)治大國，若烹小鮮。以道莅天下，其鬼不神；非其鬼不神，其神不傷人；非其神不傷人，聖人亦不傷人。夫兩不相傷，故德交歸焉。

(61)大邦者下流，天下之交，天下之牝。牝常以靜勝牡，以靜為下。故大邦以下小邦，則取小邦；小邦以下大邦，則取大邦。故或下以取，或下而取。大邦不過欲兼畜人，小邦不過欲入事人。夫兩者各得所欲，大者宜為下。

(62)道者萬物之奧，善人之寶，不善人之所保。美言可以市，尊行可以加人。人之不善，何棄之有？故立天子，置三公，雖有拱璧以先駟馬，不如坐進此道。古之所以貴此道者何？不曰：求以得，有罪以免邪？故為天下貴。

(63)為無為，事無事，味無味。大小多少，〔報怨以德。〕圖難於其易，為大於其細；天下難事，必作於易；天下大事，必作於細。是以聖人終不為大，故能成其大。夫輕諾必寡信，多易必多難。是以聖人猶難之，故終無難矣。

(64)其安易持，其未兆易謀。其脆易泮，其微易散。為之於未有，治之於未亂。合抱之木，生於毫末；九層之台，起於累土；千里之行，始於足下。民之從事，常於幾成而敗之。慎終如始，則無敗事。

(65)古之善為道者，非以明民，將以愚之。民之難治，以其智多。故以智治國，國之賊；不以智治國，國之德。知此兩者亦稽式。常知稽式，是謂玄德。玄德深矣，遠矣，與物反矣，然後乃至大順。

(66)江海所以能為百谷王者，以其善下之，故能為百谷王。是以聖人欲上民，必以言下之；欲先民，必以身後之。是以聖人居上而民不重，處前而民不害。是以天下樂推而不厭。以其不爭，故天下莫能與之爭。

(67)我有三寶，持而保之。一曰慈，二曰儉，三曰不敢為天下先。慈故能勇；儉故能廣；不敢為天下先，故能成器長。今舍慈且勇；舍儉且廣；舍後且先；死矣！夫慈以戰則勝，以守則固。天將救之，以慈衛之。

(68)善為士者，不武；善戰者，不怒；善勝敵者，不與；善用人者，為之下。是謂不爭之德，是謂用人，是謂配天，古之極也。

(69)用兵有言：「吾不敢為主，而為客；不敢進寸，而退尺。」是謂行無行；攘無臂；扔無敵；執無兵。禍莫大於輕敵，輕敵幾喪吾寶。故抗兵相若，哀者勝矣。

(70)吾言甚易知，甚易行。天下莫能知，莫能行。言有宗，事有君。夫唯無知，是以不我知。知我者希，則我貴矣。是以聖人被褐懷玉。

(71)知不知，尚；不知知，病。聖人不病，以其病病。夫唯病病，是以不病。

(72)民不畏威，則大威至。無狎其所居，無厭其所生。夫唯不厭，是以不厭。是以聖人自知不自見；自愛不自貴。故去彼取此。

(73)勇於敢則殺，勇於不敢則活。此兩者，或利或害。天之所惡，孰知其故？天之道，不爭而善勝，不言而善應，不召而自來，繟然而善謀；天網恢恢，疏而不失。

(74)民不畏死，奈何以死懼之？若使民常畏死，而為奇者，吾得執而殺之，孰敢？常有司殺者殺。夫代司殺者殺，是謂代大匠斲，夫代大匠斲者，希有不傷其手矣。

(75)民之饑，以其上食稅之多，是以饑。民之難治，以其上之有為，是以難治。民之輕死，以其上求生之厚，是以輕死。夫唯無以生為者，是賢於貴生。

(76)人之生也柔弱，其死也堅強。草木之生也柔脆，其死也枯槁。故堅強者死之徒，柔弱者生之徒。是以兵強則滅，木強則折。〔強梁者不得其死。〕強大處下，柔弱處上。

(77)天之道，其猶張弓與？高者抑之，下者舉之；有餘者損之，不足者補之。天之道，損有餘而補不足；人之道，則不然，損不足以奉有餘。孰能有餘以奉天下，唯有道者。

(78)天下莫柔弱於水，而攻堅強者莫之能勝，以其無以易之。弱之勝強，柔之勝剛，天下莫不知，莫能行。是以聖人云：「受國之垢，是謂社稷主；受國不祥，是為天下王。」正言若反。

(79)和大怨，必有餘怨；〔報怨以德。〕安可以為善？是以聖人執左契，而不責於人。有德司契，無德司徹。天道無親，常與善人。

(80)小國寡民。使有什伯之器而不用；使民重死而不遠徙。雖有舟輿，無所乘之，雖有甲兵，無所陳之。使民復結繩而用之。甘其食，美其服，安其居，樂其俗。鄰國相望，雞犬之聲相聞，民至老死，不相往來。

(81)信言不美，美言不信。善者不辯，辯者不善。知者不博，博者不知。聖人不積，既以為人已愈有，既以與人已愈多。天之道，利而不害；聖人之道，為而不爭。

參考書目

㈰中文部分

王　力

1937〈中國文法中的繫詞〉，《清華學報》，12卷1期，1月。

王邦雄

1980《老子的哲學》，臺北三民書局。

王　垶

1993《老子新編校釋》，臺北洪葉文化事業有限公司。

古棣和周英

1995《老子通》全三冊，高雄麗文文化事業，7月。

任繼愈

1987《老子新譯》，臺北谷風出版社。

牟宗三

1963《中國哲學的特質》，臺灣學生書局。

1983《中國哲學十九講》，臺灣學生書局。

朱榮智

1989《老子探微》，師大書苑有限公司。

朱謙之

1986《老子校釋》，臺北華正書局。

伍至學

1995《老子語言哲學研究》，臺大哲學系博士論文。

吳　怡

1994《新譯老子解義》，臺北三民書局。

吳　康

1955《老莊哲學》，臺灣商務印書館。

余培林

1973《新譯老子讀本》，臺北三民書局。

沈清松

1988〈老子的形上思想〉，《哲學與文化》，15卷12期，12月。

1993〈老子的知識論〉，《哲學與文化》，20卷1期，1月。

胡　適

1986《中國古代哲學史》，臺北遠流出版公司，1918年北京初版。

胡楚生

1992《老莊研究》，臺灣學生書局。

徐復觀

1969《中國人性論史》，臺灣商務印書館。

唐君毅

1986《中國哲學原論・導論篇》，臺灣學生書局。

祝康彥和楊汝舟譯著

1980《老子道德經・通俗中英文本》，臺北黎明文化公司。

袁保新

1991《老子哲學之詮釋與重建》，臺北文津出版社。

韋政通

1979《中國思想史》，臺北水牛出版社。

陳鼓應

1997《老子今註今譯》，臺灣商務印書館，二次修訂版，1970年初版。

葉廷幹

1979《老子索引》（原文《老解老附串珠》），臺北文史哲出版社，1921年初版。

許抗生

1983《老子研究》，臺北水牛出版社。

張松如

1993《老子說解》，高雄麗文文化事業。

張起鈞

1964《老子哲學》，臺北正中書局。

1976《智慧的老子》，臺北三民書局。

張默生

1995《老子新譯》，臺北大夏出版社，再版。

孫詒讓

1971《墨子閒詁》，臺灣商務印書館。

黃慶萱

1986《修辭學》，臺北三民書局。

黃登山

1987《老子釋義》，臺灣學生書局。

黃　釗

1991《帛書老子校注析》，臺灣學生書局。

賀榮一

1985《道德經註譯與析解》，臺北五南圖書。

鄔昆如

1981〈否定詞在道德經中所扮演的角色〉，《哲學與文化》，8卷10期。

1987〈老莊哲學「觀」概念之研究〉，《第一次世界道學會議前論文集》(1)，11月，臺北。

傅偉勳

1990《從創造的詮釋學到大乘佛學》，臺北三民書局。

傅佩榮

1985《儒道天論發微》，臺灣學生書局。

勞思光

1981《中國哲學史》卷一，臺北三民書局。

馮友蘭

1991《中國哲學史新編》，臺灣藍燈文化。

鄭成海

1992《老子學說研究》，臺北華正書局。

劉福增

1989〈老子的「道可道，非常道；名可名，非常名」〉，《臺大文史哲學報》，37期。

1992《奥斯丁》，臺北東大圖書。

1992〈老子的「對反」和「只推一步」的思想模式〉，《國立編譯館館刊》，21卷2期，12月。

1993〈《老子》書中的「名」〉，《國立編譯館館刊》，22卷1期，6月。

1994《維根斯坦》(*Wittgenstein*)，R. J. Fogelin（福吉林）原著，國立編譯館，9月。

1994〈老子思想奥晦的起源：「有」、「無」和「無為無不為」〉，《國立編譯館館刊》，22卷2期，12月。

1995〈老子對偶造句與思考的邏輯分析與批判〉，《國立編譯館館刊》，24卷2期，12月。

1996〈老子的「知」與「智」以及「為學日益，為道日損」——兼論老子是否「反智」〉，《國立編譯館館刊》，25卷2期，12月。

1998〈《老子》書中的引言與喻言〉（上），《臺大哲學論評》，21期，1月。

1999〈《老子》書中的引言與喻言〉（下），《臺大哲學論評》，22期，1月。

1999〈老子的「柔弱勝剛強」〉，《國立編譯館館刊》，27卷1期，6月。

劉笑敢

1997《老子》，臺北三民書局。

魏元珪

1997《老子思想體系探索》（上，下），臺北新文豐出版社。

譚宇權

1992《老子哲學評論》，臺北文津出版社，8月。

嚴靈峰

1976《中英對照老子章句新編》(*A Reconstructed Lao Tzu with English*

Translation)，臺北成文出版社。

1979《老子達解》，臺北華正書局。

1987《無求備齋學術新著》，臺灣商務印書館。

1992《老子研讀須知》，臺北正中書局。

(乙)英文部分

Anscombe（安士科）, Elizabeth

1957 *Intentions*, Blackwell.

Austin（奧斯丁）, J. L.

1992 *How to Do Things with Words*（《如何拿話做事》), 哈佛大學, 1975年第二版。

Black（布雷克）, Max

1962 *Models and Metaphors*，康乃爾大學，Ithaca, New York。

Burge（伯吉）, Tyler

1973 "Reference and Proper Names", *The Journal of Philosophy* 70.

Chan（陳榮捷）, Wing-tsit（編譯）

1963 *A Source Book in Chinese Philosophy*（《中國哲學資料書》), 普林斯頓大學。

Chang（張鍾元）, Chung-yuan

1975 *Tao: A New Way of Thinking*，臺北敦煌書局，1978年影印版。

Chen（陳康）, Chung-Hwan

1964 "What Does Lao-Tzu Mean by the Term 'Tao'?", *Tsing Hua Journal of Chinese Studies*, new series IV, No. 2《清華學報》，新4卷2期。

Copi（柯比）, Irving M.

1994 *Introduction to Logic*，Macmillan, New York，9版。

Cooper（古柏）, David E.

1986 *Metaphor*, Basil Blackwell, Oxford.

Donnellan K.（鄧南倫）

1966 "Reference and Definite Descriptions"（〈稱指與確定描述詞〉），*Philosophical Review*（《哲學評論》），75.

1972 "Proper Names and Identifying Descriptions", *Semantic of Natural Language*, D. Davidson 和 G. Harman 編，Reidel Publishing Co., Dordrecht-Holland/Boston-U.S.A.

Edwards（愛德華茲）, Paul

1967 *The Encyclopedia of Philosophy*, vol. 5, Macmillan, New York.

Fann（范光棣）, K. T.

1981 *Lao Tzu's Tao Teh Ching—a new translation, Social Prax*, 8–3/4, 143–175, Mouton Publishers Amsterdam.

Feng, Gia-Fu 和 Jane English(tran.)

1989 *Lao Tsu Tao Teh Ching*, Vintage Books, New York.

Fogelin（福吉林）, R. J.

1931 *Figuratively Speaking*，耶魯大學，New Haven。

Fu（傅偉勳）, Wei-hsun

1973 "Lao Tzu's Conception of Tao", *Inquiry*, 16.

Grice, H.（格來斯）

1957 "Meaning"（〈意義〉），*Philosophical Review*, 66, 377–388.

1968 "Utterer's Meaning, Sentence-Meaning, and Word-Meaning"（〈說話者的意義、語句意義與字詞意義〉），*Foundations of Language*（《語言基礎》），4, 225–242.

1969 "Utterer's Meaning and Intentions"（〈說話者的意義與意圖〉），*Philosophical Review*, 78.

Hausman（郝斯曼）, Carl R.

1989 *Metaphor and Art*，劍橋大學，Cambridge。

Henricks, Robert G.

1989 *Lao-Tzu Te-Tao Ching*（《老子德道經》），Random House of

Canada Limited, Toronto.

Kittay（李泰）, Eva Feder

1987 *Metaphor* — Its cognitive force and linguistic structure, Clarendon Press, Oxford.

Kripke, S.（庫律基）

1977 "Speaker's Reference and Semantic Reference"（〈說話者的稱指與語意的稱指〉），收在 P. A. French, T. E. Uehling, Jr. 和 H. K. Wettstein 合編的 *Contemporary Perspectives in the Philosophy of Language*.（《語言哲學當代面貌》），6–27, University of Minnesota Press。

1980 *Naming and Necessity*，美國。

Levin（李文）, Samuel R.

1977 *The Semantics of Metaphor*，約翰霍布斯金大學，Baltimore, Maryland.

1988 *Metaphoric Worlds*，耶魯大學，New Haven。

Lin（林語堂）, Yu-tang

1970 *The Sayings of Lao Tzu*，臺北文致出版社。

1994 *Wisdom of Laotse*（《老子的智慧》上下冊），臺北正中書局，1994 年版。

Mac Cormac（麥克可馬）, Earl R.

1985 *A Cognitive Theory of Metaphor*, The MIT Press, Cambridge, Massachusetts.

Ortony（歐托尼）編，Andrew

1993 *Metaphor and Thought*，劍橋大學。

Platts, Mark de Bretton

1979 *Ways of Meanings*, Routledge & Kegan Paul, London.

Ricoeur（李科）, Paul

1977 *The Rule of Metaphor*, Robert Czerny 英譯，多倫多大學，法文原

著1975年出版。

Russell（羅素）, B.

1912 *The Problems of Philosophy*（《哲學問題》）。

1946 *History of Western Philosophy*（《西方哲學史》）。

Sacks（塞克）編，Sheldon

1978 *On Metaphor*，芝加哥大學。

Searle（塞爾）, John R.

1962 *Speech Acts*（《說話做行》），劍橋大學。

1979 *Expression and Meaning*，劍橋大學。

1989 "How Performatives Work" *Linguistic and Philosophy*，12卷。

Strawson（史陶生）, P. F.

1959 *Individuals*, Doubleday & Company Inc. Garden City，紐約。

Wittgenstein（維根斯坦）, L.

1922 *Tractatus Logico-Philosophicus*（《邏輯哲學論說》），C. K. Ogden 英譯，倫敦；D. F. Pears 和 B. F. McGuinness 英譯，倫敦，1971年修訂版。

1953 *Philosophical Investigations*（《哲學探究》），G. E. M. Anscombe 和 R. Rhees 合編，後者英譯，牛津大學，1958年第二版。

索　引

五劃

六劃

七劃

八劃

九劃

十劃

十一劃

十二劃

十三劃

十四劃

十五劃

十六劃

十七劃

十八劃

十九劃

二十劃

二十二劃

二十三劃

滄海叢刊書目（一）

國學類

中國學術思想史論叢（一）～（八）	錢　穆　著
現代中國學術論衡	錢　穆　著
兩漢經學今古文平議	錢　穆　著
宋代理學三書隨劄	錢　穆　著
論戴震與章學誠 ——清代中期學術思想史研究	余英時　著
論語體認	姚式川　著
論語新注	陳冠學　著
西漢經學源流	王葆玹　著
文字聲韻論叢	陳新雄　著
入聲字箋論	陳慧劍　著
楚辭綜論	徐志嘯　著

哲學類

國父道德言論類輯	陳立夫　著
文化哲學講錄（一）～（六）	鄔昆如　著
哲學：理性與信仰	金春峰　著
哲學與思想	王曉波　著
內心悅樂之源泉	吳經熊　著
知識・理性與生命	孫寶琛　著
語言哲學	劉福增　著
哲學演講錄	吳　怡　著
日本近代哲學思想史	江日新　譯
比較哲學與文化（一）、（二）	吳　森　著
從西方哲學到禪佛教 ——哲學與宗教一集	傅偉勳　著
批判的繼承與創造的發展 ——哲學與宗教二集	傅偉勳　著
「文化中國」與中國文化 ——哲學與宗教三集	傅偉勳　著

從創造的詮釋學到大乘佛學 ——哲學與宗教四集	傅偉勳 著
佛教思想的現代探索 ——哲學與宗教五集	傅偉勳 著
中國哲學與懷德海	東海大學哲學研究所主編
人生十論	錢 穆 著
湖上閒思錄	錢 穆 著
晚學盲言（上）、（下）	錢 穆 著
愛的哲學	蘇昌美 著
邁向未來的哲學思考	項退結 著
逍遙的莊子	吳 怡 著
莊子新注（內篇）	陳冠學 著
莊子的生命哲學	葉海煙 著
墨家的哲學方法	鍾友聯 著
韓非子通論	姚蒸民 著
韓非子析論	謝雲飛 著
韓非子的哲學	王邦雄 著
法家哲學	姚蒸民 著
中國法家哲學	王讚源 著
二程學管見	張永儁 著
王陽明 ——中國十六世紀的唯心主義哲學家	張君勱 著 江日新 譯
王船山人性史哲學之研究	林安梧 著
西洋百位哲學家	鄔昆如 著
西洋哲學十二講	鄔昆如 著
希臘哲學趣談	鄔昆如 著
中世哲學趣談	鄔昆如 著
近代哲學趣談	鄔昆如 著
現代哲學趣談	鄔昆如 著
思辯錄 ——思光近作集	勞思光 著
中國十九世紀思想史（上）、（下）	韋政通 著
存有・意識與實踐 ——熊十力體用哲學之詮釋與重建	林安梧 著
先秦諸子論叢	唐端正 著
先秦諸子論叢（續編）	唐端正 著

周易與儒道墨	張立文　著
孔學漫談	余家菊　著
中國近代新學的展開	張立文　著
哲學與思想 ——胡秋原選集第二卷	胡秋原　著
從哲學的觀點看	關子尹　著
中國死亡智慧	鄭曉江　著
後設倫理學之基本問題	黃慧英　著
道德之關懷	黃慧英　著
異時空裡的知識追逐 ——科學史與科學哲學論文集	傅大為　著

宗教類

天人之際	李杏邨　著
佛學研究	周中一　著
佛學思想新論	楊惠南　著
現代佛學原理	鄭金德　著
絕對與圓融 ——佛教思想論集	霍韜晦　著
佛學研究指南	關世謙　譯
當代學人談佛教	楊惠南編著
從傳統到現代 ——佛教倫理與現代社會	傅偉勳主編
簡明佛學概論	于凌波　著
修多羅頌歌	陳慧劍譯註
禪　話	周中一　著
佛家哲理通析	陳沛然　著
唯識三論今詮	于凌波　著

應用科學類

壽而康講座	胡佩鏘　著

社會科學類

中國古代游藝史 ——樂舞百戲與社會生活之研究	李建民　著
憲法論叢	鄭彥棻　著

憲法論集	林紀東 著
憲法論衡	荊知仁 著
國家論	薩孟武 譯
中國歷代政治得失	錢穆 著
先秦政治思想史	梁啟超原著 賈馥茗標點
當代中國與民主	周陽山 著
我見我思	洪文湘 著
釣魚政治學	鄭赤琰 著
政治與文化	吳俊才 著
中華國協與俠客清流	陶百川 著
世界局勢與中國文化	錢穆 著
海峽兩岸社會之比較	蔡文輝 著
印度文化十八篇	糜文開 著
美國社會與美國華僑	蔡文輝 著
日本社會的結構	福武直原 著 王世雄 譯
文化與教育	錢穆 著
開放社會的教育	葉學志 著
從通識教育的觀點看 ——文明教育和人性教育的反思	何秀煌 著
大眾傳播的挑戰	石永貴 著
傳播研究補白	彭家發 著
「時代」的經驗	汪琪、彭家發 著
新聞與我	楚崧秋 著
書法心理學	高尚仁 著
書法與認知	高尚仁、管慶慧 著
清代科舉	劉兆璸 著
排外與中國政治	廖光生 著
中國文化路向問題的新檢討	勞思光 著
立足臺灣，關懷大陸	韋政通 著
開放的多元社會	楊國樞 著
現代與多元 ——跨學科的思考	周英雄主編
臺灣人口與社會發展	李文朗 著
財經文存	王作榮 著

財經時論	楊道淮 著
經營力的時代	青龍豐作 著 白龍芽 譯
宗教與社會	宋光宇 著
唐宋時期的公園文化	侯迺慧 著

史地類

古史地理論叢	錢穆 著
歷史與文化論叢	錢穆 著
中國史學發微	錢穆 著
中國歷史研究法	錢穆 著
中國歷史精神	錢穆 著
中華郵政史	張翊 著
憂患與史學	杜維運 著
與西方史家論中國史學	杜維運 著
清代史學與史家	杜維運 著
中西古代史學比較	杜維運 著
歷史與人物	吳相湘 著
歷史人物與文化危機	余英時 著
共產國際與中國革命	郭恒鈺 著
共產世界的變遷 ——四個共黨政權的比較	吳玉山 著
俄共中國革命祕檔（一九二〇～一九二五）	郭恒鈺 著
俄共中國革命祕檔（一九二六）	郭恒鈺 著
聯共、共產國際與中國（1920～1925） 第一卷	李玉貞 譯
民族主義與近代中國思想	羅志田 著
抗日戰史論集	劉鳳翰 著
盧溝橋事變	李雲漢 著
歷史講演集	張玉法 著
老臺灣	陳冠學 著
臺灣史與臺灣人	王曉波 著
清史論集	陳捷先 著
黃　帝	錢穆 著
孔子傳	錢穆 著
宋儒風範	董金裕 著
弘一大師新譜	林子青 著

精忠岳飛傳	李　安　著
鄭彥棻傳	馮成榮　著
張公難先之生平	李飛鵬　著
唐玄奘三藏傳史彙編	釋光中　編
一顆永不隕落的巨星	釋光中　著
新亞遺鐸	錢　穆　著
困勉強狷八十年	陶百川　著
困強回憶又十年	陶百川　著
我的創造・倡建與服務	陳立夫　著
我生之旅	方　治　著
逝者如斯	李孝定　著
結網編	黃清連　著

語文類

文學與音律	謝雲飛　著
中國文字學	潘重規　著
中國聲韻學	潘重規、陳紹棠　著
魏晉南北朝韻部之演變	周祖謨　著
詩經研讀指導	裴普賢　著
莊子及其文學	黃錦鋐　著
管子述評	湯孝純　著
離騷九歌九章淺釋	繆天華　著
北朝民歌	譚潤生　著
陶淵明評論	李辰冬　著
鍾嶸詩歌美學	羅立乾　著
杜甫作品繫年	李辰冬　著
唐宋詩詞選 ——詩選之部	巴壺天　編
唐宋詩詞選 ——詞選之部	巴壺天　編
清真詞研究	王支洪　著
苕華詞與人間詞話述評	王宗樂　著
優游詞曲天地	王熙元　著
月華清	樸　月　著
梅花引	樸　月　著
元曲六大家	應裕康、王忠林　著

四說論叢	羅 盤 著
紅樓夢的文學價值	羅德湛 著
紅樓夢與中華文化	周汝昌 著
紅樓夢研究	王關仕 著
紅樓血淚史	潘重規 著
微觀紅樓夢	王關仕 著
中國文學論叢	錢 穆 著
牛李黨爭與唐代文學	傅錫壬 著
迦陵談詩二集	葉嘉瑩 著
西洋兒童文學史	葉詠琍 著
一九八四	George Orwell原著 劉紹銘 譯
文學原理	趙滋蕃 著
文學新論	李辰冬 著
文學圖繪	周慶華 著
分析文學	陳啟佑 著
學林尋幽 ——見南山居論學集	黃慶萱 著
與君細論文	黃慶萱 著
中西文學關係研究	王潤華 著
魯迅小說新論	王潤華 著
比較文學的墾拓在臺灣	古添洪、陳慧樺編著
從比較神話到文學	古添洪、陳慧樺主編
現代文學評論	亞 菁 著
現代散文新風貌（修訂新版）	楊昌年 著
現代散文欣賞	鄭明娳 著
葫蘆・再見	鄭明娳 著
實用文纂	姜超嶽 著
增訂江皋集	吳俊升 著
孟武自選文集	薩孟武 著
藍天白雲集	梁容若 著
野草詞	韋瀚章 著
野草詞總集	韋瀚章 著
李韶歌詞集	李 韶 著
石頭的研究	戴 天 著
寫作是藝術	張秀亞 著

讀書與生活	琦　君　著
文開隨筆	糜文開　著
文開隨筆續編	糜文開　著
印度文學歷代名著選（上)、(下）	糜文開編譯
城市筆記	也　斯　著
留不住的航渡	葉維廉　著
三十年詩	葉維廉　著
歐羅巴的蘆笛	葉維廉　著
移向成熟的年齡 ——1987～1992詩	葉維廉　著
一個中國的海	葉維廉　著
尋索：藝術與人生	葉維廉　著
從現象到表現 ——葉維廉早期文集	葉維廉　著
解讀現代・後現代 ——文化空間與生活空間的思索	葉維廉　著
紅葉的追尋	葉維廉　著
山外有山	李英豪　著
知識之劍	陳鼎環　著
還鄉夢的幻滅	賴景瑚　著
大地之歌	大地詩社　編
往日旋律	幼　柏　著
鼓瑟集	幼　柏　著
耕心散文集	耕　心　著
女兵自傳	謝冰瑩　著
詩與禪	孫昌武　著
禪境與詩情	李杏邨　著
文學與史地	任遵時　著
抗戰日記	謝冰瑩　著
給青年朋友的信（上)、(下）	謝冰瑩　著
冰瑩書柬	謝冰瑩　著
我在日本	謝冰瑩　著
大漢心聲	張起鈞　著
人生小語（一）～（八）	何秀煌　著
人生小語（一）(彩色版)	何秀煌　著
記憶裡有一個小窗	何秀煌　著

回首叫雲飛起	羊令野 著
康莊有待	向　陽 著
湍流偶拾	繆天華 著
文學之旅	蕭傳文 著
文學邊緣	周玉山 著
文學徘徊	周玉山 著
無聲的臺灣	周玉山 著
種子落地	葉海煙 著
向未來交卷	葉海煙 著
不拿耳朵當眼睛	王讚源 著
古厝懷思	張文貫 著
材與不材之間	王邦雄 著
劫餘低吟	法　天 著
忘機隨筆——卷一・卷二・卷三・卷四	王覺源 著
過　客	莊　因 著
詩情畫意——明代題畫詩的詩畫對應內涵	鄭文惠 著
文學與政治之間——魯迅・新月・文學史	王宏志 著
洛夫與中國現代詩	費　勇 著
老舍小說新論	王潤華 著
交織的邊緣——政治和性別	康正果 著
還原民間——文學的省思	陳思和 著
窗外有棵相思	逯耀東 著
出門訪古早	逯耀東 著

藝術類

音樂人生	黃友棣 著
樂圃長春	黃友棣 著
樂苑春回	黃友棣 著
樂風泱泱	黃友棣 著
樂境花開	黃友棣 著
樂浦珠還	黃友棣 著

音樂伴我遊	趙　琴　著
談音論樂	林聲翕　著
戲劇編寫法	方　寸　著
戲劇藝術之發展及其原理	趙如玲　著
與當代藝術家的對話	葉維廉　著
藝術的興味	吳道文　著
根源之美	莊　申編著
扇子與中國文化	莊　申　著
從白紙到白銀（上）、（下） ——清末廣東書畫創作與收藏史	莊　申　著
畫壇師友錄	黃苗子　著
水彩技巧與創作	劉其偉　著
繪畫隨筆	陳景容　著
素描的技法	陳景容　著
建築鋼屋架結構設計	王萬雄　著
建築基本畫	陳榮美、楊麗黛　著
中國的建築藝術	張紹載　著
室內環境設計	李琬琬　著
雕塑技法	何恆雄　著
生命的倒影	侯淑姿　著
文物之美 ——與專業攝影技術	林傑人　著
清代玉器之美	宋小君　著

～涵泳浩瀚書海　激起智慧波濤～